宣傳機器

The Hype Machine

麻省理工學院教授、數位經濟計畫主持人
Sinan Aral

思南‧艾瑞爾 著 許貴運 譯

How Social Media Disrupts Our Elections, Our Economy,
and Our Health—and How We Must Adapt.

獻給我的父母

感謝你們給我的每個機會、每個對話、每個擁抱。

獻給卡亞（Kaya）

願你永遠保有一顆好奇、有創意、渴求知識的心。

全面理解社群媒體的
當代必讀佳作

加拿大約克大學副教授　沈榮欽

　　二〇一八年《科學》期刊上的一篇論文成為日後討論社群媒體新聞傳播必然引用的文章，該論文發現：假新聞比真相傳播得更遠、更快、更廣，有時還出現十倍的差距，假新聞被轉發的機率比真相高出七成。本書作者思南・艾瑞爾（Sinan Aral）便是該論文的主要作者之一，他不僅在MIT的史隆商學院任教，屢獲學術獎項，而且在數家企業擔任首席科學家，同時是創投公司Manifest Capital的創辦人之一，是少數能夠兼具理論與實務的社會網路學者與資料分析專家，本書便是他多年研究與參與社群媒體平台的集大成之作。

　　艾瑞爾在本書中全方面解析社交平台，從假新聞的影響、社交平台的特性與運作方式、並將之與神經科學和經濟學結合，說明社交平台的影響力來源。接著據之說明，社交平台如何造成商業、民主與公共衛生的社會變遷，尤其強調社交平台的說服力來源、超社交化網路的形成與對應策略。最後，他討論社交平台匯聚群眾智慧的可能與限制，說明政治兩極化的根源，以及何以社交平台是危險之所在，也是機會之所在，並提出他認為何種政策可以在管制平台的風險之餘，猶能夠發揚平台的正面力量。

身為資料與網路專家，艾瑞爾論述本書時十分小心，盡量先以既有的研究為基礎，說明實證資料所呈現的知識前沿，然後才推論可能的成因。雖然有時顯得過度小心，但是也令本書的敘述信而有徵，避免了類似書籍誇大與過度推論的毛病。

結合多學科的豐富研究

本書的另一特色是作者結合了不同學科的知識，對社交平台做出相當全面的論述，從資訊科學的角度說明社交平台的特性、從神經科學的角度解釋何以社交平台對於個人的影響力如此之大、從經濟學的角度解釋社交平台的價值、從社會學的角度解釋社交網路的運作、從行銷學的角度解釋社交平台的渲染力根源等等，根植於不同學科的解釋，使得本書的涵蓋面雖廣，但是仍然不失其深度，加上作者的產業與投資經驗，令本書不致與現實的平台實務脫節，是一本難得兼具深度與可讀性的佳作。

　　因此若將本書視為一個平台，由此向不同學科的題目延伸，閱讀相關書籍，將會是相輔相成的有趣閱讀體驗。例如作者論述的群眾智慧成因與限制，蜜雪兒・貝德利（Michelle Baddeley）的《我們為何從眾，何時又不？》（*Copycats and Contrarians*）同樣從神經科學與經濟學等多方面探討群眾智慧；作者討論的政治兩極化成因，馬克・海瑟林頓（Marc Hetherington）與強納森・偉勒（Jonathan Weiler）的《極端政治的誕生》（*Prius or Pickup?*）也有相似但更加深入的論述；作者論及平台與其使用者的行為，丹・艾瑞利（Dan Ariely）的《誰說人是理性的》（*Predictably Irrational*）則是有趣的延伸；布特妮・凱瑟（Brittany Kaiser）的《操弄》（*Targeted*）則是對臉書資料洩漏與資訊戰的極佳補充；若要了解作者在不同篇章提及的社交平台業者的行為，麥可・庫蘇馬諾（Michael A. Cusumano）等人的《平台策略》（*The Business of Platforms*）是系統化的讀物；而吳修銘（Tim Wu）的《巨頭的詛咒》（*The Curse of Bignesse*），雖然與作者立場互異，但是卻是理解反托拉斯法和科技巨頭關係的佳作。相信讀者可以從這些書籍彼此的相互輝映，在獲得更多閱讀樂趣的同時，也能夠大幅增進對於社交平台的理解。

科技巨頭是否形成壟斷力？

以資料為主的論述並不意味著作者完全拋棄立場，避免做出價值選擇。事實上作者在全書最後提出其政策主張時，便以強烈的立場與主張以反托拉斯法對付科技巨頭壟斷力的吳修銘和琳娜・汗（Lina Khan）等人背道而馳。美國法學界由於受到芝加哥經濟學派的影響，因此以消費者剩餘作為衡量企業壟斷力的指標（詳見本書第十二章）。問題在於社交平台的特性屬於雙邊或多邊市場，平台不同邊之間的市場並非彼此獨立，例如臉書並未對使用者收費，而是利用使用者的資料，向另一邊的廣告主收費。這種不同邊的補貼實為常態，但是卻因此造成難以宣稱臉書壟斷的結果。既然臉書並未向使用者收費，甚至可以因為蒐集使用者資訊而改進服務品質，因此從消費者剩餘的角度而言，臉書永遠不會符合壟斷的要件。

同樣的，從商業策略的角度而言，平台業者必須創造不同邊市場的互動，以便達成網路效應。因此表面看來，臉書併購Instagram和WhatsApp並不會造成壟斷，因為這些平台彼此的核心業務差異太大，但事實上併購Instagram令臉書克服了當時難以跨越到移動設備競爭的弱點，而得以消滅潛在競爭對手。甚至很多傳統上被認為成本過高的反競爭行為，如掠奪性定價，亞馬遜也得以利用人工智慧緊盯競爭對手的價格，並採取掠奪性定價，令對手破產後，再提高價格，因為亞馬遜可以輕鬆的從其他商品中補貼掠奪性定價的成本。

不過艾瑞爾否定這些論述，認為社交平台的問題不在壟斷，甚至更強烈的主張即使谷歌與臉書獲取超過六成的數位行銷費用，導致無數的媒體倒閉與記者失業，也並非谷歌與臉書的責任，因為媒體與社交平台之間的流量彼此互補，媒體的失敗乃是媒體的問題，不足以構成拆分谷歌與臉書的原因。甚至連臉書違背承諾保障使用者隱私等原因，在作者看來，都無法構成反托拉斯的原因。

社交平台的明日戰場

艾瑞爾認為真正的解決之道還是要從資料下手。應該立法規定平台必須增加資料的可攜性與互通性，同時設立跨平台的公共標準，使得個人得以攜帶資料在不同平台間自由進出，並且令新進廠商能夠付費取得資料與既有平台廠商競爭，唯有增加市場的競爭性才能真正解決問題。

如同多數的政策擬定，面對一個全新的領域，學術研究雖然能夠告訴我們事實真相，但是政策建議仍然是理論推論的產物，姑且不論艾瑞爾的建議是否有效，但是可以預期的是，實行這些政策建議將會遇到許多技術上的困難，而且國家立法究竟能夠深入企業的資料與演算法到什麼程度，也將是廠商理論的新戰場。

　　由於本書主要以美國科技巨頭為主，所以對於亞洲所流行的 Line 等平台企業，或是台灣讀者所關心的中國科技極權，或甚至是澳洲立法強制平台業者與媒體協議等議題，並未多所著墨；但是作者以扎實的資料與多面向的論述角度，都使得本書成為全面理解社交平台不可多得的佳作，在全球關切社交平台影響力的此刻，本書來得正其時也。

各界推薦

麻省理工學院數位經濟行動計畫主持人思南・艾瑞爾以精準的科學和引人入勝的敘述，帶領我們領略他過去二十年走過的精彩旅程。他是世界上最早研究社群媒體、也是這方面最具遠見的學者之一。他為我們解釋社群媒體如何影響民主、傳播真相和謊言、散播仇恨、使人墜入情網、勾住我們的神經和情感，以及在情感上將我們連結起來，不論這是好是壞。社群媒體對社會是一種助力或詛咒？答案很複雜，你必須讀《宣傳機器》才能發現答案。

理查・施騰格爾（Richard Stengel）
前美國國務院公共外交和公共事務次卿、《時代》雜誌編輯、
《資訊戰》（*Information Wars*）作者

這本書讀起來像是驚悚小說，但內容太真實了，為媒體結構如何改變我們的生活結構，提供一個深思熟慮和充分研究的及時檢視。是時候該採取行動和擴展那些真正重要的想法了。

賽斯・高丁（Seth Godin）

《這就是行銷》（*This Is Marketing*）作者

太棒了！艾瑞爾很有技巧的將科學、商業、法律、政策結合在一起，為社群媒體如何影響我們提出一個強而有力卻又淺顯易懂的解釋。不論你只想了解怎麼一回事和其中緣由，或者需要做出商業或政策決定，這本書都是必讀的著作。

福斯特・普諾沃斯特（Foster Provost）

紐約大學史登商學院教授

思南・艾瑞爾不但是科學家，還是創業者。他的獨特觀點讓他成為我們居住世界的最佳引導者。從廣告到假新聞，《宣傳機器》是了解這個相互連結的世界，以及如何悠遊其間、邁向更好未來的最重要基礎。

希拉蕊・梅森（Hilary Mason）

快轉實驗室（Fast Forward Labs）創始人暨執行長

如果你想知道謊言的真相和假消息的真實訊息，也想看到嚴謹的宣傳分析，這就是你要的書。沒人比思南・艾瑞爾更懂得人們的想法是如何在網路上擴散開來，他在書中將傑出的職業生涯化為讀來令人著迷的文字敘述。如果你在乎網路以什麼方式改變世界，就不要錯過此書。

安德魯・麥可費（Andrew McAfee）

麻省理工學院教授暨《以少創多》（*More from Less*）作者、

《第二次機器時代》（*The Second Machine Age*）共同作者

世界頂尖電腦社會科學家思南・艾瑞爾在書中面對我們這個時代最大的一項挑戰：如何重新設計數位科技，為社會提供更好的服務。《宣傳機器》不但權威、全面、觀察入微，而且引人入勝，任何一個想了解我們如何發展成現在這個樣子，以及如何以更好的方式發展的人，都一定要讀這本書。

鄧肯・瓦茲（Duncan Watts）

賓州大學教授暨《六度分隔》（*Six Degrees*）作者

《宣傳機器》解釋社群媒體如何改變我們認識的人、我們做的事，甚至我們的思考方式。全世界在新冠疫情期間愈來愈依賴社群媒體，而且爆發反種族主義和反警察暴力浪潮，此時作者幫助我們了解數位科技如何改變我們的未來，以及個人、公司、社會分別該做什麼事來適應和發展。

大衛・寇克派崔克（David Kirkpatrick）

Techonomy創始人、《臉書效應》（*Facebook Effect*）作者

年度最重要的書！我們的友誼、經濟、社會現在要靠全世界數十億個社群媒體連結來維持，這個星球上沒人比思南‧艾瑞爾更了解它們。這是一本生動活潑、引人入勝的大作，艾瑞爾在書中憑藉他二十年來開創性的研究，為讀者區別什麼是宣傳、什麼是現實，釐清什麼是最迫切的挑戰，以及講解我們的因應方式。」

艾瑞克‧布林優夫森（Erik Brynjolfsson）
史丹佛大學數位經濟實驗室主任暨
《第二次機器時代》共同作者

探討社群媒體的書籍汗牛充棟，《宣傳機器》卻是必讀的一本。思南‧艾瑞爾對新社交時代的了解無人能及，這本書對社群媒體的運作方式、對我們的影響，以及如何讓社群媒體成為消費者、公民、民主更好的選擇，提供最佳的檢視方式。簡而言之，這本書提供能讓社群媒體恢復「社交」功能的解決方案。

克林特‧瓦茲（Clint Watts）
《迷惑敵人》（Messing with the Enemy）作者

社群媒體是一股為善還是為惡的力量？思南‧艾瑞爾解構這部宣傳機器，帶我們踏上令人驚奇的旅程，目睹構成這部機器的經濟、科技與行為心理因素。當謊言的傳播速度比事實

快，我們如何確保市場和選舉的誠實性？如果你想了解如何在
獲得社群媒體的希望的同時，還能避免相對應的危險，就要讀
這本書！

瑪麗亞・瑞莎（Maria Ressa）
Rappler 執行長、《時代》雜誌二〇一八年度風雲人物

　　每個人對社群媒體都有一套理論，思南・艾瑞爾以說故
事的方式帶來科學的解釋。《宣傳機器》以饒富趣味、增廣見
聞、啟發心智的方式，檢視我們這個時代最大的科技問題背後
的驅動力量，以及這些力量未來如何在我們的民主社會中開
展。

艾立・帕里瑟（Eli Pariser）
《同溫層》（*The Filter Bubble*）作者

　　《宣傳機器》以引人入勝的方式敘說社群媒體如何影響我
們投票、約會和購物，也就是如何影響我們的生活方式。當民
主成為鎖定目標，而且科技公司掌控我們觀看的螢幕時，頂尖
專家思南・艾瑞爾揭露用來引導社會影響力的數位工具。這
本半是間諜小說、半是科學驚悚小說的書，是確保我們數位未
來的必要指南。

約拿・博格（Jonah Berger）
華頓商學院教授、《瘋潮行銷》（*Contagious*）作者

　　寫作嚴謹、充滿洞見的《宣傳機器》，處理這個數位世紀最迫切的政策問題，同時也讓你讀得不忍釋卷（這是一種不太可能的組合）。政策制定者、企業主管、父母都要讀。

DJ・帕帝爾（DJ Patil）

前美國首席數據科學家

　　《宣傳機器》嚴謹分析社群媒體和它們如何影響我們的生活。艾瑞爾為我們提供一個迫切需要的框架，據此得以了解二〇一六年美國總統大選發生什麼事，以及未來如果情況沒有改變，可能再次發生什麼事。

史考特・蓋樂威（Scott Galloway）

《四騎士主宰的未來》（*The Four*）作者

　　這本書來得及時且影響深遠，作者艾瑞爾在書中謹慎巧妙的檢視社群媒體環境的希望與危險，除了區隔事實與虛構之外，還為我們提供思慮周密和實用的建議，好讓我們可以在新世界裡邁步向前。對關心如何建構二十一世紀的公共健康領域的人來說，《宣傳機器》會是一本有益的書。

齊納普・圖菲其（Zeynep Tufekci）

《推特與催淚瓦斯》（*Twitter and Teargas*）作者

目次

疫情、希望、危險

　　二○二○年新冠肺炎大流行是一起「黑天鵝」事件,影響遍及世界各地的醫療體系、經濟、日常生活各個層面。地球上每個人都記得在哪裡接受隔離、渴望看到誰、如何處理病毒所引發的心理和生理壓力。但新冠肺炎還帶來另一個戲劇性的微妙結果:全球通訊系統,也就是將全球連結在一起的數位鏈結中樞神經系統,遭受突如其來的衝擊。美國時代廣場、英國特拉法加廣場、埃及解放廣場成了鬼城。而當人們在病毒的影響下不再上街,只能待在家裡時,數十億人爭相用筆電和智慧型手機上網。全世界登入臉書(Facebook)、推特(Twitter)、WhatsApp、Instagram、YouTube、LinkedIn的人數創下歷史紀錄,他們急切想要知道新聞、醫藥訊息,或是尋求社會支持、人際連結與工作機會。線下世界停頓那天,線上世界卻如一場數位森林大火般炸裂。

社群媒體的需求暴增。[1]臉書Messenger、WhatsApp、臉書直播流量一夕間增加五〇%。臉書語音通訊應用程式使用量更是倍增,義大利的通話量增加一〇〇〇%。在電影院關門之際,Netflix在義大利的新增下載量成長六六%,西班牙則成長三五%。[2]Netflix在流量暴增下當掉。YouTube則被迫調整畫質來因應暴增的流量。整個網路在病毒大流行期間不斷出現連線不穩的狀況。

社交協作(social collaboration)工具的使用踴躍。Slack執行長史都華‧巴特菲爾德(Stewart Butterfield)在推特上說,「二〇一五年十月,『同時連線』用戶達到一百萬的目標;一千五百九十七天後,我們達到一千萬用戶。六天後:一千零五十萬用戶,接著是一千一百萬用戶,隔天是一千一百五十萬用戶。這個星期一是一千兩百萬用戶,今天則為一千兩百五十萬用戶。」他在推文中用一張線圖顯示「新創(Slack)工作團隊」的數目,三月十二日後的線圖看起來像是一根把手很長、筆直朝上的曲棍球桿。數位原住民早已在社群媒體上存在,但新冠病毒迫使許多數位盧德主義者(Luddite)第一次使用社交科技。新用戶成群湧向社交平台,建立大量新個人檔案,連結我所稱的「宣傳機器」(Hype Machine),這是社群媒體創造出來的即時通訊生態系統。分別擔任臉書分析和工程部門主管的艾力克斯‧舒茲(Alex Schultz)和傑‧帕利克（Jay Parikh）在描述處理這方面的需求時寫道，「因新冠病毒而出現的使用量增長情況，在這個產業裡前所未見，而我們每日的使用量都在創新紀錄。」[4]臉書創辦人馬克・祖克柏（Mark Zuckerberg）說得更直接，「我們只是試著讓這裡的燈持續亮著。」[5]

當全世界連續好幾個月無法實體接觸時，新冠病毒以戲劇性的方式衝擊我們對社交科技的使用與認知。臉書、推特、WhatsApp、Instagram成為取得人際連結、即時醫藥訊息、社會支持、向外拓展空間、疫情募款、免費即興演奏、合作藝術計畫、最新病毒散播等訊息不可或缺的來源。全家一起在臉書上玩大富翁，朋友在即時聊天群組裡參加雞尾酒派對，鄰居在WhatsApp群組裡維持活躍的互動，許多人透過推特追蹤時事新聞。在全球被迫停止連結時，社交科技將人們連結在一起。群組影片讓家人維持聯繫，每天傳送的訊息讓我們保持對父母和小孩的關心，Hangouts則讓工作團隊在世界停止運轉時仍能相互合作。連我那個幾乎沒有「螢幕時間」（screen time）的六歲小孩，也每天在這部宣傳機器上與朋友和一年級同學相互連結。

社交平台讓我們接觸到重要醫藥訊息，像是如何保持社交距離、是否要戴口罩、疫情熱點在哪裡、如何安全的待在家裡。平台公司發揮作用，提供新的服務和數據來模擬並減輕病毒傳染。臉書使用加總起來的匿名移動數據創造出「共享位

置」地圖，藉此了解來自不同地理環境的人最有可能走過哪些
路徑，這有助於流行病學家模擬新冠肺炎接下來可能散播的途
徑，可能從哪個地方傳到哪個地方。[6]他們快速做出「疾病預
防地圖」，利用臉書行動應用程式數據來協助了解人們的移動
方式，以及他們可能會以怎樣的方式散播病毒。

社交科技與防疫

　　身為麻省理工學院數位經濟行動計畫（這是研究數位科技
對世界的影響最大的研究中心之一）主持人和麻省理工學院社
會分析實驗室（一個由三十位麻省理工學院傑出教師和學生組
成的團隊，專門研究社群媒體對社會的影響）主任，我覺得我
們必須「全體總動員」才能應付這場危機。我們在Zoom上開
會，相互腦力激盪討論能為疫情的防治做出什麼貢獻。我首先
強調的是不要造成任何傷害，同時，我也用社群媒體聯繫世界
各地的聯絡人，來了解我們如何提供協助。
　　我們在一週內創立三項支援國內和國際健康組織的計畫，
以衡量社交距離對抑制新冠肺炎散播的效果，以及對網路上疫
情假消息打擊行動的成效。我聯繫臉書提議共同合作。他們很
快回應說，既然我們已有數據授權合約，他們可以馬上分享數
據。我們專注在模擬社交距離對抑制疫情擴散的效果。臉書疾
病預防地圖追蹤臉書行動應用程式上累積的匿名數據，裡面蒐

集用戶所在位置的人口密度、移動路徑、網路連線狀態，以及比較病毒危機前臉書用戶每天平均會出現在多大範圍的區域內（以半平方公里為單位）。我們將這些數據與世界不同地區、國家和城市下達社交距離命令後的詳細紀錄結合在一起。要估計社交距離命令對臉書用戶的影響，以及有多少用戶會出現在命令下達地區或城市的公共區域內，也要看效果是否會外溢到其他地區。我們想知道社交距離命令是否有效，更重要的是何時無效及為何無效。我們也提供意見給臉書的新冠肺炎症狀調查（COVID Symptom Survey），這是在傳統的疾病監控之外，在美國每週進行的一百萬次調查，詢問臉書用戶是否有常見的新冠肺炎症狀和他們是否待在家裡。在撰寫本文的當下，臉書正準備向全球用戶發起一次全球性調查。

我接著打電話給Graphika公司的約翰・凱利（John Kelly）和卡蜜爾・馮索（Camille François），他們是受美國參議院情報委員會委託的兩家公司之一，專門負責調查俄國對美國二〇一六年和二〇二〇年總統大選的干預，並集思廣益探討我們如何追蹤並對抗新冠肺炎假消息的傳播，以及選舉假消息對二〇二〇年大選逐漸構成的威脅。我們決定監控、追蹤、公開報導自動軟體「機器人」（bot）、生化機器人（cyborg），以及負責在世界各地散播與新冠病毒和大選相關假消息的酸民網（troll networks），並衡量假消息如何影響疾病預防和投票。

　　我也聯繫南非普利凱爾特基金會（Praekelt Foundation）的古斯塔夫・普利凱爾特（Gustav Praekelt）。以前我與古斯塔夫積極推動一項全國性計畫，我們用社群媒體來對抗人類免疫缺乏病毒（HIV）和愛滋病（AIDS）在南非的擴散。我問他如何共同在新冠肺炎防治上進行合作，他告訴我，他已經為我們用在HIV計畫上的WhatsApp和Messenger工具賦予新的用途：傳播官方的新冠肺炎醫療訊息給全世界知道。他們創造一個稱為COVIDConnect的自動軟體機器人，它能回答來自社會大眾的提問，回應時根據的是WhatsApp、臉書Messenger、簡訊上來自官方消息來源的正確訊息。COVIDConnect成為世界衛生組織（WHO）WhatsApp頻道的官方引擎，也促成南非、紐西蘭、澳洲、其他十個非洲和東南亞國家的全國新冠肺炎回應熱線，僅僅兩週就匯集一千五百萬用戶。[7]它很快就成為取得官方新冠肺炎訊息的必要來源。但普利凱爾特和臉書碰到一個問題，他們擔心新冠肺炎的假消息在WhatsApp上的散播。在WhatsApp這種加密平台上很難根除假消息，因為無法公開追蹤那裡的訊息。我們必須建立一套系統來揭穿與世界衛生組織官方帳號和各國相關WhatsApp帳號有關的新冠肺炎假消息。

　　社交平台也處理疫情對經濟的不良影響。小型公司用臉書頁面來進行線上銷售。社群媒體上紛紛出現現場直播影片，取代通常能帶動人流和促進銷售的實體店面促銷活動。Instagram

限時動態和抖音（TikTok）上有舞台劇的製作和播出。瑜珈、吉他、髮型設計課程都轉移陣地到這部宣傳機器上。臉書甚至為小型公司成立一億美元紓困基金來發放沒有任何附加條件的補助金，只為了讓小型公司熬過去。[8]

　　這些計畫在我完成這本書時才剛起步。讓社群媒體產業維持運作的是一群極為投入的技術專家。他們關心地球的未來。他們非常聰明，致力於使地球變得更好。但社群媒體對世界的影響並不是由意圖來決定。如我們所知，在建立這部宣傳機器的過程中，有許多步走錯了。

史上最大宣傳機器

　　喬治・佛洛依德（George Floyd）死後，馬克・祖克柏為自己的決策辯護，因為他容許川普總統在臉書上發表未經更改、未加標記、分化族群的煽動性言論。這些訊息帶有威脅意味，透露要以暴力回應抗議活動，其中一句「一旦打劫開始，射擊也會開始」更是引自公民運動期間、警政首長與種族隔離主義政治人物鎮壓人民時的說詞。另一方面，推特則是限制川普總統推文的曝光量，他們表示這些文字「違反推特反暴力的規則」。祖克柏的無作為導致部分臉書員工發起「虛擬罷工」，他們無法認同公司似乎姑息種族主義言論的政策。

　　祖克柏引發的強烈反彈讓我們重新回到之前的老調。我們在二〇二〇年疫情封城期間熱烈擁抱社群媒體，和二〇一九年新冠肺炎施虐前數週和數月相較，呈現一百八十度的大逆轉。新冠肺炎爆發前，社群媒體普遍不受到信任。「#刪除臉書運動」正方興未艾。劍橋分析公司（Cambridge Analytica）醜聞迫使祖克柏到美國國會山莊和歐洲議會作證。立法議員打算以反壟斷為由拆分社群媒體巨頭。中國爆發病毒感染前數週，英國演員薩夏‧拜倫‧柯恩（Sacha Baron Cohen）稱社群媒體為「史上最大的宣傳機器」。[9]他在向反誹謗聯盟（Anti-Defamation League）發表的談話中提到：「臉書、谷歌（Google）、YouTube、推特等……觸及數十億人。這些平台所仰賴的演算法刻意放大……會引發憤怒和恐懼的文章……這是假新聞勝過真實新聞的原因，因為研究顯示，謊言傳播得比真相還快。」他提到的研究是我與同事戴布‧羅伊（Deb Roy）和賽洛希‧烏蘇吉（Soroush Vosoughi）為《科學》（*Science*）雜誌所寫的一篇封面故事，名為〈真新聞與假新聞在網路上的傳播〉（The Spread of True and False News Online）。[10]我將在本書前兩章加以討論。

但在疫情爆發前，假消息不是社群媒體批評者唯一關注的焦點。臉書、推特、WhatsApp、Instagram、YouTube正在侵蝕我們的隱私權、促成其他國家對民主的干預、威脅選舉的誠實性、助長為金錢而撒下的政治謊言、激化恐怖份子、打擊自由言論、助長仇恨言論。他們宣傳種族大屠殺、現場直播紐西蘭基督城發生的那場大屠殺犯行、倡導為少數群體提供掠奪式貸款、在就業廣告中歧視婦女、追蹤我們的一舉一動、為了營收操控我們的情緒、推動政治兩極化。

社群媒體的希望和危險，甚至出現在與新冠肺炎有關的辯論中。確實，我們依靠社群媒體取得人際連結、社會支持、救命訊息。但社群媒體也是一個大雜燴，裡面混雜許多假消息：不是宣稱即將實施全國性封鎖，就是散布錯誤的治療方式，還有美國和中國之間的民粹主義式相互指責、其他國家為了點燃我們的恐懼之火所做的干預。[11] 在新冠肺炎危機期間，隱私方面的辯論發展出一層新的意義，此時本該是一種威脅的「監控資本主義」（surveillance capitalism），竟搖身一變成為救命的「疾病監控」。臉書在新冠肺炎期間不是為了利益才監控用戶，而是為了填補國家疾病監控計畫的不足，靠的是一種規模可以擴大的症狀調查，以此確認疫情的擴散情況。與此同時，谷歌、蘋果、麻省理工學院運用藍牙技術開發出追蹤人際接觸的系統，能讓加入系統的用戶在接近新冠病毒帶原者（身上戴有藍牙啟動裝置）時獲得警示。[12] 科技巨頭信誓旦旦說他們的系統會維持匿名制，個人隱私擁護者聽到這些話時卻心懷恐懼。社群媒體監控為個人隱私帶來的危害，和社群媒體監控為人們健康帶來的希望形成強烈對比。某些人認為儘管監控會為個人隱私帶來風險，但還是值得的。其他人則覺得風險大於好處。

可以為善、也可以為惡的力量

那麼在這些社群媒體的願景中,哪一個是正確的?是希望,還是危險?這部宣傳機器是一種為善、促進集體智慧和團結的力量嗎?或是一種災難和遭受輕蔑、不被信任的東西?臉書、WhatsApp、推特、Instagram、YouTube的觸角遍及全球,我們的通訊、數據、隱私,甚至包括全球流通的訊息都受到影響,可能帶來獨特的危險。但此次疫情提醒我們,這個無遠弗屆的全球通訊網路有多麼珍貴,尤其是在有需要的時候。我們也體會到我們有多麼仰賴這套系統,從人際連結到新聞、工作機會、娛樂、約會、日常生活中的關係,所有事情都需要依靠它。

疫情期間,這部宣傳機器是希望的來源,同時也是危險的來源。如同我即將描述的,總體來說,社群媒體很難加以管理。社群媒體帶來的解決方案會損及個人隱私,某些人認為已經超過必要的程度。但以歐洲為例,嚴苛的隱私保護規定禁止將社群媒體用來追蹤和處理疫情。[13]這些例子凸顯出許多尚未解答的重要問題。

社群媒體是一種能幫助我們取得有意義的連結、合作、社會支持、救命訊息的力量嗎?或是一種在未受約束狀態下會摧毀民主、公民社會與健康的宣傳機器?我們能否實現社群媒體的希望、同時也避開相對應的危險?或兩者之間有著無法攔阻的相互連結？

　　一如我在本書中探討的，這部宣傳機器可能同時帶來希望和危險。而在接下來十八至二十四個月間，我們如何設計、規範、使用社群媒體，包括如何從中賺錢，都將決定我們的走向。我們來到一個十字路口，為了做出負責任的行為，我們必須教育自己，了解社群媒體的運作方式。

　　我的目標是帶你們體驗我過去二十年如雲霄飛車般的旅程，也就是我研究、打造、投資社群媒體，並與這些媒體合作的過程中所學到的東西。這是一趟痛苦的旅程，途中經歷不可思議的發現和骯髒的醜聞，而這些事關社群媒體如何影響民主；如何既散布謊言，又把我們連結到有價值的真相；如何有時對抗壓迫，有時卻提倡壓迫；如何既散播仇恨言論，又要捍衛自由言論；更重要的是，這一切在檯面下是怎樣的運作，才能在精神、情緒、社交、經濟上勾住我們。這裡的故事不只是揭露社群媒體背後的商業策略，還有社群媒體的設計與它們如何影響我們之間的關係。

　　不管這部宣傳機器被形容成一個希望的故事還是危險的故事，都是只看見一半真相的看法。真相非常複雜，有時令人振奮，有時令人沮喪，有時還令人震驚，但總能使人得到啟發。最重要的是，這篇故事牽涉我們所有人，包括現在這一代和未來世世代代的人。

第一章

新社交時代

科技的重點在於，一方面創造對永生的渴望，另一方面卻預示
全面的滅絕。科技與自然大相逕庭。

——唐・德里羅（Don Delillo）

　　人類一直是社交動物。自狩獵和採集時期起，我們就不斷
相互溝通、合作、協調。但現在有所不同。過去十年間，我們
持續為燃起人類互動之火添加高辛烷值汽油。我們打造出一個
龐大多面向的機器，它不但涵蓋全球，還透過社會來引導訊息
流動、意見與行為。這部宣傳機器用全球通訊網路將我們連結
起來，每日促成數兆條訊息交流。在演算法的引導下，它是設
計來告知、說服、娛樂和操控我們。

　　這部機器的目標是人類心理。它被設計來刺激我們的神經
衝動，吸引並說服我們改變購物、投票、運動方式、甚至是所
愛的人。它分析我們，據此提供閱讀、購物和信任的選項，接
著又從我們的選擇中學習，反覆優化它所提供的選項。機器運
作時產生可以追蹤我們的偏好、欲求、興趣、在世界各地活動

留下的時間戳記和地理定位的數據廢氣（data exhaust），然後依據自身的數據廢氣修正程序，使分析更趨完美並增進說服力。機器的動機是金錢，與我們互動能將金錢最大化。機器一旦變得更精確，就會與我們有更多的互動，並更具說服力。說服力變大後就產生更多收入，機器也會變得更大。這則故事就是關於這部宣傳機器，亦即社群媒體與工業複合體（social media industrial complex）如何設計出來、如何運作、如何影響我們，以及我們要如何適應。而這則故事要從克里米亞開始說起。

十日變天

　　二〇一四年二月某個寒冷的日子，一群重武裝份子包圍烏克蘭辛菲羅波爾市（Simferopol）的克里米亞國會大樓。他們的服裝上沒有任何國家標誌，但稍後證實他們是俄國特種部隊，他們的行動是針對烏克蘭總統維克托・亞努科維奇（Viktor Yanukovych）數日前遭罷免一事。綜合各方說法，他們是一群有組織的專業武裝份子。他們從前門突破後，就切斷大樓通訊、沒收所有行動電子裝置，並且有系統的管制大樓進出人員，嚴密守護四周，不讓外國記者進入。

　　數小時後，如同媒體的報導，在那些武裝份子的強力恫嚇和詭計下，克里米亞國會投票解散政府，並撤換總理安納

托利‧莫希里奧夫（Anatolii Mohyliov），改由謝爾蓋‧阿
克肖諾夫（Sergey Aksyonov）上台，後者所屬的親俄統一黨
（Unity Party）在上次選舉僅獲得四％選票。稍後不到二十四
小時內，同樣穿著沒有任何標誌服裝的部隊占領辛菲羅波爾
和賽瓦斯托波爾（Sevastopol）國際機場，並在克里米亞全境
設置道路檢查哨。兩天後，從商期間被暱稱為「小妖」、並與
俄國黑手黨及親俄政治和軍事團體維持密切關係的阿克肖諾
夫，以克里米亞實質新總理的身分寫一封私人信件給弗拉基米
爾‧普丁（Vladimir Putin），正式要求俄國為該地區的和平與
安全提供協助。

　　烏克蘭政府還沒來得及宣布阿克肖諾夫的任命違憲，挺俄
抗議活動就在克里米亞全境蜂擁而起，發展出一股明顯支持與
俄國統一的風潮。民眾的情緒似乎一面倒，許多克里米亞人強
烈表達回歸俄國的渴望。接到阿克肖諾夫請求援助後的幾小時
內，普丁獲得俄國聯邦委員會正式同意派兵。俄國駐克里米亞
領事館開始核發護照，而烏克蘭記者則被禁止進入該地區。隔
天烏克蘭防禦陣地遭到黑海艦隊和俄國陸軍包圍。五天後，即
這場苦難的第十天，克里米亞最高議會投票同意在成為烏克蘭
領土的六十年後，重新加入俄國。

　　這是冷戰後最快、也最寂靜無聲的一場吞併行動。如前
國務卿馬德琳‧歐布萊特（Madeline Albright）作證時所言，
那是「二戰後歐洲疆界首次因為武力出現而改變」。[1]僅十天

內，這個地區就翻盤，像電燈開關一般，轉瞬間從一個政權轉移到另一個政權。

克里米亞當時到底發生什麼事，至今仍持續引發辯論。俄國否認這是吞併行為。從普丁的觀點來看，是克里米亞加入俄國。他的對手則宣稱這是外國勢力惡意入侵。大體上，爭論的焦點在於克里米亞人民的意志走向，如果你願意的話，可以稱為兩股相互抗衡勢力之間的衝突。一方面，俄國宣稱克里米亞公民壓倒性的支持回歸俄國聯邦，另一方面，親烏克蘭人士則聲稱親俄情緒是莫斯科精心安排出來，不是人民自發的。

為克里米亞建構真實情況有其必要，因為可以限制其他國家出手干預這場衝突。如果這是吞併行為，北約組織（NATO）一定有所回應。另一方面，如果是克里米亞人民普遍支持加入俄國，就比較難為其他國家的干預提供正當的解釋。所以在無情的組織、無瑕的執行祕密軍事和政治行動的同時，俄國還用上更細膩的訊息操作，這樣的設計就是要為克里米亞土地上發生的一切建構一種真實情況，這種操作可能是世人所見過最細膩的一種方式。而一談到那種真實情況的建構，就不得不提社群媒體，即我所稱的宣傳機器。

網路上的假新聞傳播

為了表達我對克里米亞的看法，我必須先岔題一下，跟你們說一則故事中的故事，好讓你們知道我如何理解烏克蘭事件的發展。二〇一六年，即克里米亞遭併吞的兩年後，我正在麻州的劍橋麻省理工學院實驗室裡，和同事賽洛希・烏蘇吉和戴布・羅伊一起忙著做一項重要研究計畫。這項與推特的直接合作計畫已經進行一段時間，研究主題是假新聞在網路上的傳播，[2]這是同類研究中規模最大的縱向研究。我們分析所有曾出現在推特上的謠言，這些謠言有真有假，而且都經過事實查核。研究時期從推特起始的二〇〇六年開始算起，一直到二〇一七年的十年間。

這項研究成為二〇一八年三月號《科學》期刊的封面故事，為假新聞如何在網路上傳播提供大量的證據，是最早的相關證據之一。我們在研究過程中發現一些我至今仍認為是我所遇過最驚人的一項科學結果。我們的發現是，在所有訊息類別中，假新聞比事實傳播得更遠、更快、更深、更廣，某些案例還呈現出假新聞比事實更勝十倍的結果。有句話是這麼說的，「當謊言繞過半個地球時，真相還在穿鞋子。」不管是誰說的，說得真對。我們發現社群媒體平台本身存在一種事實扭曲機器，謊言因而得以如閃電般傳播，而真相只能像糖蜜一般慢慢滴落。

但在這些引起轟動的研究發現之下，還隱藏一個較不明顯的發現，而且和克里米亞有直接的關聯性。在為推特上的真假消息傳播建立更精細的研究模型前，我們按照正常分析程序先製作一個比較簡單的圖表。我們將真假新聞串（true and false news cascades，指的是推特用戶間不斷轉推推文所構成的鏈）在這段期間的不同訊息類別（如政治、商業、恐怖主義、戰爭）數據做成圖表1.1。謠言的整體傳播隨著時間逐步上升，在二○一三年年底和二○一五年達到高峰，之後又在二○一六年底達到另一次高峰，剛好符合上次美國總統大選的時間。這些數據顯示，假政治謠言的總數在二○一二年和二○一六年兩次美國總統大選期間明顯增加，證明假新聞的散播具有政治關聯性。

但另一個更微妙的結果也引起我們的注意。二○○六至二○一七年的十年間，內容半真半假的謠言，即我們所稱的「真假混合」謠言，只出現過一次顯而易見的高峰期。在原始圖表（圖表1.1）中難以看出端倪。因此我們過濾數據，重製圖表（圖表1.2），這次只考慮政治新聞。我們看到的是，在二○一四年二至三月的兩個月時間裡，內容半真半假的訊息傳播只出現唯一一次明確的高峰期，而且與俄國併吞克里米亞的時間吻合。

這個結果引人注目，不僅因為在推特史上、針對經證實的新聞報導而言，那是真假混合新聞數量最多的高峰期（數量也是真假混合政治新聞高峰期的四倍以上），也因為這項真假混合訊息的傳播開始沒多久就結束（剛好就在克里米亞遭併吞後）。我們深入調查後發現，親俄團體系統性的利用社群媒

圖表1.1　2009-2017年推特上的真假新聞數量

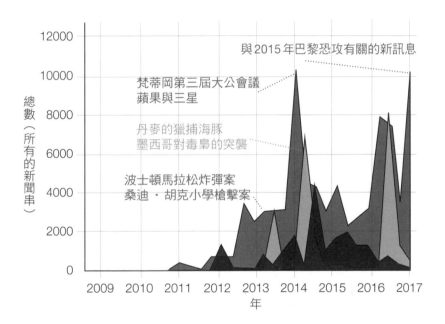

推特2009至2017年間經事實查核的真（淺灰色）、假（深灰色）、真假混合（半真半假，黑色）新聞串總數。在我們的研究中，事實查核過的新聞串，是指經過至少一間獨立事實查核機構來做過事實查核的報導，並透過推特用戶的推文和轉推在推特上散播開來。

圖表1.2　2009-2017年推特上的真假政治新聞數量

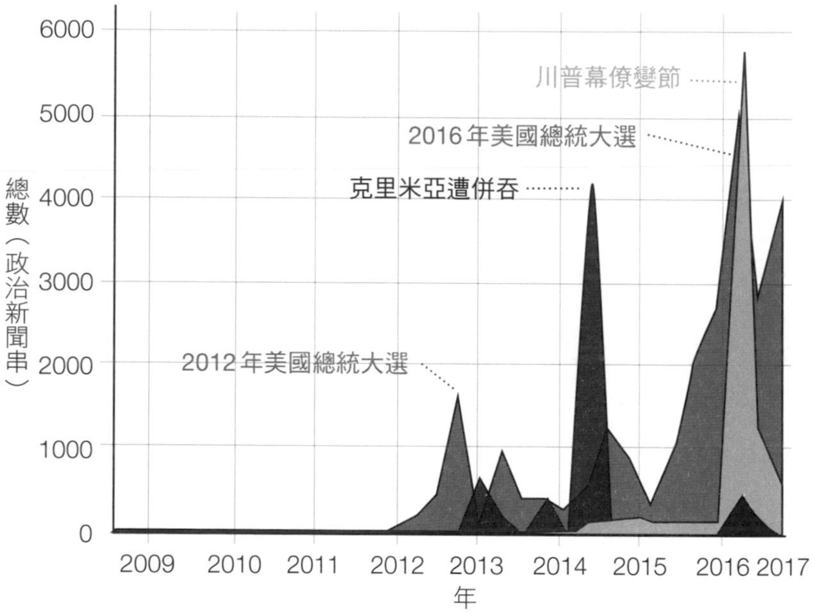

推特2009至2017年間經事實查核的真（淺灰色）、假（深灰色）、真假混合（半真半假，黑色）政治新聞串總數。

體，主動用這部宣傳機器來控制烏克蘭國內對克里米亞事件的
看法，也控制國際對那裡發生的事情的看法，最終局限了克里
米亞人民的意志。

向祖克柏提問

　　二〇一四年五月十四日馬克・祖克柏三十歲生日當天，
一名來自以色列的臉書用戶要求祖克柏介入並阻止俄國對烏克
蘭發動的國家級資訊戰（information warfare）。祖克柏當時正
在臉書總部舉行現在已經很有名的市政廳（Townhall）問答。
這個會議為世界各地的臉書用戶提供一個公開機會，寫下對臉
書和臉書管理的疑問，並直接向祖克柏提問。在那特殊的一
天，市政廳問答就在臉書位於加州門洛帕克市（Menlo Park）
總部一個大小適中的場地舉行。[3]臉書用戶（部分來自世界其
他地方）來到這裡直接向世界最大社交網路公司的執行長提
問。

　　經過一番開場的客套話後，現場觀眾壓低聲音唱生日快樂
歌為祖克柏慶生，接著開始進行問答。主持人是一名叫做查爾
斯（Charles）的臉書員工。他大聲唸出第一個問題，「馬克，
這個問題來自以色列，卻是為了烏克蘭而問……提問者是格
雷戈里（Gregory），他說，『馬克，我最近看到許多有關臉書
帳戶遭到不公平封鎖的報導，封鎖原因可能是大量濫用舉報機

制所提出的假舉報。這些案例多半來自親烏克蘭的高人氣部落
客的臉書帳戶，和有關當前俄國與烏克蘭之間衝突的貼文。我
的問題是，你或你的團隊能否採取行動解決這些問題。或許可
以為烏克蘭創立一個單獨部門，封鎖來自俄國的濫用檢舉，或
是在監看這些親烏克蘭部落客時更為謹慎？請幫幫我們？』而
後續還有這則，我會把資料投放在螢幕上，」查爾斯說，「烏
克蘭總統彼得・波洛申科（Petro Poroshenko）真的提出這個
問題，他問，『馬克，你會在烏克蘭設立臉書辦公室嗎？』」

　　如果臉書是一個國家，那麼就是世界上最大的國家，而
此刻則為臉書版的參與式政府（participatory government）行
動。祖克柏清了清喉嚨後，說明他已事先準備好回答這個問
題，因為這個問題得到四萬五千個讚，是「我們這類問答活動
中得票數最高的提問。」他接著開始照本宣科講述臉書的內容
策展政策（content curation policy）。

　　但在克里米亞發生的事情，其歷史重要性遠遠超過祖克柏
那平淡乏味的回答。他大為低估臉書在二〇一四年烏克蘭事件
中所扮演的角色（正如他後來低估臉書在二〇一六年外國勢
力干預美國大選時所扮演的角色）。針對烏克蘭所發動的資訊
戰，遠比祖克柏透露的來得複雜和重要許多。

資訊戰

開完臉書市政廳會議後，透過我們的研究和幾位調查記者的研究，二○一四年俄國在克里米亞執行複雜、雙管齊下的資訊戰策略已經逐漸清晰，這個策略使用公開的應用程式介面（Application Programming Interface, API），而臉書和推特都提供這個介面來讓用戶接觸、導引、安排網路上的資訊流。[4]

資訊戰的第一個策略是設計來壓制親烏克蘭的聲音。如果俄國能證明克里米亞人民一面倒的想加入俄國，就可以把併吞行為合理化，並將這項行動重新定位為解放。因此壓制合法的親烏克蘭聲音就成為一項必要的武器，可以編造出克里米亞的親俄情緒。其效力能從烏克蘭部落客群體發出的求救請求中看出來。一旦有親烏克蘭的貼文出現，數以百計的詐騙和濫用檢舉就會鋪天蓋地而來，宣稱貼文裡有色情成分或憎恨言詞。這些是俄國網路研究署（Internet Research Agency）的常用策略，該機構是克里姆林宮針對社群媒體成立的幽靈組織，也是美國特別檢察官羅伯特・穆勒（Robert Mueller）指控的對象，穆勒認為，俄國網路研究署密謀以操控二○一六年美國總統大選的方式來欺騙美國。[5]有些人猜測俄國使用的是設定好的軟體機器人（或稱機器人），只要網路上一出現親烏克蘭的聲音，就會自動發出詐騙和濫用檢舉。面對數千個這類濫用檢舉，臉書會下架「引起問題」的訊息並暫停貼文作者的權利，就這樣有效的把親烏克蘭聲音排出在臉書平台之外。

這場資訊戰的第二個戰略涉及錯誤訊息的製造，以及透過假推文、假貼文、假部落格、假新聞的擴散。二○一四年五月二日，奧德薩（Odessa）爆發親俄分離主義份子和烏克蘭獨立支持者之間的激烈衝突，一名叫做伊格爾・拉佐夫斯基（Igor Rozovskiy）的當地醫生寫了一篇稍後在臉書廣為轉傳的文章。在那篇內容鉅細彌遺的冗長貼文中，拉佐夫斯基宣稱烏克蘭民族主義者不讓他救助一個在衝突中受傷的男子。他說那些人大力推開他，並「誓言讓奧德薩的猶太人也遭受同樣命運。」[6]他又說，「即使在法西主義者的占領下，也沒發生過這樣的事。」這則貼文在臉書上瘋狂流傳，很快就被翻譯成英文、德文、保加利亞文。

一天後，即五月三日，俄國外交部長謝爾蓋・拉夫羅夫（Sergey Lavrov）在日內瓦向聯合國人權理事會（UN Human Rights Council）發表演說。他在演說中聲稱，「我們都知道誰製造出烏克蘭危機，也知道他們是怎麼做到的……烏克蘭西部城市遭武裝民族主義激進份子占領，他們使用極端反俄和反猶太標語……我們聽到有人要求限制或禁用俄語。」[7]拉夫羅夫對克里米亞和烏克蘭事件的描述，與拉佐夫斯基醫生的說法完全吻合。他們都說反猶太烏克蘭民族主義者對猶太人施以暴行，並威脅要升高緊張情勢。就在同一天，烏克蘭人在電視上看到親俄部隊和親烏克蘭部隊在奧德薩的實際衝突畫面，影像的反覆播放實質上強化了故事內容。這個由俄國製造出來的簡單故事，在半真半假訊息的烘托下，就能扭曲事實，而這靠的是改變部分事實，而不是改變全部的事實。

那麼誰是拉佐夫斯基醫生？他和俄國有何關係？原來他和俄國沒有任何關係，也和任何其他人沒有關係。他的帳號在貼文前一天才創造出來。拉佐夫斯基醫生是一個虛構人物，即假新聞的化身。他不只幾乎逐字逐句的應和俄國外交部長，而且以沒有任何朋友和追蹤者的臉書新進用戶身分，就能在臉書上獲得瘋狂轉傳，貼文還被翻譯成多國語言。

如果你們還記得，俄國外交部長拉夫羅夫很奇怪的在演說中，特別聲明烏克蘭民族主義激進份子不但威脅對猶太人施以暴力，還計畫「限制俄語的使用或處罰使用俄語者」，讓數百萬名生活在克里米亞的俄國人因而感到憤怒。猶太人只占克里米亞人口的一小部分，七七％的克里米亞人以俄語為母語。[8]我原本對拉夫羅夫的言詞沒有太多的思考，直到更深入探究俄國併吞克里米亞期間推特上的假新聞時，發現「真假混合」新聞大幅增加才對這件事改觀。

克里米亞遭併吞期間，推特上最受歡迎的真假混合新聞報導這麼宣稱：東烏克蘭的猶太人已經收到傳單，上面說他們必須登記為猶太人，不然就要面臨驅逐出境的命運。第二受歡迎的報導說烏克蘭政府已經「制定法律，禁止在正式場合使用烏克蘭語以外的語言。」總的來說，這些報導支持拉夫羅夫的說法，還構成推特史上最大比例的真假混合新聞報導，在高峰期時，這類新聞的數量是其他真假混合新聞報導的四倍。就機器人活動量和為散布錯誤消息而設的獨特帳號數量而言，與克里米亞有關的真假混合新聞報導，在統計數量上明顯高於其他可核實的真假混合政治新聞。從社群媒體數據來看，這種異於一般情況的現象，通常代表一種以扭曲事實為目的的統合力量，他們共同努力影響人類的思考和行為。在俄國大聲喧鬧說克里米亞渴望加入他們，以及實地真相（facts on the ground）受到假新聞扭曲的狀況下，歐巴馬主義（Obama Doctrine）對併吞一事的回應不是出手干預，而是祭出經濟制裁。如今克里米亞已經成為俄國的一部分。

雖然克里米亞的不實訊息宣傳產生如此戲劇性的結局，社群媒體對我們生活的社會和經濟層面衝擊，其實遠超過任何單一地緣政治事件。這部機器除了涉及商業和政治之外，事實上還涉及所有一切，從假新聞令人不安的崛起到股市的上下起伏，從我們對政治的看法到我們買了什麼東西、投票給誰，甚至是愛誰。

宣傳機器

在每一天的每一分鐘裡，我們這個星球有數兆個數位社交訊號在脈動，對我們構成一種轟炸，其中有成串的狀態更新、新聞報導、推文、戳一下、貼文、推薦、廣告、通知、分享、登入、評比，這些是來自社交網路的同儕、新聞媒體、廣告商和群眾。這些訊號透過臉書、Snapchat、Instagram、YouTube、推特等平台傳送到我們「總是開著」的行動裝置，再依演算法經由人類社交網路傳播開來，這類演算法是設計來優化我們的連結、加速我們的互動、極盡可能讓我們接觸為我們量身訂做、川流不息的內容。但同時，這些訊號具有更大的潛移默化效果，像是將我們的社會引向超社交化（hypersocialize）、加大群眾說服力（mass persuasion）、創造趨勢專制（tyranny of trends）。之所以能做到如此，是藉由把同儕的影響力注入我們的日常決定之中，從而產生規模擴及全民的行為改變，並推行注意力經濟（attention economy）。我稱這種超社交化、個人化的群眾說服力與趨勢專制的三重奏（trifecta）為新社交時代。

　　新社交時代的令人驚奇之處在於，十五年前這些噪音般的數位社交訊號還不存在。短短十五年前，我們可以用來促進數位聯繫的只有電話、傳真機、電子郵件。現在隨著愈來愈多的新社交科技上線，對於這些科技如何改變我們卻愈來愈不了解。為何假新聞在網路上的傳播速度比真相快許多？一則錯誤的推文如何讓一千四百億美元的股票市值在數分鐘內消失？臉書如何因為更改一種演算法而改變二〇一二年美國總統大選？俄國對社群媒體的操弄是否造成二〇一六年美國總統大選的翻盤？當義大利威尼斯市的慢跑者將他們的跑步活動上傳至社群媒體時，美國加州威尼斯的慢跑者是否會跑更快？這些問題思

考的是社群媒體的分裂性力量。透過對這些問題的回答，更能
了解這部宣傳機器如何影響世界。

　　這部宣傳機器已經在我們之間創造一種極端的相互依
賴，進而塑造我們的思想、意見和行為。這種依賴得以運
作，來自臉書和推特之類的數位網路，以及因為接受動態消
息（newsfeed）和交友建議演算法之類的機器智慧所引導，並
一起重製人類社群媒體的進化過程和其中的訊息流動。這些數
位網路將這部宣傳機器的控制方法暴露給國家政府，以及渴望
把全球對話導向他們所設定的目標、意圖形塑公眾輿論、最終
改變我們行動的公司和個人。這部機器的設計和我們如何使用
它，正在重新塑造我們的組織和生活。而且與新冠肺炎疫情將
全世界都推向社群媒體之前相比，如今的「宣傳機器」具有更
重大的意義。

　　但我們現在聽到反對者的刺耳聲音，他們宣稱天要塌了，
因為新的社交科技打亂民主、經濟與公共衛生。我們見到爆炸
般湧現的假新聞、仇恨言論、破壞市場的假推文、針對少數族
群的種族滅絕式暴力、重新再現的疾病傳染、其他國家對民主
選舉的干涉、大幅的違反隱私。一件又一件醜聞撼動臉書、推
特、Instagram這些社群媒體巨人，看起來像是一股讓他們永
遠無法從中復原的反撲力量。

　　不過在社群媒體革命開始的時候，全世界社交平台都有一
個理想主義式的願景，希望將整個世界連結起來。他們計畫讓

每個人免費接觸必要的訊息、知識與資源，以取得知識、社會和經濟機會，還有更好的健康狀態、職業流動、有意義的社交連結。他們要對抗壓迫、寂寞、不平等、貧窮、疾病。現在，社群媒體似乎讓他們原本打算減輕的病痛變得更為嚴重。

　　我這二十年來對社群媒體的研究以及與他們的合作，讓我學到一件事：這些科技一方面可能帶來非比尋常的希望，另一方面也可能帶來巨大的危險，而這種希望和危險並不一定會發生。社群媒體能帶來一波不可思議的生產力、創新、社會福利、民主化、平等、積極性、團結、進步。同一時間，如果不加以管控，社群媒體會為民主、經濟、公共衛生帶來致命的打擊。我們現在來到這兩種不同現實的交叉路口。

　　本書的論點是，我們不但能達成社群媒體可以帶來的希望，還能避開危險。為了達成這個理想，我們必須避免紙上談兵的傾向，不再用哲學理論的方式來理解社群媒體如何影響我們，而是要針對他們的運作方式發展出嚴謹的科學式理解。透過進一步了解這部宣傳機器的運作方式，並用科學方法來解讀這個機器所產生的衝擊，我們能共同將船駛離即將碰上的礁石，轉而進入較為平靜的水域。

　　不幸的是，我們的理解和進步受到這部宣傳機器周遭的宣傳所阻礙。我們淹沒在海嘯般的書籍、紀錄片，以及用來吸引媒體注意卻欠缺嚴謹性和通則性的一次性事件的研究中。宣傳沒有幫助，因為它會掩蓋社群媒體如何影響我們的科學證據，其中包含我們已經知道（和不知道）的看法。

當我們的論述被籠罩在煽動性的歇斯底里中，位於爭議中心的三個主要利害關係人（平台、政治人物、人民）一直在相互指責。社群媒體平台將我們的病痛怪罪於缺乏管制。政府怪平台對自身科技的武器化視若無睹。而人民則怪政府和平台無所作為。但實際情形是，我們都沒有盡到責任。最終，每個人都要為這部宣傳機器的現行走向負起該負的責任。

我們不僅該受責備，而且要為接下來發生的事負起部分責任。如祖克柏所言，政府需要採用合情合理且訊息充分的規定。平台要改變策略和設計。而為了我們自己和小孩，我們要為數位市民廣場上使用社群媒體的方式負起更多責任。沒有靈丹妙藥可以解決我們所陷入的混亂局面，但仍然有解決方案。

要達成新社交時代的希望，卻又能避開其中的危險，我們所有人（社群媒體主管、立法者、一般公民）必須仔細思考該如何處理新的社會秩序。我們整體社會必須利用手上的四個槓桿，一是平台商業模式所創造的金錢（money，或誘因），二是管理社群媒體的程式（code），三是我們使用這些系統時開發出的規範（norm），四則是我們用來規範市場失靈的法律（law）。我們在過程中要設計科學的解決方案，以期在隱私、言論自由、錯誤訊息、創新與民主之間取得平衡。這無疑是個巨大的責任。但鑑於這部宣傳機器對我們生活壓倒性的影響，我們不能放棄這個責任。

我是誰？

我是科學家、創業者、投資人（按先後順序）。我的首要身分是科學家。我是麻省理工學院教授，也是學校數位經濟行動計畫的共同管理者，還主持一個社交分析實驗室，以這部宣傳機器的社交科技為研究主題。我在麻省理工學院獲得博士學位，並在倫敦政經學院和哈佛取得碩士學位。我是訓練合格的應用計量經濟學家，學習過社會學、社會心理學、麻省理工學院經濟學博士學程的大部分課程。我對數據成痴。我為分析大規模社群媒體數據而活，試圖了解訊息和行為如何透過社群媒體和社會傳播。但我真正擅長的是圖論（graph theory）和圖解數據（graph data）。換句話說，我研究的是複雜網路結構中相連結的東西，不管是社交網路中的人，還是買家與供應商關係中的公司。

我如何踏入這個領域？二〇〇一年秋天，祖克柏仍在菲利普斯埃克塞特學院（Phillips Exeter Academy）念高中，距離他在哈佛大學創立臉書還有三年時間，此時在麻省理工學院攻讀博士學位的我，正在杜威圖書館閱覽室研讀兩門非常不同的課程：一是由世界知名統計學家傑利・豪斯曼（Jerry Hausman）所教授的「計量經濟學I」，另一門課程是由當時逐漸竄起的社會學家以斯拉・祖克曼（Ezra Zuckerman）所教授的「策略的社會學」。祖克曼是麻省理工史隆管理學院（Sloan School of Management）院長，他的課程著重在社交網路。而豪斯曼的課則介紹「藍色」估計式，讓我們知道最佳線性不偏估計量（best linear unbiased estimator，簡稱Blue）模式的理論。

　　我一手拿著統計學課本，一手拿著一疊關於網路的研究報告。讀統計學課本時，我一直反覆看到古典統計學一個主要假定：我們透過數據分析而來的所有發現，不論是關於人們、公司還是國家，都是「獨立同分布」（independent and identically distributed, IID）。換句話說，我們的假定是，在數據中應該沒有人和其他人產生系統性連結。讀網路報告時，我卻不斷看到顯示出人際複雜相互連結的圖表。一方面，我們假定所有事物相互獨立，另一方面，我們所處的現實卻呈現出驚人的相互依賴。

　　當時社交網路統計分析才剛起步，但我知道許多我們認為無法解釋的「獨立」模式中的變異可以用這些方式解釋：我們如何彼此連結？訊息和知識如何在我們之間起起落落？同儕的行為和意見如何影響我們？二〇〇一年尚未有大型的數位社交網路，但我們還是透過電子郵件、即時訊息、簡訊達成大量的數位網路連結。在那一刻，坐在杜威圖書館裡的我頓悟：數位社交網路將大大增強人們之間的訊息、行為、經濟機會、政治意識形態的流動方式。這將促使社會轉變，並影響各個層面，不管是商業、政治，還是公共衛生。

　　我記得那時我隨即跑向最近的Pine終端機（發送電子郵件的電腦程式），發出一封電子郵件給我的博士指導教授艾瑞克・布林優夫森，請求與他會面。隔天與他會面時，我解釋自己想要以數位社交網路作為博士論文題目。我跟他說數位社交網路會是個人電腦領域的下一件大事，而且它們將會改變社會。布林優夫森當時並沒有從事社交網路研究，也不曾正式考慮使用圖論。他忙著擴展「資訊科技對公司生產力和經濟成長的影響」的研究，社交網路不在他的關注範圍內。但值得感謝的是，他遷就我的想法。他說，「我不太懂網路，但你似乎非常感興趣，所以我們一起想辦法。」我不曉得他當時是否這麼想，「這只是一時的想法，會過去的。」博士生通常會先想出數百個行不通的構想，之後才找出一個行得通的構想。但不管如何，他都支持我，於是我就以「訊息如何透過數位社交網路流通」當作博士論文題目。結果證明社交網路不是一時的想法，也沒有過了就消失。二〇〇二年先有Friendster的創立，接著是二〇〇三年的MySpace，二〇〇四年的臉書，二〇〇六年的推特，二〇〇九年的WhatsApp，二〇一〇年的Instagram，二〇一一年的微信，二〇一二年的抖音。新社交時代就這樣誕生，我從那時到現在都在研究它們的運作方式。

　　我的科學研究工作深深奠基於對科技的崇敬，以及對科技如何運用所抱持的健康懷疑態度。我堅信我們正目睹一個人類進化的新時代，此時大量的自動化和數位社會化過程將改變我們的互動、溝通、對世界的感知、決定、行動方式。線上社交網路（如臉書）、微部落格（如推特）、即時訊息（如WhatsApp）、合作的知識生產、新聞聚合科技（如維基百科〔Wikipedia〕和紅迪〔Reddit〕）基本上改變訊息的生產、分享、消費、使用與評價方式。這種改變對社會、政治、經濟組織具有很大的含意，從知識工作者的生產力到消費者需求模式，再從選舉活動到公共衛生計畫和群眾抗議，無一不受到影響。

　　新科技和新溝通模式不僅改變訊息的生產和傳播，同時也以驚人的精準度和詳細程度記錄下與人類互動有關的訊息。在二〇〇九年發表於《科學》期刊的一篇文章中，我和同事認為這些新科技和溝通模式不僅改變訊息的創造和傳播方式，還使「計算社會科學」（computational social science）這個新學門的發展成為可能。這個學門的目標，是讓我們對微觀層次的人類互動有更宏觀層次的理解，那是社會學和經濟學等其他學門長期以來一直追求的「聖杯」（holy grail）。這些改變促成規模擴及全人類的行為科學研究，也透露一些新的干預模式，藉此可以大幅改進我們處理衝突、商業和健康的方法。

　　除了科學工作外，我也是一名積極的創業者和數家公司的首席科學家，意即在跨足學術圈的同時，也站在最前線推動這些新科技的創業發展。我曾是SocialAmp公司（最早的社交商務分析公司之一）的首席科學家，直至該公司二〇一二年賣給Merkle公司為止；也是Humin（社交平台之一，《華爾街日報》〔*Wall Street Journal*〕稱其為第一個「社交操作系統」）的首席科學家，直至該公司二〇一六年賣給Tinder為止。我還與多家公司的資深主管有過直接的合作經驗，這些公司包括臉書、雅虎（Yahoo）、推特、LinkedIn、Snapchat、微信、Spotify、AirBnB、SAP、微軟、Jet.com、《紐約時報》（*New York Times*）。

我和老友保羅・法佐尼（Paul Falzone）一起成為Manifest Capital的創始合夥人，那是一家投資公司，協助年輕公司發展成這部宣傳機器一部分。我可以站在這個制高點，每一年評估數百家公司，有機會率先看到未來的趨勢。這些經驗強迫我深入思考可以推動社交經濟的商業模式、科技、機器智慧。集科學家、創業者、投資人等身分於一身的我，近距離檢視過這部宣傳機器、研究過它的內在運作、也參與過它的發展。這三種觀點一直與我同在，我想你們在讀這本書時會逐漸明白。

作為一名科學家，我念茲在茲的是嚴謹度。每次我都試著避免做出無法證明的主張。在這本書的某些地方可以看出，僅管我提出強而有力的證據，就是不會做出大膽的主張。我仍會提出論點，但同時也伴以良善的警告。不幸的事實是，我們尚未得到所有的答案，已有的答案也並不簡單。這是挑戰的一部

分。關於「社群媒體和它如何影響我們」的科學雖然有很大的
進展，但仍處於未成熟階段，有時還因平台對數據的控制而受
到抑制。我們還不夠了解假新聞的傳播、選舉操弄、同溫層
（filter buble）、數位政治兩極化，因為這方面的研究尚有未竟
之處。但研究還是得進行。所以本書的主題之一就是提倡這方
面的研究。

　　身為一名創業者，我了解實際行動的困難。創新者會遇到
很難克服的困境。建立一家成功的公司本身就很困難，而建立
一個全球性平台，如同我即將討論到的那些公司，更是幾乎不
可能。我對臉書、推特、LinkedIn 等平台在建立過程中所付出
的一切深感尊敬。我知道某些結果不能在早年做決策時事先看
出來。但我也曉得在面對某些真相時，要按照道德責任行動。
面對這部宣傳機器現在帶來的負面結果，我們要有更多的作
為。我相信新社交時代的真正領導者能做出困難的決定，把社
會福祉置於股東價值之上，或許他們理解這些目標最終可以是
一致的。

　　作為一名投資人，我試著從樹見林。在創立一家公司時，
你會特別努力確保公司的生存和成長。但作為一名投資人，
你也會把市場視為一幅不斷更新的風景。如二○○五年賈伯
斯（Steve Jobs）在史丹佛大學畢業典禮上所言，「死亡很可能
是生命最大的一項發明。它是改變生命的媒介，在除舊的同
時也為新的東西讓出路來。現在，你們就是新的，但在不久

的將來，你們也將逐漸變舊並被淘汰。」市場的動盪也是如此。Friendster讓位給MySpace，MySpace再讓位給臉書。現在微信用一個應用程式就能做到臉書、WhatsApp、Messenger、Venmo、Grubhub、亞馬遜（Amazon）、Uber、Apple Pay和許多其他類似平台個別提供的功能。沒有任何一家公司當下的成功是固定不變的。新社交時代的未來將由我們這些創業者、投資人、管理者、消費者、公民的選擇所構成。我認為，新社交時代最重大的決定尚未到來。

我的目標

　　本書的目標是描述這部宣傳機器的運作科學，並探討它如何影響我們的政治、商業、人與人之間的關係。同時也探討這部宣傳機器為我們社會帶來的後果，不管是正面效應，還是負面後果。還要討論我們如何透過公司策略、社會規範、政府規定和更先進的軟體程式來達成這個機器所給予的希望，卻又能避開它帶來的危險。

　　我將在下一章討論假新聞和錯誤訊息如何透過這部宣傳機器達成武器化，藉此追蹤臉書和推特之類平台的設計，如何激發錯誤訊息的傳播，並使這種傳播可能發生（第二章）。俄國的干預是否改變二〇一六年美國總統大選的結果？我們應該做什麼事來阻止假新聞的施虐？讓我們繼續看下去。

　　我將在書中逐步檢視為何這部宣傳機器崛起得這麼快，以及我們為何這麼容易受到它的影響，不論是就個人還是社會整體而言。我將描述這部宣傳機器解剖開來的樣子，包括這個人類歷史拐點核心中潛在的三重奏式社交科技。我也將深入討論用來形塑未來科技的四個槓桿：金錢、程式、規範和法律（第三章）。我將描述神經（第四章）和經濟（第五章）力量如何「將我們連結到」這部宣傳機器。了解這些神經和經濟誘因，有助於從商業的角度來回答新社交時代的重要問題，譬如為何臉書能在社交網路市場上擊敗 MySpace。但同時也為一些更基本的問題提供線索，像是這部宣傳機器將如何影響人類的進化。

　　接著我將討論三種由這部宣傳機器驅動、目前正打亂商業、民主與公共衛生的主要社會轉變：個人化的群眾說服力（第六章）、社會的超社交化（第七和第八章）、注意力經濟的到來（第九章）。這麼做的同時，我將掀開這部宣傳機器來檢視其技術層面，並深入探索線上同儕效應的科學原理，和這種新的極端相互依賴如何改變我們購買的產品、投票支持的對象，甚至是見面和戀愛的對象。

　　掀開來看到這些之後，我將鏡頭拉遠到這部宣傳機器的社會意義，和三種因為它而成為永久存在的趨勢，譬如它對人稱「群眾智慧」（Wisdom of Crowds）的事物具有怎樣的意義。我們之所以能控制群眾智慧和集體智慧，是依靠三個基本支柱：

獨立性、多樣化與均等。問題是這部宣傳機器不但侵蝕這些支柱，還將智慧轉變為瘋狂。我將在第十章探討如何重新收復群眾智慧。接著我將描述這部機器具有的正向潛能，藉此提醒大家，我們一開始發明這部宣傳機器的原因：它能創造一股大到不可思議的海嘯般趨勢，裡面包含生產力、創新、社會福利、民主化、平等、照顧、積極性、團結與社會進步。同時，我將討論這部宣傳機器正向潛能的來源，為何也是它的危險來源，還有何以會使我們的適應方式變得更複雜（第十一章）。

在最後一章，我將探討如何調適，即商業策略、政府法規、社會規範、科技設計如何用來引導經濟和社會走向更具生產力的未來（第十二章）。我們是否應該拆分臉書？我們該如何制定隱私法？這部宣傳機器是否為不應該為用戶貼文內容負責的發布平台或用戶生成平台？這對言論自由和仇恨言論有何意義？某些答案將令你們驚訝。

交叉路口

過去三年間，臉書、推特、YouTube等社群媒體不斷上頭條新聞，媒體報導說他們不透明，促成政治兩極化，提倡仇恨言論，降低言論水準，在假新聞的散播上扮演重要的角色，對民主和選舉具有潛在的侵蝕性。

立法者提倡要加以管理。美國國會有多個委員會正在調查臉書和其他宣傳機器在俄國干預美國選舉案和網路錯誤訊息散播中所扮演的角色。劍橋分析公司一案引發爭議,是因為這家政治顧問公司利用從臉書偷來的八千七百萬個美國用戶資料來設定政治廣告目標。[9]這迫使祖克柏必須在美國國會和歐洲議會作證,立法者同時辯論該怎麼處理這部宣傳機器的強大群眾說服力、對個人資料的使用、對錯誤訊息的缺乏管控。[10]參議員約翰‧甘迺迪(John Kennedy)在美國國會質問祖克柏時,以一個聽起來不祥的陳述作為開頭:「我不想被迫對臉書進行規範,」他說,「但是,天啊!我將要這麼做。」

　　廣告客戶也施壓、要求這些平台改正。二〇一七年,寶僑公司(Proctor and Gamble)品牌長馬克‧普利雀德(Marc Pritchard)公開批評谷歌和臉書等平台的數位廣告缺乏透明度,還將廣告投放到假內容或令人反感內容的旁邊。[11]他接著採取行動,將寶僑的數位廣告預算砍了兩億美元。[12]二〇一八年,聯合利華(Unilever)跟進,將公司數位廣告費砍了近三〇%,試圖清理這部宣傳機器的廣告生態。[13]而這些公開抗議不是只有帶來不幸。事實上,寶僑營收的有機成長(organic sales growth)在二〇一九年是七‧五%,同時間網路廣告預算則降了六%。[14]聯合利華同一時期營收的有機成長則為三‧八%。[15]要了解他們是怎麼做到的,必須先理解這部宣傳機器。

　　在這部宣傳機器中,每個人都是數位市場商人,不管是為了理念而戰，還是為了消費者的錢而戰。在總統大選中試著說服選民支持自己的候選人、試著說服客戶買全新BMW3系列車款的銷售員、試著增加銷售的小公司老闆、普丁麾下試著用誤導方式煽動衝突對立的俄國網路研究署，在這部宣傳機器中都是數位市場商人。他們都試著將同一套說服策略做最佳利用，以達成自己的目標。這是為何在這趟旅程中我們要戴不同的帽子：分別擔任管理者、市場商人、憂慮的公民。我將經常要求讀者戴上數位市場商人的帽子，好從他們的角度來了解手上的工具箱。為了理解我們每天所收看的動態消息，我們需要知道他們在做什麼和為何這麼做。

　　地球上每個國家都注意到社群媒體在當今社會的角色。世界各地的管理者都在辯論要做些什麼，才能因應這部宣傳機器對選舉、商業趨勢、競爭、隱私及假新聞的影響。商業領袖正試圖想出該如何透過平台政策、演算法設計、軟體程式、替代性商業模式進行自我管理。而我們每個人，不論作為個人、家庭、家長還是朋友，都在思考這部宣傳機器如何影響我們和小孩的生活，從對交友和生意的影響、如何社交和表現、到社會中的孤獨感崛起。我們現在如何設計、調動、使用、管理社群媒體的決定，都將在未來產生深遠的影響。

　　這樣的科學暗示著，社群媒體一方面能協助培育出一個透明、民主、平等的社會，另一方面卻也可能被用來建立一個兩極化、獨裁的警察國家。我們現在來到一個交叉路口，夾在希望與危險之間，同時，就連這個系統的設計也在全球引發辯論。

　　在社群媒體上經常出現板塊移動。我們幾乎不可能跟上每日的變化。我反而希望提供一種持續性的框架來引導我們對社交經濟的思考。二十年的研究讓我學到一些一般性原則，了解這部宣傳機器如何運作，訊息和行為如何傳播，社群媒體的影響如何影響人的行為，政策制定者和個人如何能更有效的干預這部宣傳機器的運作。嚴格檢視這些基本原則後，我們發現前方出現一個不可避免的艱難知識之旅，途中有許多故事轉折和不可預期的變化。我打算在這本書中帶你們一起經歷這趟旅程。而最佳的開頭莫過於先讓大家看看，社群媒體如何把我們帶到某些人所稱「現實的盡頭」的邊緣。

第二章

現實的盡頭

正常狀況下，說謊者會遭現實擊敗。沒有任何東西可以取代現實，不管經驗老道的說謊者能用多大的謊言，這樣的謊言永遠不夠大，即便有電腦的幫忙，也涵蓋不了廣大的事實。

——漢娜·鄂蘭（Hannah Arendt）

　　二〇一三年四月二十三日，股市靜悄悄的開盤。在那個不合時令的冷冽早晨，交易者喝著拿鐵咖啡。從開盤的鐘聲響起到午餐時刻，股市雖有上漲但幅度不大。不過到了午餐時刻，美聯社（Associated Press）在推特上發出一則改變市場情緒的突發新聞。電話聲在紐約市各餐館裡響起，也在華盛頓和世界各地響起，與此同時，該則新聞不斷在推特上轉傳，形成一股訊息串，幾秒內就橫掃整部宣傳機器。該則推文於美東時間下午一點零七分上線，僅有這樣的標題，「突發事件：白宮發生兩起爆炸案，歐巴馬總統受傷。」[1]五分鐘內該推文就被轉推四千多次，這讓數十萬人（就算沒有數百萬人）知道白宮遭到攻擊。

　　我們幾乎可以聽到有些人一邊觀看社群媒體、一邊把冰茶和阿諾帕爾默檸檬紅茶（Arnold Palmer）吐回杯子裡的聲音。
這是一個令人震驚的消息。除了翻牆而進的闖入者（通常當場
被阻）外，歷史上只出現四次入侵者直達白宮的維安疏漏事
件。[2]所以傷了總統的兩起爆炸確實是個大新聞。

　　市場隨之震盪，然後出現大跌。如果只有個別散戶受到這
則新聞影響，或許可以控制金融市場所受到的衝擊。但這部宣
傳機器不是單獨存在，而是與一些系統連結，這些系統偵測、
挖掘、分析、交易社群媒體上即時表達出來的情緒。Dataminr
和Raven Pack這類公司經常過濾社群媒體資料，好在雜訊中找
到訊號。找到訊號後，他們就抓緊機會把訊號傳給機構客戶，
好讓他們在市場趨勢形成之前做出買賣。在那個特別的下午，
市場情緒並不好，資料挖掘者發出賣出建議，促使自動交易程
式出清存股。這麼做的同時，道瓊指數立即下跌近兩百點，幾
秒內股市就蒸發掉一千三百九十億美元市值。[3]

　　但這則新聞不是真的。白宮風平浪靜，總統也安然無恙。
推特上的貼文是敘利亞駭客入侵美聯社推特帳號後散播的假新
聞。當天確實有恐怖份子攻擊事件，只不過目標不是在賓夕法
尼亞大道一千六百號。攻擊發生在推特上，而傷亡卻在華爾
街。股市雖然回升，投資人卻賠了錢，因為他們的買單和賣單
都已成交。在那場賤賣潮中動作稍遲的人都輸得精光。這場
發生在二〇一三年的「駭客當機」（Hack Crash），凸顯出這部
宣傳機器所連結的社會技術系統（socio-technical system）的

脆弱性。一旦新聞開始成串在網路上傳播開來，就難以阻止，更難在查證的同時還能有足夠的時間來預防恐慌的發生。假新聞能嚴重破壞金融系統、醫療系統、民主機構，帶來虛擬造假（virtual falsity）的真實後果。

還有一例。二〇一七年夏天颶風哈維（Hurricane Harvey）襲擊德州南部，洪水造成數千人流離失所，美國南部數個煉油廠因而停止生產。缺油的消息很快在推特和臉書上傳開，駕駛貼出加油站排隊加油的照片，加油站還掛起沒油的簡易標示。恐慌隨之出現，而當地駕駛趕忙囤積用油，好像世界末日似的。奧斯丁、達拉斯、休士頓、聖安東尼奧等地方也跟著出現搶油潮。[4]

但如官方稍後所透露，並沒有缺油的狀況。那是透過社群媒體傳播的假新聞，再由廣播媒體挑出來報導。如我們後來所得知，其實還有很多油可以使用。煉油廠和公路的關閉只是減緩運送的速度。如果每個人維持正常的消費，配送系統足以應付一時的中斷，不會出現短缺現象。民眾的恐慌和接下來的搶購潮反而助長短缺的情況發生，那是瘋狂囤積所致，社群媒體則從旁推了一把。[5]

假新聞危機的特徵不斷顯現：錯誤訊息的傳播速度比真相快，不但誤導真實的行為而且帶來真實的影響。這種假新聞會對商業、民主、公共衛生造成巨大影響。假新聞雖然已經存在許多世紀，但透過宣傳機器使其傳播速度和規模更甚，讓假新聞危機到達極點。

　　這些小插曲凸顯出假新聞散播時呈現的系統性模式,可以從我針對這個現象所做的大規模研究中得到驗證,我接下來將會討論這項研究。當假新聞不完全出於捏造時,通常會扭曲現實世界的訊息,這是藉著扭曲這些訊息、混合真假訊息、強調訊息中最煽情和情緒化的成分來達到效果。接著很快就能靠著社群媒體逐步擴大,並且比求證或反駁的速度更快傳播開來。一旦傳播開來,即便想用真相來導正視聽,也已經覆水難收。

　　二〇一三年造成股市崩跌的敘利亞駭客事件是假消息影響經濟的個案研究。你們可能聽過類似的事情發生。事實查核網站Snopes列出「五十個熱門」謠言,這些謠言以令人驚訝的規律性經常更新。[6]其中包括二〇〇八年聯合航空將申請破產的謠言、二〇一七年星巴克將提供免費星冰樂給非法工人的謠言、二〇一八年三月川普總統錯誤指稱亞馬遜公司逃稅(導致該公司股價出現兩年來單月最糟表現)。假新聞是否對商業有系統性的影響?對股價呢?在我們了解假新聞的完整含意前,我們先岔題一下,來看D咖演員卡蜜拉・比約林(Kamilla Bjorlin)的故事。

女演員與假新聞

　　卡蜜拉・比約林是一個終生以演藝維生的女演員。自七歲起，她就在凱特・哈德森（Kate Hudson）主演的《流行教母》（*Raising Helen*）和安・海瑟威（Anne Hathaway）主演的《麻雀變公主2》（*The Princess Diaries 2*）中擔任重要角色。她一直無法成為明星，但她的血液裡已流有編織虛構故事的因子。所以在二〇一一年，她開創一個不同的事業。她成立一家名叫利丁構控股公司（Lidingo Holdings）的公關暨社群媒體公司，專精於投資人關係和為上市公司做促銷研究，這些上市公司包括許多生物製藥廠。事實上，如美國證券交易委員會於二〇一四年的控訴中指稱，利丁構是一家假新聞製造工廠，用「拉高倒貨」（pump and dump）的股票促銷伎倆，在眾包（crowd-sourced）投資人情報網站上貼造假文章，這些網站包括尋找 Alpha（Seeking Alpha）、街道（TheStreet）、雅虎財經、富比世投資網站（Forbes and Investing.com），這麼做的目的明顯是要影響股價。[7]

利丁構雇用的作者用假名發表文章，他們的假名有「瑞士交易者」、「艾咪・包德溫」、「交易行家」。自稱擁有企業管理碩士和物理領域學位的他們，寫一些假文章來吹捧他們收錢協助宣傳的公司，聲稱這些公司不斷在成長或穩定發展。但他們從不透露自己和這些客戶的財務關係，這是他們違反美國證券交易委員會規定的原因。二〇一一至二〇一四年間，利丁構涉嫌發表四百多篇假新聞，並從中獲取一百萬美元以上的現金和股票酬勞。美國證券交易委員會為了取締假金融新聞，還向另一家叫夢想團隊（Dream Team）的類似性質公司提起控訴：該公司向公開上市公司提供「社群媒體關係、行銷和品牌服務」[8]，並「利用龐大線上社交網路大幅增加曝光度，使他們能最大程度接觸到」[9]為拉抬客戶股價而設計的假新聞。

　　利丁構曾為一家叫做格蘭納生物製藥（Gelena Biopharma）的公司寫過假新聞。二〇一三年夏天，在還沒雇用利丁構前，格蘭納的股價停留在每股二美元的價位。二〇一三年八月至二〇一四年二月間，利丁構發表十二篇與格蘭納有關的假新聞，宣稱：格蘭納公司將進行「一項有利的長期成長投資」，因為可以從「三種研發中的好藥」取得「營收成長的有利前景」。

　　前兩篇假新聞文章發表後，格蘭納生物製藥公司二次發行（secondary equity offering）一千七百五十萬新股給利丁構，總價高達三千兩百六十萬美元。接著又出現五篇假新聞文章，該公司股價隨之飆漲。在二〇一三年十一月二十二日舉行的董事會中，格蘭納公司將數十萬新股的股票選擇權給予執行長、營運長、營銷長與六個董事會成員，公司的股價持續上揚。事實上，二〇一三年八月至二〇一四年一月間上漲幅度達九二五％。在隔年一月十七日的董事會中，當時的執行長馬克・安（Mark Ahn）宣布內部的人可以立即交易公司的股票。他們隔天真的去做，四星期內拋售了價值一千六百萬美元的股票。

　　我們都知道訊息會影響股市，但假新聞對金融的影響不是

圖表2.1 格蘭納生物製藥公司股價

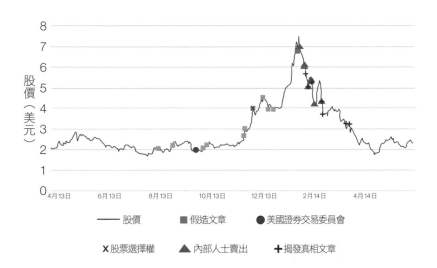

格蘭納生物製藥公司2013年4月至2014年4月的間股價，圖中標示的日期是二次發行和內部人士賣出、假新聞和揭發真相文章發表、股票選擇權給予的時間。

馬上就能搞清楚。格蘭納生物製藥事件直接將這兩者綁在一起。不過格蘭納事件當然只能算是一次性事件。有關假新聞對金融的影響，是否有任何系統性和可推論的證據？幸好，在西蒙・柯根（Shimon Kogan）、托拜亞斯・莫斯柯威茲（Tobias Moskowitz）、瑪琳娜・尼森納（Marina Niessener）針對假新聞與金融市場間關係所做的大規模研究中，格蘭納只是他們分析的七千多家公司之一。[10]

假新聞與金融市場

　　柯根、莫斯柯威茲、尼森納檢視從美國證券交易委員會私下調查取得的資料，這些調查確認與公開上市公司有關的文章，有哪些是為了操控股價而做的假新聞。在分析這些證實為假新聞報導的消息後，三位學者能系統性的將假新聞的傳播與一段時間內的股價波動連結起來。最初資料只涵蓋美國證券交易委員會所調查的一小部分公司和少量文章：總共一百七十一篇文章和四十七家公司。但這些研究者透過語言分析方式擴大採樣，二〇〇五至二〇一五年間所有出現在「尋找Alpha」網站上和二〇〇九至二〇一四年間出現在「萬里富」（Motley Fool）網站上的文章都列入分析。雖然這些根據欺騙性文章的語言特點所找出的大範圍樣本，比美國證券交易委員會的樣本來得更雜亂和不可靠，但研究者卻能有機會檢驗十年間針對七千五百家公司所寫的三十五萬篇文章。他們也分析投資人在美國證券交易委員會公開祕密調查行動之前和之後對假新聞的反應，公開調查行動讓大家注意到假新聞在這些網站上普遍存在。研究發現很大程度揭露假新聞如何影響股市。

在美國證券交易委員會經證實的資料中，假新聞的發布與股市交易量的增加有強烈的相關性。真實新聞發布後三天內，不正常交易量增加三七％，而相對於真實新聞，假新聞發布後三天內，不正常交易量增加五〇％。換句話說，投資人對假新聞的反應大於對真實新聞的反應。小型公司和散戶投資人（相對於機構）有比較明顯的反應。假文章的點擊率和被閱讀次數都比真文章多，而交易量則隨文章的點擊率和被閱讀次數增加。

而假新聞對股價有怎樣的影響？假文章的影響平均是真實新聞的近三倍，這是反映在每日股價波動或假新聞發布後三天內被操控股票的絕對回報（absolute return），即便控制了美國證券交易委員會最近提起的訴訟、公司發布的新聞稿、文章出現前數天的回報波動性（return volatility）也是如此。[11]

美國證券交易委員會二〇一四年公布對假新聞的調查結果，還向數家公司和合作的假新聞工廠（包括利丁構和夢想團隊）提起訴訟。這起祕密調查行動的公開，讓投資人注意到假新聞在尋找 Alpha 之類的網站上出現的事實，柯根這幾位學者藉此機會檢視，對假新聞的認知程度增加後，是否會侵蝕消費者對真新聞的信任。不令人意外的是，在美國證券交易委員會公布調查結果之前，真新聞對股市交易量和股價波動的影響，比公布調查結果之後影響更大。但在美國證券交易委員會讓大家注意到假新聞的存在後，投資人也變得比較不受真新聞的影響，這展現假新聞完全有可能侵蝕大眾對所有新聞的信任。

　　如果假新聞能打亂市場，就能影響社會上所有的人，不管我們有沒有閱讀和分享假新聞。更重要的是，如同我將在本章稍後討論「深度偽造」（deepfake）時所示：如果假新聞可以成功打亂市場，就能為經濟恐怖主義創造一個政治誘因。而如同我們在克里米亞案例所見，錯誤訊息的武器化是這個資訊時代對民主最惡名昭彰的威脅之一。目前為止最嚴重的案例是俄國二〇一六年對美國民主的干預。

政治錯誤訊息的武器化

　　「穆勒報告」（Mueller report）於二〇一九年四月公布後，權威人士、政治人物、媒體都趕緊翻閱這份報告，以期找出最有力的部分來支持他們的論點，還用煽情的標題來吸引讀者和觀眾注意。[12]他們大多略過第一卷，直接跳到第二卷，裡面提到川普總統涉嫌干預聯邦調查局對俄國干預案的調查。但我在讀「穆勒報告」時卻沒有因第二卷豐富的政治可能性而感到驚訝，讓我感到驚訝的是第二卷所描述的地緣政治現實：作為一個活躍的外國對手，俄國系統性的用這部宣傳機器攻擊美國的民主，並操控二〇一六年美國總統大選的結果。那是目前為止全世界最全面性的錯誤訊息武器化。

　　美國參議院情報委員會委託撰寫的兩份研究報告，詳細描述俄國二〇一六年以數億名美國公民為目標所發動的錯誤訊息攻擊行動，一份是由新知識（New Knowledge）組織主導，[13]另一份則由Graphika Inc.創始人暨執行長約翰・凱利（John Kelley）主導。[14]二〇一九年初，我、約翰和Graphika創新長卡蜜爾・馮索（Camille Francois）在曼哈頓聯合廣場咖啡館一起共進午餐，他們告訴我，美國的民主正遭受一場細膩複雜的攻擊，程度比媒體原先以為的還大。他們都很關心所發現的實情。他們的報告是公開的，在討論這個報告時，他們臉上透露出一些訊息。這兩位受到高度尊敬的專家正在擔心這些情況，而如果連他們都如此，我們也應該要擔心。

　　俄國的攻擊出自良好的規畫。網路研究署在臉書、推特、Instagram、YouTube、谷歌、Tumblr、Soundcloud、MeetUp等社群媒體網站上建立帳號，通常是提早數個月前成立，但有時也會提早數年。他們長年吸引聚集追隨者、與其他帳號一起扎根在真實的線上群組中，以取得追蹤者的信任。接著創造假新聞，意圖抑制選舉和改變人民的投票選擇，其中很大一部分是把選民導向共和黨候選人川普、而非民主黨候選人希拉蕊（Hillary Clinton）。假新聞包括特定主題的迷因（memes）：

「黑人的命也是命」運動、美國老兵受到不當對待、憲法第二修正案與槍枝管制、假想的伊斯蘭教法（Sharia Law）在美國興起、知名的謊言（如有人指控希拉蕊在華盛頓特區一家稱為「披薩門」的披薩店地下室經營兒童性交服務）。他們透過有機分享（organic sharing）和付費促銷方式散播這些迷因，以強化他們在社群媒體的觸及範圍。

他們在推特上建立少量以張貼假內容為主的源頭帳號（source account）和近四千個透過轉推和趨勢標記（trending hashtag）來擴散內容的分享帳號。[15]源頭帳號由人工控制，而分享帳號則經常是「機器人」帳號，意思是半自動半人工控制。由軟體機器人控制的自動帳號，以事先設定好的次數進行更頻繁的推文和轉推。軟體不會被解僱，也不用上廁所，所以這批機器人大軍永遠都在，除了傳播假新聞，還二十四小時持續與美國選民接觸。

關於二〇一六年的「大駭客」（Great Hack）事件，已有相當多的著述評論。現在，我們知道俄國錯誤訊息有涵蓋面廣大和細膩複雜這兩個特色。但真的有改變二〇一六年美國總統大選（或英國脫歐公投，以及巴西、瑞典、印度等國的選舉）？為了估算這些錯誤訊息是否真的造成美國選舉的翻盤，我們必須回答兩個額外的問題：俄國干預的範圍、規模、目標是否足以改變選舉結果？如果可以，是否能成功改變人們的投票行為，以致於足以達成最終目標？

俄國干預選舉的範圍、規模與目標

　　俄國假新聞在臉書上至少曾經傳給一億兩千六百萬人看過，二〇一六年選舉期間至少獲得七千六百萬個讚、評論或其他反應。在Instagram上的觸及人數至少有兩千萬，但其效果更為顯著，因為獲得至少一億八千七百萬個讚、評論或其他反應。俄國從追蹤者人數達六百萬以上的推特帳號發出至少一千萬則推文。我說「至少」，是因為我們目前發現的帳號可能僅是冰山一角。例如，分析顯示，選前三個月的臉書上，前二十個最多人接觸的假選舉報導，比前二十個最多人接觸的真實選舉報導有更多的分享和評論次數。[16]這部宣傳機器明顯成為散播錯誤訊息的管道，某項研究估計，假新聞網站的四二％造訪者（和熱門新聞網站僅一〇％的造訪者）是透過社群媒體而來。[17]

　　儘管那些數字聽起來很驚人，二〇一六年的假新聞規模卻比真實新聞小許多。例如，布蘭登・奈漢（Brendan Nyhan）、安德魯・蓋斯（Andrew Guess）、傑森・萊福勒（Jason Reifler）在針對網路瀏覽者所做的最具全國代表性的取樣中發現，選前幾週有四四％美國人造訪過假新聞網站，但這些造訪次數只占他們造訪真實新聞網站次數的六％。[18]同樣的，大衛・賴瑟（David Lazer）和同事發現在二〇一六年選舉期間，已登記選民在推特上接觸到的政治網址中，只有五％

來自假新聞來源。[19]杭特・艾爾考特（Hunt Allcott）和馬修・詹斯考（Matthew Gentzkow）估計一般美國人在選前數月看到的假新聞報導數量是「一則或少數幾則」。[20]

如果這些數字看起來很小，那麼值得注意的是蒐集這些數據的方法有些古怪。在艾爾考特和詹斯考的研究中，只有當這些報導屬於一百五十六則經證實的假新聞時，才會被視為「假新聞」。其他兩個研究則分析由約三百個假新聞網站構成的限定性清單。蓋斯等人在描繪「假新聞來源」時，排除Breibart、Infowars、YouTube（全部）。所以，在選前最後幾週，儘管有四四％達到投票年齡的美國人，至少造訪過假新聞來源裡的一個網站，也不會被列為造訪過受歡迎的假新聞來源。換句話說，有一億一千萬個達到投票年紀的美國人，造訪過少數被列為假新聞來源的網站，裡面不包含Breibart、Inforwars、YouTube。[21]有關二〇一六年大選期間接觸過假新聞、達到投票年紀的美國人總數，我們能做的最佳估計是落在一億一千萬至一億三千萬人間。所以接觸假新聞的選民是否僅為「小規模」，目前仍有待辯論。

分布範圍因一些瘋狂轉載的熱門點擊而受到扭曲，且較少數的選民卻閱讀到最大量集中的假新聞。蓋斯等人發現，新聞閱讀傾向最保守的二〇％美國人，占假新聞網站造訪人次的六二％，而六十歲以上的美國人最有可能閱讀假新聞。格林斯伯格（Grinsberg）等人在推特上發現，一％的登記選民閱讀八〇％假新聞，而且其中〇・一％的選民要為八〇％源自假新聞網站的「分享」負責。在第二份針對三千五百名臉書用戶所做的代表性線上調查中，安德魯・蓋斯、強納森・奈格勒（Jonathan Nagler）、喬許・塔克（Josh Tucker）三人發現僅一〇％的受訪者分享過假新聞，而分享這類新聞的人高度集中在六十五歲以上的美國人。[22] 如我將在第九章討論的，這樣的高度集中是這部宣傳機器的特點，你們或許因而懷疑假新聞是否有能力廣泛影響社會，但在懷疑的同時也要注意幾個警告。

　　我們知道促成這些樣本大量集中的是假新聞的「超級讀者」和「超級消費者」，他們大多是機器人。[23] 譬如，格林斯伯格等人提到中等超級分享者平均一天推文次數高達七十一次，他們的推文平均有二二％含有假新聞網址，而研究小組成員中的中等推文者一天只推〇・一次。這些研究者因此總結說：「許多超級讀者和超級消費者帳號都是機器人。」如果假新聞的集中因機器人而被打亂，那麼人工消費和分享的假新聞，可能就不如我們想像的那麼集中。除去機器人不算，格林斯伯格等人發現研究小組成員在二〇一六年大選最後三十天平均接觸兩百零四則假新聞，相當於一天七則。假定這些假新聞只有五％被閱讀，他們估計選前每人平均每三天看到一則假新聞。

　　儘管有些人認為假新聞不重要，因為假新聞只占一般公民整體吸收新聞總量的一小部分，而且並不清楚假新聞的數量是否與其影響成正比。假新聞通常都會驚動社會，而且也許因此比日常的新聞更引人注目與更具說服力。有些獨特的新聞，像是威利·霍頓（Willie Horton）*、開坦克的麥克·杜卡斯基（Mike Dukakis）**，以及霍華·狄恩（Howard Dean）***的驚聲一吼，往往被視為是某場選舉的轉折點。假新聞的表現是否都很類似，是一個經驗性問題，至今仍未得到解答。此外，假新聞不僅僅存在在社群媒體上，還經常被廣播媒體和公眾人物拿來傳播，創造一種回饋迴路，在社群媒體外擴大影響力。

　　二〇〇〇年美國總統大選最後是由一個關鍵搖擺州的五百三十七張票決定，那就是佛羅里達州。在二〇一六年大選，俄國的錯誤訊息攻勢以佛羅里達州、俄亥俄州、賓州、密西根州等搖擺州的選民為目標。我在牛津網際網路學院（Oxford Internet Institute）的同事分析選前一週含有政治標記的兩千兩百萬則推文，他們將其中三分之一推文做了地理定位，找出分享者和接收者與他們所居住的州。在分析俄國錯誤

---

* 譯注：威利·霍頓在一九七四年因為謀殺案被判刑，但在一九八六年返家探視途中再次犯下強暴與搶劫罪，引發對受刑犯返家探視制度的激辯，並影響一九八八年的總統大選。

** 譯注：杜卡斯基是一九八八年總統大選民主黨的候選人，原本領先當時的共和黨總統候選人老布希，但他在電視辯論時提到反對死刑，老布希陣營又放出杜卡斯基開心駕駛坦克的影片，導致情勢逆轉，最後輸了這場大選。

*** 譯注：霍華·狄恩原本是民主黨內呼聲很高的總統候選人，但是因為在造勢場合不當的吼了一聲，結果錯失提名的機會。

訊息在美國各地的地理分布時，他們發現「錯誤訊息的比例是專家和候選人所做內容的兩倍」。[24] 在計算一州的俄國假新聞量是否高於全國平均時，他們發現十六個搖擺州中有十二個州的假新聞量高於平均值。[25] 他們斷定俄國假新聞「令人驚訝的集中於搖擺州，即便將全美的政治對話總量考慮進去」。雖然二〇一六年美國總統大選投下的選票有一億三千五百萬張，六個搖擺州（新罕布夏、明尼蘇達、密西根、佛羅里達、威斯康辛、賓州）最後輸贏差距不到二％，而三個搖擺州（威斯康辛、密西根、賓州）的七萬七千七百四十四名選民則有效決定這場大選。[26]

俄國假新聞在臉書、推特、Instagram 上鎖定搖擺州可以被說服的選民，靠的是投這些選民所好的內容，裡面用@和#符號來讓用戶注意為他們量身訂做的迷因。例如，在選前兩天，「黑人的命也是命」運動支持者，被吸引到鼓勵選民不要去投票的抑制投票迷因。@woke_blacks 這個帳號在 Instagram 上張貼一個迷因，裡面這麼寫著：「有人說希拉蕊少一張黑人票就等於讓川普贏，這是一個胡扯的藉口。如果你決定不去投票，就是一種很好的杯葛。」@afrokingdom_帳號也在貼文中說，「黑人有足夠的智慧知道希拉蕊不值得獲得我們的票！不要投票！」新知識組織估計 Instagram 上九六％與網路研究署有關的內容都把焦點放在「黑人的命也是命」和警察暴行上，很明顯在傳播「抑制性敘述」（overt suppression narrative）。[27]

我們知道川普的前競選經理保羅・馬納福特（Paul Manafort）將民調數據分享給一位名叫康士坦丁・基利姆尼克（Konstantin Kilimnik）的俄國政治顧問，而以搖擺州可被說服的選民為目標（只要有這樣的民調數據就可能做到）則是劍橋分析公司的標準作業程序。[28]自稱「選舉顧問公司」的劍橋分析公司用偷來的八千七百萬名美國人資料，建立預測選民被說服程度的模式，以及最有可能說服他們的主題和內容（我將在第九章評估劍橋分析的心理剖繪〔psychographic profiling〕）。

如果錯誤訊息鎖定的是一小群潛在可被說服的選民，那麼有效的錯誤訊息有被用來鎖定對的選民嗎？懷疑者辯稱這樣的錯誤訊息是「白費唇舌」，因為接觸與否是有「選擇性」的，意思是死硬保守人士會看對川普有利的假新聞，而死硬自由派人士則會看對希拉蕊有利的假新聞，這樣就不太可能改變任何人的看法。蓋斯等人發現川普的支持者有四〇％看過對川普有利的假新聞，而希拉蕊支持者只有一五％看過這些新聞。在極右派前一〇％的最保守選民中，有六六％拜訪過至少一個支持川普的假新聞網站，平均讀過三十三・一六篇支持川普的假新聞文章。

但假新聞是「白費唇舌」的說法並無法解釋投票率，因為與選民意識形態一致的假新聞能促使選民投票，即便改變不了他們的投票選擇。而且，當極右派選民不成比例的更有可能消費支持川普的假新聞（所以是「白費唇舌」）的同時，溫和的希拉蕊支持者和政治光譜中間地帶的未決定者，明顯看到比支持希拉蕊假新聞還多的支持川普假新聞。他們與假新聞的接觸是否說服他們投給川普，或是乾脆放棄投票？那要看社群媒體的操弄如何影響投票。

社群媒體的操弄與投票行為

俄國干預的範圍、規模、目標足以改變選舉結果嗎？我們無法排除可能性。雖然接觸假新聞的機會比接觸真新聞的機會少很多，而且這個現象集中於特定選民，但仍可能觸及到一億一千萬至一億三千萬人。不用影響每個人就能翻轉選舉結果，只要影響關鍵搖擺州的數十萬可說服的選民即可。俄國的目標就是如此。下一個重大問題為何？對投票本身有影響嗎？為了回答這個問題，我們需要了解投票率和投票選擇這一門科學。

可惜的是，在撰寫本書的當下，已發表的研究中只有兩篇把「接觸社群媒體」與「投票」連結在一起。第一篇是臉書在二〇一〇年美國國會選舉期間針對六千一百萬人所做的實驗，結果發現鼓勵投票的社群媒體訊息最後使投票數增加數十萬張。[29]第二篇是臉書在二〇一二年總統大選期間根據前項研究所做的後續實驗，裡面複製第一項研究的發現，不過「動員投票」（get-out-the-vote）這個訊息不再那麼有效，在風險較高的總統選舉通常都是這樣。[30]我在第七章對這兩份研究有仔細的分析。但重點是,(根據我們對二〇一六年大選的討論)社群媒體訊息能以最小的力氣大幅增加投票率。有關社群媒體對投票的影響,目前只有兩項大規模研究,與此同時,針對說服性訊息對投票率和投票選擇的影響的研究有很多,這有助於我們測量俄國的干預對二〇一六年大選可能的影響。* [31]

關於投票選擇,一些整合分析(meta-analytic)評論暗示非人接觸(信件、電視、數位廣告)在大選中對投票選擇的影響很小。卡拉(J. L. Kalla)和布魯克曼(D. E. Brookckman)根據四十九個實地實驗做出這樣的整合分析:「針對大選中說服力效應的規模(即廣告對投票選擇的影響),能做的最佳估計是……零。」[33]但他們的數據沒有考慮到社群媒體,而且他們的估計仍存在相當多不確定性,就像選舉前兩個月非人接觸的影響,來自當時俄國如火如荼的攻擊。

他們也發現說服性訊息對初選的投票選擇、特定議題的

---

* 克里斯・拜耳(Chris Bail)和他的團隊發現,沒有證據顯示二〇一七年底與俄國網路研究署的推特帳戶互動會影響政治態度或行為。[32]但有些限制讓他們無法確定「俄國網路研究署的帳戶是否影響二〇一六年的總統大選」。這項研究是在大選之後一年進行,也就是在俄國網路研究署減少資訊業務,以及推特暫停他們三分之二的帳戶之後。這個樣本不包括獨立人士,而只包括頻繁使用推特的用戶,不代表美國選民,而且不考慮投票行為。這項研究確實找出間接證據,證實俄國網路研究署的互動改變三件事:在「對新聞不太感興趣」的受訪者對反對黨的評價、「對新聞很感興趣」的受訪者的政治型帳戶數量,以及民主黨人追蹤反對黨評價與政治型帳戶的數量。

投票議案、鎖定可說服選民有顯著的影響。例如，羅傑斯（R. Rogers）和尼可森（D. Nickerson）發現讓支持墮胎權利的選民知道某候選人並不支持這個權利，就會對投票選擇的表態產生三・九％的影響，這暗示俄國鎖定目標和針對特殊議題的操弄方式，可能促成投票選擇出現改變。[34] 說服性訊息對特定議題的投票議案的影響也凸顯這種可能性：針對地方選舉，大量選民和地方政策措施所做的干預，可能共同改變某個國家的政治方向，卻不會對全國性結果產生影響。這樣的威脅尤其陰險，因為比大選時的干預更難察覺。

　　而且，在社群媒體的操弄上，不用改變我們的投票選擇就能翻轉選舉。鎖定目標、並以增加或減少投票率為目的所做的努力，可能產生足以改變整個選舉結果的力量，而最近的證據顯示，鎖定目標的訊息可以影響投票率。例如，凱瑟琳・漢斯臣（Katherine Haenschen）和傑・詹寧斯（Jay Jennings）所做的隨機實驗顯示，鎖定目標的數位廣告大幅增加競爭選區千禧世代選民的投票率。[35] 多米尼克・拉吉特（Dominique Lockett）、班傑明・萊恩斯（Benjamin Lyons）、傑各・蒙哥馬利（Jacob Montgomery）、布蘭登・奈漢、傑森・萊福勒這些學者所做的研究顯示，只要隨機接觸一篇誤導文章，就能增加人們對該文章的信任和對投票意願的表達。[36] 格林（D. P. Green）等人所做的整合分析估計，在社會壓力的配合下，直接郵件平均增加二・九％的投票率，而拉票則平均帶來增加二・五％的投票率，選舉志工的電話拜訪平均也增加二％的投票率。[37]戴爾（A. Dale）和史特勞斯（A. Strauss）估計，簡訊對投票率有四・一％的影響，[38]而且證據顯示個人化電子郵件也有類似的影響。[39]有關社群媒體訊息對投票率的影響，僅有的幾個研究估計，這類訊息使投下的票數增加數十萬張。

那麼俄國的干預是否造成二〇一六年美國總統大選的翻盤？在俄國第一次干預後，即便到目前寫作的當下已經過了一個總統任期並邁入二〇二〇年總統大選的前夕（此時俄國和其他國家持續在干預），我們仍然不曉得答案。答案當然是有可能，只是我們不知道，因為沒人做過直接的研究。不幸的是，全世界民主國家將持續更容易受到傷害，除非我們現在就開始研究。

二〇二〇年美國總統大選

當特別檢察官羅伯特・穆勒作證說：「俄國政府為干預我們選舉所付出的心力是⋯⋯（他所見過）對我們民主最嚴重的挑戰。」時，我們都應該很震驚。[40]他強調這個威脅「值得每個美國人關注」，因為俄國人「在我們坐在這裡的時候正在這樣做，而且可以預期的是，他們在下次大選時也會出手干預。」他做出結論，「還有更多事情必須去做，才能防止這些侵擾；不只是俄國人的侵擾，還有其他人的侵擾。」

　　美國聯邦調查局長克里斯多福・雷（Christopher Wray）警告「威脅不斷在升級」。[41]不只俄國對美國的攻擊在二〇二〇年加劇，中國、伊朗等其他國家也「欣然想要仿效。」目前還不清楚的是，如果二〇二〇年的大選是比二〇一六年更讓人信服、更有決定性的選舉，那麼，美國人會如何改變對民主的信任呢？

　　而清楚的是，二〇二〇年的大選已經成為目標。[42]二〇二〇年二月時，情報官員告訴美國眾議院情報委員會，俄國正在干預民眾對總統川普連任的支持。三月，聯邦調查局通知伯尼・桑德斯（Bernie Sanders），俄國正試圖以他的名義扭轉大選情勢。情報官員警告說，俄國調整劇本，改採更新、更不易被察覺的策略來操縱二〇二〇年的大選。他們現在不是冒充美國人，而是慫恿美國公民重複傳遞錯誤的資訊，避開社群媒體平台制止「狂熱言論」的規定。他們將伺服器從俄國移到美國，因為美國情報機關被禁止在國內進行監視。他們已經滲透伊朗負責網路戰的部門，或許是為了發動看起來像是來自德黑蘭的攻擊。

　　二〇一九年十一月，俄國駭客成功侵入烏克蘭天然氣公司布里斯馬（Burisma）的伺服器，這家公司是喬・拜登（Joe Biden）與他的兒子杭特・拜登（Hunter Biden）被廣泛指控信譽受損的核心，或許俄國駭客是要努力去挖掘可以用在選舉上的抹黑資料。[43]二〇二〇年秋天，拜登的布里斯馬醜聞出現，就像重演當年希拉蕊電子郵件醜聞事件一樣，對此我毫不意外。對於外國敵人來說，在任何人可以揭穿真相之前，把假素材散播到美國社群媒體生態系，使其看起來像是成功駭進布里斯馬公司所得到的真實素材，以便創造醜聞來阻撓拜登的競選活動，這件事情並不難。就像我們看到的情況，這是假新聞危機的特徵：散播的速度比糾正的速度還快，因此，即使有足夠的真相也很難清除假新聞的後果。

由於冠狀病毒大流行導致的混亂，使得二〇二〇年的選舉受到操弄的威脅變得更大。親自投票的可行性、對通訊投票的質疑，以及對延後選舉的呼籲等都充斥著不確定性，毫無疑問的，外國組職會利用冠狀病毒引起的混亂來破壞民主程序。

儘管有些人聲稱假新聞無害，但在抗議與混亂中，以及在煙霧、火焰與外國的干涉下，距離我們這個時代最重要的選舉只剩幾個月。這些是真實的威脅，不只是對選舉的威脅，也對選舉程序的神聖性與和平構成威脅。如果這場選舉有些爭議，那假新聞會讓這樣的爭議升級，其中或許還會有暴力事件。就像唐納·霍洛維茲（Donald Horowitz）提到，「在騷亂的謠言中，祕密隱藏起來的威脅和暴行特別突出。[44]由於很難查證這類行為，因此它們構成這類謠言的完美內容，但是查證困難並不是促成暴力的唯一途徑⋯⋯謠言是形成騷亂過程的重要部分。它們為即將發生的暴力辯護，其嚴重程度通常是即將發生的暴力行動指標。謠言使參與並付諸行動的群眾減少似乎可用的選擇。它們動員一般人去做他們通常不會做的事情。它們破壞人群中的平衡，驅使他們做出最極端的行動。它們將迫害者的強烈衝動，以暴力施加於受害者身上。它們確認目標族群展現的力量與危險，從而促進因恐懼而生的暴力。」在我們特別容易被操弄的艱難時期，一定要保持高度警惕。

　　錯誤訊息的威脅當然不僅限於俄國或美國的民主。數位干預威脅著全世界的民主國家。卡洛爾・卡瓦拉德爾（Carole Cadwalladr）針對假新聞在英國脫歐公投中所扮演的角色進行調查報導，加上她與克里斯多福・魏利（Christopher Wiley）為英國《衛報》（*Guardian*）所做的揭穿劍橋分析公司醜聞報導，都讓我們見識到假新聞在世界各地武器化。牛津網際網路學院的研究發現，二〇一八年瑞典大選前，每三個在推特上分享的政治標記網址中，就有一個是假新聞。[45]一項由米納斯吉拉斯聯邦大學（Federal University of Minas Gerais）、聖保羅大學（University of Sao Paulo）、事實查核平台Agencia Lupa共同合作，以二〇一八年巴西全國選舉前，三百四十七個公開WhatApp聊天群組上流傳的十萬幅政治影像作為分析對象，研究發現，五十個最常在這些聊天群組裡被分享的影像中，有五六％會產生誤導，只有八％是完全屬實。[46]微軟估計二〇一九年印度選舉前，有六四％的印度人在網路上看過假新聞。[47]五二％的印度人聲稱他們看到的假新聞來自WhatsApp，[48]那裡的私訊服務尤其容易成為滋生假新聞的溫床，因為人們使用點到點加密（end-to-end encryption）私人群組，這樣就難以監視謊言的散播並採取相對應的行動。在菲律賓，為了使菲律賓裔美國記者、《時代》雜誌二〇一八年度風雲人物瑪麗亞・雷莎（Maria Ressa）失去信譽，為此傳播的錯誤訊息規模龐大而迅速。與俄羅斯在克里米亞的影響力行動類似，針對雷莎的錯誤訊息散播活動，最終與她受到的指控如出一轍。二〇二〇年六月，她因網路誹謗被定罪，並面臨最高七年的監禁。錯誤信息的武器化和假新聞的傳播已成為全世界民主國家的問題。

形成公共衛生危機的假新聞

　　二〇二〇年三月，一場蓄意的誤導活動，藉由傳播假新聞在美國大眾中散布恐懼，這則新聞提到，因為冠狀病毒的大流行，即將進行全國性的隔離措施。美國國家安全會議（National Security Council）不得不公開否認這則新聞，而且這應該不是唯一一則散播與病毒相關的假新聞。中國政府散布造假的陰謀論，指責美國軍方開始讓病毒大流行。幾個造假的冠狀病毒「治療法」已經殺死數百人，這些人喝下氯或過量的酒精想要擺脫病毒。當然，當時沒有治療方法或疫苗。世界衛生組織等國際組織在宣傳機器上抵抗冠種病毒的誤導資訊，將其視為回應全球大流行的一部分。我在麻省理工學院的研究小組支援COVIDConnect的事實查核組織，這是世界衛生組織的官方WhatsApp的冠狀病毒溝通管道，而且研究冠狀病毒錯誤資訊在全球的傳播與影響。我們先來看冠狀病毒大流行發生前一年，在宣傳機器上看到錯誤醫療資訊的破壞力，那是發生在二○一九年麻疹死灰復燃的期間。

麻疹於二○○○年在美國宣告絕跡。但二○一○年仍有六十三例通報，二○一九年前七個月的通報案例就超過一千一百個，成長近一八○○％。[49]麻疹對孩童尤其危險。通常一開始是發燒和出疹，但每一千個案例中就有一個會擴散至大腦，導致腦腫脹、抽搐或腦炎。[50]每二十個患有此病的孩童中就有一個得到肺炎，肺部因為得不到氧氣，無法將氧氣輸送到身體各部。二○一七年，這個疾病奪走十一萬孩童的性命。

麻疹是全世界傳染性最高的病毒之一。[51]如果接觸到被患者咳嗽汙染的空氣飛沫，就會得到這種疾病，就算患者離開數小時後你才進入房間，也會被傳染。接觸到這樣空氣的人，十個有九個會染病。二○二○年，每一個感染新型冠狀病毒的人平均傳染人數（即R0值）是二・五人，而麻疹的R0值則為十五人。[52]

為了預防傳染病傳播，社會必須透過高比例接種疫苗來達成「群體免疫」。[53]面對傳染力較小的小兒麻痺，八○至八五％的疫苗接種率就可以達成群體免疫。面對麻疹這種高傳染力病毒，要九五％的人口接種疫苗才能達成群體免疫。令人難過的是，雖然自一九六三年起就出現有效的疫苗，麻疹會在美國捲土重來，卻是因為有些人拒絕注射疫苗，這是根據專家的說法。二〇一七年，九一％的幼童接種麻疹腮腺炎德國麻疹混合疫苗（measles-mumps-rubella, MMR），但某些社區的疫苗接種率卻在近幾年大幅下降，麻疹就在這些社區爆發開來。

　　這場麻疹的爆發擊中我的要害，因為我有一個七歲大的兒子，而受創最重的群體就在紐約布魯克林區，也就是離我家只有五個街區的正統猶太社區，在二〇一九年全美的麻疹通報案例中，這個地區就占一半以上。其他爆發地區集中在有緊密連結的社區，如紐約州羅克蘭郡（Rockland）的猶太社區和華盛頓州克拉克（Clark）郡的烏克蘭裔及俄國裔社區，那裡的疫苗接種率落在七〇％左右，遠低於群體免疫的門檻。

　　如果麻疹這麼危險，而且疫苗又這麼有效，為何某些父母不給小孩接種疫苗？部分答案存在於一九九八年開始蔓延的一波錯誤訊息。接種疫苗的危險性，始作俑者是安德魯・維克菲爾德（Andrew Wakefield），他在備受尊崇的醫學期刊《刺胳針》（The Lancet）發表一篇造假的研究論文，聲稱疫苗和自閉症有關聯。後來才發現原來維克菲爾德收了一位律師的錢，這位律師向疫苗製造商提出訴訟，因此他才在論文中提出造假的證據，另外也發現，他自己正在研發一款可挑戰現有產品的疫苗。[54]《刺胳針》立即撤回該篇論文，而維克菲爾德也失去醫師執照。但他創造的這一波錯誤訊息持續到今天，因為有幾股勢力從旁推波助瀾，包括部落格上傳播的陰謀論，一部由維克菲爾德執導、名為《疫苗》（*Vaxxed*）的電影廣為流傳，以及社群媒體上最近流傳的陰謀論。

　　二〇一九年三月美國參議院一場公聽會上，田納西大學衛生科學中心（University of Tennessee Health Science Center）兒科學系主任暨孟非斯幸福兒童醫院（Le Bonheur Children's Hospital）小兒科主任醫師強納森・卡勒斯（Jonathan Cullers）作證說，除了州政府的疫苗免除政策和諮詢方法不足外，「社群媒體與透過快速擴散的溝通管道而放大的少數意見，加上因缺乏權威意見而產生的即刻強化效果，現正引發……對接種疫苗的猶豫。家長透過網路或推特和臉書之類的社交平台獲得許多訊息，在缺乏正確訊息的狀況下閱讀這類邊緣理論，可能導致擔心和困惑，這可以理解。這些家長可能因為沒有更多訊息，而對於是否該讓孩子接種疫苗而感到猶豫。」[55]社群媒體的錯誤訊息助長麻疹之類可用疫苗預防的疾病快速傳播，這是一種令人感到憂慮的傳聞證據。

臉書的反疫苗之王

　　賴瑞・庫克（Larry Cook）自稱是「全職（反疫苗）行動主義者」。至二〇一九年為止，他也是臉書上的反疫苗之王。[56]他的「停止強制接種疫苗」組織是一個營利機構，透過社群媒體上的反疫苗假新聞賺錢，也從亞馬遜上的反疫苗書籍銷售獲取介紹費。他還經由GoFundMe上的活動募得資金來支付網站花費、臉書廣告費、個人帳單。庫克的「停止強制接種疫苗」和另一個由羅伯特・甘迺迪（Robert F. Kennedy Jr.）領導稱為「世界水銀計畫」的組織，買下臉書二〇一九年五四％的反疫苗廣告。[57]

　　庫克的反疫苗臉書廣告活動鎖定華盛頓州二十五歲以上的婦女，那是一個擁有可能需要接種疫苗小孩的群體。超過一百五十則鎖定二十五歲以上婦女的這類貼文，在包含庫克自己的帳號在內的七個臉書帳號推廣下，總共獲得一百六十萬至五百二十萬次點閱，花在這些活動上的每一美元可以獲得十八次點閱。[58]不管哪一種產業，臉書上每次點閱平均要花約一美元。算一下你會發現，庫克的觸及方式有立即的效果。這些數據顯示他為每一次點閱付出約〇・〇六美元。

　　二〇一九年初，當你在臉書上搜尋疫苗相關訊息時，會出現一面倒的反疫苗宣傳。YouTube的推薦演算法把閱覽者「從以事實為基礎的醫學訊息，推向反疫苗錯誤訊息」[59]，而「Pinterest上七五％與疫苗有關的貼文都在討論麻疹與自閉症之間那種捏造出來的關係」。[60]在二〇一九年發表的一篇論文中，喬治華盛頓大學（George Washington University）的研究人員發現，推特上的俄國機器人平均比一般推特用戶多貼了二十二次與疫苗有關文章，[61]這讓接種疫苗錯誤訊息與俄國挾持這部宣傳機器的意圖產生連結。

　　和政治假新聞一樣，反疫苗錯誤訊息也有集中的特性。根據《大西洋》（*Atlantic*）期刊艾勒西斯‧麥卓戈爾（Alexis Madrigal）的分析，二〇一六年一月至二〇一九年二月間，臉書前五十個疫苗相關頁面所產生的貼文，占了前一萬個與疫苗有關貼文將近一半，也是這些貼文三八％按讚數的來源。[62]事實上，同一時期光靠七個反疫苗頁面就能產生前一萬個疫苗推文中二〇％的貼文。

　　如同我將在下一章描述的，這部宣傳機器網路高度集中在看法和信仰相似的人所組成的緊密連結群體周圍。我們活在一個將看法相同的人連結在一起的訊息生態環境中。二〇一九年和二〇二〇年紐約和華盛頓爆發的麻疹傳染，正是在看法相同的人所組成的緊密連結群體裡發生。俄國的錯誤訊息以同樣方式說服大多數美國人，並進而影響選舉，反疫苗社群媒體活動不用說服許多人放棄接種疫苗，也能造成疫情大爆發。為了讓接種疫苗程度降到群體免疫的門檻之下，他們只需要說服緊密連結群體中的少部分人，這些人會在他們之間分享這種錯誤訊息。

　　研究分析七年間兩百六十萬用戶與三十萬則疫苗相關貼文間的相互作用，發現臉書上的與疫苗有關的對話，實際上也出現在三種緊密連結的群體裡，顯示「疫苗相關內容的消費是由同溫層效應（echo chamber effect）所主宰，而兩極化現象則隨著時間增強。隔離良好的群體是源自於用戶的消費習慣……大多數用戶不是接受疫苗，就是拒絕疫苗，不會兩者皆是。」[63]
這些位於華盛頓州的緊密連結群體，就是庫克和反疫苗投機者
在臉書上的廣告鎖定目標。他們也是正在爆發疾病的群體。

　　二〇一九年初，社群媒體平台注意到這個問題。Instagram
開始封鎖與反疫苗有關的標記主題，如#vacinecauseautism和
#vacinearepoison。YouTube宣布不再允許用戶用反疫苗影片賺
取廣告收入。Pinterest禁止搜尋疫苗相關內容。臉書停止顯示
以反疫苗內容為主的頁面和群組，還更改推薦引擎，阻止用戶
加入這些群組。他們也撤下庫克和其他人一直購買的臉書廣
告。這些措施有助於減緩麻疹的爆發嗎？假新聞會助長可預防
疾病的散播嗎？答案就在逐漸崛起的假新聞科學中。

假新聞的科學

　　儘管假新聞的崛起可能為民主、經濟、公共衛生帶來災難
性的後果，但假新聞如何及為何在網路上散播，目前仍是一門
在發展初期的科學。到二〇一八年為止，大多數有關假新聞的
科學研究只分析少量樣本，或是以單一報導（一次一個）的擴
散為題進行個案研究。我和賽洛希・烏蘇吉及戴布・羅伊兩
位同事打算改變這個狀況，遂於二〇一八年三月在《科學》期
刊發表我們十年來研究假新聞在網路上傳播的成果。[64]

　　我們在研究中直接與推特合作，目的是研究自推特二〇〇

六年創始到二〇一七年間，所有曾在該平台上散播的謠言（同時包括經證實為真或假的謠言）。我們從推特的歷史存檔取出證實為假新聞的相關內容推文。這些資料包括三百萬人推出四百五十萬次、約十二萬六千個推特文章串。我們以六個獨立事實查核機構提供的訊息（包括 Snopes、Politifact、Factcheck.org 等）來區分新聞的真假，他們在確認新聞的真實性上展現九五至九八％的正確率。我們接著又雇用在麻省理工學院和衛斯里學院（Wellesley College）獨立工作的學生，檢查這些事實查核者是否在選取文章串時有所偏頗。

　　一旦我們有推特那十年間證實為謠言的推文所構成的完整資料庫，就能在推特上搜尋提到這些文章的地方，順著層層分享找到推文的「源頭」（文章首次在推特上被提及），並重製這篇文章在網路上傳播時所形成的轉推串（源自一個共同來源的不間斷的轉推鏈）。我們將這些轉推串予以視覺化，發現分享活動呈現一種怪異陌生的形狀。通常一開始是由來自推文源頭的轉推所形成的向外散射式圖形，接著就擴散開來，中間的新轉推鏈呈現類似水母捲鬚的形狀，逐漸脫離向外散射的圖形。我在圖表2.2中採用一張圖呈現出假新聞被轉推後形成的推文串。隨著這些推文在推特用戶間的散播，可以用數學方式呈現出來，因此我們可以分析假新聞的散播方式和真新聞有什麼不同。

　　我們為自己的發現感到驚訝和困惑。我們發現在所有消息

圖表2.2　推特上假新聞傳播數據圖形

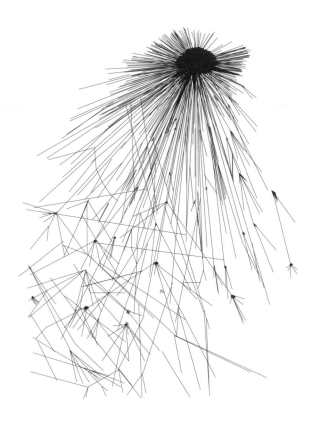

較長的線條代表較長的轉推串，展現假新聞的散播廣度和深度。

類別中，假新聞明顯比真相傳播得更遠、更快、更廣，有時還出現十倍的差距。真相很少能傳給一千人以上，而前一％的假新聞串經常能擴散至十萬人。真相大約要花比謊言多六倍的時間才能和謊言一樣傳至一千五百人，還要花二十倍的時間才能在轉推串中，從推文源頭到達第十個轉推。謊言明顯傳播得更廣，更在深度（每一分享都從推文源頭創造出一個轉推鍊或轉推串，每個鏈的連結數量便是該串的深度）方面比真相獲得更多不重複用戶的轉推。

　　假政治新聞傳得更深、更廣，接觸更多人，比任何其他類別的假新聞還更具傳染性。這類消息觸及兩萬人的速度，是其他類假新聞觸及一萬人的近三倍。政治新聞和都市傳說傳得最快，也最具傳染性。謊言被轉推的機率比真相多出七○％，即便將帳戶所有者的年齡、活動程度、原始推特用戶的追蹤者和所追蹤帳號的數量、原始推特用戶是否為核實過的用戶等因素加以控制亦然。

　　或許有人以為可以從散布假新聞者的特徵，看出何以謊言的傳播力道大於真相，數據卻顯示相反的結果。例如，人們或許懷疑散布謊言的人有較多追蹤者、追蹤的人更多、較常推文、較可能是「核實過」的用戶、或在推特上的時間較久。但其實正好相反。散布假新聞的人顯然有較少的追蹤者，而且被他們追蹤的人也較少、在推特上明顯較不活躍、身分也明顯不是那麼常被「核實」、平均在推特上的時間也沒那麼久。換句話說，謊言傳播得比真相更遠、更快、更深、更廣，不是因為這些差異。所以，假新聞為何及如何傳播？謊言在網路上的傳播是透過許多行動協同一致的機器人和不知情的人們之間的複雜交互作用，這兩者在一種意想不到的共生關係中共同合作。

社交機器人和假新聞傳播

社交機器人（軟體控制的社群媒體人物）在假新聞的傳播上扮演重要角色。我們在分析俄國二〇一四年在克里米亞施行的訊息戰時，從我們的推特數據，和範圍較廣的十年推特樣本中看到這個事實。社交機器人被用來在網路上散播謠言，除了令人感到不安外，卻也引人注目。

我在印第安納大學（Indiana University）的朋友兼同事菲力波・曼契爾（Filippo Menczer）和他的五位同事於二〇一八年共同發表一份有關社交機器人如何傳播假新聞的最大型研究，這些同事包括邵政成（Chengcheng Shao，音譯）、喬瓦尼・喬姆帕格尼亞（Giovanni Ciampaglia）、歐努爾・維諾（Onur Varol）、楊凱程（Kai-Cheng Yang，音譯）、亞歷山卓・法拉米尼（Alessandro Flammini）。[65]他們分析二〇一六至二〇一七年間，推特上一千四百萬則推文所散播的四十萬篇文章。他們的研究證實我們的發現，即假新聞比真新聞更具有傳染性。他們也發現機器人在散播來自低可信度來源的內容上具有重要的角色。但機器人擴大假新聞的方式令人吃驚，也凸顯它們如何被細膩的設計來利用這部宣傳機器。

首先，機器人在假新聞發表後幾秒內就抓住機會廣為轉推。機器人就是這樣的設計。而且假新聞一開始的傳播者是機器人的可能性，遠大於是人的可能性。回想一下圖表2.2中推特假新聞串所呈現的向外四射圖形。許多這類圖形都是機器人造成。接下來發生的事證實這個策略的有效性，因為多數的轉推是由人來做。初期由機器人執行的推文活動，引發不成比例的真人觸及次數，其中假新聞串是由機器人促成，但還是要由真人透過這部宣傳機器進行網路傳播。

第二，機器人不斷提到有影響力的人。如果機器人能讓有影響力的人轉推假新聞，就可以同時達到將假新聞予以強化和合法化的目的。曼契爾和同事們指出資料中的一個例子：某個機器人提到＠realDonaldTrump十九次，所連結的假新聞聲稱二〇一六年總統大選有非法移民投下數百萬張選票。只要有影響力的人被騙而做出分享內容的舉動，這個策略就會奏效。例如，川普曾在某些場合分享來自機器人的內容，這不但將這些內容合法化，還在推特的網路中廣為散播錯誤訊息。川普採納錯誤的說法，即數百萬個非法移民在二〇一六年總統大選投下選票，作為官方的談話要點。

但如果沒有真人，機器人也無法散播假新聞。在與推特合作的十年研究中，我們發現幫助謠言傳播得比真相更快更廣的

是真人，而不是機器人。在他們二〇一六至二〇一七年的研究
中，曼契爾和同事也發現真人（而非機器人）才是推特網路上
假新聞的關鍵傳播者。最終，真人和機器人在傳播謊言上扮演
著共生角色：機器人操控真人分享假新聞，而真人則透過這部
宣傳機器繼續將假新聞傳播下去。任何一個錯誤訊息行動的最
終目標就是要誤導人們。人才能投票、抗議、抵制產品、決定
是否要讓孩子接種疫苗。這些人類的重要決定就是假新聞操弄
鎖定的目標。機器人只是達到目的的工具。但如果人才是假新
聞行動的目標，而且對假新聞的傳播極為關鍵，那麼，我們為
何這麼受到假新聞吸引？又為何會分享假新聞？

新奇假設

　　一種說法是我和賽洛希・烏蘇吉及戴布・羅伊所稱的
「新奇假設」（Novelty Hypothesis）。新奇事物之所以吸引人，
是因為有令人驚奇之處，而且能激發情緒。[66]它們能讓我們對
世界的認識有所更新或改變，也促進分享，[67]因為能藉此表達
分享者的社會地位，分享者不是被視為「知情者」，就是被當
成有「內幕消息」的管道。[68]在這樣的認知下，我們做了以下
的測試：在我們研究的十年推特資料中，假新聞是否具有比真
相更高的新奇性？我們也檢視推特用戶是否比較可能轉推看似
比較新奇的訊息。

　　為了估算新奇性，我們檢視同時分享真資訊和假謠言的用戶，並將謠言推文的內容與用戶決定轉推謠言前六十天內接觸到的所有推文內容進行比較。我們的發現符合多種新奇性衡量標準：假新聞確實比真相更為新奇，而人們更可能分享新奇的訊息。就「注意力經濟」（我將在第九章討論）而言，這說得過去。在社群媒體迷因相互競爭的環境中，新奇事物激起我們匱乏的注意力，並促進我們在網路上的消費和分享行為。[69]

　　雖然在我們的研究中，假謠言比真相更具新奇性，用戶卻不見得這麼看待。所以，為了進一步測試我們的「新奇假設」，我們將比較用戶回應真假謠言時所展現的情緒，以評定他們對這些謠言的認知。我們發現假謠言引起較多驚訝和憎惡的情緒，符合「新奇假設」之說，而真相卻引發較多的悲傷、期待、快樂、信任。[70]從這些情緒反應可以看出除了新奇之外，還有哪些因素會促使人分享假新聞。為了了解假新聞傳播背後的機制，我們必須考慮人們易受假新聞影響的特性。

我們易受假新聞影響

　　「人們易受假信念影響」這門科學比假新聞科學更為發達，但不幸的是，這項科學研究並沒有更有定論。目前「古典推理」（classical reasoning）和「動機推理」（motivated reasoning）這兩派爭論不休。古典推理派主張當我們以分析的角度思考時，比較能區分真假。另一方面，動機推理派卻主張，當我們需要針對錯誤信念做出更正訊息時，較具分析性思考力的人會「不為所動」且更加相信那些假信念，尤其是當他們偏袒心態較強或一開始就相信那些假信念時。

　　我在麻省理工學院的同事兼朋友大衛・蘭德（David Rand）和他的共同研究者葛登・潘尼庫克（Gordon Pennycook）研究哪種人較能分辨假新聞。[71]他們用認知反思任務（cognitive reflection task）來衡量人們的認知反思能力，再問受試者是否相信一連串的真新聞與假新聞報導。認知反思任務測試的是反思能力。如果你提出這樣的謎題：「一根球棒和一顆球總共花費一・一美元。球棒比球多花一美元，那麼球多少錢？這個問題很快引發本能回應（一顆球十美分），但一經反思就會發現這明顯是錯的，因為如果球是十美分，球棒就是一・一美元，兩個加起來就是一・二美元。」這類問題是在測試反思能力。而且蘭德和潘尼庫克發現反思能力較強的人較能區分真假，並看出真實事件報導所呈現的明顯政黨傾向，這支持古典推論派的看法。

　　但是事情一提再提就會使人相信。[72]如果你不斷用假新聞轟炸我們，我們可能就會相信。這叫做「虛幻真相效應」（illusory truth effect），[73]也就是說我們持續接觸假消息後會傾向相信假消息。重複能使人相信，因為人們傾向相信他們已經在想的事，這就是「確認偏誤」（confirmation bias）。所以，當我們聽到某件事情愈多次，而且這件事變得更與我們的認知一致時，我們就愈可能相信。基於類似的思考，某些認知和政治科學家做出以下這個假設：由於確認偏誤，更正訊息反而會帶來反效果，也就是如果你嘗試說服人們認清某個長期信以為真的信念其實是錯的，反而可能促使他們對該信念更加深信不疑。但支撐這種「逆火效應」（backfire effect）的證據似乎較為薄弱。例如，安德魯・蓋斯和亞歷山大・卡波克（Alexander Coppock）在三項調查研究中發現：「即便理論上有利，也找不到逆火證據。」[74]

所以反思有助於我們區分真假，不斷重複說明會使人相信，而更正消息似乎並沒有產生反效果，即便確認偏誤通常會使我們相信已經知道的事。這些發現提示我們如何打擊假新聞，我將在第十二章討論如何適應時再做解釋。

製造假新聞的經濟動機

製造假新聞的政治動機明顯可由俄國對烏克蘭和美國政治的干預看出。但經濟動機也不容低估。而沒什麼地方比馬其頓韋萊斯鎮（Veles）更能明顯看出製造假新聞的經濟動機。

韋萊斯是一個暮氣沉沉的山間小鎮，擁有五萬五千個居民、兩個電視頻道、一些好看的教堂。那裡出過幾個著名的歷史人物或事件，像是鄂圖曼帝國的大維齊爾（grand vizier，相當於宰相），以及十四世紀末塞爾維亞和鄂圖曼帝國間的戰爭。但韋萊斯之所以在全球歷史占有一席之地，最重要的原因是在二〇一六年美國總統大選期間，當地無業青少年發現這部宣傳機器能使他們變有錢，只要在網路上散播假新聞就行。[75]

韋萊斯的青少年建立數百個網站，並推廣這些網站，再透過社群媒體廣告網將假新聞散播給美國選民。谷歌之類的公司讓網路瀏覽者看到廣告，並根據能吸引多少高素質瀏覽者來付錢給網站創造者。韋萊斯的青少年發現他們可以賺到很多錢，只要透過社群媒體網路創造網站，並推廣網站上的內容即可。閱讀和分享他們文章的人愈多，他們就能賺到更多錢。

他們發現假新聞能吸引更多讀者，而且如我們在研究中發現的，在網路上被分享的機率比真新聞多七〇％。他們創造假帳號擴大訊號，而一旦趨勢演算法掌握這些帳號，假新聞報導就得到廣播般助力，得以在網路上的新領域接觸到更多人。接下來是假新聞泛濫成災，淹沒準備要去投票的美國大眾。一邊是錢在流動，另一邊卻是謊言在流動，就這樣，BMW轎車在韋萊斯隨處可見，而二〇一六年總統大選前幾個月的美國則是假新聞四處蔓延。韋萊斯鎮是這類例子中的一個。二〇一九年，假新聞網站一年可賺取兩億美元廣告收入。[76]假新聞是一個龐大事業，我們在嘗試解決這個問題（第十二章中將論及）時必須認清這個經濟現實。

現實的盡頭

目前為止我所描述的，從股市崩跌到麻疹爆發，再到選舉的干預，都還算好消息，不幸的是，假新聞時代將變得比現在糟糕許多。我們就要進入一個新的合成媒體時代，到時將如某些人所擔憂，會帶我們進入「現實的盡頭」[77]。這樣的描述或許有點戲劇性，但製造謊言的科技創新無疑正以極快的速度向前邁進。「深度偽造」技術的發展產生極為令人信服的合成影音，比文字寫成的假新聞更可能騙過我們。深度偽造科技採用深度學習（deep learning），那是機器學習的一種，是在多層次神經網路的基礎上創造超級寫實（hyper-realistic）的假影音。如果眼見為憑，那麼下一代的謊言將比目前所見的社群媒體更有可能說服我們。

二〇一八年，電影導演（兼專業模仿秀演員）喬登‧皮爾（Jordan Peele）與 Buzzfeed 一起創造一段深度偽造影片，歐巴馬在影片中稱川普為「不擇不扣的蠢蛋」[78]。看起來很有說服力，但明顯是假造的。皮爾還為那個明顯深度偽造的影片加一個玩笑橋段：他讓歐巴馬說，「現在，我永遠不會這麼說……至少不會在公眾演說時。」但是，如果不是明顯造假的影音，而是能令人信服的欺騙，該怎麼辦？

深度偽造科技的基礎是一種特別的深度學習，叫做生成對抗網路（Generative Adversarial Network）[79]，最先是由當時還在蒙特婁大學（University of Montreal）念研究所的伊安・古德費羅（Ian Goodfellow）開發出來。某晚他和幾位研究所同學在當地一處酒館喝啤酒時，古德費羅碰上一個把那幾個朋友困住的機器學習問題：如何訓練電腦自行創造照片。傳統的方法不幸都失敗了。但就在那晚，幾品脫啤酒下肚的古德費羅突然間有了頓悟。他想是否能用兩套神經網路彼此對抗的方式來解決問題。這就是生成對抗網路的來源，臉書人工智慧研究部門前主任楊立昆（Yann LeCun，音譯）稱這個科技為「過去二十年來最酷的深度學習構想」[80]。它也是操控歐巴馬稱呼川普為「蠢蛋」的技術。

生成對抗網路由兩個相互對抗網路組成：一個是負責產生合成媒體的「生成者」（generator）網路，另一個是判斷內容真偽的「判別者」（discrimator）網路。生成者從判別者的決定學習，從而創造愈來愈令人信服的影音。其實，生成者的工作就是盡可能讓判別者以為所見到或聽到的合成影片或聲音檔是真的。想像一個設定於超級迴路中的機器，不斷試著以更好的技術騙過我們。那就是現實扭曲（reality distortion）的未來，與此同時，我們這個世界的生成對抗網路科技將進步得愈來愈快。

生成對抗網路也可以用在好的方面，如在高能物理實驗中產生令人信服的合成數據或加速藥物的發現。但可能造成的地緣政治和經濟傷害卻令人憂心。曾任美國國務院反恐協調官

員、目前擔任大使的丹尼爾‧班傑明（Daniel Benjamin）和
曾在柯林頓和歐巴馬任內擔任國家安全會議資深反恐主管的
史蒂芬‧西蒙（Steven Simon）共同描繪出一幅令人生畏的景
象：「可以輕易的想像，以描述伊朗官員與恐怖份子合作攻擊
美國為內容的造假影片所帶來的混亂，或簡單一點，以伊朗或
北韓計畫對數目不限的目標，施行先發制人攻擊為題的假造新
聞……最後可能引發戰爭，或同樣嚴重的，阻礙國家對真正
威脅的回應。」[81]

　　深度偽造出來的聲音正被用來欺騙公司，從中詐取數百萬
美元。二〇一九年夏天，賽門鐵克（Symantec）科技長休‧
湯普森（Hugh Thompson）透露他的公司已發現數起客戶遭深
度偽造聲音攻擊的事件。[82]攻擊者先讓生成對抗網路接受數小
時的聲音訓練，那是某位執行長在公眾場合被錄下的聲音，來
源包括新聞採訪、公開演說、財報電話會議發言、國會作證。
攻擊者用這些聲音檔建立一套自動模仿該執行長聲音的系統。
他們可能打電話給該公司的財務長，以假執行長身分要求用電
匯方式，將數百萬元轉到他們所控制的銀行帳號。這套系統不
僅發出預錄訊息，還把攻擊者的聲音即時轉換成執行長的聲
音，這樣就能進行實際的對話並回答財務長的問題。執行長的
合成聲音相當令人信服，加上用編好的故事來解釋為何要馬上
轉帳（因為即將賠很多錢，或是為了對抗財務季底即將到來的
衰退），財務長只能順從執行長的要求進行轉帳。湯普森透露

每次攻擊都讓目標公司損失數百萬元。

如喬登‧皮爾在他所製作的Buzzfeed深度偽造影片中讓歐巴馬說的,「或許這聽起來有點陽春,但我們如何在這個資訊時代前進,將決定我們是存活下來,還是變成某種被搞砸的反烏托邦(dystopia)。」為了弄清反烏托邦是否就是我們的命運,我們必須了解這部宣傳機器如何運作。要做到這點,我們要回到最初的原則,先從深入這部宣傳機器開始,再檢視社群媒體對我們頭腦的影響。

第三章

宣傳機器

社群媒體是一項重大改變,不僅在我們的商業上,也在美國和
世界各地的生活上。

——湯姆‧布羅考(Tom Brokaw)

世界充滿比我們還強大的事物,但如果你懂得如何搭便車,就
能去各個地方。

——尼爾‧史蒂芬森(Neal Stephenson)

　　我與臉書有多年的合作研究關係,曾多次拜訪該公司的辦
公室。他們不斷改變走廊裡的藝術品和牆上壁畫,這已經成為
一個傳奇故事。以塗鴉藝術家崔大衛的故事為例,他當年接受
委託,為臉書原來位於帕羅奧圖市(Palo Alto)愛默生街的辦
公室畫壁畫。由於自己的藝術作品價值正在上揚,崔就要求
臉書以六萬美元作為他為整棟辦公室畫壁畫的酬勞。[1]不過尚
恩‧帕克(Sean Parker)鼓勵他改以臉書股票為酬勞。到了臉
書二〇一二年上市時,崔手上的股票價值頓時高達兩億美元,
現在更值五億美元。

　　臉書認真看待藝術與創新間的關係。他們甚至弄出一個藝

術家進駐計畫，把藝術家帶到門洛帕克（Menlo Park）辦公園區，為那裡的牆上和走廊畫上具有創意和有意義的壁畫。[2]在某種意義上，這種藝術反映出臉書的文化，不論是好是壞。一張海報上出現這個標語：「快速行動並破除障礙」。祖克柏當初想出這個標語時，就把它當成推動臉書創新的創意心態。到了今天，它代表一種草率的心態，藉此躲過假新聞危機和俄國對美國民主的干預。在某些方面，臉書辦公室裡的藝術品反映該平台的文化和社會意義，也將一種特殊精神，灌入為這個世界最大社交網路編寫程式的工程師和數據科學家的腦中。這些藝術品是臉書影響力的縮影，仔細思考它們的意義就能深入了解臉書員工的思考方式。

　　有次在拜訪臉書總部時，一幅壁畫特別吸引我的注意。所以我用手機拍了張照片。每次在研究這部宣傳機器，試圖了

圖表3.1　「社交網路就是電腦」
這個文字影像是作者在臉書位於加州門洛帕克總部所攝。

解它的內在運作時，我的腦中就不斷浮現那幅影像。那是一個綠藍白三色文字圖案，上面只有這句話：「社交網路就是電腦。」（見圖表3.1）

社交網路就是電腦

　　可以從很多方面來詮釋這幅壁畫。在某種意義上，社交網路是臉書販賣的產品。蘋果公司賣的是電腦，而臉書則賣網路（或上面的廣告）。但對我來說，這幅壁畫有著更深沉意義。它描繪一種世界觀：社會基本上是一個龐大的訊息處理器，將思想、概念、意見從一個人傳給另一個人，像腦的神經元或神經網路的節點一樣來決定和行動，向每個節點的突觸發送訊號，告知要買什麼、投票給誰、跟誰約會，每分鐘有數十億次這樣的發送，日復一日持續下去。在這個比喻中，我們是節點，我們集體存在於一個訊息處理機器中，其構造就是社交網路。由臉書、推特、WhatsApp、微信、Instagram匯集而成的數位連結社交網路「就是電腦」。但如果社交網路是電腦，那麼它處理的是什麼？

　　透過這部電腦（將我們連結起來的龐大訊息處理機器），訊息起起落落川流不息，其中有思想、建議、政治訊息、行動呼籲、藝術及文化轉變、令人震驚的駭人事件報導、事實、數字、思考方式、擁護和支持行動、傻氣的貓咪照片、Instagram

上以看起像藍莓鬆餅的吉娃娃為主題的迷因。這部宣傳機器的核心就是一個訊息處理器，負責管理並引導社會訊息的流動，不管是人與人之間，還是人群、銀行、政府、媒體、國際組織間的訊息流動。作為這個網路的節點，我們本身就是訊息處理器和決策者。在每日生活中，我們都在購買、表決、提倡、張貼、分享、展現網路上流通的訊息。我們社會整體所經歷的集體結果，就是我們個別決定的集合體，而這些決定又受到我們透過不同媒體接觸到的大量訊息、思想、意見的告知和影響，這些媒體包括廣告媒體公司和現在愈來愈多的社群媒體。

雖然在這部宣傳機器流通的訊息上，我們扮演重要的角色，但是那些流通的訊息大多受到演算法的導引、控制、限制，這種演算法決定我們要看什麼、何時可看、下一個在網路上連結的人應該是誰。就這樣，我們的現代通訊基礎設施（我們的新訊息秩序）是一個不斷在進化、以人為媒介的網路，每天二十四小時都在進行訊息交流，負責引導的演算法控制著訊息流動。

解析宣傳機器

三種三重奏式科技造就這部宣傳機器。數位社交網路、機器智慧、智慧型手機的設計和發展，共同決定這部宣傳機器如何構築我們的世界。很大程度上，數位社交網路構築社會的訊

息流動。機器智慧透過朋友推薦和網路上靠訊息流演算法達成
的訊息流動，來引導數位社交網路。智慧型手機製造一個「總
是開機」的環境來讓這部宣傳機器運作。這些手機分分秒秒都
在學習與我們行為和意見有關的細微資訊，再將資料輸入機器
智慧，以構築我們的訊息流通管道，以及接觸的意見和信念。
這個由數位社交網路、機器智慧、智慧型手機構成的三重奏式
組合，已經改變訊息的生產和消費、我們被動獲取訊息的方
式、我們的行為，以及這部宣傳機器如何改變我們的方式。
（見圖表3.2）

　　如果我們想要了解這個訊息處理機器，就得先搞懂它的三
個組成：負責構築我們互動的基質（數位社交網路）、透過機
器與人類智慧間相互作用來控制基質訊息流動的程序（宣傳
迴路）、媒介（我們傳送訊息至這部宣傳機器，並從它那裡接
受訊息的主要輸入／輸出裝置，目前是智慧型手機）（見圖表
3.3）。舉例來說，不管用哪種理論或分析來解釋為何假新聞
在網路上散播得比真相快，或為何這部宣傳機器依它現有形式
會摧毀群眾智慧（稍後有更多討論），都要對這三個組成要素
有基本的認識。

　　這部宣傳機器的核心就是基質，即網路本身，這是一個不
斷在進化、規模擴及全人類的連結集合體，我們藉此才能在臉
書、推特、LinkedIn等平台上相互連結。基質讓這部宣傳機器
有現在的模樣，並在很大程度上形成一種能決定誰知道什麼及

圖表3.2　三重奏式科技產生的宣傳機器

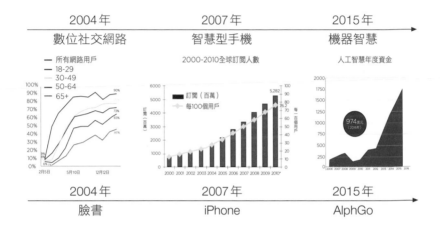

數位社交網路、智慧型手機、機器智慧三重奏式科技採用後,歷年來的相關數據的圖像化。數位社交網路的採用時間是從2005年2月至2005年9月,全球手機普及率和穿透力的採用時間,是從2000至2010年,機器智慧的採用時間,則在2006至2016年間,在這段時間內,全世界每年對人工智慧投入數10億美元資金。臉書、iPhone、人工智慧軟體AlphGo發行日期列於個別趨勢下。

何時知道的架構。連結這部宣傳機器的網路依其結構決定訊息流動的方式，所以搞懂這個結構及它的演進方式，可以讓我們深入了解社會的運作方式，範圍從政治兩極化的興起、社會運動的動能、假新聞的散播、到鎖定目標客群的廣告。

　　管理網路演進的程序和流通訊息，是我所稱的宣傳迴路（hype loop），即機器與人類智慧之間的相互循環影響，這能決定我們的關注事項和訊息及知識如何在世界各地傳播。這種相互影響的動力來自新興的機器智慧和更為容易取得的數據（有關全體人民的思想、行為、意見）。機器智慧吸納我們的思想、行為、意見，進而為我們選擇在動態消息上看到的文章、在Instagram上看到的照片、在LinkedIn和Tinder上看到推薦給我們的同事和約會目標、伴隨文章內容而來的廣告。

　　我們接著就消費這些訊息並據此做出決定。我們點擊某些鏈結和影像，卻放棄其他資訊。我在某些貼文上留下評論並按讚，卻忽略其他貼文。我甚至因為看的東西而改變線下的行為，不管是在投票所，還是在大型購物中心。這部宣傳機器觀察這些決定後得知我們喜歡什麼、喜歡誰、我們如何思考。所以它下一次就做出修正，給出更具有吸引力的建議。這種人與機器間的互動（宣傳迴路）左右著我們，而我們也左右著它。但最後的結果都是真的：買下產品、投下票、人們出現在市鎮廣場表達抗議（有時會像埃及解放廣場抗議活動那樣具有戲劇性效果）。

圖表3.3　三重奏式科技

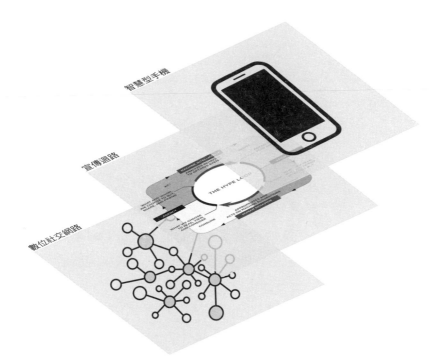

這部宣傳機器的基質（數位社交網路）、程序（「宣傳迴路」）、媒介（目前是智慧型手機，未來可能是其他工具）。

媒介是我們用來與這部宣傳機器接觸的輸入／輸出裝置。目前的媒介主要是智慧型手機，不過未來可能是擴增實境（augmented reality, AR）或虛擬實境（virtual reality, VR）頭盔、數位隱形眼鏡、虛擬生物（virtual being）、家庭音響或某種綜合裝置。不管實際會是哪種裝置，媒介的重要性在於它決定這部宣傳機器要從哪種環境學習有關我們的一切，和要在哪種環境影響我們。

但要真正理解這部宣傳機器，還得認識引導它所發展的經濟、技術、社會、法律力量。這些是我們用來控制社群媒體的槓桿。所以在深入討論這部宣傳機器的三個組成之前，值得先介紹這四個槓桿，好解釋這部宣傳機器的組成是如何運作和被運作。

四個槓桿：金錢、程式、規範、法律

金錢、程式、規範、法律這四個因素引導這部宣傳機器如何影響我們，以及我們如何反過來操控這部宣傳機器。每個因素都有雙重用途。首先是作為一種讓我們看清這部宣傳機器對世界影響的鏡片，其次是作為一種讓我們得以引導這個機器對社會影響的機制。

臉書、推特、Snapchat、Yelp等社群媒體所面臨的誘因，影響他們追求的商業模式和平台設計。更影響他們用戶的行為

　　方式，使某些社會和經濟成果更容易出現，讓其他成果變得較不可能形成。跟著金錢走，將會把我們引向這個結果：對社群媒體的運用和濫用，產生一種通常令人感到意外的看法。

　　透過對程式的檢視，能了解技術限制如何影響我們在網路上的行為、溝通模式，以及社交網路的進化。社群媒體軟體程式碼的設計，對這部宣傳機器如何運作有很大的影響。這些平台在建立系統時面臨一些電腦計算限制，為了突破限制所做的抄捷徑行為導致特殊的設計，進而以令人意外且有時危險的方式形塑我們的社會。為了效率（有時說實話是專斷獨行）所做的設計選擇，形成這部宣傳機器影響我們的方式。

　　透過對規範的分析，能了解在這些系統中運作的社會力量，因為我們使用社群媒體的方式，受到整體社會同意的規範引導，最終我們將從這波創新浪潮中取出我們放入的東西。如果我們以正向和均等的方式使用這種科技，就能提倡正向的社會改變，並創造實質的社會和經濟價值。但如果我們不夠小心，就可能會不慎造出一個不平等的獨裁世界，這個世界的監控資本主義將引導我們的行為往企業和政府的目標前進，沒有顧及社會和經濟層面。在我們透過線上言語和行為相互影響的同時，持續創造我們所在的數位世界。而最終我們將採收自己種下的果實。

　　透過對法律的研究，能理解政府如何試圖更正這部宣傳機器所產生的市場失靈，並檢視規定對商業、政治、社會的影響。在歐洲，《一般資料保護規定》（General Data Protection Regulation, GDPR）之類的規範，有相當大的程度限制社交平台的設計和行為。在美國，社群媒體至今仍沒有受到什麼管制，但要負責自我管理這項困難的工作。如果他們管得太少，就可能碰上管理上的反向力量。未來全球社群媒體的管理方向仍不清楚，不過可以確定一件事：社交平台會受到多大程度的管理，很可能在未來二至三年間有很大的改變。從四個槓桿的角度來看這部宣傳機器的三個組成，我們就能理解社群媒體運作方式的基本原理，從而評估它對我們會有怎樣的影響，以及我們該如何適應。

數位社交網路（基質）

　　十八至二十歲的網路用戶使用社交網站的比例，從二〇〇五年的僅九％上升到二〇一三年的九〇％。其他年齡的族群也在社交網路的使用上有著類似的增長，而到了二〇一三年，所有網路用戶有七三％在用社群媒體網站。在八至十年間，數位社交網路像流行病一般橫掃全球。[3]

　　數位社交網路使訊息得以流動，並以兩種方式影響社會。首先，這些網路引導出人類社交網路的結構樣貌，方法是提供數位連結，並透過交友建議演算法對這些連結產生影響。其次，他們使用與我們連結有關的數據，建立更正確、更貼近我們喜好的模式。與誰連結直接影響我們在網路上看到的一切，從閱讀的新聞到推銷給我們的產品。透過網路的建構和經由網路建構出來的訊息，數位社交網路有助於決定我們買什麼、讀什麼、投票給誰、甚至愛誰。

圖表3.4顯示的是臉書的全球網路。[4]那是一個龐大複雜的網路，每日有二十億人透過這個網路互動，範圍擴及全球。但你在這張圖看不到網路本身具有的特殊複雜結構，這個結構決定我們知道什麼和與什麼互動，以及訊息、資源、思想流向我們的途徑。

這部宣傳機器為我們建構現實的方式，是在臉書和LinkedIn等平台上建立起所謂的「社交圖譜」（Social Graph）。[5]我研究社交圖譜的結構和功能已經二十年，而且為它新奇的數學特性感到著迷。譬如這項事實：一般來說，多數人的朋友的朋友數量比他們還多，這是一種稱為「友誼悖論」（Friendship Paradox）的統計規律性，一九九一年由史考特・費爾德（Scott Feld）首次發現。[6]

但其實社交圖譜基本上有兩種規律性，直接影響到我們目前透過這部宣傳機器所能體驗到的東西。首先，這個圖譜具有比我們預期還高的「群聚性」（clustered），意思是我們在各群體中形成緊密連結的人群串，關係比其他群體都還親近。其次是「同質性」（homophilous），意思是同類相吸。這兩種特性說明為何這部宣傳機器有助於促進政治兩極化和同溫層效應、

圖表3.4　2010年臉書全球社交網路

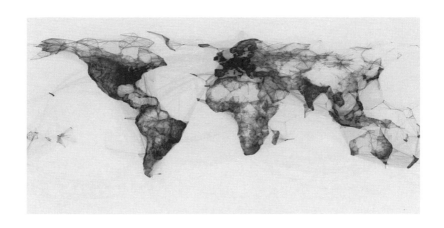

散播假新聞、為市場投資產生極大的回報。了解群聚性和同質性，對理解這部宣傳機器來說是必要的。

世界真小（群聚性）

　　你是否曾因為遇到某位認識你的朋友的陌生人，而有「啊，這個世界真小」的感覺？這種感覺不是巧合，而是人類社交網路結構帶來的直接結果。事實上，按網路科學術語，臉書、推特、微信、WhatsApp、Pinterest這些網路都是「小世界」。什麼意思？要明白我們居住的這個「小世界」，得回到人類如何形成和發展社交網路的一個基本組件：這個組件說明網路為何會出現不預期發生的群聚。我們需要回到馬克‧格蘭諾維特（Mark Granovetter）所稱的「禁制三角」（forbidden triad）。[7]

　　禁制三角是一種三人之間的三角關係，其中兩人的關係強烈，另一人則沒有關係。結果顯示這種結構很少見。人類不常處於禁制三角關係。想了解為什麼，可以想像一下圖表3.5中愛麗絲、貝拉、克拉拉三人的關係。如果愛麗絲與貝拉和克拉拉有牢固的關係（或聯繫），貝拉和克拉拉可能至少會有些聯繫。根據禁制三角關係，愛麗絲分別與貝拉和克拉拉有所連結，貝拉和克拉拉之間卻沒有連結，這是不可能的。為何不可能呢？

　　如果愛麗絲同時與貝拉和克拉拉友好，貝拉和克拉拉就可

圖3.5　禁制三人組合

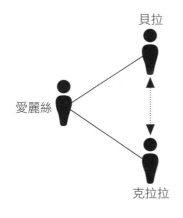

貝拉

愛麗絲

克拉拉

如果愛麗絲與貝拉和克拉拉有很強的關係，

那麼貝拉和克拉拉很有可能會建立關係，

這種「三角閉合」（triadic closure）過程讓人類社交網路變成「小世界」。

能因與愛麗絲互動而見過面，並一起消磨時光。如果愛麗絲和
貝拉彼此喜歡，很可能是因為她們的興趣相近。而如果愛麗絲
和貝拉的興趣相近，那麼愛麗絲和克拉拉可能也有那些興趣。
所以按社交關係的遞移性（transitive property），貝拉和克拉
拉很可能有同樣的興趣，因此更有可能成為朋友。而且，貝拉
和克拉拉之間的不合，會使愛麗絲和她們的關係變得緊繃。貝
拉和克拉拉都在想，為何愛麗絲會跟另一方在一起。由於她們
各自不想與對方在一起，就會向愛麗絲施加壓力，要求她不要
和另一方在一起，或乾脆與愛麗絲疏離以避免看到另一方。基
於這些理由，人類社交網路的特色就是所謂的「三角閉合」，
即在社交網路上傾向於緊密的三角關係。

　　三角閉合導致相似的人群聚在一起，產生同儕或群體組成
的網路，單一群體內的關係緊密，群體之間的關係卻薄弱。
這些緊密相連的群體由人口特徵、社經地位、興趣、思想類
似的人組成，通常是依靠稀有的「薄弱關係」（群體之間的橋
樑）連結在一起。三角閉合加上這種偶爾出現的薄弱關係，
讓人類社交網路變成「小世界」[8]，特色是密集的群聚性，以
及社會裡任兩人之間的聯絡路徑短。（見圖表3.6）我的朋友
暨同事鄧肯・瓦茲與康乃爾大學的史蒂夫・史卓蓋茲（Steve
Strogatz）率先將這套理論形式化（formalization），為現代網
路科學奠下基礎。

　　既然相距遙遠的群體是靠長期且薄弱的關係在維持連

結，社會裡任兩人通常以不超過「六度分隔」（six degrees of separation）的距離相互連結。[9]這就是為什麼你為自己認識的人居然和社交距離很遠的另一人有共同之處而感到驚訝的同時，你會這麼想，「啊，世界真小。」如同我們將在第五章看到的，這個結構推動臉書的進入市場策略（go-to-market strategy）。為了打敗MySpace，臉書從個別群組而非所有群組

圖表3.6　社交圖譜

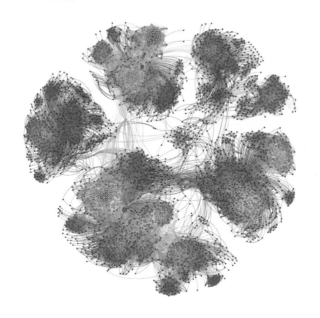

臉書社交圖譜的一部分，包含4,039個用戶、88,234個關係，聚類係數（clustering coefficient）的平均值為0.6，體現了人類社交網絡的密集群聚性。

徵用用戶，方法是鎖定大學校園裡的朋友，藉此增加我們在加入他們網路時所感受到的安全感和熟悉感。[10]

薄弱關係將相距遙遠的群組連結起來，其力量在於能成為新奇訊息在網路異類組成之間的流動路徑。同個緊密連結群組裡的人通常知道同樣的事，並以同樣的方式思考。因此新奇訊息透過群組之間的薄弱關係流傳到其他群組。訊息的價值來自訊息在網路群組間的分配不均。新奇訊息因稀有性而變得有價值。在網路某個群組獲得稀有和新奇訊息的個人，能從中促成機會和創新，方法是用從群組以外取得的新奇訊息，來解決群組現有知識難以解決的問題。[11]這是身為能「跳脫思考框架」的思想領導者必須具備的部分條件。但比較正確的說法或許是這樣：這些「連結者」、「中間人」或「影響者」跳脫「群組框架」來思考，而非藉由「思考框架」來思考。他們的多樣化網路提供工作、晉升、經濟機會。他們用促成新奇訊息在不同群組間流通的方式來創造價值，而如同我將在後面幾章討論的，在注意力經濟中，這種新奇訊息就是王。

物以類聚（同質性）

人類的社交網路不僅具有群聚性，還具有同質性，即物以類聚。[12]人們傾向與和自己相似的人交朋友，相似的地方包括種族、族裔、社經地位、教育程度、政治意識形態、意見、行為、偏好。[13]這是社交生活最穩定和最規律的模式之一。同質性關係讓溝通變得輕鬆一點，比較容易預測朋友的行為、產生信任、減少維持關係的成本和形成新關係的風險。所以，或許不令人驚訝的是，自蘇格拉底以來的哲學家，都注意到人類這種自然的傾向。

但同質性也與這部宣傳機器的運作方式有關。如本章稍後在討論交友建議演算法時會提到的，這部宣傳機器的設計方式，將人類社交網路導引至比我們預期會自然生成更多的三角閉合和同質性。所以有必要考量這部宣傳機器會如何運用這些人類自然的傾向，並從中獲利，以及它為何通常會使這些傾向放大。

在考慮這部宣傳機器社交圖譜的同質性演化時，一個有用的觀點是賽吉歐・庫拉利尼（Sergio Currarini）、麥特・傑克森（Matt Jackson）、帕奧羅・平（Paolo Pin）等人所稱的網路演進雙重推動力量，那就是「選擇」和「機會」。[14]吉歐吉・柯西奈特斯（Gueorgi Kossinets）和鄧肯・瓦茲稱之為「選擇同質性」（choice homophily）和「引發同質性」（induced homophily）。[15]一方面，我們和自己相似的人在一起會感到比較自在，所以會選擇連結相似的人（選擇）。另一方面，我們碰到相似的人的機會，通常大於碰到不相似的人的機會（機會）。庫拉利尼、傑克森、平三人研究美國高中學生對同質性這兩種解釋的接受情形，結果找到支持雙方的證據。同質性的發生，一方面是因為我們決定結交相似的朋友，另一方面是因為我們碰到相似的人的頻率，遠大於碰到不相似的人的頻率。

　　選擇與機會的差別很重要，原因有二。首先，遇見各式各樣人的機會，能影響我們形成多樣化或同質性社交網路的程度。由於網路多樣性會直接影響我們所看到的意見、想法、訊息的多樣性，我們是否有透過這部宣傳機器形成兩極化、仇恨、散播錯誤訊息的傾向，就取決於我們碰到相似或不相似的人的機會。

　　第二，這部宣傳機器建構我們用數位方式遇到別人的機會。交友建議演算法相當大的程度決定我們能在臉書、推特、LinkedIn、微信、Tinder之類的社交網路上與誰連結。具有代表性的全國性調查報告顯示，二〇一三年透過線上演算法形成的浪漫關係，超過透過親朋好友介紹形成的浪漫關係。[16]在透過網路介紹的關係中，經由共同朋友介紹的比例隨著時間逐漸下降，意思是演算法正取代親朋好友，成為浪漫關係形成的主導者。

　　所以，思考交友建議將如何驅動社交圖譜的演化尤其重要，特別是針對這部宣傳機器的群聚性與同質性的影響程度，因為這是我們了解網路上的政治兩極化、社群僵局、錯誤訊息傳播與仇恨言論的關鍵。同時，宣傳機器對我們浪漫關係的影響，將決定人類演化的走向。不過，在討論宣傳機器智慧如何引導網路的演化與訊息的流動之前，我們有必要更仔細的檢視這部機器的數位網路結構。

宣傳機器的社交圖譜

臉書於二〇一一年著手研究自身的社交圖譜。我的朋友暨同事約翰・尤甘德（John Ugander）、布萊恩・凱勒（Brian Karrer）、拉斯・貝克史卓姆（Lars Backstrom）、卡麥隆・馬羅（Cameron Marlow）當時都在臉書工作。他們那時共同寫了一篇名為〈解析臉書社交圖譜〉（The Anatomy of the Facebook Social Graph）的論文，研究的是「二〇一一年五月臉書七億兩千一百萬個活躍用戶的整體社交網路」。[17]該論文曾是（現在可能仍是）「最大規模的社群媒體分析」。

首先，他們分析我們在臉書上有多少朋友（網路科學家將朋友數量用「度」這個單位衡量，因而才有「六度分隔」之說），發現二〇一一年全球用戶的朋友數中間值為九十九個，另外還發現這個現象：「網路文獻中，有時被稱為中心（hub）的一小群用戶有著異常高的朋友數（度數），比一般或中間用戶高許多。」

在一項研究軟體程式碼對塑造網路的重要性的驗證報告中，他們發現「（度數）分布……在遞減，只有近二十個朋友的反常少數案例不受影響。會有這種奇怪的結果，是因為臉書這個產品中有股力量，鼓勵朋友數特別低的人結交更多朋友，直到有二十個朋友。」他們也發現「數量分布清楚顯示，五千個朋友為一個斷點，那是臉書當時對單一用戶最大朋友數的限制。」從二十個朋友這個糾結點到五千個朋友的斷點，我們清楚看出臉書軟體程式以強力的方式塑造這個網路。他們的演算法催促朋友數不到二十的人連結更多人，同時也讓我們的朋友數不能超過五千人。這些技術設計反映出我們在臉書上創造出的網路。它們是軟體程式對網路型態的暫時性影響中的兩種影響因素，但也同時展示臉書軟體程式如何塑造我們的社交網路。我馬上就會討論影響更大的程式設計。

其次，他們證實臉書是個「人際互通路徑很短」的「小世界」。事實上，臉書上的小世界呈現不可思議的一致性，在九九％的臉書用戶中的任兩個人，能在六度分隔距離內相互連結。二〇一一年臉書上任兩個人間的平均距離是四‧七度，比在人類社交網路中所發現「六度分隔」（涵蓋範圍更廣）預言低很多。臉書的社交圖譜不僅是個小世界，而且比我們的線下世界更小。這對訊息在臉書上的流通速度、廣度、規模很重要。如約翰、布萊恩、拉斯、卡麥隆所指，「這個結果……顯示個人在臉書上有很大的潛力可以擴大觸及範圍。分享的內容只需在臉書社交網路上前進幾步，就能觸及全球人口相當大的一部分。」這很重要，因為可以了解假新聞為何會瘋狂傳播，比十年前更具危險性。也能了解決定訊息傳播範圍的動態消息演算法為何如此重要。

　　第三，他們發現高度的群聚性。其實，臉書展現的群聚性程度遠超過其他數位社交網路。例如，臉書的群聚性程度「大約是在二〇〇八年一項研究中MSN即時通（Messenger）圖譜所顯現的群聚性係數的五倍」。為何群聚性程度會這麼高，可能的原因之一是臉書使用推薦交友建議的演算法。如我們即將看到的，電腦計算程式限制和商業模式誘因，促使臉書工程師設計出傾向「閉合三角」（close triangle，按格蘭諾維特的用語）的演算法。所有的主要社交網路都是這樣，它們創造出的群組比我們在自然社交網路所能期待的群組還多，甚至比沒有交友建議的數位社交網路（如MSN即時通）群組還多。

　　第四，他們發現高度的同質性，或稱「物以類聚」。在檢視臉書用戶有多大程度傾向於結交相似的人時，他們發現這些用戶在朋友數、與臉書的接觸、年紀、國籍背景、甚至性別（這比較不在預期中，因為生物構造鼓勵我們大多數人結交異性）上都呈現同質性。稍後的研究證實臉書在種族、族裔、政治意識型態、意見、行為、偏好上顯現同質性。[18]如我們稍後所見，同質性在政治兩極化、同溫層發展、假新聞傳播上扮演重要的角色。另一個重要的原因是，在這部宣傳機器的程式和演算法的鼓勵下，閉合三角傾向變得比我們自然預期的更為嚴重。

　　儘管規模較小且功能不同，推特和Pinterest等其他社群媒體看起來卻很像臉書。我們可以較貼切的將推特形容為一個訊息網路或微部落格服務平台，推特圖譜所呈現的依舊是個小世界，具有互通路徑短和高群聚性的特徵。雖然推特圖譜沒有出現和臉書圖譜一樣的高群聚性程度，其群聚性「仍達到一般社交網路預期能達到的範圍」。[19]在接觸人數約一百人時，「這兩個圖譜變得很好比較，此時（群聚性）係數約為〇·一四。」和臉書一樣，推特網路也在分享內容和政治立場上出現同質性，顯現一種高度區隔的政治結構。一項針對這個主題所做的研究調查顯示，不同的社群媒體網路儘管有著不同的目的，仍呈現驚人的相似性。

但有這樣一個出發點：有交友建議演算法的社群媒體網

圖表3.7 少於「六度分隔」

社群媒體網路	分隔度數	是否有交友建議演算法
推特（全球）	4.17	有
推特（巴西）	3.78	有
推特（日本）	3.89	有
推特（美國）	4.37	有
臉書	4.74	有
MSN即時通	6.60	無

分隔度數的計算，是從六個不同社交媒體網路中，找出任兩個人之間的平均路徑距離或步數（人數），以及這些社交媒體網路是否使用交友建議演算法，來推薦新的交友連結。

路，通常比沒有交友建議演算法的社群媒體網路，具有較高程度的群聚性和同質性。如臉書和推特科學家在研究中所言，這些圖譜的結構與MSN即時通訊軟體網路的圖譜結構不同。在有交友建議演算法的社群媒體網路中，用戶間的互通路徑平均距離，通常低於人類社交網的六度分隔。[20]（其實大多數的互通路徑平均距離都低於五。）沒有交友建議的網路通常有大於六的平均路徑距離（MSN網路是六·六）。

宣傳迴路（程序）

在現在的文化時代精神中，有一種論述在發酵，即將科技妖魔化，好像科技在某種程度上就是設計來破壞和摧毀我們。伊隆·馬斯克（Elon Musk）已對人工智慧的危險性提出警告，稱「人工智慧對人類文明的存在構成根本性風險」。[21]機器人將「偷走我們的工作」的論點，暗示科技有意識的在侵略並掠奪我們的經濟。美國國會指責臉書侵蝕美國的民主。專家作證說機器人是假新聞興起的原因。[22]但這種觀點賦予科技太多權力，也讓我們太輕易擺脫關係，降低人類主體動力（human agency）在形塑我們與社群媒體的關係上所扮演的角色。而在這麼做的同時，它除了免除我們為自己創造現實的責任外，還削弱我們創造現實的能力。

我對這部宣傳機器抱持相反的看法，根據的是針對人類如

何創造和挪用科技所做的研究，並從中得到支持。[23]這個觀點
與科技「衝擊我們」的線性觀點相左。

　　圖表3.8中的宣傳迴路描繪行動與反應、因與果、框住科
技和人類行為的演化的循環模式。兩者緊密的交纏在一個不斷
演化並形塑我們經驗的回饋迴路中。首先，科技（更確切的說
是機器智慧）分析這部宣傳機器裡所發生的事情，並優化某些
目標，例如接觸最大化或增加閱覽次數。舉例來說，交友建議
演算法分析出我們認識誰、我們如何溝通、我們喜歡什麼，好
為提供我們新的交友建議。動態消息演算法估算我們和朋友曾
經閱讀、按讚、分享過什麼內容，好為我們推薦新文章。廣告
鎖定演算法估算我們是怎樣的人，和我們瀏覽及買過什麼商
品，好為我們建議新產品。這些科技和其他許多進步的科技，
透過限制我們選擇的方式來建構現實。

　　正如諾貝爾獎經濟學得主赫伯特・西蒙（Herbert Simon）
貼切的描述，「豐富的訊息帶來注意力的匱乏。」[24]這些建議
能顯著影響我們的行為。我們傾向從建議的朋友、建議的新聞
報導、建議的產品中做出選擇，因為我們沒有時間或專注力來
進行更廣泛的搜尋。某些狀況下，我們甚至連選項都看不到，
因為這部宣傳機器已將選項移除。例如，某些約會應用程式讓
我們瀏覽所在區域的任何一個人，Tinder和Bumble等其他應
用程式則只展示演算法推薦的可能配對。透過演算法為我們提
供策展（curate）好的系列選項，科技一方面賦予我們能力，

圖表3.8　宣傳迴路圖

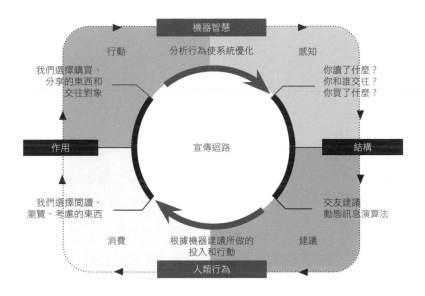

這個「宣傳迴路」圖將機器智慧與人類行為之間的相互影響圖像化。迴路的右邊是「感知和建議迴路」，即機器智慧建構人類選擇的過程。左邊迴路是「消費和行動迴路」，即人類主體動力的消費機器建議、並據以採取行動的過程。

另一方面又為我們設限。這部宣傳機器就用這個方法影響我們的閱讀內容、交友對象、購買項目、甚至所愛的人。

但科技只是故事的一半。雖然這部宣傳機器幫我們創造現實，但我們才是最終要在科技的基礎上有所投入和有所作為的人。人類主體動力構成供機器分析和提供新替代選項的輸入資料。我們的行為，包括貼文、閱讀內容、交友方式、與他人的溝通和互動方式，構成這部宣傳機器對我們想從科技得到什麼，和我們想如何生活及如何被對待的詮釋。

我的麻省理工學院前同事伊亞德・拉萬（Iyad Ralwan）和他的團隊在最近的一份研究中，提出有關人類主體動力的最佳範例。伊亞德想知道內建於這部宣傳機器的機器智慧，如何受到訓練數據的影響。換句話說，他好奇的是在從不同資料認識到我們的線上行為後，社群媒體演算法如何改變「思考」方式。

這個麻省理工團隊專注於自動影像標記，那是社群媒體和網路上一種常見的作法。你輸入過驗證碼發出的驗證字元嗎？發明它的人是我在卡內基梅隆大學（Carnegie Mellon）的同事路易斯・馮・安（Luis Von Ahn），那是一種惱人的影像標記遊戲，目的是在確認你是人。它也用標記過的影像來訓練演算法，好讓它能自動做出標記。路易斯在公開演講時，為他給世人帶來的惱人驗證碼表示歉意，但這些驗證碼有一個重要的功能。這些標記被用來分類、儲存、描述每天貼到社群媒體上數千億個影像。

伊亞德和他的團隊想了解這種影像標記演算法，對令人愉快、和諧、開心的影像有何不同反應，與之對比的是一些網路上被列為最恐怖的圖像。他們創造一個人工智慧深度學習演算法來為影像編寫圖說，也就是描繪在社群媒體上發現的影像。[25]他們將人工智慧命名為「諾曼」（Norman），那是安東尼．伯金斯（Anthony Perkins）在亞佛烈德．希區考克（Alfred Hitchcock）執導的一九六〇年電影《驚魂記》（*Psycho*）中所扮演角色的名字，他們想知道能否讓這個演算法變得驚悚一點（可以這麼說），方法是持續餵它驚悚的影像。他們想知道網路上所張貼的內容，如何影響這部宣傳機器，或至少影響其中一種演算法的思考。首先，他們用海灘、花朵、鳥、蛋糕等社群媒體上令人愉悅的典型影像來訓練演算法，接著再讓同一個演算法（程式完全一樣）接受另一個訓練，也就是看網路上能找到最恐怖的影像，包括死亡和暴力影像。

用兩組不同影像訓練同一個演算法後，他們再讓這個圖說編寫軟體接受羅夏墨跡測驗（Rorshach Inkblot Test）。那是一種心理測驗，受試者看到抽象圖案後被要求描述看到什麼（這個測試是設計來揭露，當你面對看似有許多不同東西的影像時，潛意識的傾向是什麼）。當「正常的」諾曼和「恐怖的」諾曼看到同樣的墨跡時，他們的反應大為不同。正常的諾曼看到婚禮蛋糕、鳥和雨傘，恐怖的諾曼卻看到人們被槍殺或被超

速汽車撞死。（見圖表3.9）

　　但這兩套演算法用的是同一個程式，而且看到的墨跡也一樣。唯一差別是這兩套演算法用不同的影像訓練，一個代表我們只貼暴力影像到社群媒體上的世界，另一個是只貼生活周遭平和、日常影像的世界。重點很清楚：我們放什麼到這部宣傳機器裡，就會產生什麼出來。如果我們餵以死亡和暴力影像，那麼演算法看到的所有東西都看起來像死亡和暴力，因為那是演算法唯一知道的東西。另一方面，如果我們提供的是和平、快樂、和諧、合作，就會取回更多同樣的東西。

　　一個完美的例子是微軟二〇一六年在推特上使用的人工智慧聊天機器人Tay。[26]根據設計，Tay在與更多用戶互動後會變得「更聰明」。Tay接觸推特上的對話，再從這些對話「認識」這個世界，但推出沒多久，Tay開始持續貼出一連串帶有種族和性別歧視、暴力、貶抑性的推文，稱「女性主義是癌症」、猶太人遭納粹大屠殺是「捏造」出來的、希特勒會做得比老布希（George Bush）還好。這些都是Tay從別人那裡學來的，微軟只得出手制止。

　　與Tay有關的一件有趣事情是，微軟早兩年在中國推出同樣的科技，卻沒有發生任何前述問題。[27]中國的審查制度確保聊天機器人學的是和海灘及花朵有關的訊息，而不是種族主義、死亡、暴力方面的訊息。我不是在提倡審查制度，事實上，我會在第十二章提出相反的論點。不過Tay的案例是一個

圖表3.9 麻省理工學院的「諾曼」人工智慧實驗結果

 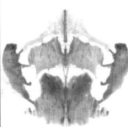 

正常的諾曼看到： 「一隻小鳥的黑白照片」	**正常的諾曼**看到： 「一人正撐起一把傘」	**正常的諾曼**看到： 「桌上婚禮蛋糕的近距離照」
恐怖的諾曼看到： 「有人被捲入揉麵機」	**恐怖的諾曼**看到： 「男子當著尖叫妻子的 面被射殺」	**恐怖的諾曼**看到： 「男子被超速駕駛 撞死」

實驗用到三種代表性羅夏墨跡，圖案下方是「正常的」諾曼和「恐怖的」諾曼人工智慧系統對這些墨跡的文字描述。正常的諾曼系統是用社群媒體上取得的正常和日常影像來訓練，恐怖的諾曼系統則用暴力和死亡影像來訓練。除此之外，兩套系統一模一樣。

鮮明的提醒，讓我們知道自己在宣傳迴路中扮演的角色，即我們放什麼到這部宣傳機器裡，就會產生什麼出來。

臉書的機器智慧每天執行兩百兆個預測。[28]宣傳迴路會決定機器智慧將以什麼方式影響這部宣傳機器。機器攝取我們的貼文、閱讀方式、追蹤的人、對閱讀內容的反應、對待他人方式，接著根據這些資料進行推論，推出新的內容、提供交友建議並推播廣告。

雖然這些目標受到交易祕密的嚴密保護，有部分卻相當透明。例如，動態消息演算法試著使觸及達到最大化。如我們會在第十章見到的，「觸及」是這部宣傳機器商業模式的關鍵所在。「觸及」讓我們保持注意力，臉書和其他社群媒體公司賣給廣告客戶的就是這個。動態訊息演算法賦予我們一些多樣性，藉此探索我們的偏好空間，並使這些偏好項目持續保持新穎與有活力，但更重要的是，這些根據我們過去所接觸事物給出的選項，比我們想要的選項更多。目標鎖定廣告演算法將點擊率、對話、顧客終生價值（customer lifetime value）予以最大化。交友建議演算法讓網路上的連結達到最大限度，方法是給我們看到最有可能建立連結的人。但在做出任何這樣的建議前，機器必須感知和理解我們的行為，而達到這個目標的方法卻令人感到迷惑。

「感知和建議」迴路

　　我稱宣傳迴路的機器部分為「感知和建議」迴路。首先，機器感知和分析我們的行為，接著提出建議或輕推我們一把，要我們往收入和獲利最大化的方向前進。為了感知和理解我們的行為，這部宣傳機器模仿人類的感官。我們用視覺、嗅覺、味覺、觸覺、聽覺來理解世界。這部宣傳機器也一樣。Instagram處理並理解我們所貼的照片，YouTube處理並理解我們貼的影片，Alexa處理並理解我們所說的話，Gmail處理並理解我們所寫的郵件，臉書甚至能夠理解我們的身體語言。

　　主要社群媒體平台的研究團體都在發展深度學習神經網路，好用來分析我們在照片和影片中鍵入的文字、發出的聲音、臉部表情、身體位置，據此了解我們在做些什麼，對什麼感興趣，讓我們感到高興或難過的原因，激發我們的事物如何與接觸對象、購買模式、互連性產生關聯。以臉書和Instagram背後的影片理解引擎為例，那是機器智慧的一種「視覺皮層」（visual cortex），是設計來理解我們每天在社群媒體上發布和觀看的大量影片。

宣傳機器的視覺皮層

　　人類每天集體在臉書上花一億小時觀看八十億支影片。[29]

在網路消費者流量中，網路影片流量占八〇％，而人們只保留一〇％看過的訊息，卻保留九五％在影片中看到的訊息。[30]好好想一下，換句話說，影片才是這部宣傳機器目前主要的媒介，而非文字。雖然文字內容分析一開始對這部宣傳機器很重要，但現在社群媒體要依靠對移動影像的感知和理解來了解這個世界。從事後的結果來看，Snapchat以「相機公司」的身分上市，現在更推出手機的相機應用程式；臉書也努力往影片領域發展，除了二〇一二年買下Instagram外，轉而在該平台和臉書上發表故事，這件事並不令人驚訝。

　　影片有著不可思議的豐富性。了解影片很重要，因為要標記出裡面有誰、環境為何、被拍的人的心情、影片中的人從事的活動、拍攝場地、天氣和所有這些元素的關聯。臉書需要即時感知並理解我們每天在平台上觀看的八十億支影片中的所有層面。這樣的理解很重要，因為能促成影片的搜尋、廣告的有效性、可獲取性等特色，如此便可以為盲人描述影片內容，甚至在市集（marketplace）這項功能中，買家和賣家只要把要買賣的商品的照片和影片貼上網，不需要用太多文字來描述他們銷售的商品。

　　我之所以了解影像分析是因為與VidMob合作，那是世界頂尖影像分析平台之一。他們專注於影像理解，因為如執行長艾力克斯・柯莫（Alex Collmer）常說的，「影像正在吞食這個世界。」VidMob是Manifest Capital旗下的一間投資公

司，而Manifest是我和老朋友暨事業夥伴保羅・法佐尼於二
〇一六年創立的創投基金。我直接與VidMob合作開發他們旗
下的敏捷創意工作室（Agile Creative Studio），成為影像優化
這個領域的領先平台。影像優化是一項具有挑戰性的工作，
需要將機器學習、電腦視覺、預測性模式化和優化（predictive
modeling and optimization）進行複雜的組合。不過，基本的程
序很好理解。

　　影像優化的主要目標是逐秒了解影像裡有什麼、內容
為何、所處環境、感情、情緒，並用關鍵績效指標（key
performance indicator, KPI）來比較這些元素存在與否的差異。
指標包括影像完整觀看率、續看率、中斷收看率、點擊次數、
接觸、品牌辨識和滿意程度。有了從影像生產、分析、優化到
發行的完整迴路後，VidMob就能改善客戶的市場投資報酬率。

　　敏捷創意工作室自動擷取影像的後設資料（metadata）進
行情緒分析（sentiment analysis）。過程中用到深度學習和電
腦視覺來辨識影像中的情感、物體、標識、人、話語，還能辨
別高興、驚訝、厭惡之類的臉部表情。接著分析每個元素如何
對應觀看者中斷觀看影片的那一刻，並提供編輯建議，或是自
動調整影片以改善續看率。對物體、人物、語言、感情施加標
記，也讓客戶透過視覺和語言特性對影像資料加以組織和搜
尋。語言處理讓VidMob轉換影像中的文字，並進行分析，還
分析文字或標識出現的時機和大小如何影響影像表現。如艾力

克斯所言，「這類洞見說明我們為何真的相信人工智慧的角色
是在促成並強化人類的創造性。」

　　臉書開發出一個類似的影像理解（Video-understanding）
平台，叫做Lumos，電腦視覺（Computer Vision）老闆馬諾
哈・帕魯尼（Manohar Paluri）稱之為臉書的「視覺皮層」。[31]
這個視覺皮層是我們大腦的一部分，負責處理來自眼睛的感覺
神經刺激。Lumos處理臉書影片的方式，非常類似VidMob 敏
捷創意工作室為行銷客戶所做的事。這套系統用深度剩餘學習
網路（deep residual learning network，這是一種將多層神經網
路堆疊在一起的機器學習）來分類影像，方法是同時將不同深
度的多個層次連結起來。這些模式能正確的擴大影像處理效
能，分析臉書上每天大量產生的影片。

　　Lumos 不僅為影片中的物體、標識、文字加上標記，也進
行細膩的臉部識別，辨別出人物的獨特性和臉上顯露出的情
緒。也能判斷影像中人物的姿勢。例如，能分辨出我們是坐
著、站著，還是在甩動手臂。一旦知道後，這套系統可以開始
判斷我們所從事的活動：跑步、騎腳踏車、滑雪、跳舞、打網
球。它分析影片中的話語和聲音，以判別其中的人物在談論什
麼或他們在聽什麼音樂，並根據對臉部表情的偵測來對我們的
情緒進行分類。如臉書應用機器學習主任瓦金・奇納內洛・
坎戴拉（Joaquin Quinonero Candela）所說，「我們已經把電腦
視覺推至下一階段，目標是將我們對影像的理解拉到像素層

次。」[32]

　　視覺理解不僅攸關臉書如何為我們提供廣告和內容，也涉及臉書如何以創新的方式來減少對我們的負面衝擊。如果Lumos能理解我們是在走路、跳舞還是騎馬，那麼就能被訓練來偵測暴力、性侵、不正當或非法的活動、假新聞、垃圾郵件。我將在第十一章討論如何將Lumos之類的程式用在好的事情上。

　　視覺皮層是「感知和建議」迴路中的「感知」部分，迴路的下一步是這部宣傳機器的建議演算法，如交友建議（或「你可能認識的人」）演算法和動態消息演算法。兩者現在普遍存在於所有社群媒體平台。

你可能認識的人

　　我們在網路上與誰連結，大致上是由一系列的「交友建議」演算法促成，這類演算法存在於這部宣傳機器幾乎每一個平台，從臉書的交友建議演算法到LinkedIn的「你可能認識的人」演算法，和其他建議我們該和誰約會、做生意、來往的各種不同演算法。如原本擔任臉書「你可能認識的人」演算法負責人、後來擔任臉書工程副總的拉斯・貝克史卓姆於二〇一〇年所言，臉書所做的交友建議促成「臉書上相當大一部分的交友」。雖然「你可能認識的人」是LinkedIn於二〇〇六年的發明，但這種把宣傳機器上所有人連結起來的機器智慧，現在已經無所不在。

　　雖然這些演算法的細節屬於專利財產，但我們確實知道它們為我們提供交友建議時，使用到我們與朋友、和這些朋友的朋友相關的訊息，還有我們在哪裡工作，以及讀過哪些學校這類訊息。一般人普遍認為這部宣傳機器運用非平台用戶的電子郵件和電話號碼，來增進對真實潛在社交網路的了解。二○一四年，臉書申請一項交友建議的技術專利，這項技術是用偵測網路數據包的方式，來判斷兩部手機是否在同一時間位於同一個地方。[33] 專利說明中描述臉書如何以比對各個電話加速度計和陀螺儀資料的方式，來推斷電話用戶是否正面對面或一起走路。二○一五年，臉書申請一項程序專利：根據拍攝上傳照片所用的相機鏡頭上的塵粒，來推論兩人是否用同一個鏡頭。[34] 但為了促成「你可能認識的人」的預測連結演算法，不得不做一些資料蒐集，這可能使人感到相當不安。這部宣傳機器在這方面的特殊機器智慧產生一種更為系統性的結果，或許這才是對全世界都很重要的東西：「你可能認識的人」具有閉合三角傾向。

閉合三角

　　LinkedIn 承認閉合三角是他們交友建議策略的一部分，而在與臉書和LinkedIn的工程師交談時，我好像聽到他們說這些演算法「整天繞著閉合三角打轉」。想了解原因，值得把交友建議這個問題，從四個槓桿中拉出其中三個來檢視。這三個槓桿包括金錢、程式、規範。

金錢扮演很大的角色，因為互動產生收入，而閉合三角又產生互動。臉書和其他社群媒體平台追求的基本商業模式，是從高度策展性的目光中賺到錢。挑出適合的觀眾能促成較高的品牌行銷投資報酬率，也讓臉書有能力從這群觀眾賺到錢。臉書和谷歌現在占全美六五％的數位廣告和九〇％以上的廣告成長。[35] 但想從用戶的目光中賺到錢，得先留住那些目光才行。如我將在第六章和第九章討論到的，微鎖定（micro-targeting）能改善行銷的投資報酬率，但如果沒有人到你的網站，還是起不了作用。如果互動程度低，精密的策展方式就比較沒有價值。所以臉書非常在乎互動，而從股東的角度來看，按照臉書現有的商業模式，確實應該如此。

「你可能認識的人」的主要目標之一，是建議人們實際會做的連結。創造更多的連結是臉書的部分使命，因為連結能透過網路效應創造經濟價值，從而產生互動。人們一產生連結，他們所在的平台就變得更有價值、有趣、難以離開。建議朋友的朋友是最成功的策略，因為能做出他人接受的建議。如拉斯·貝克史卓姆於二〇一〇年所言，臉書上九二％的新友誼來自朋友的朋友。[36] 閉合三角是筆好生意。如果我們追著錢走，就會走入社交圖譜更密集的群組裡，身邊都是種族、族裔、政治立場相似的人。

程式也在把「你可能認識的人」演算法引向閉合三角，讓它在裡面扮演重要的角色。原來從社交圖譜的其他人當中找出可建議連結的對象，是一項很大的挑戰。撰寫這些演算法的工程師必須用某種方式縮小演算法可能建議的範圍，不然演算法的演算次數和資源消耗，將大到難以承受也無法運轉。所以他們尋求工程上的捷徑，以降低複雜度。

一個既能大幅減少複雜性，又能持續提供高效能建議（即產生全新且互動的朋友關係）的簡單變通方式，是僅考慮以下這種可能的連結：在網路上離接收建議者的距離不能超過兩個跳距（hop）。研究顯示，朋友的交友建議產生的連結效率，是三個跳距連結的五倍。[37] 在臉書上，如果兩人之間有十位共同朋友，那麼成為朋友的機率是共同朋友只有一位時的十二倍。

二〇一〇年，拉斯・貝克史卓姆針對交友建議的電腦計算複雜度進行粗略的估算。[38] 他說如果一般用戶有一百三十個朋友（假定他們網路上的朋友沒有重複），平均會有一萬七千個（一百三十乘以一百三十）可能的朋友的交友建議。往上增加一個跳距，一般用戶就會有兩百二十萬個（一百三十乘以一百三十再乘以一百三十）可能的三個跳距的朋友的朋友的交友建議。如果二〇一〇年一般用戶有一百三十個朋友，而重度用戶（power user）有五千個朋友，從某一用戶的三個跳距以外的距離來考慮連結對象，將使交友建議複雜許多，對重度用戶而言尤其如此。臉書可能要搜尋整個社交圖譜才能為重度用戶做出建議。

目前一般用戶平均有三百三十八個朋友。所以粗估的結果很清楚。將交友建議限制在兩個跳距內，能大幅降低「你可能認識的人」演算法的電腦計算複雜度，卻又能增加有效性。這些演算法能更有效的穿梭於資料之間，以更快和更有利的方式促成連結。[39]

規範也在群聚性傾向上扮演一個角色。首先，我們選擇接受交友建議而不是自己透過搜尋方式來建立連結，這樣的做法比較容易。我們傾向於採納這個阻力最少的路徑，因而促成群聚性。其次，如果有「機會」，我們會做出連結類似的人的「選擇」。這個選擇和機會（人類主體動力和機器智慧）的相互作用，創造出一個按照種族、宗教、族裔、經濟來做出區隔的高度群聚性網路。

金錢、程式、規範正以非常特殊的方式重新連結人類的社交網路。那麼「你可能認識的人」的社會意義為何？當我們被推向與有許多共同朋友的人做更多的連結時，我們傾向與比較像自己的人連結。回想一下社交圖譜構成的小世界，那裡的個別群組裡有著比群組間更多可以閉合起來的三人組合。所以當這部宣傳機器依設計將三人組合閉合時，也可能讓個別群組裡的連結密度增加得比群組之間的還快。如我們將在第十章所見,臉書的崛起詭異的與美國政治兩極化的興起差不多同時發生。我們會在第十章根據實驗證據,探索「你可能認識的人」工程師所面對的電腦計算限制,如何能促成這一股政治兩極化:連結相似的人的速度,比連結不相似的人的速度更快。

動態消息演算法

這部宣傳機器的智慧不僅透過交友建議塑造社交圖譜,也塑造我們的思考方式,方法是為我們建議閱讀內容:從新聞、圖片、影片、報導到廣告。說動態消息演算法相當大程度上決定我們知道什麼和何時知道並不為過。了解它的設計有助我們了解後果。動態消息演算法因所在平台而有差異,但都連結到類似的設計,不過推特之類的平台現在允許我們退出策展性演算法(algorithmic curation)。[40]

當內容供應超過我們能消化的認知能力時,就出現動態消息的需求。起先按反向時間順序列出內容即可。但隨著社群媒體的內容量超過我們的認知能力,這部宣傳機器開始為我們按優先順序排列內容。這種優先順序有助於呈現與我們最有關聯的內容。但與此同時,這也使這部機器擁有很大的權力,可以決定我們看到的訊息。鑑於臉書現在是全球最大的新聞出處(news outlet),而且觀看人數大於西方的任何一家電視新聞網、報紙、雜誌、線上刊物,檢視他們的動態消息演算法是否讓我們在接觸不同新聞來源上有所偏頗，和他們的內容策展政策是否偏愛特定政治觀點，就變得很重要。我會在第十二章討論社群媒體是否該像傳統媒體一樣接受管理。但目前重要的是要了解策展性演算法的運作方式。我會在第十章詳細討論策展性演算法對新聞消費上的偏見和兩極化的影響。

動態消息按關聯性（relevance）排列內容。每一則內容都有一個我們每人獨有的關聯性分數，整理好後，以關聯性較大的內容放在前面的方式呈現在動態消息中。關聯性分數是根據對「我們為何與某則內容接觸」的了解做出預測模式。互動則是根據我們接觸內容時可能表現的數十種行為來定義。例如，我們可能按讚、點擊、分享、花時間閱讀或觀賞、發表評論。這類模式對我們是否接觸某個內容做出預測，根據的是貼文者是誰、主題為何、是否有照片或影片、影片裡有什麼、發表時間有多近、我們有多少朋友喜歡或分享等。一旦每則內容都按照我們與之接觸的可能性評分（其中涵蓋數十項互動衡量），那些接觸的可能性就匯集成單一的關聯性分數。[41]一旦內容被個別評分（臉書演算法每次在你打開動態消息後就要考量約兩千則內容），就會在動態消息中以關聯性較大的內容放在前面的順序呈現。

臉書於二〇〇六年創造動態消息，來提供有關朋友個人檔案、照片、狀態更動的最新訊息。二〇〇九年「按讚」鍵被發明前，動態消息的評分是根據是否在最近的時間發布，以及朋友中有多少人提到某則內容這類因素。這個設計是為了把網站上的停留時間和所花費的時間最大化。按讚鍵將動態消息項目的價值與受歡迎程度的衡量標準綁在一起，關注焦點也從內容優化轉移到最受歡迎項目上。按讚數代表一種公開衡量受歡迎程度的標準，這個事實意味著發布者和一般用戶可以量身訂做貼文內容，以獲取更多按讚數，進而達到更高的閱覽人數。因此現在出現一些宣稱能用設計好的受歡迎程度來「操控」演算法，使貼文「瘋狂轉載」的顧問。

　　但如果認為動態消息只考慮按讚數、評論次數、分享次數，就會過於簡化事實。臉書工程師很早就體認到這些指標無法完全捕捉人們想從動態消息得到的東西。所以他們開始用直接詢問的方式估量用戶滿意度。他們一開始在田納西州諾克斯維爾市（Knoxville）成立一個小型的一千人焦點小組（focus group），這項試驗計畫（pilot project）地點的選定來自「歷史的意外」，即任意選出的。後來小組擴大為一個針對臉書動態消息的全球性「動態消息品質調查小組」，相當於尼爾森收視率（Nelson ratings）調查小組。小組成員是一群來自各地的用戶，他們在收取酬勞的狀況下為動態消息裡的內容進行評價，並回答有關內容品質的問題。結合量化和質化的指標後，臉書有了一些發現，例如用戶花時間閱覽卻不按讚的貼文對他們來說仍具很高的價值。這種反應特別會出現在看到與朋友和家人有關的不幸消息時，用戶如果按讚會感到不舒服（生氣、悲傷、驚訝這些反應是後來專門針對這幾類情境而設）。臉書不讓「控制組」的用戶知道某些新改變，用這種實驗方式來看這些用戶如何衡量哪些新功能有用，以及哪些新功能沒用。

二〇一七年，品牌、公司、新媒體開始支配動態消息。面對有關假新聞散播和臉書經驗機構化（institutionalization）的批評，祖克柏於二〇一八年宣布動態消息演算法的一項重大改變，即「善用時間」（time well spent）運動[42]，試圖把來自朋友、家人、群組的內容拉高到來自「公司、品牌、媒體」的公眾貼文之上。推特也差不多在同一時間轉往「健康溝通」（communication health）的方向。[43]但針對二〇一九年前四個月在臉書上的互動和對話所做的研究顯示，在改以朋友和家人為焦點的「有意義互動」方向後，談論墮胎、宗教、槍枝、政治之類的分裂性話題文章開始增加，人們普遍出現生氣的反應，互動率比二〇一八年高出五〇％，比二〇一七年高出一〇％。而二〇一九年前四個月在臉書上得到最多評論的前五名文章，經事實查核證實是假的。雖然這些資料無法判定動態消息演算法的改變，是否導致分裂和生氣的情緒，但確實讓我們注意到策展性演算法和人類選擇的相互作用。面對策展性演算法的內容，我們人類除了消費這些內容，應該還要有所行動。

「消費和行動」迴路

在這部宣傳機器透過感知學習來提供朋友建議和內容，並藉以建構我們的現實的同時，我們在這個過程中加入人類主體動力，即消費那些建議，並做出行動。在宣傳迴路的人為部分，「消費和行動」迴路就是我們轉建議為行動，再將產生的行為、反應和意見回饋至這部宣傳機器的過程。我將在接下來的章節裡開箱介紹這個消費和行動迴路，除了檢視這部宣傳機器如何改變我們的行為，還探究我們如何消費廣告，及這部宣傳機器所提供的建議和社交訊號，並隨之採取行動。我首先在第四章解析社交訊號對大腦的神經影響，再於第五章討論誘導消費和行動的經濟誘因。第六到第九章描述這部宣傳機器創造的三種趨勢（個人化群眾說服力、超社交化、注意力經濟）如何改變我們的行為。

但在探究這部宣傳機器如何影響我們之前，有一點值得強調。那就是人類主體動力：我們的選擇能力和我們對社會規範的開發及利用。關於這部宣傳機器如何影響我們、讓我們變得更為兩極化、煽動我們，已有諸多辯論。但重要的是，要記得如何回應和運用社群媒體，是由我們控制。這個社會所發展的規範，在我們與這種科技的關係上扮演著重要的角色，而從線性觀點來看科技對我們的影響，就會消除我們的所作所為和責任（考量我們對科技的利用，是如何促成我們正在經歷的結果）。身為社交動物，我們從在社群環境中看到共同和可接受的行為，可以得到該如何行動的提示。這些看法是根據對他人行為的觀察，包括個別指示的對象、團體、機構。規範的發展是一個複雜的過程，如果要完整討論會超過本書的範圍。但最近的證據顯示，規範的設定對這部宣傳機器中的人類行為有重大的影響。

譬如，奈森‧馬提亞斯（J. Nathan Matias）做過一個大型隨機實驗：在紅迪上向一個有一千三百萬人的科學討論群體貼出「群體規則」通知。[44]這個群體多年來遭遇相當數量的衝突和騷擾，如評論者在現場問答時嘲笑史蒂芬‧霍金（Stephen Hawking）的病況、騷擾女性和少數族群、用傷人的笑話和迷因嘲笑肥胖者。馬提亞斯用自動軟體貼出「通知」，除了在每一則討論的最上頭列出群體規則，還明確指出不能接受的行為和強制後果（違反的評論將被移除），並強調許多人同意這些規範。軟體任意指派一個新的討論來接收規範通知，或完全不給任何訊息。

針對後續群體行為所受的影響，相關的分析顯示，從上而下發展出來的規範，能減少八％的騷擾行為，並使新人加入討論的機率增加七〇％。不管我們同意的是機構制定的規範，還是從下而上發展出來的規範，有一點很清楚：在發展並維持健康的規範同時，我們能鼓勵健康的對話，並改變這部宣傳機器的環境本質。

　　健康的溝通接著回饋給宣傳機器。還記得聊天機器人 Tay
嗎？我們如何選擇這個機器所提供的訊息和建議並隨之行動，
將決定這個機器接下來要給我們什麼建議。感知和建議迴路碰
到健康的溝通就會和善的回應，創造一種善良、而非邪惡的宣
傳迴路。

　　那麼我們何時該遵從宣傳機器的建議？何時該拒絕？[45]我
的朋友暨前紐約大學同事維桑特・達（Vasant Dhar）問過這
些問題。哪些決定我們該外包給機器智慧來做？哪些決定我們
該留給自己做？他的理論架構適用於範圍較廣的人工智慧經
濟，但我相信他的洞見有助於讓我們了解要如何設計更好的宣
傳機器程式，並向身為用戶的我們建議何時該遵從它的建議，
何時該忽略。

　　維桑特認為有兩個方面可以幫我們建立何時該信任機器演
算法的判斷標準，一個是可預測性，另一個是重要性。可預測
性說的是，機器的建議會比我們想出的建議好多少，重要性則
是指這些建議有多麼重要。若機器愈能為我們提供高價值的選
項，而且這些決定也比較不重要，那麼我們就愈應該敞開心胸
信任機器。

　　讓機器來做決定的例子，包括垃圾郵件的過濾和動態消息
的排序。我很高興不用自己整理在臉書和推特上碰到的不相干
垃圾郵件訊息。而且我的確比較喜歡讓動態消息按關聯性策
展，而不是用反向時序方式呈現，完全不注意訊息與我的關聯

性。這不是在說「不該用更好的程式來消除偏見或多樣性」這件事不用受到更多重視。我們當然可以改善演算法，但總的來說，有些決定我寧願讓機器來做。有時我們忘記如果不是因為策展性演算法，會有多少不相干和具有潛在傷害性的訊息傳給我們。

　　我們可能也想保留最重要的決定，即後果會最嚴重的決定讓人類自己來做。我們可能都同意，我們不想讓一個應用程式來挑選外科醫生。而且我們可能都比較喜歡對約會應用程式擁有更大的控制。重點是，愈重要的決定，我們人類就該對這些決定擁有更大的控制權。

　　每個人受到演算法影響的程度都不同。例如，我在麻省理工學院的同事雷芮・葛斯萊恩（Renee Gosline）說過，人們的認知方式能預測他們是否信任機器智慧。她和同事海瑟・楊（Heather Yang）發現，認知反思（cognitive reflection）能力較強的人，即會反思自己的決定而非靠直覺行事的人，對演算法的建議表現出比對人類建議更多的考慮意願。[46]另一方面，認知反思能力較弱的人，通常對演算法展現較多反感，會避開演算法的建議，轉而聽從人類提供的建議，他們可能認為機器不可能有和「直覺」相比擬的東西。

　　這不是在做價值判斷。信任演算法有時是好事，有時是壞事。不管哪一種，我們應該知道單一標準無法適合所有人，隨著我們對個人如何與這部宣傳機器的機器智慧連結有更多的認識，就該在設計和使用這種智慧時做出調適。

智慧型手機（媒介）

　　這部宣傳機器用來學習和影響我們的媒介，是解析這個機器的重要元素，不過我不太想過分強調。智慧型手機將隨著時間的前進，逐漸演進成為社群媒體的媒介。社群媒體主管為這種演進感到著迷，因為媒介是戰略控制上的關鍵。消費者和這部宣傳機器透過媒介互動，所以只要跟上媒介的進化，便能創造競爭優勢。臉書幾乎錯過上一個重大的演進，所以現在隨時都在注意下一次演進的來臨。二〇一一年，臉書因為市場從桌上型電腦轉移至行動電話時被攻到措手不及。[47]當時他們正準備進行首次公開募股（initial public offering），注意力完全放在桌上型電腦上。他們的行動應用程式是用HTML5程式寫成，該程式語言不是為了行動操作系統而打造。而且這些應用程式沒有一個是為不同的行動操作系統量身訂做，所以才出現問題。那年臉書為他們的旗艦開發者會議F8設計的每一種新功能，都是針對網路，而不是行動系統。但是到了二〇一二年初，臉書轉向手機。祖克柏開始完全在手機上作業。產品經理放棄桌機版應用程式，有才幹的iOS和安卓（Android）工程師開始湧入。當然，在那之後，臉書很快先後買下Instagram和WhatsApp。他們設法即時將鐵達尼號駛離那座由行動裝置所構成的冰山。

　　雖然智慧型手機是現在的媒介，我們十年前卻用桌上型電腦來連結社群媒體，未來可能會透過Alexa和谷歌Home之類的語音平台、臉書Portal之類的影音平台、擴增實境或虛擬實境環境，來與社群媒體互動。媒介會如何演變仍難以預料。但要強調的是，媒介有助於塑造我們與這部宣傳機器的關係，這很重要。不管我們談的是智慧型手機（現在的媒介），還是智慧型手機的演進，有三件事情值得我們注意。

　　首先，媒介「總是處於開機狀態」，持續二十四小時連結我們與這部宣傳機器的社交訊號。作為現在的媒介，智慧型手機無所不在，總是與我們同在，經常打斷我們，要我們查看狀態更新和朋友、家人、群體傳來的訊息。許多活動都用到手機，讓這部宣傳機器不論何時何地都能介入我們所做的每件事。這樣的無所不在，確保我們總能連結到源源不斷的社交訊號，如我們將在接下來幾章看到的，這一點是這部宣傳機器在影響我們的行為和整個社會時所不可或缺的要素。

　　第二，智慧型手機的無所不在，讓這部宣傳機器得以詳盡認識我們。這個機器不但影響我們，還二十四小時鉅細彌遺的觀察我們的行為。不管是透過我們瀏覽的內容、我們使用的應用程式、還是一天內我們活躍於網路上的時間，它都在認識我們這件事情上取得前所未有的能力。智慧型手機向這部宣傳機器透露很多與我們有關的訊息，靠的是GPS和藍芽在內的一套感應器（訊號透露我們的位置）、加速度計和陀螺儀之類的移動偵測器（透露我們在做什麼）、相機和傳輸我們聲音的麥克風、氣壓計和其他科技（感應光線、濕度、壓力、溫度等）。這些資料還要結合許多其他應用程式所蒐集的資料，這些資料包括和誰談話、向誰發送訊息、與誰互動、與誰一起拍照，以及我們去了哪裡、如何到達、我們吃了什麼及在哪裡吃（如果你仔細看過某人在Instagram上的照片）。這樣的資料廣泛在廣告生態系統裡的七千多家公司裡分享，而且存在美國軟體開發套件（software development kit）中，大多未受到規範，這個套件內建於許多的手機應用程式。[48]每個應用程式經常分享資料給其他五到十個應用程式，為這部宣傳機器觀察我們生活的方式，提供三百六十度的全方位視角。

　　第三，了解這部宣傳機器的媒介在科技上的演進後，我們得到一個啟發：它將更加成為我們日常生活的一部分，並且將更常和更細膩的刺激我們，也能蒐集更多與我們溝通、行為、思想有關的訊息。臉書正在開發自己的操作系統，以降低對安卓的依賴，這表示他們認為不需仰賴其他公司的媒介是一件重要的事。但臉書操作系統也將允許讓社交互動內建於這部宣傳機器之中尚在進化的媒介。例如，臉書也在開發新的擴增實境眼鏡，並擴大虛擬實境選項，開發地點是在距離山景城（Mountain View）園區十五英里的Oculus公司，占地面積七十七萬平方英尺、可容納四千人，預計本書發行時就能開幕。[49]臉書還在Portal平台上為企業開發硬體體驗，以支援視訊會議、擴增實境／虛擬實境會議、協調解決方案，把觸角擴展到辦公室。這所有的一切將回饋到他們的廣告業務上，並支持宣傳迴路的不斷改進和優化。Snapchat之類的競爭者也跟進，更加深入探究未來的社交溝通媒體。

　　但更令人驚訝（且擔憂）的或許是臉書正在開發的人腦－電腦介面（brain-computer interface），設計目的是讓用戶用自己的思考控制社交科技。這不是臉書的未來計畫，他們已經找了六十多個人來著手執行，原先和冰箱一樣大的人腦感應器，已縮小到手持裝置大小。現在已經能即時解讀人腦活動，目標是讓用戶只要「用想的」，就能每分鐘「鍵入」一百個字，從頭到尾都不用碰鍵盤。

　　人腦－電腦介面可以加強、輔助許多媒介的功能。例如，透過雷射偵測腦部受到激發的神經元，臉書就能理解我們還沒說出口的想法。如臉書人腦－電腦介面臭鼬工廠主管雷吉娜‧杜根（Regina Dugan）在F8會議上所描述，「這不是解讀任意的想法，而是解讀你已送到腦部語言中心決定要分享的話語。」[50]嗯，那聽起來令人欣慰。但有那麼瞬間，我以為應該感到憂慮。腦波偵測器也能強化擴增實境媒介，讓我們形成一個「腦鼠」，用想的就可以在擴增實境環境中點選物體。當然，臉書不是唯一正在研發人腦－電腦介面的公司，卻是最快進入我們社交生活的公司。那有可能出什麼錯嗎？

宣傳機器的架構

　　從我們對這方面科技演化的討論可以看出，當這本書付梓時，這種科技將變得落伍。所以與其跟上最新流行的社群媒體趨勢，不如為我們對這部宣傳機器的思考，提供一個持久的架構（見圖表3.10）。這部機器的架構需要三種科技、四種槓桿、三種趨勢，才能促成社群媒體現行的發展和成果。

　　數位社群媒體、機器智慧、智慧型手機（或宣傳機器的下一代媒介）結合起來，構成這場人類溝通革命的科技骨幹。這三種科技的交互作用，為宣傳機器大規模促成的三種趨勢提供動力。超社交化將我們連結到數量巨大無比，來自親朋好友和群體的新社交訊號，我們的思想、行為也與這個群眾心理中的三十多億人連結。個人化群眾說服力創造一波鎖定特定目標、量身訂做、說服力超群的新訊息，其設計是來影響我們買些什麼、我們如何投票，甚至我們要愛誰。而注意力經濟的制度化，則讓我們保持參與其中，時間長到足以從我們的注意力賺錢，並創造趨勢專制。

　　我們理解宣傳機器時，有四個涵蓋面很廣的槓桿可用，即金錢、程式、規範、法律。我們要仔細思考，如何設計可以主宰社群媒體科技的商業模式和經濟誘因，制定和設計演算法軟體程式，使用科技時所依據的規範，用來處理市場失靈的法律，如此才能改變我們與宣傳機器的關係。

圖表3.10　宣傳機器架構圖

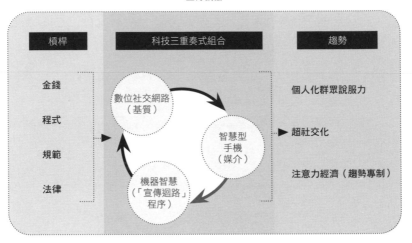

宣傳機器

代表由數位社交網路（基質）、智慧型手機（媒介）、機器智慧（宣
傳迴路程序）構成的「科技三重奏式組合」；由金錢、程式、規範、
法律組成的四個「槓桿」；以及個人化群眾說服力、超社交化、趨勢
專制這三種「趨勢」。

　　但在了解宣傳機器如何影響世界時,最重要的是掌握理解它如何改變我們的行為。宣傳機器影響我們的方式有很多。了解這種影響力,就像是踏上一趟旅程,在這趟旅程要透過腦科學、電腦科學、社會科學來了解。現在,我們就從了解社群媒體如何影響我們的大腦開始這趟旅程。

第四章

你的社群媒體頭腦

網路空間是一種每天有數十億個合法操作者都在經歷的兩廂情
願幻覺，在每個國家……用圖像的方式，呈現從人類系統中眾
多電腦抽取的資料。不可思議的複雜性。光線在大腦內的非思
維空間、群組和繁星般的資料之間遊走，像城市之光，逐漸變
淡……

—— 威廉 · 吉布森（William Gibson）

在加入麻省理工學院皮考爾學習與記憶研究所（Picower
Institute for Learning and Memory） 前， 吉 莉 安・馬 修 斯
（Gillian Mathews）是英國帝國學院（Imperial College）的博士
生，專門研究藥物對大腦的影響。那時她經常艱難的走過倫敦
潮濕街道來到實驗室裡，做藥物如何影響多巴胺系統的實驗。
透過對古柯鹼如何影響老鼠腦中多巴胺神經元的檢視，她想發
現由藥物引發的精神失常的治療方法。

二〇一五年，她與同事設計出一個新奇實驗。他們把實驗
裡的老鼠分開，部分灌以生理食鹽水，部分餵食古柯鹼。為了
測量神經活動，他們用膜片鉗讀取通過離子通道分子的電流，
方法和用萬用電錶讀取家中電線插座的電壓一樣。他們期待發

現被餵古柯鹼的老鼠，比服用生理食鹽水的老鼠出現更大的突觸反應。結果卻讓他們感到驚訝。兩組老鼠都經歷高亢的神經反應，背縫神經核（Dorsal Raphe Nucleus）也出現強化現象，那是腦中負責調節血清素和學習、記憶、情感等生理功能的區域。

這幾位科學家感到困惑。為何只給生理食鹽水的控制組老鼠也經歷高亢的神經活動？牠們沒有被餵食古柯鹼，也未受到任何形式的刺激。事實上，那才是重點。被餵食生理食鹽水的老鼠應該要作為基準，藉此衡量受古柯鹼刺激老鼠的腦部活動。他們稍後想到一個原因：隔離。為了避免古柯鹼刺激老鼠所引起的多動症影響到被餵食生理食鹽水的老鼠，他們將兩組老鼠分開二十四小時，那是實驗的一部分。這種隔離及老鼠的孤獨感刺激了背縫神經核。馬修斯和同事最後不寫古柯鹼對神經的影響，改以孤獨為論文主題。最後的定稿發表於《細胞》（Cell）期刊，文中論及孤獨帶來的神經痛苦激發老鼠的社交傾向。[1]

隔離對社交動物來說，會引發厭惡感與不安感。[2]會減少果蠅的壽命、[3]增加肥胖和第二型糖尿病、降低中風後老鼠的存活率，[4]還增加壓力反應、減少運動對老鼠的益處[5]、增加猴子、豬、人類的壓力荷爾蒙皮質醇（stress hormone cortisol）[6]、提高兔子和人類的氧化壓力（oxidative stress）。[7]在某種意義上，孤獨的神經痛是一種鼓勵動物從事社交的強制函數（forcing function）。

　　人類的孤獨也有相似之處。芝加哥大學（University of Chicago）的約翰・卡喬波（John Cacioppo）多年來一直主張，孤獨之所以持續存在，是因為這可以提供演化的好處。[8]他寫道，對人類來說，孤獨的痛苦驅使我們尋求同伴帶來的安全感。雖然人類的孤獨曾被視為一種「沒有可取之處的慢性疾病」[9]，最近的研究卻顯示，飢餓、口渴、痛苦驅使我們尋找食物、水、安全感，孤獨也以同樣方式驅使我們創造、修復、維護我們的社交關係。[10]它調節我們腦中的多巴胺獎賞系統，[11]還創造神經痛苦，我們試圖用社交治療這種痛苦。[12]我們的腹側紋狀體（ventral striatum）是多巴胺獎賞系統的重要組成，[13]在我們從浪漫關係、合作關係、[14]社交關係、[15]和利他行為中收到社交訊號時就會啟動。[16]我們在心理上互相連結（事實上在演化過程一直因神經生理構造而相連），可以相互溝通、串連、協調。我們接著就發明這部宣傳機器。

　　這部宣傳機器是設計來促進社交訊息的散播，規模之大前所未見，而我們的大腦已經進化到能處理這些訊息。和電視或網際網路不一樣的是，社交網路要我們每天直接接觸來自其他數百萬人即時與能搜尋到的社交訊息流。像是十秒循環播放的Vine影片和瞬間在Instagram上瞄到的影像，有時我們甚至沒有注意到社交網路的存在。但這部宣傳機器以無比豐富的詳細內容和前所未見的規模傳送社交訊息。這麼做的同時，它又以演化而來的渴望方式刺激我們的大腦，讓我們持續想要更多。在思考我們是誰和我們如何在心理上互相連結之後，社群媒體如流星般的崛起，在某種意義上並不令人驚訝，這就像是往一池汽油丟入一根點燃火柴的必然結果。

「連線」到宣傳機器

十五年前社群媒體幾乎不存在。如今許多人每天第一件事就是看社群媒體，在一眼仍睜不開的狀況下，用另一隻眼瀏覽推特上的最新推文、Instagram上的朋友昨夜吃什麼的照片、臉書上的小孩在學校做了什麼的貼文。這個美麗新世界演化得非常快。二〇〇五年，只有七％的美國人使用社交網路網站，[17]到了二〇一五年，比例變成六五％。二〇一七年，將近八〇％的美國成人在用臉書。現在全球有七十七億人，其中有四十三億人在用網路，三十五億人是活躍的社群媒體用戶。[18]

推特每秒新增六千則推文，相當於每分鐘三十五萬則，每天五億則，每年約兩千億則。臉書每月全球活躍用戶數為二十五億，每分鐘創造出五個新個人檔案。這二十億人每天分享超過一百億則內容。YouTube每天有二十億個活躍用戶在觀看十億多小時的影片，其中大多是其他用戶上傳的影片。六千五百萬家公司擁有臉書專頁，六六％的美國公司透過推特行銷，超過一億人經由LinkedIn個人檔案取得工作面試機會。

在本書寫完之後，這些數字就會變成低估的數據。

　　底線在哪裡？我們淹沒在社群媒體訊號之中。社群媒體在消費我們的時間和注意力，因為我們已經在神經生理上準備好連結、使用這些媒體。這部宣傳機器就是設計來利用我們在社交化、歸屬感、社會認可上的心理和神經生理需求。它在經濟上受到網路效應的控制，而這種效應促成它永久成長，並在臉書這類網路間鼓勵贏者全拿式的競爭。為了利用其中的價值，這些平台設計出這部宣傳機器鎖住我們。三種因素（宣傳機器的心理、經濟、科技招數）加速我們對社群媒體的接受和持續使用。它們也讓人很難想像，沒有宣傳機器的世界會是什麼樣子。

神經生理的招數

　　社群媒體是為我們的大腦所設計。這種媒體與大腦的某些部位相結合，這些部位負責調節歸屬感和社會認可。我們的多巴胺系統得到獎賞，我們在鼓勵下透過網路上的連結、接觸、分享，尋求更多獎賞。我不是神經學家，但擺在眼前的是這個令人印象深刻的證據：大腦是為社群媒體而造（或更準確的說，社群媒體是為了我們的大腦而建）。而引發這個證據的發現是一個你可能想不到的問題。從一九八〇年代開始，一群演化人類學家和認知神經學家提出這個問題：人類的腦為何這麼大？

　　相對於身體重量，人腦比其他多數動物的腦還大。自從人屬的第一個種，即巧人（Homo habilis）兩百萬年前開始在地球上行走算起，人腦已經增大兩倍。（見圖表4.1）[19]事實上，我們的腦比遠祖南方古猿（australopithecine）大三倍，他們存活於兩百萬至四百萬年前。

　　有關人腦為何這麼大和為何增長這麼快，相關理論繁多，像是氣候變遷、飲食改進、生態環境需求。最有可能的解釋是，以上所提到的因素，是否個別造成大腦的發展並不可知，因為可能要有好幾個因素結合在一起，才能將人類的進化導向把腦變大。但即便我們永遠不可能為顱容量增大找到單一根本原因，促成我們認知演化的因素卻透露許多訊息，讓人了解我們是誰和我們如何感知這個世界並與之互動。在解釋人腦大小的諸多理論中，最有趣的一個理論，匯集相當大量的經驗證據來支持它的主張。如果這套理論是對的，那麼社群媒體的設計甚至可能對人類演化產生變革性的影響。

社交頭腦假設

　　一九八○年代末至一九九○年代初，牛津大學文化人類學家羅賓‧鄧巴（Robin Dunbar）和同事發現一個促使他們思考的規律性。他們讀過艾莉森‧喬利（Alison Jolly）一九九六年

圖表4.1　原始人類顱容量的增長

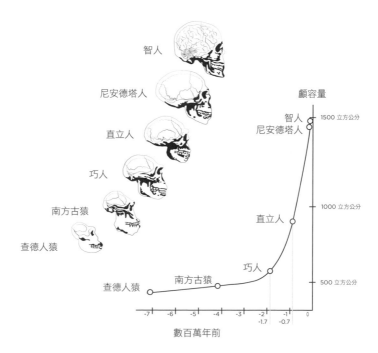

圖表顯示從遠古人類（從巧人到智人）化石發現的顱容量隨著時間快速增大。

發表於《科學》期刊的文章，她在文中稱靈長類動物的智慧，主要是被社交關係的複雜性激發出來。[20]按她的判斷，關於社交世界的推想，比物體辨識（辨識物體並產生推論能力）、操控靈巧性（操控物體的能力）與覓食技巧複雜許多。這種複雜的推想（關於社交互動）在喬利看來很可能與社交動物的腦部演化改變有關聯，與之相較的是較沒有顯現社交行為的動物。

喬利曾花數月在馬達加斯加曼德雷（Mandray）河岸旁觀看狐猴。她發現狐猴發展出複雜的社會秩序，不是因為物體辨識能力和操作靈巧性（過去部分人認為那足以用來解釋靈長類的智慧）。看到社會秩序能在沒有物體辨識能力或靈巧動作技能的狀況下，發展出來這種強而有力的證據，她發現至少在狐猴這個群體，社交智慧早在物體辨識和操作智慧之前就出現。她這麼論定：「靈長類動物社會就算沒有物體辨識能力或猴子般的操作靈巧性也能發展。但這種操作物體的靈巧性只能在靈長類動物的社交生活環境中演化出來。我因此認為社交生活較早發生，而且決定人類智慧的性質。」[21]靈長類動物變得較聰明和更具社交性，不是因為操作和推想物體的能力。這些動物的社交化欲望出現得更早，並決定牠們智慧及操作和推想物體的能力。喬利主張，動物的智慧是由社交性決定，程度大於來自操作靈巧性或辨識物體能力的影響。

這個大膽主張促使鄧巴和同事思考，如果社交化塑造我們的智慧，也一定能塑造腦部發展。所以他們開始探究社交複雜性和腦部發展的演化關係。他們提出這個假設：動物的社交化愈高，腦就愈大。[22]

　　腦的大小可以輕易的用體積和重量測出。那幾位科學家只要衡量社交複雜度就能得出腦的大小。而就他們所知，還有另一個可靠、而且能衡量許多不同類人的靈長類動物的共同標準，那就是社交團體大小。社會能支援的社交團體愈大，就需要更多的關係、結盟、互動來持續追蹤和判斷社會成員。然後合理的推想是：在動物的社會秩序中，一般團體的規模愈大，社會的社交互動就愈複雜。如果腦的大小與團體大小相關，那麼或許社交頭腦的活動（我們用來與他人論理、互動、維持關係的一種混亂的藝術）就包含許多正在愈變愈大的腦中所發生的東西。

　　他們從不同的猴子、猿、人類群體蒐集到針對牠們平均群體大小所做的測量，再與猴子、猿、人類的腦部大小數據一起比較。他們發現群體平均大小和「大約可選用的任一腦部大小」有著驚人的相關性。[23]社會秩序愈複雜（按群體大小來看），腦就愈複雜。

　　對於衡量大腦的複雜度，腦部大小本身並不是一個精確和有意義的衡量標準。神經科學家這麼做，但神經複雜度的衡量早已不能只從腦部大小來看。研究者更深入探索這些針對腦部所做的更精細衡量，發現腦部發展與社交化的關係變得更強。按粗略的劃分，人類和猴子的腦有三種基本組成：控制邏輯和抽象思考等較高層次的新皮質（neocortex）、調節情緒的大腦邊緣系統（limbic system）、負責生存和繁殖的爬蟲腦複合區（reptilian complex）。所以，如果真的要測試社交頭腦假設，就應該超越群體大小和大腦尺寸的關係，反而去檢視群體大小和可能跟較高層次思考有關的腦部區域大小的關係。例如，用來衡量新皮質在腦中所占比例的「新皮質比例」，被認為和語言及認知之類較高層次的思考有關。幾位研究者在後續的研究中檢視這種比較專門的關係，結果真的發現新皮質比例和群體大小及其他社交複雜性的衡量標準有強烈的相關性。[24]群體規模愈大，腦就愈大，控制較高層次腦部功能的相對應腦部區域也更大。

但新皮質是一個由突觸和神經元組成的廣大區域，負責許多不同的腦部功能。除了社交功能外，新皮質被認為主宰感官知覺、認知、運動功能、空間推理。從新皮質的大小來看，幾乎無法完全解釋我們社交能力。但科學家在檢視被認為與社交化有關的新皮質內腦部區域時，發現到更強的證據可以支持社交頭腦假設。

在科學家所稱的「心智化網路」（mentalizing network）中，即被認為控制社交能力和了解他人能力的腦部區域群，有兩個位於新皮質顳葉和額葉的最重要區域。如神經科學家馬修・利伯曼（Matthew Lieberman）所寫的，這個心智化網路啟動背內側前額葉皮質（dorsomedial prefrontal cortex,

圖表4.2　新皮質體積與群體大小的相對應關係

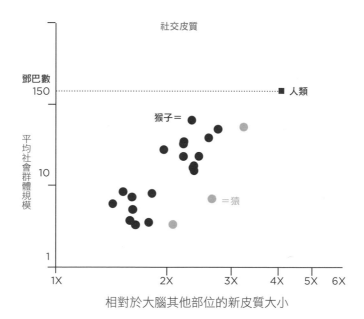

數字顯示與新皮質體積（新皮質體積與皮質下腦體積的比例）相對應的平均群體大小（指的是類人的靈長類動物群體）。灰色圓點代表猿，黑色方塊代表人類，黑色圓點是猴子。鄧巴數（Dunbar's number）是Y軸上數字。

DMPFC）、右顳頂交界區（temporoparietal junction, TPJ）、楔前葉／後扣帶皮質（precuneus/posterior cingulate cortex, PC/PCC）、顳極（temporal pole, TP），幫助我們「思考他人在想什麼，包括他們的想法、感情、目標……能促進了解、移情、合作、考量。」[25]更重要的是讓我們思考並推斷其他人在想什麼。如我在麻省理工學院的同事蕾貝卡・賽克斯（Rebecca Saxe）所言，它幫我們「看懂彼此的心思」，使我們能處理來自他人的社交訊號、解讀他們的心理狀態和意向，並做出回應。

　　心智化過程讓我們透過多個「意向性層次」（order of intentionality）思考自己的內心和心境。第一層意向性指的是知道自己心境的能力，例如：「我知道喬是非洲人。」第二層意向性是概念化（conceptualize）或知道他人心境的能力，例如：「我知道珍知道喬是非洲人。」依此類推，第五層意向性的意思如這個例子所示：我知道莎曼莎知道法特馬知道大衛知道珍知道喬是非洲人。我們使用社群媒體時，就會用到意向性，也就是理解他人的表情、反應、社交暗示和他們如何與周遭的人互動。

　　有令人信服的科學證據可以證明這種心智化網路的存在。針對我們社會認知和心智化能力所做的行為石蕊試驗，就是要看我們能否了解他人的錯誤認知。[26]這種錯誤認知試驗最早由哲學家丹尼爾・丹奈特（Daniel Dennett）提出，再由多位研究者以「莎莉與小安任務」（Sally-Anne Task）[27]試驗進行實驗，目的是在測試實驗對象，能否看出所觀察的人在受到愚弄後出現錯誤認知。在莎莉與小安任務試驗中，莎莉把一顆彈珠藏在籃子裡，而小安則在莎莉離開時挪走那顆彈珠。如果實驗對象在觀察過程中，了解莎莉會在她擺那顆彈珠的地方、而不是小安移過去的地方找彈珠，就會明白莎莉有錯誤認知（而且會隨之行動）。自從丹奈特提出錯誤認知測試後，許多行為研究證實，人類在三到五歲間會發展出這種心智化過程。雖然最近有證據顯示大型猿類也有這種能力，但我們有陣子以為只有人類才擁有通過錯誤認知測試的能力。

功能性磁振造影（fMRI）結果也證實心智化網路的存在。如果社交頭腦假設為真，我們如何掌握社交技能或社交性，應該不只是和腦的大小或新皮質比例有相關性，也和心智化和社交性相關的腦部區域的啟動有關。而功能性磁振造影證據就是如此顯示。在實驗對象被任意鼓勵用心智思考時，心智化網路就開始啟動，但智力、推理、工作記憶的網路卻沒有啟動。而當前額葉皮質和右顳頂區因穿顱磁刺激而受阻礙時，實驗對象失去管理錯誤認知的能力，而這種認知對心智化和意向性非常重要。

除了支持社交頭腦假設的強力功能性磁振造影證據和物種層次的證據外，研究人員最近還檢視個人層次證據，也就是測量人們腦中負責心智化區域的大小和相對應的社交網路大小。

潘奈洛普・路易斯（Penelope Lewis）和同事發現心智化網路主要組成部分的灰質（gray matter）「因心智化能力（同時間能推想出不同的心理狀態數量）和社交網路大小而有決定性差異，顯示這些社交性的不同面向存在著共同的神經基礎」，[28]為社交頭腦假設提供「細膩的解剖方面的支持」。這些結果成功的被其他幾個研究團隊複製。擁有較大社交網路的人，腦中處理社交訊息的區域也較大。

　　綜合起來看，這個證據顯示我們的大腦已經進化到能處理和解讀來自其他具有意向性心理（intentional mind）、目標、欲望、計畫的社交訊號。而這種能力是大腦進化時所不可或缺的。社交頭腦認知科學正逐漸揭露一個關於我們演化史的驚人故事。人腦經演化能變得社交化，並解讀由關係所創造和溝通的社交訊號。*人類經歷一連串為了我們社交心理（處理關係、結盟和不合、遇到的人的身分和意向性有關的訊息，以及所有社交訊息涉及的複雜相互依賴性）所做的社交演化調適。

---

* 當然，將人腦進化與社交聯繫起來的功能性磁振造影與腦容量分析有其局限。腦容量是一個粗略的估計，而功能性磁共振成像分析的可靠性也有爭議，雖然這已經獲得科學界三十年的關注。當一項功能性磁振造影的研究顯示大腦某個區域「發亮」，它衡量的是流經那個區域的血流量，神經科學家認為這是細胞活化的代理變數，但是並不清楚血流量是否暗示有細胞活化。不過這樣的關聯已經受到大多數神經科學家廣泛接受。找出因果關係也是重要而棘手的問題（到了後面，這會成為本書關注的重點，用來解釋社群媒體對世界的影響）。

我們需要這種能力來處理所面臨的挑戰，以提出社交解決方案，這使新皮質、腦的大小、新皮質相對於大腦其他部分的大小的演化成長，變得有其必要。為處理社交訊息所發展出來的大量專用神經元和突觸，在某種意義上是被訓練來領會我們的社交世界並航行於其中。我們經常這麼問自己：她喜歡我嗎？他想從我這裡得到什麼？我能信任他嗎？那是真心的笑容還是嘲諷的笑容？我看到喬和珍在一起，他們是朋友嗎？他們的關係到什麼程度？她會威脅到我嗎？我們每天都在關心這類問題，要花很大的心智來處理。事實上，許多神經學家相信我們的社交頭腦是我們的「預設網路」，意即只要我們沒有在想其他事的時候，它就會啟動。

社交頭腦假設的證據，意味著人類的社交性是演化而來。我們被設定成能處理來自他人的社交暗示：他們講的故事，他們強調的事情，他們去的地方，他們吃的東西，他們支持的信念，他們知道、研讀、喜歡的東西，與他們在一起的其他人，他們與那些人有多熟。

這部宣傳機器所策展的社群訊號會放大、擴大、加速我們的心智化，也就是逐步擴大我們的心智化機會（社群媒體出現之前，我們遇到有限的社交訊號，到現在，每天接觸各式各樣的社交訊號）。神經系統的互動很微妙。例如，我們在社群媒體上貼文和與他人互動時，會用到心智化系統，但貼文時使用它的程度或許比互動時來得少。雖然社群媒體的長期演化結果

目前仍是未知數，對我們的思考卻產生愈來愈明顯的影響。而
這個證據顯示社群媒體是為了我們的大腦而設。

你的社群媒體頭腦

　　所以我們的腦是設計來處理社交訊號。我們的腦面對社群
媒體時會發生什麼事？加州大學洛杉磯分校（UCLA）的神經
學家想知道答案，於是創造一個Instagram式應用程式來研究
當我們閱覽Instagram動態消息上的照片時，腦部會產生的反
應。這個應用程式顯示一連串的照片，就和Instagram上看到
的一樣。研究人員接著用功能性磁振造影機器研究青少年，記
錄下他們使用研究人員版的Instagram時，腦部有哪些區域會
亮起來。[29]他們也實驗性的控制照片的按讚數和參與實驗者能
看到的照片，包括他們能否看到自己的照片、或他人的照片，
以及照片描繪的是危險行為（如喝酒），還是一般行為。他們
之後在年輕成年人身上證實這些結果，[30]那是從他們按讚和得
到讚的情形看出的結果。[31]身為一名科學家和一個七歲小孩的
父親，我覺得他們的發現雖然很有趣，但也很令人擔憂。

　　首先，看到有著較多按讚數的照片時，腦內負責社交認
知、獎賞（多巴胺系統）、注意力（視覺皮層）的區域出現較
多活動。當參與實驗者看到有較多按讚數的照片時，他們的大
腦會出現較多的活動，視覺皮層也亮起來。一旦視覺皮層亮

起，我們就更加專注於正在看的東西，除了增加注意力之外，
進一步看得仔細一點。為了確保影像裡的差異沒有對結果產生
引導作用，研究人員隨機指定照片的按讚數，並控制照片的亮
度和內容。不管參與實驗者看到的是自己或別人的照片，結果
都有效。簡而言之，當我們看到有較多按讚數的社群媒體影像
時，就會放大照片，並且更仔細檢視。我們會更注意其他人
較重視的線上消息。你或許會想，「嗯，得到較多『讚』的照
片」可能比較有趣。但研究人員隨機指定按讚數，代表其實是
「按讚數」觸發視覺皮層的活化，而非照片。

　　其次，自己的照片得到更多「讚」會激發心智化網路，即
社交頭腦。看到自己的照片時，參與實驗者腦內與社交技巧有
關的區域，會對按讚數較多（隨機指定）的照片產生較多活
動。他們也在與模仿有關的額下迴（inferior frontal gyrus）發
現較多的神經活動。我們看到自己的照片時，腦內負責思考別
人如何看我們、以及思考彼此異同的區域將活化。換句話說，
我們在思考自己的照片時，會把照片放在社交環境中來看，也
就是用別人的想法來思考。

　　最後，看到自己的照片得到較多按讚數會活化腦部的多巴
胺獎賞系統，該系統控制快樂、刺激、巴夫洛夫式（Pavloian）
反應。多巴胺系統藉由刺激快樂、興奮、狂喜這些感覺使我們
渴望獎賞。心理學家詹姆斯・奧爾茲（James Olds）和彼得・
米爾納（Peter Milner）讓老鼠藉由拉控制桿的方式，取得刺激

自身獎賞系統的能力，他們發現老鼠會丟下一切，[32]停止吃東西和睡覺，一直拉那個小拉桿直到筋疲力竭而亡。

伊凡‧巴夫洛夫（Ivan Pavlov）擴大我們對獎賞的認識，方法是證明可以制約狗，使牠在獎賞（如食物）與不相關的刺激（如鈴聲）之間建立關聯，這樣的刺激會讓狗流口水。[33]這種認知上對刺激與獎賞的綁定，讓巴夫洛夫得以用象徵物（如鈴聲）刺激腦內的獎賞系統，「讚」也以同樣的方式刺激我們的多巴胺系統，並給予我們社會認可和數位讚揚這類的獎勵。就像奧爾茲和米爾納的老鼠一直拉拉桿，而巴夫洛夫的狗則聽到鈴聲就流口水一樣，基於同樣的基本原理，人們看到「讚」會刺激多巴胺系統，鼓勵我們在線上尋求社交認同。

所以我們的腦是設計來處理這部宣傳機器所策展的社交訊號，並且為此而感動。但宣傳機器在設計時真的就已經有這樣的設想嗎？尚恩‧帕克於二〇一七年接受麥克‧艾倫（Mike Allen）訪問時，對臉書設計相關問題如此回答：「思考過程都與『我們如何才能盡可能消費你們最多的時間和有意識的注意力？』有關。」[34]他說，「而那意味著我們需要每隔一陣子就給你一點多巴胺刺激，因為某個人對一張照片或貼文按讚、發表評論、或做出其他反應，會促使你貢獻更多內容，以獲得更多的按讚和評論。那是一種社會認可的回饋迴路……你正在利用人類心理的弱點。」

社群媒體被設計來成為一種習慣。那些「小型多巴胺刺激」不只讓我們不斷反覆做同樣的事，還用一種「可改變的強化程序」（variable reinforcement schedule）傳送給我們，意思是隨時都可以發生。那就是我們總在查看照片的原因，目的只為了想看我們是否有收到任何社交多巴胺。隨機的獎勵讓我們經常保持接觸。而獎勵則和聲音、震動、通知訊息綁在一起，我們像為了食物流口水的巴夫洛夫的狗一樣為社會認可流口水。這些設計活化我們對連結、競爭、免除錯失恐懼症（fear of missing out）的欲望。把這些放在一起來看，就是一種讓你養成習慣的處方。

神經科學證據表明，我們對社群媒體的使用習慣受到從這些媒體取得的獎勵和名聲訊號所驅動。例如，某項研究顯示，相較之下，名聲增加時所造成的腦部反應，能預測某人對臉書的使用習慣，而財富的增加則無法預測這種習慣。[35]

但當我和迪恩・艾科斯（Dean Eckles）、克里斯多斯・尼古拉雷德斯（Christos Nicolaides）一起研究跑步時，發現社群媒體也能對我們產生健康的影響。[36]這取決於哪些習慣得到支持。我們分析數百萬人多年間的跑步行為，發現人們的社群媒體連結，以及和跑步的朋友在社群媒體上的團結，有助於讓他們保持跑步習慣不中斷。社交通知和訊號在鞏固這些好習慣上扮演關鍵的角色。

這些研究提醒我們，社群媒體同時具有的潛在希望和危險，也教導我們應該在乎宣傳機器如何刺激大腦，因為這麼做的同時會改變我們的行為。這部宣傳機器的認知設計如何影響我們的行為？那是在探索宣傳機器對世界的影響的過程時會碰到的下一個關鍵問題。而我的朋友暨同事艾蜜莉·法克（Emily Falk）準備回答這個問題。她研究社交影響力的神經基礎，包括宣傳機器所策展的社交訊號、社交訊號所活化的腦部功能，以及那些腦部功能所涉及的行為。

社交影響力的神經基礎

　　當你問法克想要把神經科學帶往何方，她回答，「大多數腦科學看的是腦內正在發生的事情，而我們嘗試扭轉並（用大腦活動來）預測人們的行為。」所以之前的工作是在檢視線上社交訊號如何活化腦部，而法克想知道的是腦的活化能否預測我們在看廣告或社群媒體上的這類訊號時，會有怎樣的行為。她做了一些實驗，結果顯示大腦對有說服力的社群媒體或廣告訊息的反應，比我們在調查中所說的更能預測我們未來的行為。

　　了解法克和同事所稱的「行為改變的神經先導」（neural precursors of behavior change），是否就能幫助我們鼓勵人們戒菸、存錢、投票？他們的研究顯示神經訊號能預測個人、團體、甚至全民層次的行為改變，這類改變是被有說服力的媒體訊息誘導而成，而這些訊息則是設計來鼓勵我們做出擦防曬油[37]

和戒菸[38]之類的動作。法克的團隊讓參與研究者在功能性磁振造影機器中觀看國家癌症研究所（National Cancer Institute）推出的十支「1-800-現在-戒菸」電話專線的電視宣傳廣告。[39]他們想知道腦部對不同訊息的神經反應，以及能否預測哪些反應會促使人們戒菸。

他們記錄下內側前額葉皮質（medial prefrontal cortex）的活化情形，該區域之前被認為與個別行為改變有關。接著比較不同地區的人，他們的腦部對十支電視廣告的表現有怎樣的反應，並衡量不同廣告所激發的神經掃描結果，能否預測廣告播放地區的戒菸專線撥打量。他們將依神經掃描所做的預測，與研究參與者在調查中針對每則訊息的有效性所做的自我預測進行比較。結果讓他們很驚訝。腦部掃描可以正確的預測哪些廣告最有效，而研究參與者的自我預測和產業專家的評估卻沒有效。

在另一個研究中，法克和同事要求研究參與者考慮是否要讓假想的電視試播節目播出。[40]其中一組扮演實習生角色，他們躺在功能性磁振造影機器裡觀看這些試播節目，接著決定讓哪些節目轉給扮演製作人的第二組研究參與者，而這一組要決定將哪些節目上呈給電視主管。研究人員發現，當研究參與者想到與他人分享訊息時，腦中的心智化網路就亮了起來，而腦的其他部分則維持不活躍的狀態。當實習生觀看那些他們後來成功說服製作人呈給電視主管的試播節目時，他們的心智化網路處於特別好的狀態,即他們正在活化社交頭腦。如法克的共同作者馬修‧利伯曼所寫,「這暗示在我們最早接收新訊息的那一刻,我們的處事藝術就是考量能和哪些人分享訊息,和我們如何用令人信服的方式,將訊息分享給我們決定好的人選。」[41]當我們在策畫與他人分享的訊息時,大腦就在做些事。

　　法克也發現,顯示我們心理上對某樣事物有所珍視的神經訊號,能預測社群媒體上的分享和瘋狂轉傳。有兩項功能性磁振造影研究記錄八十則《紐約時報》報導所引發的神經活化,她和同事用這些研究證明腹內側前額葉皮質(ventromedial prefrontal cortex)和腹側紋狀體(ventral striatum)的腦部價值系統區,具有自我提升和取得社會認可的傾向,與之相關的訊號一旦活化,就能預測新聞報導在網路上的瘋狂轉傳程度,比報導本身特質或研究參與者自述分享意向所預測的更準確。[42]

　　換句話說,有說服力的社群媒體訊息所引起的神經活化,能預測個人和全民層次的行為,尤其是訊息分享行為,程度更甚於我們(或其他專家)對自己行為的預測。但有說服力的訊息和社交訊號能改變我們的行為嗎?我們需要更嚴格的分析才能在現實世界證實這種可能性。這是一個很深度的問題,我將在書中評估社群媒體是否改變我們,以及能多大程度改變購物、投票、約會、閱讀、運動方式時探討這個問題。就現在而言,已經足以知道大腦對社群媒體訊息的回應方式,能預測我們將如何改變行為和我們分享社群媒體內容的意向。

　　加州大學洛杉磯分校以 Instagram 為研究對象，來測量按「讚」的神經效應，發現得到的「讚」愈多，研究參與者給他人的「讚」就愈多。在一項針對青少年評價音樂行為所做的研究中，埃默里大學（Emory University）研究人員發現，當研究參與者評價一首歌時，如果這首歌的受歡迎程度評分也顯示在旁邊，那麼研究參與者改變評價以符合群體意見的可能性就與前島（anterior insula）和扣帶（cingulate）區域的腦部活化有正向的關聯，這兩個區域與激動和消極的情感有關。這些結果暗示，「因個人偏好與其他人偏好不符所產生的焦慮感……促使人們改變選擇以達成共識。」[43] 研究也顯示，他人對臉部吸引力的看法，會促使研究參與者改變自己對他人吸引力的看法。

　　這些研究顯示行為改變的神經前導確實存在。稍後我將大規模的檢視行為實驗中，揭露社交訊號如何改變人們實際的投票、評價、購買、約會、運動行為。在我這麼做的同時，要記得研究參與者受社群媒體影響時，他們腦內發生的事情。

連結希望和危險

　　這些研究的另一個重要結果，支持本書的中心信條之一：這部宣傳機器可能同時帶來極大的希望和巨大的危險。我們的神經系統本來就會連結這種希望和危險。大腦因為有這樣的連結，所以在社群媒體的刺激下，參與社交成本很高的行為，並有助於改善社會的正向行為。

在加州大學洛杉磯分校的研究中，Instagram上的按讚數壓制了腦內管理自我控制區域。研究人員分別比較在不同的狀況下，人們看到較多按讚數的不同心境，一個是讓研究參與者看到描繪危險行為的照片，另一個則是讓他們看到描繪非危險性或中性行為的照片。當他們看到有較多按讚的危險行為（如吸毒或喝酒）照片時，腦中作出反應的是完全不同的區域。而腦部負責自我控制和抑制反應的區域明顯較不活躍。換句話說，此時描繪那些行為的照片收到較多的「讚」，小孩腦部負責警告危險的區域已經被關掉或變弱。而線上拒絕也會引發生氣和報復，所以社群媒體能引發危險。

但我們的腦部連結也讓我們接受社群媒體的正向希望。例如在一個線上研究中顯示，青少年可以捐錢給同儕團體。[44] 在研究中，參與者事先相互碰面，其中包括沒有參與捐錢的同儕團體。這些配合實驗的同儕，在參與者捐錢給受助團體時，給出更多的「讚」。更多的「讚」出現後，就有更多的錢被捐出去，而且參與者的社交頭腦區域也受到激發。積極的社會回饋會鼓勵正向的社會行為，反之亦然。我們不僅連結宣傳機器，還同時連結它所能促成的善與惡。

在我更詳細探索這部宣傳機器之前，包括它如何建立和運

作,以及我們如何評量、調整、重新設計它的同時,記住這些
神經系統的基礎是有意義的。重要的是開箱檢查那些決定宣傳
機器要將我們帶向何方、和我們如何加以控制的驅動力量。探
索的第一步是了解大腦如何回應社群媒體,這透露社群媒體的
神經誘因。行為改變的另一關鍵動力是社群媒體的經濟誘因,
我們將在下一章討論。

第五章

網路引力與網路質量成正比

做生意時，我尋找由無法突破的護城河所保護的經濟城堡。

——華倫·巴菲特（Warren Buffett）

　　如果社交連結為人類提供演化上的好處並幫助到個人，那麼連結整個世界似乎就是一個值得去做的目標。祖克柏不斷在二〇一八年公開擁護這個使命，光在國會作證時就提到六十多次。「臉書……的建立是為了達成一項社會使命，即讓世界變得更開放和相互連結……我們相信連結世上所有人是我們這一代的偉大挑戰之一，那就是為何不管再怎麼小的角色，只要我們能做到，我們都願意扮演。」[1]他經常提到當初他和共同創辦人一開始並沒有打算成立公司，而連結所產生的經濟價值也不是他們的首要目標。但別搞錯，這部宣傳機器除了有相當大的神經吸引力外，還有龐大的經濟吸引力，因為社交連結不僅刺激大腦，也創造社交和經濟價值，形成一股強大的動力。

　　祖克柏不是第一個擁護全球連線的經濟價值的人。這一份榮譽要歸功一位名叫西奧多·魏爾（Theodore Vail）的不知名美國企業家。魏爾在一九〇七年二度回到貝爾通訊（Bell Telecommunications）任職，他看重網路連結在推動市場上所具有的經濟力量。在一九〇八年第一次年度報告中，魏爾將經濟的網路效應的概念介紹給董事會和股東。他寫道，「一具電話，如果電話線另一頭沒有任何連結，那麼它甚至連玩具或科學儀器都不是。它的價值在於與另一個電話的連結，連結愈多，價值也愈高。」[2]「貝爾系統，」他繼續寫道，「持續發展直到融入這個產業和國家的社會組織之中，事實上更成為他們的神經系統。」現在不難看出臉書、Instagram、推特、微信、WhatsApp就是當年魏爾所提及的概念更強大的版本，已將全球各公司和社會的中央神經系統連結起來。

魏爾的主張，即電話的價值隨著連結數量增加而增加，簡要的描繪出網路效應，那是構成現今數位競爭和平台策略最根本的經濟力量之一。對展現網路效應的產品或市場來說，產品或市場的價值是連結人數的函數。愈多人使用某項產品，它對每個人的價值就增加。如果不了解網路效應，我們就無法搞懂這部宣傳機器的經濟連結和所創造（及摧毀）的價值。*知道這個簡單概念後，才能了解為何某些社群媒體網路能成長，其

---

* 稍後，我們將討論這些網路價值屬於創造還是破壞，這是這部宣傳機器最近存在危機的核心問題。（更多連結的價值取決於這些連結的質量，也就是它們是否對連結的人的生活產生正面或負面的影響。）

他卻失敗；為何次等網路能支配高品質競爭者；為何社群媒體市場會形成壟斷。本書的主要目標之一是解釋這部宣傳機器如何改變我們的行為，不管是個人的改變還是社會整體的改變。我在第四章探討這部宣傳機器對我們行為產生神經上的影響。本章則檢視經濟上的影響。

網路引力與網路質量成正比

　　網路效應就像引力。網路連結人數愈多，「質量」就愈大（可以這麼說）。質量愈大，引力也愈大。引力愈大，用來拉進新顧客的吸引力就愈大，保住現有顧客不使其離開的經濟吸引力也愈大。

　　重要的網路效應有四種：直接、間接、雙向和地方。而每一種都在這部宣傳機器的策略和命運上扮演獨特的角色。直接網路效應透過直接連結人們的方式創造價值。想一想魏爾所舉的電話或傳真機例子。如果我是第一個擁有傳真機的人，這個機器基本上沒用。我可以把它當作門擋，就是無法用來傳真，因為沒有人擁有可以接收我的傳真的傳真機。愈多人買傳真機後，我能連結的人就變多。臉書、推特及其他組成這部宣傳機器的平台可以從直接網路效應獲得極大的好處。他們能影響一切，從壟斷集中到經濟創新。下一頁的專欄說明網路效應如何讓次等社群媒體網路勝過較佳的競爭者並壟斷市場。[3]

了解網路效應

用下面這個例子來了解網路效應如何讓次等網路勝過高品質競爭者。設想社群媒體網路的價值（V）等於它的內在價值（intrinsic value）加上網路效應價值：

$$V=a+ct$$

a代表網路的內在價值（將其視為社交網路的特色、隱私控制、資料安全等），不含網路效應。c是網路效應的價值（更多朋友加入網路後你所收到的額外價值），而t則是任一時間點加入網路的人數（平台用戶數）。

現在拿兩個「不相容」的網路，即Alpha和Beta來做比較。換句話說，消費者只能在同一個網路上與朋友連結，而不能與另一個網路上的朋友連結。例如，你無法從推特發訊息給臉書朋友，這兩個平台並不相容。假定Beta的品質遠勝Alpha，有著較好的通訊功能、更多的選項、更好的隱私控制、較清爽的介面。他們不會把你的資料賣給第三方，他們的安全強化措施和加密功能讓你感到安全。所以，Beta（稱為B）的內在價值大於Alpha（A）的內在價值。

　　如果Beta可以同時和Alpha在市場上出現，將成為
價值較大的網路，因為Beta的內在價值大於Alpha的內
在價值。但Beta要花時間來建好所有的偉大功能。Alpha
比Beta更早進入市場，意思是更早發行。試想Alpha在某
個時間便開始被使用，而Beta則要在若干時間後才能使
用。消費者直到Beta發行後才知道它的存在，所以他們
在選擇加入Alpha時並沒有Beta這個選項。網路效應（更
多朋友加入網路後你所收到的額外價值）的價值，是消
費者加入的那一刻起，在網路上所有可獲取連結的額外
好處。

　　雖然Beta是較佳的網路（B>A），消費者一開始卻
只有一個選項。第一個消費者在計算Alpha是否值得採
用時決定（假定）它是值得的，於是加入Alpha。下一個
消費者面臨不同的抉擇。現在已有一個人在用Alpha，
所以Alpha對第二個消費者的價值是a+c×1或a+c。Alpha
對第三位消費者的價值是a+2c，對第四位消費者的價值
是a+3c，接下來依此類推。Alpha的價值隨時間呈線性成
長，如圖表5.1所示。

　　當Beta在某時間點（T）發行時，加入Alpha的價值
是a加上加入Alpha並成為該網路成員的人數（t）乘以

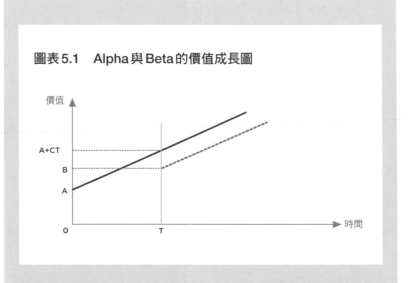

圖表5.1　Alpha與Beta的價值成長圖

網路價值（c）的結果：a+ct。而加入Beta的價值仍然只
有b，即服務本身的價值，因為還沒有人加入Beta，所以
它尚無網路效應。雖然我們同意Beta（或B）優於Alpha
（或A），卻沒有比加上網路價值的Alpha（或a+ct）更
有價值。所以即便Beta的價值應該如上圖虛線所示呈
線性增長趨勢，選擇Beta的人還是比較少，因為它的網
路效應較小。用這個方式，次等網路（Alpha）靠著龐
大的客戶群和相應的龐大網路效應，得以勝過較佳的網
路（Beta）。目前有關臉書壟斷市場是否傷害創新的辯論
中，這是一個關鍵概念。

　　間接網路效應有所不同。當更多人開始使用某個特定平台或網路時，就會讓第三方為該平台或網路增加價值的誘因。我小時候習慣到實體商店買軟體（我知道很怪）。我記得一九八〇年代末的某一天，我和父親一起走入CompUSA的景象，只見一排又一排的Windows軟體，店裡最後一排的小角落是預留給蘋果軟體的位置。蘋果有生產電腦，但Windows的客戶群大上許多，網路效應也因此更大。他們的網路效應不是來自所提供的直接連結（網際網路稍後才讓那樣的連結變為可能）。他們的網路效應反而來自他們為Windows電腦軟體開發者創造的誘因。開發者能為Windows編寫繪圖軟體或遊戲，從而接觸到潛在顧客所構成的龐大網路。他們也能為蘋果編寫程式，不過潛在的顧客網路小了許多。選擇很簡單。較多開發者為Windows寫軟體，Windows龐大客戶群創造出的間接網路效應明顯可從CompUSA店裡一排又一排的Windows軟體看出，小角落裡擺放的蘋果軟體簡直是小巫見大巫。

　　不過到了二〇一三年，情況便有所逆轉。蘋果於二〇〇七年推出iPhone，每個人都想擁有一支。蘋果在iPhone中加入如此多的創新，以致於光手機的內在價值就足以吸引人們蜂擁來買iPhone。軟體透過應用程式（或稱app）加入iPhone，而蘋果於二〇〇八年推出應用程式商店。隨著買iPhone的人增多，開發者就更有為iPhone寫應用程式的誘因。結果iPhone的採用曲線（adoption curve）呈聖母峰般走勢。第一支iPhone

於二○○七年售出，到了二○一三年蘋果總共賣出四億支iPhone。如果用戶群算是平台的質量，而網路效應相當於引力，蘋果的引力就會隨著iPhone的質量增加而增加，消費者開始成群湧向這個新的代表性品牌。

　　相較之下，微軟二○一三年的手機市場占有率相當於一九八○年代蘋果在CompUSA店的上架率，可就是微不足道。開發者看不太到為Windows系統手機寫應用程式的動機。他們轉而為蘋果寫程式。事實上，蘋果的客戶群優勢大到開發者競相免費為iPhone寫應用程式，而微軟卻要開發一個入網點（pop）即支付十萬美元的價碼，給為Windows手機寫應用程式的開發者。[4]反制蘋果的引力的確有必要，但力道還是不夠。網路效應加上iPhone的內在價值實在過於強大。現在蘋果擁有四七‧四％的美國手機市場，[5]而微軟只有○‧五％。間接網路效應的力量既明顯且持久。

　　網路效應也可以是雙向的，條件是市場某一方的客戶群為另一方創造需求。例如，搭乘Uber的人愈多，Uber駕駛的需求量就增大；而Adobe Reader的用量愈大，就需要更多的Adobe Writer，這都是因為網路效應的雙向特性。從全球手機銷量來看，蘋果的市占率是二五％，[6]微軟只有○‧一％。但安卓卻以七四％的市占率稱霸全球，那是因為安卓讓操作系統與手機硬體脫鉤，操作平台因此能與幾乎所有手機相容。三星手機能用這個操作系統，LG和谷歌等其他手機也能用。這是平台策略奏效的一個鮮明例子。

　　但對這部宣傳機器來說，最重要的網路效應類型也是最少人知道的一種：地方網路效應。這個名稱起於地方（location）對網路效應經濟力量的重要性。地方網路效應與網路上各連結間的地理接近度（geographical proximity）成正比。例如，當德州達拉斯社區型私人社交網路服務平台NextDoor有新用戶加入時，達拉斯當地用戶就會得到更好的服務，可是舊金山用戶卻感受不到服務品質的變化。原來除了地理接近度之外，地方網路效應還受到社交接近度（social proximity）所驅動。產品展現地方網路效應的時機，是在用戶受到網路上其他一小群用戶的直接影響時，因為他們與那一群人相「連結」。

　　NextDoor用戶在地理上相互連結，臉書用戶則在社群上相互連結。想想看你從臉書、推特、WhatsApp或微信取得的價值，就會明白他們的價值主要來自你認識並相互連結的人，而不是這些社交網路上三十多億你不認識的廣大群眾。這種價值某種程度上也來自你希望連結卻還沒認識的人。要達成這種連結，可以透過向名人發送不請自來的直接訊息，但可能性不及透過朋友的朋友介紹。所以不管我們談的是你已經有的連結，還是你希望連結的人，這裡有個意外發現：任一用戶從網路獲取的價值與網路連結者的價值成正比，而不僅僅是網路上的總連結人數。那就是地方網路效應，也是塑造這部宣傳機器各股競爭勢力的關鍵驅動力，其中涉及臉書成功和MySpace

失敗的原因。

臉書如何擊敗 MySpace

　　二〇一一年六月，我在紐約市一場由《連線》（*Wired*）和《經濟學人》（*Economist*）這兩個雜誌主辦的Nextwork會議上發表演講。[7]我被安排在演員艾德‧諾頓（Ed Norton）和曾任前國務卿希拉蕊顧問的賈里德‧柯恩（Jared Cohen）之間上台。諾頓談的是他新近成立名叫Crowdrise的慈善募款眾包平台。柯恩目前擔任谷歌拼圖（Google Jigsaw）執行長，該組織是一個科技孵化器，致力於對抗極端主義、言論審查和網路攻擊。他談的是科技如何推動中東革命。但當天在這之前還有幾場演講，我最愛的一場是吉米‧法倫（Jimmy Fallon）對臉書共同創辦人尚恩‧帕克的訪問。他們進行一場既熱鬧又歡暢的對話，從駭客入侵、Napster、Spotify、臉書崛起，再談到混合茶、放鬆技巧，以及其他高科技話題。

　　整個訪談相當引人入勝，但有一刻特別吸引我的注意。吉米問尚恩：為何臉書會成功，而MySpace卻失敗。這是二〇一一年媒體權威人士和數位策略大師喜歡問的問題。某種意義上，它是個價值五千億美元的問題，因為臉書目前的市值就是如此。如果MySpace打敗臉書，MySpace很可能就有這樣的地位。

　　從我們一直討論的理由來看，這兩個數位寵兒的運勢會出現逆轉令人不可置信，這是不可能的狀況。二○○四至二○○八年間，MySpace擁有龐大的用戶群優勢，用戶人數讓臉書相形見絀。二○○五年，MySpace有兩千七百萬用戶，臉書則有五百萬用戶。二○○六年，MySpace的用戶數達一億人，臉書則為一千兩百萬人。這種用戶群優勢所產生的直接和間接網路效應是無法超越的，而尚恩・帕克知道這個情況。他在講台上跟吉米說，MySpace的主導地位是難以撼動的。「網路效應和規模效應（scale effects）都相當大，」他指的是MySpace。「（MySpace）那裡的力量很強。」

　　那麼臉書是怎麼克服萬難，從後頭追上，讓MySpace消失？當時有幾種流行的說法。有些人認為MySpace的基礎設施不具擴展性，也沒有能夠進行性能提升的技術人才，這樣就很難增加新功能，或讓網站的緩慢載入時間加快一點。也有人暗示MySpace的設計雖然讓用戶得以自行安排頁面，但看起來很醜且不連貫，和臉書簡潔的專業設計相比顯得遜色。相對的是，其他人認為MySpace的管理過於專業化，他們的企業管理策略比不上大學輟學生隨心所欲式的管理（他們創立臉書就是要讓臉書走向用戶想要它走的方向）。有些人認為MySpace因為對樂團和音樂的專注，變成一個過於小眾（niche）的平台。其他人相信臉書堅持用戶實名制，使它變得更具關聯性。以上說法都有幾分道理，但皆錯過帕克注意到的

圖表5.2　2004至2011年間臉書和MySpace活躍用戶數

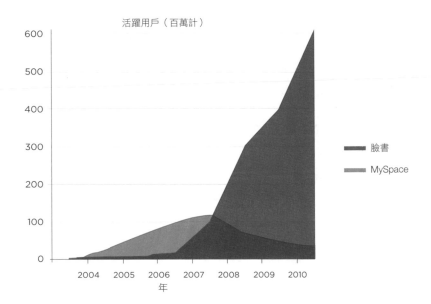

一個關鍵動力。

　　尚恩從當時最流行的說法來回答吉米：MySpace設計不良，且缺乏創新（確實如此）。但他馬上轉向另一個許多權威人士沒想到的話題：臉書的進入市場策略。吉米問，「你認為大學有幫助嗎？我覺得臉書比較像是個人的東西，許多人透過大學朋友得知臉書。」這是一個富有洞察力的問題。尚恩同意，「我們透過大學進入市場，透過大學的原因是，一般來說，大學生不是MySpace用戶，他們通常也不是Friendster用戶。那是一個完全開放的市場，而我們做了一個不太會成功的嘗試。我的意思是，除了在帕羅奧圖的我們這三、四個人之外，沒有人真的相信你可以透過這個小眾市場進入市場，然後再逐漸以精心策畫的戰爭對付所有其他網路，直到成為統治他們的唯一網路。」尚恩露齒而笑並停頓一下，接著繼續說，「這指的是《魔戒》（*Lord of the Rings*）嗎？」吉米笑答，「是的，是的。我確實在床頭上方掛了那部電影的海報。」尚恩，「還有你的《龍與地下城》（*Dungeons and Dragons*）海報。」吉米：「以及一根官方版哈利波特手杖。」觀眾聽了大笑。

　　但這個洞見要比以《魔戒》為例子所透露的意義嚴肅許多。臉書透過大學，得以用較強的地方網路效應來對抗MySpace巨大無比的直接和間接網路效應。吉米和尚恩或許在不知情的狀況下，本能的進入網路效應經濟理論的深處。網路效應因傑佛瑞・羅夫斯（Jeffrey Rohlfs）一九七四年一篇重要論文而被引入經濟學，論文名稱是〈通訊服務的相互依賴需求理論〉（A Theory of Interdependent Demand for a Communications Service），重點在於將臉書等產品的價值，當成臉書使用人數的函數。[8]但羅夫斯原先的看法，其實涵蓋臉書用來打敗MySpace的地方網路效應。如我的同事理查・史馬蘭西（Richard Schmalensee）所言，羅夫斯的論文提出一種延伸模型：產品對消費者的價值，不僅以產品所有的消費者為基礎，也以消費者願意去連結到某些特定使用者的價值為基礎。[9]臉書在這方面有很高的價值，因為用戶可以連結的其他人是大學生最重視的人，即大學好友。你在MySpace上只能連結陌生人。

　　臉書於二〇〇四年二月在哈佛大學開通，然後開放給一間又一間的大學，如哥倫比亞、耶魯、達特茅斯、康乃爾。兩個月內來自二十所主要美國大學的七萬名學生加入臉書。這些大學包括史丹佛、麻省理工學院、紐約大學、東北大學。臉書當時沒有開放給這些學校以外的人。到了二〇〇五年五月，臉書已經擴及八百所學校網路。該年九月，臉書增設高中網路，十月更擴展到國際學校網路。二〇〇六年五月又增加職場網路。這些都是緊密結合的團體，他們許多人原本就相互認識、有共同朋友，或者有相關的經歷（例如曾就讀相同學校或有共同的工作文化）。臉書用戶間的社交連結或接近度相當高，而MySpace用戶在這方面的連結很低。

　　當臉書於二〇〇六年九月廣開大門時，約有一千兩百萬個用戶，而 MySpace 則有一億個用戶。但臉書用戶間的社交連結看起來很不一樣。由於從大學開始的策略，臉書發展出一個每個人都相互認識的網路。加入臉書後，你可以在裡面找到朋友和同學。由於臉書的進入市場策略，你加入臉書後認識更多人的機會，大於你加入 MySpace 所能得到的機會。而你不認識的人比較可能認識你認識的某個人，或至少與你在課程、活動、大學文化上有可以分享之處。這讓臉書網路變得更具關聯性、更吸引人、更安全，也為用戶增加從這個平台的連結得到的價值。[10]

　　相較之下，你在 MySpace 上認識其他人的可能性就小很多，即便該平台上已經有很多人。MySpace 創造的社交連結結構被網路科學家稱為很「稀疏」。你可以瀏覽其他人的資料並聽他們的音樂，卻不太可能直接認識他們或有共同的朋友。加入 MySpace 的人來自各方，缺乏共同的社交連結，所以要相互連結並建立關係比較困難。安勇烈（Yong-Yeol Ahn，音譯）和他的團隊針對 MySpace 網路進行剖析，結果發現：「Orkut（他們研究的另一個社交網路平台）……被視為一個緊密連結的社群。相較之下，MySpace 網路的同配性（assortativity）明顯是負的（$r \sim -0.2$）*。」這種低同配性的連結告訴我們，

_____

* 　編注：同配性概指網路世界中各節點的連結程度，其計量系數以 r 標記，r 值愈高，表示連結愈高，反之則愈低。

MySpace大體上偏離傳統社交網路……MySpace上的關係可以被視為鬆散的，因為任何人不需要受邀就能加入。」[11]

在臉書上，最有價值的聯結早已存在。事實上，與其說臉書創造社交關係，還不如說他們把自己嫁接到已經存在的社交關係上，也就是大學朋友、高中好友與工作同事之間的關係。臉書用戶間緊密的關係增強地方網路效應。其實羅夫斯在那篇重要的論文中，如實預料到臉書的進入市場策略。他考量到展現地方網路效應的新服務應有的發行策略，建議在限定時間內免費提供服務給一群精挑細選的人。因為如羅夫斯所言，「個人需求或許主要取決於他僅有的幾位主要聯絡人是否為使用者……這個方法能否成功，可能也要看最初使用者是如何選出來的。」[12]產品發行策略應以精挑細選的一群人為對象（以臉書為例，對象就是大學生），這個概念預示了三十七年後帕克在Nextwork會議講台上對吉米所描述的事情。

開放給大學、高中、職場網路以外用戶的八個月後，臉書推出臉書平台，當時有六十五名開發者和八十五個應用程式。臉書已經為一個更有活力的社群打好基礎，人們在其中可能比在MySpace認識更多的人。原先那個緊密連結的團體開始邀請朋友，而這些人也邀請朋友，如此這般下去（我們將在第八章討論推薦計畫，那是這部宣傳機器的必要元素）。地方網路效應開始與間接網路效應互動，此時更多的開發者開始為平台寫程式。間接網路效應天生比較強，因為用戶比較能透過朋友的介紹連結自己想要碰到的人。而接下來的事你們都知道了。
地方、直接、間接網路效應開始生效，並透過一場針對其他網
路的精心策畫戰爭發揮作用。如帕克所描述，臉書成為勝過他
們的唯一網路，至少目前為止是如此。*

---

* 網路效應為臉書等平台創造龐大的價值：隨著愈來愈多人加入，臉書變得愈
　來愈有價值。但臉書還變得更好。到目前為止，我們已經假設網路效應會使
　社群媒體網路的價值線性增加，這意味著隨著每多一個新人加入，對下一個
　潛在用戶的價值都會穩定以線性方式增加。但是實際上，網路效應可能會以
　超線性的方式增加價值，這意味著至少在一定程度上，每個新加入的人都會
　比前一個加入的人增加更多的價值。以梅特卡夫定律（Metcalfe's Law）為
　例：兩部電話可以建立一個連結，但是四部電話可以建立十六個連結，八部
　電話可以建立六十四個連結，以此類推。在梅特卡夫的公式中，網路中每個
　新的可能接觸點會以二次式的方式增加價值，而非以線性的方式增加價值，
　因此，網路的價值與用戶或連結數量的平方成正比（$V = a + ct^2$）。有人認
　為梅特卡夫定律暗示網路價值呈指數型增加，但是我不認為這樣，我的結論
　是網路會以任何形式來影響（指數、二次式等等），或是這種非線性的形式
　會持續存在，因為（就像我們已經討論過）對每個新使用者而言，網路上所
　有可能的連結的價值並不相同。地方網路效應暗示在社交空間裡與你愈近的
　人，與他們連結可能會更有價值。因此每個可能的連結無法對其他每個連結
　增加價值，限制這種非線性的發展。此外，人類建立可能的聯結有個瓶頸，
　因為我們交朋友與和朋友維繫的能力有限。舉例來說，羅賓．鄧巴相信，
　由於我們社交的認知能力有限，我們在心理上只能與大約一百五十人維持穩
　定的關係。這就是「鄧巴數」。也許在網路上社交的數字更高，因為在那裡
　的溝通成本大幅降低，而且我們可以把數位社交網路視為可以保存記憶的平
　台，因此我們不用記在腦子裡。但是無論哪一種情況，隨著愈來愈多人加入
　這個網路，而且我們可以進行社交的人數超過這個數字，每個新使用者為網
　路增加的非線性價值可能小於以二次式形式增加的價值，而且不可能永久持
　續增加價值。非線性的特殊形式與持久性實際上並不重要。當我們假設價值
　增加得比（任何形式的）線性增加更多時，一個網路裡的潛在價值成長就會
　變得非常大、非常快。考慮一種情況是：網路裡的價值以非線性成長，而且

宣傳機器圍牆內的花園

　　網路效應用創造和強化社交和經濟機會的方式吸引我們，但任何平台都無法確保能讓我們保持注意力的時間長到足以實現價值。這是宣傳機器的設計發揮作用的時候。除了神經和經濟吸引力之外，我們與社群媒體的關係還包含一個技術層面。為了利用網路效應所創造的價值，社群媒體網路在設計上就是要鎖住我們，方法是讓各個平台彼此不相容，並牢牢掌控我們上傳的資料（和所蒐集到與我們相關的資料）。這些平台在設計上具有經濟動機。例如，吉列（Gillette）鎖住買刮鬍刀顧客的方法，是讓他們的刮鬍刀與競爭品牌刀片不相容。Nespresso咖啡機只接受同品牌咖啡包，諸如此類。宣傳機器

　　每個新聯繫所增加的新聯繫成本以線性成長。在臉書這樣的平台，情況可能就是這樣。建立基礎建設有大量前期固定成本，然後隨著愈來愈多人加入而增加新使用者，而有少量伺服器與儲存上的增量成本。當價值非線性成長，而成本線性成長時，就有很大的機會產生不斷膨脹的獲利。如果成本是線性成長，那麼理論上來說，臉書會比線性成長產生更多的價值，直到市場達到飽和為止。這就是為什麼投資人對社群媒體使用者成長的價值評估如此著迷的原因。市場飽和是臉書這類網路資產價值的敵人，因為當沒有更多使用者加入網路，網路價值的成長率就會放緩，因此平台的價值也會放緩。因此，毫不奇怪，這些網路把重點放在用戶數量的成長，以及對抗市場飽和。這解釋為什麼臉書會大舉投資Internet.org和Connectivity Lab的原因，這些組織的任務是要把網路引進開發中國家，無論是透過氣球、衛星、無人機或雷射來提供，臉書都希望更多人上網，這樣就可以增加更多臉書使用者，維持公司價值成長的速度。基本上，這確實是宣傳機器的一貫做法。

也用這種方式鎖住我們。

　　首先，他們創造轉移的成本，那是指我們上傳到這些數位服務平台的龐大資料，因為我們不想與這些資料分開或再也接觸不到這些資料。如果我們離開 Spotify，就會失去儲存的歌曲和播放清單。如果我們離開谷歌或蘋果，就會失去購買的音樂、電影、應用程式。如果離開臉書或 Instagram，就會失去我們的照片、對話和回憶。我認識許多人把這部宣傳機器當成一本活日記：不斷更新的生活、經驗、互動史。要離開那段歷史和記憶並不容易。就這樣，我們上傳到這部宣傳機器和在那裡創造出來的資料，不斷促使我們回去，不讓我們在社交平台間自由切換。

　　這部宣傳機器鎖住我們的第二個力量來源，是我們的關係和這些關係所創造的網路效應。除了個人記憶、貼文、照片、活動（如我們的按讚、標記、分享）外，我們也不想放棄我們的關係。本質上，當我們用臉書、LinkedIn、WhatsApp 時，我們不僅從自己的私人貢獻得到好處，也從他人提供的資料、互動、溝通裡獲得價值。這些好處以複雜的方式顯現。例如，我們直接從與朋友在臉書上的溝通獲益。但如我在第三章所描述，我們也從與他們的決定有關的資料中獲益，這些資料驅動演算法來量身訂做符合我們興趣的動態消息。如果我們要離開，很難把資料和關係帶走，社群媒體平台用這種方式鎖住我們，讓我們無法離開。

宣傳機器用來鎖住我們的兩種方法，目前引發與資料可攜性（data portability）和社交網路可攜性有關的辯論。有了資料可攜性，我們便可以在選擇離開某個社交平台時帶走私人資料。有了社交網路可攜性，便可以在選擇離開某個社交平台時，帶走我們在那個平台上連結的關係。這種可攜性是不可或缺的，可以透過政府規定和經濟政策來塑造社群媒體對創新、競爭、隱私、安全的影響能力。

網路效應與互通性

在先前描述 Alpha 與 Beta 的網路競爭例子中，我們做出一個重要假定：這兩個網路彼此不相容。加入其中一個網路就無法讓你進入另一個網路。現在假設這兩個網路可以相容，想像在 Beta 發行時加入的消費者，能連結 Alpha 網路上的消費者並與他們互動。這兩個網路之間的競爭將產生完全不同的結果。

Beta 推出後，第一個考慮要加入 Alpha 還是 Beta 的消費者將面臨非常不同的計算。如果品質較高的 Beta 網路能讓用戶接觸到 Alpha 已建立好的網路基礎，Beta 就可以吸納 Alpha 搶先起步的優勢，進而主宰整個市場。這就是社群媒體平台保護網路效應如保護皇冠上的寶石的原因。一九九九年的即時通訊軟體大戰（chat wars）即為一例。

你的年紀是否大到足以記得美國線上（American Online,

AOL）即時通訊軟體（instant messenger, AIM）的圓胖黃色吉祥物？[13] 一九九九年，全球八千萬台桌上型電腦開啟AIM後就能看到這個吉祥物。即時聊天功能現在普遍存在於每一個社群媒體網路中，就像用手機文字簡訊傳送即時訊息一樣。但AIM和ICQ（I Seek You，後來被美國線上收購）的崛起才將即時訊息推向主流。

　　AIM和ICQ給消費者提供多方用戶聊天、檔案轉移、可搜尋用戶目錄等功能，還引進好友列表（Buddy List），即現在普遍能以數位方式取得的朋友名單。你或許還記得那個開關門音效，那代表聊天對象上線和下線。AIM也加入一種到今天仍繼續為線上通訊而設的文化速記。有些英文縮寫，例如brb（be right back，馬上回來）、lol（laughing out loud，大聲笑）、omg（oh my god or gosh，我的天）、rotfl（rolling on the floor laughing，倒地大笑）都源自美國線上。但那個令人開心的黃色人物儘管看起來和善，卻非常具有掌控欲。他在幕後發動一場針對微軟和雅虎工程師的持久戰役，目的是為了控制攸關即時訊息的網路效應。

　　到了一九九七年，AIM成為即時訊息的業界標準，其用戶網最大，網路效應也最大。雅虎於一九九八年成立即時通（messenger），微軟則於一九九九年成立MSN即時通。他們都像先前例子裡所提的Beta網路，都是後進者。面對AIM已經建立好的網路效應，他們必須爬坡向上。不過他們沒有選擇和

AIM進行網路競爭或試圖擊敗他們，反而決定加入他們。

　　一九九九年，微軟和雅虎寫出可以讓即時通用戶直接連結AIM用戶的程式。[14]結果微軟和雅虎用戶直接從微軟和雅虎平台傳訊息給在AIM的朋友，吸納AIM的網路效應。AIM幾個小時內就對這種技術功能做出回應，也就是關閉連結。他們聲稱這些攻擊違反著作權和商標權，因為微軟和雅虎的軟體進入AIM的伺服器，擷取他們的好友列表和訊息平台相容所需的訊息轉換協定。隔天微軟就修改即時通程式來規避AIM的防禦措施。幾小時內，AIM就封鎖那些嘗試。這場不斷上升的軍備競賽持續下去，AIM試著讓用戶待在圍牆內的花園，而微軟和雅虎則嘗試搬走美國線上的網路效應。

　　微軟一度發現AIM在程式裡留有一個安全漏洞，目的是防止微軟入侵AIM的網路。[15]微軟向媒體透露這個消息，不過他們偽裝成一個正在開發第三方即時通應用程式的工程師，而這間第三方公司是一個假公司。他們認為如果能給這個程式漏洞製造負面媒體宣傳，AIM就會修補漏洞，MSN也能重新與AIM連線。這個計畫卻傷到他們自己，因為記者發現那位工程師是從微軟位於華盛頓州雷德蒙德（Redmond）市園區的一部電腦發出的假訊息。IP地址就在信件的標頭裡。記者揭發微軟的計畫，這個軟體巨人只得公開道歉。

　　為什麼要這麼麻煩？微軟和雅虎為何不自行發展即時訊息用戶網？如尚恩和吉米在談論網路效應時所言，「那裡的力量很強。」一個匯集大量用戶群的社群媒體網路擁有巨大的力量，可以鎖住客戶、擋住創新的競爭者、使市場偏向他們自己的網路。

網路效應的黑暗面

我們用「質量」和「引力」來類比，似乎讓網路效應永遠顯得具有正面意義。但網路效應其實是一把雙面刃，可以同時創造善的循環和惡的循環。善的循環能在十年間創造一個擁有二十億用戶的社群媒體平台，惡的循環也能以幾乎相同的速度使這個平台消風。具有網路效應的市場是經濟學家所稱的「易傾斜的」，意思是會往某平台的傾斜，意即壟斷。但在惡的循環中，這些效應也會從現有平台中抽離。

我們登入臉書後會接觸提供訊息的新聞、有意義的關係、讓我們想要繼續待下去的經濟機會和社交支持。但如果我們登入臉書後發現都是假新聞、釣魚式詐騙、選舉操弄、暴力的大規模屠殺直播畫面，如二〇一九年三月發生在紐西蘭基督城的可怕事件，來自社群媒體網路的價值可能很快就變成負面的。我們不再安心的把臉書當成一種社群媒體資源。原先吸引我們加入的引力，能以同樣的力道推走我們。這就是為什麼宣傳機器現在所面臨的危機是一種生存危機。如果網路效應改變了，包含臉書和推特在內的平台都將面臨用戶大出走。你以為不會發生嗎？只要問MySpace創辦人湯姆・安德森（Tom Anderson）和克里斯・德沃爾夫（Chris DeWolfe）就知道。

　　MySpace的消風源自於用戶的負面印象和來自臉書的競爭。臉書之所以花十億美元買下Instagram，和用一百九十億美元買下WhatsApp，是因為怕繼起的網路取代他們，如他們先前取代MySpace一般。買下可能會變成競爭威脅的新興網路後，臉書就能維持網路效應和主導地位。還記得傳真機那個標準案例嗎？隨著愈多人使用傳真機，這種機器就變得愈有價值。但網際網路和數位文件出現後，傳真機很快就消失，幾乎和當年擴散時一樣快。這些機器的引力讓位給下一波科技競爭者的引力。這是鎖住（lock-in）和差異化（differentiation）之所以重要的原因。如果某個網路以妨礙資料可攜性和互通性（interoperability）的方式來鎖住用戶，就能預防我們（和我們的資料）被吸入競爭者的軌道。另一方面，如果競爭者具有差異化的特性，用戶或許就想加入競爭者提供的服務，以獲取兩種服務，這也稱為「多歸屬」（multi-home）。我將在第十二章討論互通性、網路效應、用戶多歸屬能力對競爭、創新、反壟斷的含意。

　　這些手段不令人意外，因為都是為了建立平台在消費者心中的地位。消費者都是往前看，他們不想被鎖在一個衰退的平台中，寧願將馬車連在一個可能存活好幾年的平台上，即最受歡迎也最有價值的平台。這意味著觀點（幾乎）代表一切。如果普遍的觀點是臉書能調整商業模式，並消除（或至少大量減少）平台的負面結果，那麼消費者就可能繼續跟著臉書。但如果消費者對臉書的方法失去信心，可能就會很快退出，尤其是當市場有可行的替代方案時。

戰略打擊

　　前述的推論就是臉書現在看起來像精神分裂患者的原因。他們發狂的尋找一個消費者信得過的解決方案。二〇一八至二〇一九年間，臉書針對如何開關航道轉到平靜水域，提出幾個相衝突的點子。首先，他們仍將保持同樣的航線，但會改變平台，以人工智慧和內容節制者（content moderator）來去除有害內容、改善資料可攜性和注意消費者隱私。但這些公開聲明未被理睬。所以臉書營運長雪柔．桑德伯格（Sheryl Sandberg）提議完全放棄廣告模式，並改以收月費的方式提供服務。消費者再次不為所動。所以在二〇一九年三月，祖克柏宣布將統一所有的訊息應用程式，並成為一個有加密保護的私人訊息平台，類似中國的微信。這個措施在二〇一九年四月臉書開發者大會上公布後得到鞏固。

　　但這種商業模式的含意仍然不明。臉書是否將透過經濟交易（並從中抽成）的方式來追求收益（類似微信）？他們所開發的Libra數位貨幣將促成這項策略，或是他們將持續追求廣告收益？還是兩者並行？雖然訊息的內容可以加密，但仍可以用加密私人網路的目標鎖定廣告來取得與用戶有關的資料，包括你與誰通話、你喜歡什麼、你接觸過什麼內容。臉書目前基本的戰略目標之一，是從多種商業模式獲取多樣化收益，原因是弄不清消費者和監管機關支持什麼，不過你幾乎感受得到市場正往某一方傾斜。

既然我們已經確認這部宣傳機器影響力的神經和經濟基礎，就可以開始探索它在三種趨勢中的第一種，也就是個人化群眾說服力的興起，如何改變我們的行為。

第六章

個人化群眾說服力

任何夠先進的科技都和魔術一樣難以區別。

—— 亞瑟・克拉克（Arthur C. Clarke）

二〇一六年八月，希拉蕊被人發現置身在佛羅里達州西棕櫚灘（West Palm Beach）一輛皮卡車上的囚房中。雖然她本人當時不知情，是俄國人把她放到那裡。他們正在複製二〇一四年用在克里米亞的資訊戰策略，也就是將這部宣傳機器瞄準美國，希望能打亂美國二〇一六年的總統大選。他們把數位說服力和一種反常的基層組織結合在一起，達成讓希拉蕊進入福特S350皮卡車上囚室的目的，那天佛羅里達州可是酷熱難耐。

她當然不是真的希拉蕊，而是一個戴著希拉蕊面具、名叫安・瑪莉・湯瑪斯（Anne Marie Thomas）的美國公民。當她辛苦待在停車場囚室裡的同時，安排她參與這場演出的人，卻在五千英里外的俄國聖彼得堡沙弗希基納街（Shavushkina）五十五號一棟不起眼的建築裡，那是網路研究署的所在地。網路研究署透過推特和臉書訊息，說服像安一樣的美國人，搭建一個假囚籠、假扮成柯林頓夫婦，然後在當地起士蛋糕工廠舉行一場名為「佛羅里達支持川普」的集會活動，活動就圍繞在被囚禁的假柯林頓夫婦周圍。他們建立一個名為「要愛國」的網站，好讓在網路上搜尋他們的人以為他們的社群組織是合法的。他們接著製作以快閃群眾為主題的影片和照片，再貼到YouTube和Instagram之類的社群媒體網站上，二十四小時內就獲得五十多萬次點擊。俄國在佛羅里達州發動的「快閃族」行動是一種意見領袖行銷（influencer marketing）行動：網路研究署雇用美國人來組建和參與抗議活動，期間用了個人化社群媒體訊息。他們接著播放抗議影片，強化他們在網路上的觸及範圍。

　　但希拉蕊不是唯一因俄國吸納這部宣傳機器而受害的人。二〇一六年五月，一個由俄國人經營、名叫「德州之心」的臉書粉絲頁，呼籲二十四萬五千名追蹤者一起到休士頓市中心崔維斯街（Travis）和法蘭克林街（Franklin）交會處的達瓦伊斯蘭中心（Dah'wah Islamic Center）外面抗議「德州的伊斯蘭化」。達瓦中心才剛啟用一座新的伊斯蘭圖書館，假的德州之心組織動員反對力量，準備在五月二十一日舉行抗議活動。同時，另一個叫做「美國聯合穆斯林」的臉書粉絲頁，在休士頓市中心的同一個街角舉行一場反抗議活動。美國聯合穆斯林是真實存在的組織，但他們的臉書頁面卻由俄國間諜經營。這場抗議和反抗議同時在同一個街角舉行，而且都是俄國人安排的。他們打算散播不同意見，並動搖美國的民主程序（democratic process）。

俄國人除了這些用數位方式施行游擊行銷（guerrilla marketing）戰術之外，還輔以大量的數位廣告，包括二〇一六年美國總統大選期間、在臉書上觸及一億兩千六百萬人的廣告和訊息。這些廣告有多重目的：讓人參加集會、散播假訊息、壓低投票率。網路研究署透過能鎖定目標的臉書廣告應用程式介面，分辨出搖擺州的非白人選民，接著再以鎖定目標的個人化廣告轟炸他們，鼓勵他們不去投票。例如，一個在投票當天推出的廣告，鎖定的就是對「非裔美國人歷史、公民權利運動、金恩博士、麥爾坎 X（Malcolm X）」有興趣的臉書用戶，宣稱「（這次選舉）沒人代表黑人，別去投票。」

除了臉書廣告之外，俄國還發出數百萬則推特訊息，並透過 YouTube 和 Instagram 散播數千支影片和影像迷因。鎖定目標的廣告應用程式介面讓他們得以為特定觀眾量身訂做訊息。社交廣告幫他們在有說服力的訊息中塞入社交證明（social proof，例如稱「某女士和你的其他十二個朋友都喜歡這則訊息」），使訊息更為有效。病毒式行銷鼓勵意見領袖傳訊息給朋友。將影片和迷因貼上社群媒體後，酸民、機器人、俄國相關帳號就會用 # 字標記使它們瘋狂轉載，還鼓勵追蹤者「炒出趨勢來」。

　　這部宣傳機器首先是一種通訊生態系統，將全世界很大一部分連結起來。但它也是一個全球性的說服機器，能以很低的成本造成所有人的行為改變。關鍵在於它讓使用者直接在可搜尋和可分類的通訊論壇上接觸人們，這激勵人與人之間的訊息傳播。它服務廣告生態系統的方式，是將應用程式介面和通訊協定透露給公司、政府和個人知道，明顯是為了大規模分析和說服消費者並與他們溝通。社群媒體生態系統除了讓全球實現互動和連結，也支援鎖定目標、個人化、網路化的說服方式。過去電話和傳真機是用個人通訊的方式把世界連結起來，而網際網路則促成個人化和鎖定目標的訊息。這部宣傳機器同時達成這兩種功能。為了理解它，我們需要知道它在商業上的「存在目的」，那就是支援和促成整合式數位行銷。

　　我從未在網路研究署工作，但我曾提供建議給我們負責優化數位行銷報酬率的資料科學團隊，而網路研究署的運作方式也差不多。他們的目標是讓用在臉書、推特、YouTube、Instagram這類平台上的每一筆錢發揮最大的說服力。事實上，歐巴馬、希拉蕊、川普競選總統的方式也差不多，因為社群媒體廣告生態系統就是一種說服力市場。品牌、政府、政治運動都投資其中，為的是說服我們改變行為，範圍從投票方式到買什麼產品。換句話說，想了解這部宣傳機器，就必須懂得數位行銷。

俄國以數位行銷進行干預

　　網路研究署於二〇一三年七月以商業公司的名義在俄國登記註冊。到了二〇一四年四月，即美國總統大選前兩年，網路研究署署長米哈伊爾・貝斯特羅夫（Mikhail Bystrov）核可「譯者」計畫：設計來干預美國選舉。[1]兩個月後，網路研究署「隱入暗處」，開始用一個複雜的空殼公司系統來掩蓋活動。此後他們就像是一個祕密的數位行銷優化機構，設計來提倡對俄國有利的利益，並改變人們的信仰和行為。現代數位行銷的優化，需要在單一管道裡和多個管道間進行量測、標定、分析和績效優化。大多數經驗豐富的數位行銷專業人士會利用這些策略，再將它們組合起來做權衡比較，而這個組合本身也是經過優化。這就是網路研究署的運作方式。

　　網路研究署早在二〇一四年就開始追蹤、測量、分析美國社群媒體上的政治團體以了解他們的影響力。分析的內容包括那些團體的規模動態、貼文的頻率、與觀眾的接觸等。他們使用精密的廣告目標鎖定技術，[2]先大範圍的專注在科羅拉多、維吉尼亞、佛羅里達這類搖擺州上，接著再個別鎖定左傾和右傾的美國人（為他們量身訂做政治訊息）和少數團體（施以壓低投票率攻勢）。[3]他們推出意見領袖行銷，即製造沒有數千個也有數百個的假社群媒體帳號，將他們塑造為左派和右派的「意見領袖」。這些帳號協同行動，有的負責貼文，有的則用按讚、分享、轉貼的方式推廣貼文。他們獨力為這些訊息量身訂做創意元素、傳播美國國定假日表、訓練員工開發與美國經濟和外交政策相關的內容，以維持文化上的關聯性。

他們管理多個線上和線下社群，即在臉書和Instagram這類社群媒體上創立主題群組頁面，並將追蹤者人數增加到數十萬人。他們分析這些活動的績效，也就是追蹤活動觸及的觀眾人數、活動所產生的接觸（如按讚、發表評論、分享、轉貼）、活動的病毒式擴散性和這種擴散性與行銷活動的相關性（所使用的管道，如臉書和推特）、活動內容明細（如有說服力的訊息中，文字與圖像的比例）。

我在研究中探究這幾類影響力行動（influence campaign）如何改變人們的行為，和這些行為如何在社群媒體的幫助下在社會上傳播開來。過去十年間，我和同事研究錯誤社交訊息行動和社交廣告的有效性。作為一名創業者、投資人、企業主管的教練，我為梅西百貨（Macy's）、Discover、李維斯（Levi's）、1-800-Flowers等品牌做過數位行銷的優化。我在科學工作上最常被問到的問題是：我們如何知道俄國的干預改變美國總統大選結果？作為一名創業者和投資人，我最常被問到的問題是：我要如何衡量數位行銷的投資報酬率？這兩個問題有一個有趣的共同點：兩者的答案都一樣。

不管我們談論的是美國參議院和眾議院的情報委員會成員對俄國干預的調查、世界最大型企業領導人對行銷花費的優化、還是用臉書來行銷產品的小公司老闆，為了理解這部宣傳機器，我們都需要惡補一下有關數位行銷和社群媒體的分析和知識。要了解這部宣傳機器如何運作，我們需要把它拆開（這是一種比喻）並進行逆向工程（reverse engineer），就像拆開車子的機械系統。而要了解這個系統，應該先從引擎開始。

提升力、歸因與宣傳機器的扭力

車子的扭力（torque）是引擎用來轉動輪子的力量。扭力最初由汽缸本體裡的活塞產生，裡面因一連串小爆炸而燃燒，這些小爆炸是駕駛腳踩加油踏板讓汽油進入引擎所致。扭力從活塞傳到曲柄，再到傳動系統，最後到軸和輪子。輪子轉動的增加（因此也使車速和加速度的增加）是駕駛踏下加油踏板所產生的扭力促成。現在設想駕駛是一名廣告商或任一嘗試改變人們行為的機構。而汽油就是廣告花費，引擎則為社群媒體。在這種類比中，最能測量出這部宣傳機器為社會帶來的改變（轉動社會之輪的能力，或可以說是扭力），是廣告主管所稱的「提升力」（lift）。

提升力是有說服力的社群媒體訊息所產生或導致的行為改變，是了解（和衡量）這部宣傳機器對世界影響的關鍵。在宣傳機器的環境中，提升力是用來衡量廣告、影片和其他有說服力訊息影響我們行為的程度。我在第四章討論過行為改變的神經基礎。但是一旦離開磁共振成像機器而回到社會，就難以衡量提升力，因為涉及我們社交行為的複雜性、觀察和衡量行為的困難性，以及精準指出社群媒體所導致行為改變的挑戰性。然而，衡量宣傳機器的影響（還有數位行銷的成功），完全要靠對提升力的衡量，因此最終還是要偵測和衡量社群媒體所引發的行為改變的能力。

在麻省理工學院教授提升力時，我給學生一個簡單的例子。我說，「想像如果第一天上課時，在你步入課堂的那一刻，我站在門口散發為這門課所做的宣傳單。第一個學生進來，我給了她一張傳單。第二個學生進來，我也給了他一張傳單，就這樣一直發，直到所有學生手上都有一張課程宣傳單為止。」我接著問他們：「那些廣告的轉換率（conversion rate）為何？」他們都正確的答出「一〇〇％」，因為看到廣告的人都「購買」或選了這門課。我接著問：「那些廣告有多大程度改變你們的行為？」由於看到廣告前就已經選修這門課，他們全都回答：「完全沒有。」雖然廣告的轉換率達一〇〇％，所產生的提升力（引發行為改變的程度）卻是零。這顯示提升力的本質為：有說服力的訊息所導致的行為改變，而不僅是看到訊息和實際做出你試圖改變的行為之間的相關性。為產品打廣告的品牌、鼓勵接種疫苗的公共衛生機構、甚至試圖壓低投票率的俄國人也一樣。

因為我們每天接收各種有說服力的訊息所導致的行為改

變，而做出分配功勞的過程稱為歸因（attribution）。回想一下你上次線上購物的過程。過程大概如下：你在Instagram上看到一則鞋子廣告後就點了一下。點完之後，你就被帶到那雙鞋子所屬品牌的網站專屬頁面或薩波斯（Zappos）之類的線上零售商。假設你喜歡那雙鞋子，但還不到要買的地步，所以你瀏覽一下後就離開網站，沒買任何東西。接著那雙鞋子開始在網路上到處跟著你，除了出現在展示型廣告（display ad）外，連你瀏覽的社交廣告都看得到。這是行銷人士所稱的「再行銷」（retargeting），也像我朋友暨品牌網路（Brand Networks）執行長傑米・泰德福德（Jamie Tedford）所形容的「令人毛骨悚然」。

約二％的人在初次拜訪某個網站後會購買東西。再行銷鎖定的是另外九八％的網站造訪者，目的是把他們帶回來，靠的是在瀏覽器中植入的cookies，並與廣告交易平台（ad exchange）合作，好讓他們可以在接下來造訪的任何網站上看到為他們準備的廣告。但假設這些為你曾經喜歡的鞋子所準備的再行銷廣告嚇到你，以致於沒有點進去。接著某個星期天早上，你在閱讀網路上的新聞時突然再次想到那雙鞋子。由於當天早上沒有可以點擊的再行銷廣告，你便在谷歌上搜尋那雙鞋子。搜尋結果列出那個品牌，你點擊進入他們的網站，最終買下那雙鞋子。歸因將功勞歸於促成該項購買行為不同種類的行銷活動。為了理解為何歸因是衡量廣告收益和這部宣傳機器的

效應不可或缺的東西，必須先看一下一家RetailMeNot公司的
商業模式。

　　你是否曾在決定好買下某項物品後又在網路上搜尋優待
券？如果有，約有七〇％的機率會看到RetailMeNot名列搜尋
結果榜首。你點進他們的連結後，就會來到一個列出該項產品
折扣的網站，每個折扣旁都有一個大型的「兌換優待券」按
鍵。你點入兌換優待券後，網站會開啟一個新的頁籤帶領你
去可以買到該項產品的網站，如亞馬遜、薩波斯、J Crew，然
後在你的瀏覽器中放入cookies。*cookies告訴亞馬遜、薩波
斯、J Crew，RetailMeNot已介紹你過來買東西。你到亞馬遜
買了東西（你原本就打算購買，甚至是在與RetailMeNot互動
之前），他們將得到占該項產品購買價四％的介紹佣金。事實
上，他們從每一筆介紹給亞馬遜的交易中賺取四％的報酬，
每年的零售銷售額近四十四億美元。該公司於二〇一七年以
六億三千萬美元售出。[4]但是，與RetailMeNot互動所產生的提
升力近乎零。基本上他們是在廣泛發送為產品打廣告的數位傳
單，給一些已經準備要購買的人。

　　這是因果歸因（causal attribution）如此重要的原因，也是
數位行銷成功（不幸的是，也包括選舉操弄）的關鍵。社群媒

---

*　cookies是在你訪問網站時，安裝在你的瀏覽器的一小段軟體編碼，能讓網站
　在線上追蹤你的用戶行為，包括首先引導你到該處的網站。

體訊息的說服影響力，是訊息接收者看過訊息後的行為、和沒看過訊息可能有的行為之間的差異。根據這個關鍵概念，我們能理解社群媒體廣告的行動是否有效，以及何時奏效，包括操弄社群媒體是否改變投票和選舉，和社群媒體的所有效應。我們只有掌握這個關鍵的教訓，才能有效理解、管理、調節這部宣傳機器。

宣傳報酬率

　　衡量數位行銷報酬率在某些方面來說是簡單明確的，但在其他方面卻是深奧的，甚至可以說是富有哲理。最常用的方法是把投資收益減去投資額，再除以投資額，得出一個百分比。

$$ROI = (B\text{-}I)/I$$

　　ROI代表「投資報酬率」（Return on Investment），B是「受鼓勵的行為所產生的收益」，I則為「投資」。如果我投資一萬美元在行銷上並獲利五萬美元，我的投資報酬率就是四〇〇％。如果我只賺一萬五千美元，我的投資報酬率就是五〇％。投資報酬率的計算要靠兩項指標：投資（或行銷活動成本）和投資所創造的利益（通常用利潤、收益、生命週期價值和政治選舉中的知名度、參與度或票數差異來加以衡量）。

　　但「投資所創造的收益」到底是什麼？「收益」指的可能

是不同社群媒體活動的各種關鍵績效指標（key performance indicator），如銷售、投票、HIV測試、請願簽名，最簡單的可能就是將它視為產品銷售的利潤。現在想像你投資一項賣鞋的臉書廣告活動，該活動之前的轉換率是每點擊一次有一％的銷售率。假設你每次賣鞋有二十七美元的利潤，每次點擊成本要多少才能打平廣告活動花費？每次點擊成本要多少才能達「合理的投資報酬率」？簡單算一下便有答案：每次點擊要花〇‧二七美元。但這種算法有問題，我們在麻省理工學院課堂上所用的傳單類比便是一例。

轉換率乘以銷售利潤也許不見得能衡量「投資所創造的收益」，因為牽涉到「創造」這個麻煩字眼。轉換率告訴你哪一部分被投放廣告的消費者買了鞋子。但那些廣告有多少促成交易？而如果那些廣告是得以進入消費者心中的眾多行銷接觸點（touch point）之一，它們促成的部分有多少是真的出自它們負責的行動（要考量所有促成這次交易的行銷行動）？這是行銷測量富有哲理的地方。

如果你認真衡量宣傳報酬率，就不能不想到提升力。而如果你想到提升力，就應該想到因果關係（causality）。換句話說，如果你是市場商人、政治顧問、調查選舉干預案的國會議員、提倡使用保險套的公共衛生官員，卻沒有想到提升力和因果關係，那麼你對這部宣傳機器在商業、民主、公共衛生的影響力的看法就是錯的。

想想美國國會對俄國干預選舉的調查。美國參議院情報委員會二〇一九年公布的兩份研究，詳細描繪俄國錯誤訊息行動的範圍和規模，這些行動以數億個美國公民為目標，打算影響他們在二〇一六年總統大選的投票率和投票對象。[5]這兩份報告雖然強調這個數位世紀的民主所面對的最重要問題：民主選舉易受社群媒體操弄到什麼程度？但並未回答這個問題。

記者和學者都衡量過這個問題，經常提出讓人感到信心滿滿卻又相互抵觸的結論。FiveThirtyEight網站創始人暨主編奈特・希爾沃（Nate Silver）表示，「如果要你寫出影響二〇一六年總統大選最重要的因素，我不確定俄國社群媒體迷因會進入前一百名。」[6]有些學者也有類似的懷疑，認為「社群媒體上俄國所贊助的內容可能決定不了選舉」[7]，因為與俄國有關的假新聞花費和接觸假新聞的情形規模都相當小。[8]相較之下，FactCheck.org創始人暨大學教授凱瑟琳・霍爾・傑米森（Kathleen Hall Jamieson）認為，俄國酸民和駭客入侵加在一起，才可能讓選舉結果傾向川普。[9]

這些分歧的結論之所以產生，主要是因為拿其他類選舉活動來做類比。但社會科學家所研究的訊息和活動，即便有這麼做，也鮮少將接觸社群媒體和投票行為的因果變化連在一起。僅將接觸行動量化，如美國參議院現有的分析報告並不夠。在做俄國操弄的事後剖析時，如果要成功，需要針對接觸社群媒體對選民行為的影響提出可信的估量。根據觀察所做的簡單研究方式，忽略同時影響（與社群媒體的）接觸和投票行為令人困惑的因素。例如，被這類內容鎖定的選民比較可能同情這些內容。用隨機實驗所做的評估顯示，針對臉書廣告活動效應所做的觀察式估量經常偏離達一○○％以上。[10]我們自己對社群媒體影響力的估量則偏離達三○○至七○○％，過程中沒有仔細將接觸與行為連在一起。[11]

　　有關劍橋分析公司用推論而出的人格特質來鎖定選民的有效性，已被廣為宣傳，但相關證據並不是從隨機實驗估量而來，[12]因此也可能出現類似的偏見。[13]不管是在分析品牌行銷的效應，還是俄國操弄社群媒體對選舉的影響，為了可靠的估量這部宣傳機器對我們意見和行為變化的影響，必須改變研究方法。我們必須接受因果提升力（causal lift）。

認真對待因果關係

　　我在麻省理工學院辦公室門上貼了一張以相關性（correlation）和因果關係之間的不同為主題的XKCD漫畫。圖裡有兩個朋友在對談。其中一個說，「我以前認為相關性意味因果關係。我接著上了統計學課程，（而）現在我不這麼認為了。」另一位朋友說，「聽起來上課有幫助，」而第一個說話的朋友回答，「嗯，也許。」

　　那門課可能有教那位朋友，相關性和因果關係的不同。或單純只是那位朋友對統計學有興趣，才會想去了解。所以，他或許是「選擇」（select into）這門課。這種「選擇效應」（selection effect）能輕易的解釋上這門課與了解相關性和因果關係之間不同的相關性，就和學習這些課程一樣容易。

這種選擇效應是衡量宣傳報酬率時的一個嚴重問題。為何？因為社群媒體訊息鎖定的是可能容易受影響的人。品牌支付大把的錢給顧問，要他們將廣告「鎖定」在最有可能買他們產品的人。鎖定好目標後，不用改變任何人的行為就能增加轉換率，因為選擇了最有可能的購買者來接收廣告。事實上，顧問在衡量他們的有效性時，有一種反常的傾向，即用轉換率（看到廣告的人和轉換者的相關性）而不是用提升力（某人看到的廣告對自己購買商品機率的影響）來衡量，因為那樣比較簡單，而且總是比較受顧問喜歡（用這種錯誤的方法，促成交易的功勞會百分之百歸功於廣告印象）。但要記得，根據相關性所做的臉書廣告活動效應估量，經常偏離達百分之百以上。所以如果忽略因果關係，對廣告活動或俄國干預所做的估計，簡單來說就是錯的。

我們要如何處理選擇效應（和其他干擾因子）？我們如何能真的了解這部宣傳機器對社會的影響？或要如何了解數位行銷活動的有效性和公共衛生溝通對改變健康行為的影響？衡量宣傳報酬率的正確方式，是將因果提升力納入考量，即根據市場行動所創造的提升力來衡量行銷行動的利益：將受鼓勵的行為的利益乘以提升力，再減去投資，最後除以投資。

$$ROI = (L*B-I)/I$$

ROI代表「投資報酬率」，L是投資在行銷的因果提升力，用它乘以B，即「受鼓勵的行為所產生的利益」。I則為「投資」。

下一個問題自然是：我們如何能（嚴格的）衡量提升力？這是一個深度哲學問題，幾乎每一本討論社會如何運作的書都隱約提到它（但經常不承認）。我們要如何發現社會現象的根本原因（如果社會因素A導致結果B，會影響到什麼程度？）答案就在隨機性（randomness）。要了解這部宣傳機器中的因果關係和「提升力」，就需要隨機變動（random variation）。

假設我們想知道加入軍隊（A）是否會降低個人的終生薪資收入（B）。問題是許多其他因素（C）也可能造成我們在原始數字上看到的差異。我們不能簡單的將加入軍隊者的薪資拿來與沒有加入軍隊的人比較，因為加入軍隊者和沒加入軍隊者之間的薪資差異，是因為這兩種人之間觀察得到和觀察不到的差異。例如，工作待遇較高者比較不可能加入軍隊（這是B導致A）。而教育程度較高或技術能力較高的人也不會選擇加入軍隊（C導致A和B）。所以起先看起來像是從軍和較低平均薪資之間的因果關係，可能僅是其他因素所引起的相關性。接下來的挑戰便是要控制這些因素，將我們所要檢視的關係區隔開來。

　　隨機變動此時派上用場。如果我們隨機指派某個人加入軍隊，受指派的人加入的一組和沒有受指派的人加入的一組，平均擁有相同的教育程度和技能（及年紀、性別、性情、態度等）。在採樣數夠大的狀況下，分派到實驗組（treatment group）和控制組（control group）的人，在觀察得到和觀察不到的特色分布上是一樣，這樣就讓實驗本身成為唯一可以解釋這兩組差異的理由。在所有條件均等的狀況下，我們可以確信只有從軍才能造成薪資上的差異。那就是隨機性的美妙之處。透過隨機指派人介入（intervention），就能確信觀察得到（年紀和性別）和觀察不到（技能）的差異無法解釋結果的差異（這裡指的是薪資）。

　　但有時道德規範或機會使我們無法做實驗。如果在研究中隨機強迫人從軍，科學家將面臨很大的壓力，必須提出合理的解釋才行。在這些案例中，我們尋找稱為「自然實驗」（natural experiment）的東西：以隨機實驗為模仿對象的隨機變動自然來源。喬許・安格斯特（Josh Angrist）曾用一個好的自然實驗來衡量從軍對薪資的影響，就是美國在越戰期間施行的徵兵抽籤制度。[14]每位男性公民被賦予一個抽籤號碼，這些號碼放在一起隨機抽取，以決定誰中籤入伍。徵兵抽籤制度是一種自然實驗，為人民從軍的可能性創造出隨機變動。安格斯特用這種變動來估算從軍對薪資的因果效應。

　　我之所以在這裡描述隨機實驗和自然實驗的邏輯，是因為在接下來的六章裡，我將經常提到這些邏輯。我的科學工作基本上是由一系列大規模實驗或自然實驗組成，在設計上都將這部宣傳機器的因果關係分開來處理。社群媒體廣告如何改變購買模式？做個實驗。線上評比如何影響意見？做個實驗。社交訊號如何改變運動行為？做一個自然實驗來看看。我們要了解因果效應才能理解這部宣傳機器對世界的影響，而如果沒有實驗或自然實驗所產生的隨機變動，我們將無法理解因果效應。

整合式數位行銷

　　品牌或俄國網路研究署連結這部宣傳機器來引導社會的訊息流動，或在世界各地創造全民規模的行為改變，是透過一種稱為整合式數位行銷的優化數位行銷手段集合體來達成。數位行銷透過多種管道發生：社交廣告、搜尋廣告、展示型廣告、行動廣告。整合式數位行銷的關鍵，是要整合和優化單一管道內的行銷活動和各管道間的行銷活動。

　　想像你是個數位市場商人（或俄國特務），要分配預算透過某些管道做行銷活動，目標是要將說服力最大化、增加產品或公司的銷售、在政治活動中獲取選票。整合式數位行銷的基本流程是這樣：先為每一個管道創造和展現內容，接著以提升力、利益、成本為標準衡量績效，最後優化個別管道的績效

圖表6.1 整合式數位行銷

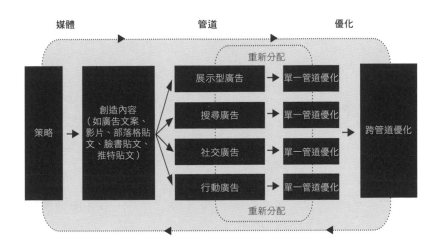

圖中從左至右顯示的是整合式數位行銷計畫的策略和媒體創造內容的階段，以及透過管道（展示型、搜尋、社交、行動廣告）發布內容階段，以及單一管道和跨管道的內容優化過程。

（改變內容並分配更多的預算給表現最好的內容）和各個管道的績效（多分配錢給表現最好的管道，減少給表現較差管道的錢）。概括來說，整合式數位行銷就是這樣。

　　當然不同管道有不同的目標。搜尋廣告是給已有特定東西要搜尋的人看。展示型廣告則是為不熟悉行銷人員訊息的人建立品牌意識（brand awareness）。所以維持一個多樣化的管道內容組合很重要，因為可以同時優化多個目標。幾種社群媒體廣告具有互補功能。例如，搜尋廣告和展示型廣告能互補。換句話說，搜尋廣告績效會因展示型廣告的出現而改善。隨機實驗顯示，接觸過展示型廣告的消費者增加五至二五％與廣告活動有關的搜尋。[15]他們增加搜尋點擊率和轉換率。投資一美元在搜尋和展示型廣告上，會給展示型廣告帶來一・二四美元的報酬，給搜尋廣告帶來一・七五美元的報酬。[16]整合式數位行銷是一種優化說服力表現的過程。但一開始讓這部宣傳機器有說服力的是它將訊息鎖定給全民的能力，換句話說，就是將群眾說服力個人化的能力。

群眾說服力的個人化

　　可口可樂前資訊長羅伯・凱恩（Rob Cain）對過去四十年來與客戶的互動（customer engagement）如此描述：一九八〇年代，我們透過單一管道播放單一的統一訊息給所有客戶。[17]還記得超級杯廣告，當時各品牌花數月時間製作三十秒的廣告插播，要在同一時間將相同的訊息傳送給數百萬人。內容具有娛樂性，但不是很細緻。一九九〇年代是一個市場區隔（segmentation）年代，要為挑選出來的群組量身訂做訊息，像是十八至二十四歲的遊戲玩家和足球媽媽。內容只比之前稍微細膩一點。到了二十世紀之交，網際網路讓大規模的個別消費者之間的互動變得可能。結果二〇〇〇年代成為個人化年代，個人收到的訊息都是為他們量身訂做的，根據的是從他們瀏覽和交易歷史逐步蒐集而來的行為模式和偏愛項目。自二〇一〇年起，我們經歷一個網路消費者（networked consumer）年代，消費者不但用數位方式與社交網路連結，還受到這類網路的影響。我這麼提醒麻省理工學院的學生：如果你還把與客戶互動想成市場區隔，那就落後了三十年。

　　群眾說服力不是新的概念，自電視和廣播出現後便已存在（或從古騰堡和漢摩拉比年代起就已存在，看你想從多久以前開始算起）。但群眾說服力的個人化卻相當新。電視廣告用到的人口統計和地理區隔仍有限。但個體個人化的真正起飛是在網際網路出現之後，社群媒體能做更進化的目標鎖定，因為就發生在網路環境中，市場商人因此有更多可以拿來量身訂做的訊息。這種將特定訊息傳給鎖定好的特定人士的能力，靠的是對消費者個人偏好所做的預測性模式（predictive modeling）。那麼如何鎖定目標？

　　為了將訊息鎖定給對的人，市場商人需要了解誰最有可能接觸那些訊息（而且最終被感動到採取行動）。要做到如此，富有經驗的市場商人用上預測性模式，*也就是用詳細的個人層次資料來預測消費者轉換的可能性，與以下幾項的函數關係：人口特徵（如年紀、性別、語言、社經地位）、行為（如購買史、內容消費史）、偏好（如社群媒體上的按讚和分享）、社交網路（如朋友或追蹤者數量、社交網路的結構和組成）與位置史。

　　預測性廣告的目標鎖定模式，選出它認為所有可被鎖定的消費者當中，最有可能轉換的消費者。圖表6.2中有一例。實心圓代表最終轉換者，而空心圓則是最終未轉換者。想像目標鎖定模式預測中央橢圓區內的消費者是高度可能轉換的人，但這錯過一些真正高度可能轉換的人（模式預測區外的實心圓），且錯誤的把一些低度可能轉換的人（模式預測區外的空心圓）當成高度可能轉換的人。

　　這個產業用兩種指標來評估預測性廣告的目標鎖定：「準確率」和「召回率」。這個模式的召回率就是它所認定相關消費者中的一部分：真正高度可能消費者的人數，除以人口中所有高度可能消費者的人數。模式的「準確率」指的是預測中真

---

* 　當然，某些定位是臨時性的，而有些只是美其名的細分，但是產業正變得更加複雜，因此要了解宣傳機器，最好是了解使用時可能如何充分發揮潛力。

圖表6.2　預測模式「準確率」和「召回率」的圖像

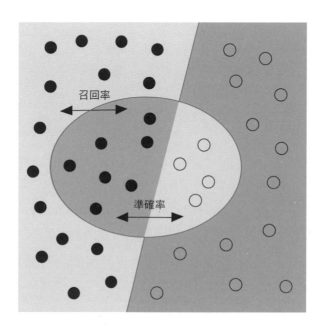

圖中顯示一群被模式認定為「高度可能的購買者」（在橢圓區裡的），他們來自整體消費者群（在矩形圖中的）。實心圓圈代表「真正高度可能的消費者」，空心圓則是「低度可能的消費者」。「召回率」代表模式裡「真正高度可能的消費者人數」，除以所有「高度可能的消費者人數」的結果。「準確率」則是模式裡「真正高度可能的消費者人數」，除以「所有消費者人數」的結果。

正相關的部分：模式所認定真正高度可能消費者的人數，除以被認定為消費者的總人數。

　　準確率和召回率合起來構成一種叫做「接受者操作特徵曲線內區域」（area under the receiver operating characteristic）的共同表現指標。粗略的說，接受者操作特徵曲線內區域描繪的是模式的真陽性率和偽陽性率間的此消彼長（trade-off）。模式試圖確認更多的真陽性者（它認為的高度可能轉換者，實際上真的是高度可能轉換者），於是擴大用來確認高度可能消費者的門檻，因此也容許更多的偽陽性錯誤（所認定的高度可能消費者不是高度可能消費者）。當模式試圖確認更多消費者時，涵蓋範圍會變得更大，也會將更多人確認為高度可能消費者（其實不是）。一般來說，隨著真陽性案例的增加，假陽性案例也會增加。你在擴展預測目標的同時，也要接受更多的空包彈。問題是，為了確認更多的高度可能消費者，你在預測模式中會將錯誤的數字擴大到什麼程度？這是廣告目標鎖定中的接受者操作特徵曲線精髓。

　　圖表6.3中的四種模式，各有不同的真陽性率和偽陽性率。模式一以一〇％的偽陽性率，確認一〇％的真正高度可能消費者。另一方面，模式二表現更好：確認約二〇％的真正高度可能消費者，偽陽性率也是一〇％。模式三又更好，確認出真正高度可能消費者的比例達五〇％，偽陽性率仍為一〇％。最後，模式四表現得最好，以一〇％的偽陽性率確認出人口中

圖表6.3　接受者操作特徵曲線內區域

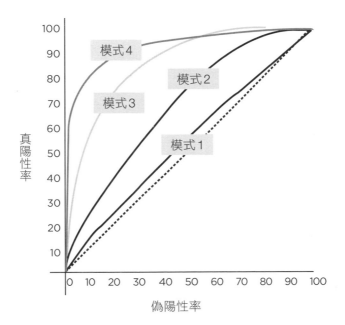

圖中描繪四種預測模式，依其相對真陽性率和偽陽性率所評量出的表現。接受者操作特徵曲線內區域代表模式的表現。模式曲線和45度線之間的範圍愈大，模式的表現就愈好。

八〇％的真正高度可能消費者。

數位行銷不可告人的祕密

　　現在你知道各公司和俄國網路研究署如何評量數位行銷的有效性和這部宣傳機器的訊息說服力。我可以向你透露數位行銷一個不可告人的祕密，行銷主管對這個祕密進行嚴密的保護：數位廣告的效果不如對外宣傳的那麼大。這類廣告的有效性經常被過度且厚顏無恥的誇大。他們所報出的同溫層式轉換率和報酬率，會讓行銷人員想在行銷會議上脫掉西裝外套，然後邊甩著外套邊撕開喉嚨唱著「我們是冠軍」。但不幸的是，這些金雞蛋幾乎總是被高估達三倍，有時更達十倍以上。這表示對公司和俄國網路研究署來說，投資報酬率不但不是他們以為的四一〇〇％，反而可能是負六三％。想像如果他們的行銷長說，「抱歉，我們算得不對。你投資的五千一百萬美元沒有達到四一〇〇％報酬率，實際上是負六三％。」而且這些並非假設數字，不是我憑空捏造出來的。這些高估的數據實際上來自eBay上一項針對廣告有效性所做的大規模研究。[18]而且，eBay不是個案，而是常態。這樣的翻轉就像從賺二十一億美元變成虧一千九百萬美元。我知道這令人震驚。

　　湯瑪士・布雷克（Thomas Blake）、克里斯・諾斯科（Chris Nosko）、史蒂芬・泰德利斯（Steven Tadelis）把eBay

所做的投資報酬率衡量，拿來和區分相關性及因果關係的實驗性衡量做比較，結果發現eBay上的品牌搜尋廣告有效性被高估達四一○○％。[19]藍道‧路易斯（Randall Lewis）和大衛‧萊利（David Reiley）在比較傳統測量結果和一項衡量雅虎網路展示型廣告報酬率的大型實驗時發現，投資報酬率被膨脹達三○○％。[20]在一項測試再行銷廣告有效性（與其他產業研究做比較）的大規模實驗中，蓋瑞特‧強森（Garrett Johnson）、藍道‧路易斯、艾爾馬‧納博梅爾（Elmar Nubbemeyer）發現高估情形高達一六○○％。[21]布萊特‧葛登（Brett Gordon）、弗里安‧澤特梅爾（Florian Zettelmeyer）、內哈‧帕格瓦（Neha Bhargava）、丹‧雀普史蓋（Dan Chapsky）針對美國十五個大型廣告實驗做了一個研究，這些實驗包含五億個使用者實驗觀察和十六億個廣告印象。他們發現，針對傳統廣告有效性所做的衡量，高估臉書廣告提升力達四○○○％，[22]而十五個實驗中，有一半顯示傳統方法高估提升力達三倍以上。

　　那是現在業界最常用的騙人把戲，之所以有效是因為業界裡的每個人都有保持祕密的誘因。行銷業者通常從媒體費用抽成作為佣金，或從媒體所有人收取退佣、折扣、免費存貨，能獲取多少要看編列的媒體預算有多少。預算愈大，購買能力就愈大，退佣、折扣、免費存貨也愈大，他們通常將這些回賣給客戶。這裡面明顯有利益衝突，也明顯存在自己的表現通報為良好的誘因,因為表現愈好,就能吸引更多的預算,而預算愈多,意味著行銷業者的收益愈多,因為他們的收入來自媒體費用的抽成。

這是價值四千億美元的問題(二〇二〇年全球數位行銷產業的規模):產業裡的玩家,不管是行銷長、行銷業者、還是第三方供應商(都從廣告費裡獲取一定的抽成),哪一個會有誘因去問哪些廣告沒效?答案是沒有任何一個人有這種誘因。

在二十世紀之交,約翰‧沃納梅克(John Wanamaker)感嘆道,「我花在廣告上的錢有一半被浪費掉了,問題是我還不知道是哪一半。」一百年後,線上廣告創造如海嘯襲般襲來個人層次的微細訊息,讓我們有機會解決沃納梅克悖論(Wanamaker's Paradox)。行銷人員能精確的衡量媒體效應,知道哪些訊息有用,哪些沒用。但如果沒有仔細的因果推斷(casual inference),鎖定目標反而可能惡化選擇問題,因為訊息鎖定的人,已經是最有可能從事訊息所鼓勵的行為的人。有說服力的訊息可能對這些人最沒有效果,因為他們已經是品牌最忠實的客戶。向他們傳訊息不會帶來銷售,只是沒必要的亂撒錢。

更糟的是,正確估計線上媒體效應不但很困難,而且所費不貲。行銷人員想要測量的行為(銷售、投票、HIV測試)是如此易變,效應小到無法產生有意義的改變,只有大型研究才能產生接近足夠的統計能力,來偵測有意義的效應。藍道‧

路易斯和賈斯丁・勞（Justin Rao）針對二十五個廣告實驗做研究，研究顯示，對易變率（volatility）相對較低的零售銷售來說，標準差（standard deviation）和銷售平均值（mean of sales）的比例約為十比一，意思是在沒有很多資料的狀況下，測量是不精確的。[23] 對汽車之類的高端、耐用的產品來說，這個比例比較接近二十比一。這種變異性使人難以測出經濟上有意義的廣告效應。如藍道・路易斯和大衛・萊利所認為的，「個別購買（由許多個人因素引起）的變異數（variance）形成一個非常大的乾草堆，找出廣告效應就像在這個草堆裡撈出一根針。」[24] 更不常見的行為，如投票、登記訂閱服務、購買一年一次的假期套裝旅遊，都具有更大的易變性，這讓問題變得更糟。衡量這部宣傳機器的影響就變得更困難，不管我們談的是選舉操弄還是疾病爆發。即便潛在的影響很大，也難以精確的說清楚。

谷歌和亞馬遜這類大型公司和平台，比較需要用大量資料來衡量廣告的有效性。只有少數公司的規模，大到足以持續且有效的衡量這部宣傳機器上有說服力的訊息的效果。這連帶表示，大多數公司不曉得廣告的有效性，不同公司之間因此出現不同檔次的廣告花費，凸顯數位廣告和社群媒體訊息的極度不足。也意味著另一件或許同樣重要的事情，即只有谷歌和臉書這類大量資料擁有者，才能讓社會科學家找到足夠做實驗的資料庫，這種實驗是用來解釋整體的運作，這些公司因此有很大的權力和責任來幫助我們了解並管理這部宣傳機器。一旦這些公司拒社會科學家於門外，我們就會遭殃。隨著故事的講述，我將不止一次提到資料透明度的必要性。

好消息

對行銷人員來說有一個好消息，即某些數位和社群媒體的訊息很有效，有實際存在且可以被測量出來的提升力，只不過沒有被適當的測量出來或管理。從eBay搜尋的行銷研究發現，品牌關鍵字搜尋是虧錢的投資，投資報酬率為負六三％，而為特定產品和類別所做的非品牌關鍵字廣告，則對不常造訪的新顧客產生正向影響，使他們不但造訪網站，還進行購買。這支持「把廣告當成有用訊息」（informative view of advertising）的看法，意味著廣告最有效之處在於為顧客提供訊息：「產品的特色、地點、價格或其他他們或許還不知道的服務。」換句話說，那是當廣告成為一個讓顧客知道更多產品或服務訊息、知識的工具時才有效。如布雷克、諾斯科、泰德利斯所提出的，就eBay而言，「若在我們研究前一年，有在eBay做過幾次交易，可能對eBay已經很熟悉，所以不會受到搜尋引擎行銷的影響。相對之下，更多的新用戶（我個人強調）在接觸搜尋引擎行銷廣告後註冊加入、且前一年只買過一兩件物件的用戶，在接觸搜尋引擎行銷後會增加購買行為。」[25]

　　這對消費者和行銷人員有何益處？搜尋廣告對不常造訪的新顧客最有效。這種向新顧客伸出觸角的方式，按行銷術語就是「開發」（prospecting），試圖將品牌意識傳播給不熟悉品牌或政治議題的人，藉此增加品牌的觸及範圍。對俄國和網路研究署有何益處？鎖定不常投票者和未決定投誰者可能是最有效率的策略，因為能將每一筆錢的影響力最大化。對我們這些嘗試阻止操弄和假新聞的人有何益處？我們知道我們易受到影響。現在我們能在操弄最有效的地方做出反制。

　　諷刺的是，品牌通常視新開發顧客為「最糟的」顧客。他們傾向於在廣告鎖定目標時忽略這些顧客，反而更重視「高價值回頭客」，因為不管有沒有看到廣告，他們通常都會「轉換」。換句話說，根據以相關性為基礎的指標，他們似乎是「高價值」的客戶。但如我們所見，這是在白費唇舌。他們沒有真正轉換過任何人。還記得「白費唇舌」正是科學家質疑俄國影響二○一六年美國總統大選結果時所用的詞語：支持川普的訊息還在把已支持川普的人當成目標。這讓我們知道，為何要了解這些基本原則，才能釐清這部宣傳機器對世界的影響。

　　路易斯和萊利在雅虎上做的實驗顯示，線上展示型廣告有效增加五％的購買量，也揭露兩個與數位廣告有關的誤解。首先，有七八％的銷量增加來自從未點擊廣告的消費者。這凸顯廣告業另一個不可告人的祕密：點擊是轉換的糟糕替代品。點擊廣告的人很少轉換成購買。而轉換成購買的人則很少點擊廣告。點擊與轉換之間的相關性通常不存在。其次,有九三%的銷量增加發生在零售商的實體店面,而不是透過線上做出的直接反應。直接反應廣告(direct response advertising,點擊廣告達成線上購買)或許比較好測量,對擁有線下銷售管道的品牌來說,卻不能完整的衡量廣告的有效性。而這也適用於人類的其他行為,如線下的投票行為。強森、路易斯、納博梅爾證實,大肆宣揚同溫層式報酬率的產業報告,顯現一廂情願的想法。比較正確的說法是,再行銷為網站造訪帶來扎實(且更為真實)的一七‧二%因果提升力,也為銷量帶來一〇‧五%的增加或因果提升力。

　　這些規律性暗示用社群媒體來操弄選舉的企圖,也可能會使有效性遞增。努力愈多,就愈容易衡量和優化。操弄者有要做就做大、不然就別做的誘因。所以若要偵測和反制他們,就要專注於最大的違規者。鎖定尚未開竅的選民,可能也是他們的最佳策略。投入政治的公民、固定投票的人、數位原住民這幾種人比較不容易受到操弄,這暗示千禧世代和較年長公民最容易受到影響。而光衡量人們是否點擊假新聞並不夠。如我將在第十二章討論的,為了強化民主,不使民主受到社群媒體的操弄,我們必須同時保護這部宣傳機器和投票所,而且社群媒體資料必須結合實際的投票資料才能防止威脅。

　　葛登、澤特梅爾、帕格瓦、雀普史蓋的實驗顯示,十五個活動中有八個(大約一半)出現因果轉換提升力(casual

conversion lift）：因臉書廣告而增加一‧二％到四五〇％的購買量。臉書廣告對增進網站註冊人數和網頁閱讀量比較有效。他們的廣告增加六三％至八九三％的註冊人數和一四％至一五〇〇％的網頁閱讀量。但如果真的如此，那麼寶僑（P&G）如何在刪減兩億美元線上行銷預算的同時，仍能增加八％的銷售量？

砍掉數位行銷預算，銷售金額卻增加？

在互動廣告協會（Interactive Advertising Bureau）二〇一七年年度領導者會議中，寶僑品牌長馬克‧普利雀德上台後，原本觀眾以為他又要發表一個宣傳寶僑數位行銷創新的無聊演講。但出乎大家預料的是（連邀他上台的互動廣告協會執行長藍道‧羅森伯格〔Randall Rothenberg〕都感到驚訝），他發表的是一則數位行銷業在幾年後的今天仍在談論的演說。[26]

他用平靜的聲音道出他對數位行銷的不透明、欺騙、沒效率的批評，雖然有所節制，但還是自成一格的不假辭色，批評範圍包括缺乏標準指標、點擊騙局與行銷業者合約中的誘因不一致、缺乏第三方測量驗證。就行銷演講而言，那是一場精彩的演講。這位在寶僑工作三十七年的老將普利雀德生氣了。幾乎可以聽出他聲音裡的失望。他奉獻了一輩子的品牌，和演講廳裡所有數位行銷客戶都一樣受到不公平的對待，他受夠了。

　　當天，普利雀德宣布一項以媒體透明度為主旨的行動計畫，並向市場發出通知：寶僑在那年將不再與原本的合作夥伴做生意，如果他們無法採用經驗證的可見度（viewability）標準、透明的媒體機構合約、經認可的第三方測量驗證、經認可的第三方詐騙預防的話。觀眾鼓掌以對，普利雀德則說「時間到了」，寶僑將不再把錢花在沒有效率、不透明、欺騙的數位行銷上。寶僑後來說話算話，砍了兩億美元的數位行銷預算。[27]

　　這引來廣告商的抱怨和社群媒體分析師的議論。他們認為寶僑犯下一個大錯，說寶僑沒有廣告商的專業協助，將無法有效管理他們的數位行銷費用，而且由於沒了廣告，還將經歷銷售成長的萎縮。但兩年後，儘管大幅刪減數位廣告預算，寶僑卻交出七‧五％的有機銷售成長成績，幾乎是業界競爭對手的兩倍。[28]他們怎麼做到的？如我剛描述過的，他們是利用以表現為基礎的數位行銷趨勢。

　　首先，他們將媒體花費的重點從頻率（點擊或點閱量）轉至觸及範圍，即能觸及到的消費者人數。[29]資料顯示，他們之前傳給消費者的社群媒體廣告，有時一個月可達十至二十則。這樣的廣告轟炸導致報酬率下降，甚至可能惹惱一些忠實顧客。所以他們乾脆將頻率降低一〇％，把那些廣告花費用來觸及沒有看到廣告、不常造訪的新顧客。二〇一九年，寶僑增加廣告投放效率，並提升在中國的新顧客觸及率至六〇％。這種從頻率到觸及範圍的轉移，呼應eBay研究的結果：不常造訪的新消費者是最容易受廣告感動的一群人。

其次，他們以更為精細的方式鎖定對的人選。他們的資料庫蒐集含有十億個消費者身分的甲方消費者資料，這樣便可以開始觸及「高度鎖定的觀眾」。[30]例如，他們在二〇一九年第四季的視訊財報會議上，描述他們正從「『十八至四十九歲女性』之類的一般人口統計目標」轉而鎖定「聰明的觀眾」，如第一次當媽媽的女性和第一次擁有洗衣機的人。

第三，該公司在二〇一五至二〇一九年間刪減六〇％的廣告商名單，並將他們與廣告商簽訂的合約合理化，因而省下七億五千萬美元的廣告商費用和製作成本，還增加四億美元的現金流。二〇一九年，他們把剩下來的廣告商數量再砍五〇％，好再省下四億美元。[31]

第四，當新冠病毒在二〇二〇年襲擊時，隨著消費者被迫就地防護（shelter in place），媒體消費激增，[32]寶僑家品利用這個機會，在消費者的注意力完全集中在數位管道時，藉著維持其簡練的品牌意識與消費接觸，同時「加強」行銷費用，以抓住消費者的心理占有率（mind share）。

這部宣傳機器是一種數位行銷機器，不管我們是否想要避免選舉操弄，或讓臉書廣告發揮作用，我們要了解它，就必須研究它的策略，特別是實現個人化群眾說服力的傳統策略，如鎖定目標。但這部宣傳機器以一種根本異於其他行銷或通訊管道的方式，已完全不可逆的將我們引向超社交化。

第七章

超社交化

人與人的關係是以一種建構形象、心理防衛機制為基礎。在我們的關係中，我們各自建構出對方的形象。這是來自兩個形象之間的關係，不是來自人類自身。

——吉杜・克里希那穆提（Jiddu Krishnamurti）

社群媒體之所以不同於其他媒體，是因為我們不僅受到廣告直接說服力的影響，還受到不斷反射迴響、如雜音般的社交訊號所左右，這些來自我們同儕和群眾的訊號，放大、強化、散播這部宣傳機器的影響。這些直接和間接的影響有一個完美的範例：二〇一〇年的美國國會選舉。

二〇二〇年六月，臉書宣布有史以來最大的選民動員活動，在臉書動態消息最上方與Instagram上凸顯出如何登記投票、申請不在籍投票或郵寄選票的資訊。在二〇一〇年，他們做了一些更簡單、更微妙的事情。[1]二〇一〇年十月二日是美國的期中選舉日，臉書當天用一個實驗來衡量動態消息影響選舉的能力。當日六千一百萬名滿十八歲的人看到動態消息裡有一則鼓勵他們去投票的訊息。訊息中除了「今天是投票日」這句話之外，還有「找到你的投票所」連結和「我已投票」按鍵，按下後就可以「告知朋友你投票了」。最上角有一個統計數字，顯示的是已回報投票的臉書用戶人數。

不是每個人都看到同樣的訊息。有些人被隨機指定看到「消息性」訊息，這些訊息僅提醒他們要去投票。其他人則看到「社交訊息」，裡面除了提醒投票的訊息之外，還顯示六個隨機選取的朋友大頭貼，他們都已點擊「我已投票」鍵。有些人則沒有看到任何訊息。臉書比較收到消息性訊息的人與沒有收到的人，因此得以估計臉書直接用訊息動員選民的能力。收到社交訊息的同儕和沒有收到的同儕之間的比較，則讓臉書得以估計同儕社交影響力對動員選民能力的影響。臉書透過公開投票紀錄來確認他們的發現，結果相當戲劇性。[2]

臉書動態消息上一則訊息導致增加三十四萬張選票，投票率往上提升〇‧六〇％。想一想其中的含意：一則對臉書來說邊際成本為零的社群媒體訊息，為美國國會選舉增加三十四萬張票。臉書又在二〇一二年美國總統大選中複製這個實驗，這次讓一千五百萬人看到訊息。[3]儘管選民動員活動在風險較高的選舉中比較沒有效，原因是有著許多相互競爭的「動員投票」行動，不過那則訊息還是增加二十七萬張選票，投票率則上升〇‧二四％。

〇‧六〇％和〇‧二四％或許看起來效果不大，但值得注意的是，小布希（George W. Bush）在二〇〇〇年大選中僅

以五百三十七票擊敗高爾（Al Gore）：在佛羅里達差〇‧〇
一％，在全國差〇‧〇〇〇〇一％。另一點值得注意的是，
二〇一二年美國總統大選後，臉書不斷推出選民動員按鍵，包
括在二〇一四年蘇格蘭公投、二〇一五年愛爾蘭公投、二〇
一五年英國選舉、二〇一六年英國脫歐投票、二〇一六年美國
總統大選、二〇一七年德國聯邦選舉期間皆是如此。臉書在二
〇一〇年和二〇一二年的實驗證明，這部宣傳機器有能力在選
舉中製造全民規模的變化，因此可能影響世界最重要的地緣政
治事件。

　　但在這些選舉實驗產生戲劇性結果的同時，一些更見微知
著的發現，透露這部宣傳機器真正的轉變能力。臉書發現看到
該則社交訊息的用戶投票的可能性，比收到消息性訊息的用戶
多〇‧三九％，該社交訊息用回報投過票的朋友的照片作為
社交證明。這暗示看到朋友的臉是人們改變投票行為的原因：
數位社交訊號的說服力是令人信服的證明。臉書也估計這些訊
息會對收到訊息者的朋友產生外溢效應。沒有收到訊息、但有
收到訊息的朋友的用戶，會比較容易被吸引去投票。臉書用戶
每多一個收到社交訊息的親密朋友，就比沒有收到該則訊息的
朋友多出〇‧二二四％的投票可能性。而且要記得，這些人
根本沒有收到任何訊息，只有他們的朋友收到訊息。

　　這些「外溢」或「同儕」效應（朋友在社群媒體上的行為
對我們現實世界行為的影響）甚至比臉書散布政治訊息的直接

效應還要明顯。臉書在二〇一〇年的實驗中,具有社交證明的直接訊息驅使三十四萬人去投票,而因外溢效應而增加的投票人數還有八十八萬六千人,他們是收到訊息者的朋友。這種串聯行為(cascading behavior)是抓住社群媒體能在世界各地大為改變人類行為的能力。我們在這部宣傳機器上創造和消費的社交訊息是設計來觸發我們的神經生理反應:我們的大腦已經進化到能夠處理這些訊號。在我們創造和消費這些社交訊號的同時,這些訊號也在改變我們的行為。

　　過去十年間,我們經歷數位社交訊息大爆炸。現在每天早上只要幾分鐘,我們就能瀏覽家人在臉書上的活動、Instagram上的朋友昨晚吃了什麼、推特上的同儕回報周遭發生什麼事、LinkedIn上的朋友有誰換了工作、Nike+或Strava上跑步的夥伴昨天跑了多遠、Tinder和Hinge上誰對我們有意思。經過數十萬年的演化,我們的大腦已具有社交能力。過去十年來,我們的行為因為這部宣傳機器而愈來愈容易受到朋友的影響,我們也開始走向超社交化(hypersocialized)。

爭奪金牌

　　二〇一六年八月六日,格雷格・范・阿弗馬特(Greg Van Avermaet)在里約熱內盧拚命騎出好成績。從科帕卡巴納(Copacabana)出發,他一路騎行一百五十英里,沿途經

過伊帕內瑪（Ipanema）、巴拉（Barra）、馬力潘迪保護區
（Reserva Maripendi）海灘，再折返科帕卡巴納，最後拿下二
〇一六年巴西夏季奧運自行車公路賽男子個人組金牌。那是一
場相當耗損體力的競賽，他沿著坡道向上爬升了三百四十四英
尺，經過格魯曼（Gruman）短爬坡時還碰到幾個坡度達十三
度的坡道。他爬上高一千四百四十四英尺的峰頂，從卡諾阿斯
（Canoas）和中華亭（Vista Chinesa）開始有一段高速的技術性
下坡道，他在那裡碰上要命的十六度坡道，該段路當天發生了
數起撞車事件。他在六小時九分內以二十三・三英里的平均
時速完成賽事，期間最高時速為六十七・一英里。他是在華
氏八十九度的氣溫下完成競賽，期間最高溫達華氏一百度。
他的最高腳踏頻率（cadence，即踩踏板的速度），高達每分鐘
一百七十三轉（rpm），平均為八十五轉，最後贏得勝利時是
一百一十轉。

　　他接著做了一件在二〇〇九年以前不可能做到的事。他
將所有的統計數據貼到一個叫做Strava的社交運動應用程式
上，向全世界分享他奪金騎行的細節。[4]他得到一萬五千個
kudo（相當大的迴響），那是Strava版的數位恭賀方式，這些
kudo來自朋友、粉絲、崇拜者。事實上，他該次騎行所獲得
的kudo，比那一整年其他個人活動所獲得的還要多。

　　二〇一八年，Strava上的運動員為一百九十五國的三十二
項運動所記錄下的六十六・七億英里體育活動，總共給

出三十六億個kudo。[5]平均每分鐘有二十五個活動上傳到Strava。平均跑步距離是五‧一英里，持續約五十分鐘。自行車騎士平均用一小時三十七分的時間完成二十一‧九英里的路程。星期天是最受歡迎的運動日，而星期二對世界各地的跑步者和自行車手來說，則是一週內速度最快的一日（我們似乎要用星期一來恢復星期日的疲累）。美國最受歡迎的騎車日是七月四日獨立紀念日，但最受歡迎的跑步日則是感恩節，可能是因為我們必須努力才能贏得感恩節大餐。

二〇一八年，Strava的一項統計引起我的注意，即我們與朋友一起跑步、騎車、游泳、滑冰、滑板所提升的運動程度。由於Strava也記錄團體活動，所以能將個人活動和團體活動一起比較。在製作二〇一八年的資料時，他們發現人們在有朋友一起運動的狀況下，會運動得比較久（參閱圖表7.1）。團隊騎行平均比個人騎行多五二％的距離，而團隊跑步的距離則比個人跑步多二〇％的距離。

運動似乎受到社交化的激勵。我們可能在競賽性跑步或團體跑步和騎行時都體驗過這種激勵。但這部宣傳機器將這種激勵制度化，方法是立即跟朋友分享運動活動（不用花錢），就像格雷格‧范‧阿弗馬特分享給全世界的奧運騎行經驗一般。Nike+Running、Strava、RunKeeper之類的應用程式讓我們以鉅細彌遺的方式記錄體能活動，內容包括距離、速度、燃燒的卡路里。我們也能在這些平台以及Instagram和臉書等社

圖表 7.1 團體與個人運動行為的比較

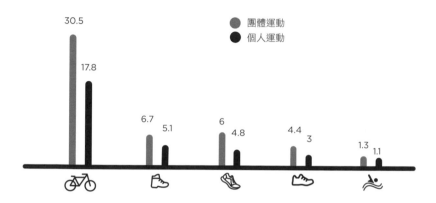

圖中顯示從2017年10月1日到2018年9月30日，在Strava上各項運動的個人和團隊平均距離（單位為英里），這些項目包括騎自行車、健行、跑步、散步、游泳。

群媒體網路上分享這類訊息給朋友。如果社交支持和競爭促使我們運動,那麼健身運動的數位社交化就有可能增加全世界運動的活動量、持續時間與強度。將體育活動的分享制度化後,這部宣傳機器在體育行為方面實現社交影響力和同儕效應。這種相關性引發一個問題:這部宣傳機器的數位社交影響力能促使我們做更多運動嗎?或問得更直接一點:運動具有數位傳染性嗎?如果有,還有哪類行為具有數位傳染性?

運動會傳染嗎?

　　不幸的是,把團體運動和個人運動拿來比較,對運動是否會傳染這個問題沒什麼幫助,因為我們不曉得是什麼導致那些差異。我們無法用相關性來衡量俄國干預選舉的效果或數位行銷報酬率。同樣的,我們在沒有把相關性和因果推力分清楚的狀況下,也無法衡量運動或任何其他行為的數位社交影響力。譬如,我們知道馬拉松選手傾向和馬拉松選手做朋友,而懶骨頭傾向和懶骨頭做朋友(那叫「同質性」)。朋友之間跑步行為的簡單相關性,並不能證明他們運動是因為相互的影響。選擇團隊跑步或騎行的人,也許只是比較投入這兩種運動,或許也能因此而跑得或騎得更久。

　　為了理解數位同儕效應是否激發運動,以及運動是否具有傳染性,我們要想辦法區別相關性和因果關係。雖然隨機實驗是因果推斷的黃金標準，而且在行銷環境中有用，但是我們也不能像趕牛一樣隨機把某些人從沙發上叫起來運動。所以要測量跑步的同儕效應，必須在人們的跑步習慣中找出另一個「和隨機一樣有效」的變異數，即能激發人們去跑步、卻對朋友是否去跑步沒有影響的東西。為了解決這個謎團，我和博士後研究員克里斯多斯・尼古拉雷德斯必須當個氣象學家。

我們與一家大型的全球性體適能追蹤公司合作，蒐集了一百一十萬個跑步者的網路和每日運動模式資料，這些跑步者在五年內累計跑了三億五千萬公里。[6]我們用應用程式記錄每次跑步的距離、持續時間、速度與燃燒的卡路里，並將這些詳細資料分享給應用程式上的朋友。我們也蒐集一百九十六個國家、四萬七千個氣象站的資料，因此曉得一百一十萬個跑者在那五年間每天所在位置的確切溫度和降雨量。為什麼？

這個研究的竅門在於天氣會影響我們是否去跑步。如你可能預料到的，降雨愈少且氣候愈暖和，跑步的人就愈多。跑步者醒來後若碰上好天氣，就會穿上慢跑鞋出去跑步。若醒來碰上雨天，就會待在家裡。但關鍵的地方在於跑步者的朋友遍及全世界，經歷著和他們不同的天氣。所以當紐約市的跑步者碰上雨天時，朋友所在的亞利桑那州鳳凰城卻是大晴天。我們利用這些差異來衡量某位朋友跑步是否會使另一位朋友跑得更多。鳳凰城幾乎每天都是晴天，所以，如果紐約市的好天氣促使鳳凰城的朋友跑得更多，那可能只是因為朋友之間的社交影響力。我們找到一種「自然實驗」，並用它來衡量運動的傳染性程度。結果令我們驚訝。

運動確實具有傳染性，效應相當大。在應用程式上看到朋友多跑一公里，你就會受到影響，也在同一天多跑〇‧三公里。若朋友每分鐘跑的公里數多一公里，你也因此加快速度，每分鐘多跑〇‧三公里。當朋友多跑十分鐘，你在激勵之下也多跑三分鐘。而朋友若多燃燒十卡路里，你在影響下也多燃燒三‧五卡路里。這種同儕影響隨時間遞減。朋友今天跑步的距離對明天的你影響較小，並且逐日遞減。

但運動只是了解社群媒體如何將我們的行為超社交化的一個起點。其他平台則在分享我們的購買、投票、飲食、約會、閱讀行為，甚至心情。研究顯示，數位社交訊號的擴散也在改變這些行為的起起落落。用幾個超社交化的例子就可以說明清楚。

新聞的超社交化

每隔七年，大學教師就會休一年假好重新思考或啟動新研究。二〇一三年，我從麻省理工學院休假一年，到《紐約時報》研發實驗室擔任駐社學者。那是一個很棒的經驗。我與那裡的長駐設計師、工程師、知識修補者（intellectual tinkerers，嘗試「認真考慮」未來會影響新聞傳播和新聞消費的科技）合作。

我去那裡是為了串聯計畫（Project Cascade），那是一種前所未有的工具，可以將瀏覽行為和分享活動結合起來，建立一幅詳細描繪訊息如何透過社群媒體空間傳播的圖像。我主要的目的是分析串聯資料，以了解社群媒體分享是否使《紐約時報》的讀者增加。我們不清楚社群媒體是在補充還是取代新聞。社群媒體可能引導人們去看更多新聞，方法是透過推特或臉書上的超連結（hyperlink）。但也可能是社群媒體的短新聞摘要提供我們所需要的一切，我們因此比沒看新聞摘要時更不可能看完整篇報導。無庸置疑，這個問題的答案攸關《紐約時報》在策略上應該接受還是拒絕社群媒體。

為了找出答案，我和博士班學生麥可・趙（Michael Zhao，音譯）分析數億個《紐約時報》瀏覽頁面和推文，分辨《紐約時報》報導在某城市的社群媒體分享是否會增加這些報導在其他城市的讀者。[7]如我們在運動方面的研究，我們把降雨量當成一種自然實驗要素。由於下雨會讓人們待在室內閱讀《紐約時報》，我們就要估計某地區的雨天（提升這些地區新聞報導在社群媒體上的分享）是否能增加其他地區（在社群媒體上接收那些社交分享的比例較高的地區）的讀者。

我們發現某個地區之外的讀者增加一〇％，會導致這個地區的讀者增加約三・四％，而且社群媒體是那些社交外溢現象的主要推動者。社群媒體上較多連結的地區比較少連結的地區有更多的社交外溢。這些結果表明，社交數位訊號確實會推動新聞消費。

約會的超社交化

　　隨著約會應用程式激增，數位社交訊息也滲入我們的感情生活。我對這股趨勢很了解，因為我們在二〇一六年把第二間公司Humin賣給Tinder。自二〇一三年起，透過這部宣傳機器運算法，在網路上介紹的感情對象比家人朋友介紹的還多。[8]所以數位約會對社會有何意義？這個問題恐怕要讓心理學家、生物學家、人口統計學家思考個幾十年。Tinder、Hinge、Bumble等應用程式的出現，無疑正在改變我們彼此認識的方式、我們約會的對象、我們愛的對象。約會配對演算法中的「感知－建議」（sense-suggest）迴路有何長期結果目前尚不清楚。我們的約會生活會被導向更具同質性或更具多樣性？對我們的小孩和他們的小孩的基因多樣性有何意義？對人類進化有什麼可能的影響？對這些範圍較大的問題，我們還沒有答案。但我們已經有點了解數位社交訊號如何改變約會遊戲。

　　我的朋友暨同事拉維・巴普納（Ravi Bapna）、吉・拉姆普拉薩德（Jui Ramaprasad）、加利特・舒默利（Galit Shmueli）、阿卡梅德・烏米亞羅夫（Akhmed Umyarov）以其中一種應用程式中來做實驗，目的是要了解我們留在社交約會網站的數位麵包屑如何影響交往結果。[9]線上約會帶來實體世界未曾有過的新型數位訊號。例如，我們能以更大的速度和控制搜尋、過濾、瀏覽可能的對象。演算法用我們尚未完全理解的方式，透過大數據撮合我們。而且我們能匿名考慮約會對象，在酒吧或其他線下社交聚會場所就不可能如此。拉維和同事想知道這些數位特性如何影響我們，具體來說就是我們的數位訊號如何激勵彼此之間的互動，和我們分享的東西是否多少讓我們變得更外向。

他們與一個大型北美約會網站合作，以了解匿名對約會媒合結果的影響。若我們在隱藏自己對某人的興趣的同時，又能知道更多關於對方的事情，這對整個約會池（dating pool）有何意義？我如果在酒吧裡想認識某個吸引我的對象，我可以過去攀談，除了問對方有何興趣之外，還問什麼會讓她發笑、對什麼知識感興趣、週末喜歡做什麼活動。為了做到這樣，我必須採取社交「行動」，而且要在實體的環境裡進行。我必須從酒吧裡的凳子上起身走過去，再想出一個彆腳的自我介紹，最後進入對談。這樣不就露餡了！她知道我對她感興趣，因為我起身走過擁擠的通道做自我介紹。但我們在網上有匿名瀏覽的能力。我能在與對方聯繫前，先從個人檔案了解他們，這麼做的同時並不會讓對方察覺我可能對他們感興趣。這種隱藏社交訊號的能力，如何影響我們搜尋可能的伴侶？如何影響其他人對我們的反應？

　　某個用戶一旦在這個應用程式上瀏覽他人的個人檔案，就會給對方留下數位訊號，讓他們知道有人在查看他們。這種數位麵包屑可能會使查看者感到害羞，因為可能的約會對象知道有人在瀏覽自己的檔案。但這也可能促成互動，因為能讓收到訊號的人知道瀏覽他們檔案的人對他們有興趣。這種微妙的社交訊號光靠紙上談兵是難以解讀的。所以拉維和公司設計一個聰明的實驗來發現這些訊號。他們以十萬個新用戶為樣本，隨機賦予匿名瀏覽能力給其中一半的用戶，所以可以在他人不知情的狀況下瀏覽他們的個人檔案。這個簡單的好辦法（封鎖興趣訊號）產生出戲劇性的效果。

　　與控制組相比，受到匿名處理的用戶顧不了風險。他們看了更多的個人檔案，也比較可能觀看同性和其他族裔的檔案。但興趣訊號有助於媒合成功，失去「留下興趣訊號能力」的匿名用戶比非匿名用戶少了媒合機會。這對女性尤其不利，研究人員發現她們通常不會先採取行動，反而要等他人來開啟對話。數位瀏覽訊號（尤其是女人留下的）的功能在於鼓舞個人檔案被瀏覽的人（尤其是男人）跨出第一步。所以關閉數位麵包屑會使比較害羞的用戶（尤其女人）處於不利地位。

　　目前不清楚這部宣傳機器對我們的浪漫關係有什麼長期影響。如果這一種微妙的訊號能有如此戲劇性的效果，媒合演算法和滑文化（swipe culture）對我們約會對象和配對方式有什麼影響？如果宣傳機器影響這些過程和結果，那麼對人類進化有何意義？我們持續研究中，希望發現這些重要問題的答案。但有一件事明白擺在眼前：這部宣傳機器正透過改變在我們社交上彼此互傳訊息的方式，來改變約會方式。

慈善捐贈的超社交化

約會相當重要，但利他行為也是。如果這部宣傳機器影響我們與誰約會，我們的捐獻方式也會受到影響嗎？為了理解為何有這個可能，麻省理工學院博士生袁源（Yuan Yuan，音譯）研究微信上發放的中國「紅包」。[10]紅包是中國和其他東亞文化在假日或結婚、畢業、生小孩等特殊時機發放的禮金。二〇一四年，微信讓用戶透過微信行動支付平台發放虛擬紅包（和現金）給聯絡人和群組。二〇一六年，光農曆新年期間就有三百二十億個紅包在線上交換。二〇一七年的數目則為數億個。紅包禮金目前占微信行動支付交易相當大的一部分。袁源想知道數位紅包是否激勵我們「把愛傳下去」（pay it forward），不管收到這種數位禮物是否會激勵我們更常及更大量送禮物給他人。

袁源利用微信群組分配紅包方式的一種新奇功能，當某用戶在微信群組中發送紅包時，其他用戶能獲取的金額是由平台隨機分配，但要依送出的金額、選擇接收紅包的朋友人數、接收時間順序而定。所以有些用戶因隨機選取而收到比其他人還多的錢。微信用「幸運王」圖示標出收到最多錢的用戶。袁源和共同撰稿人想知道這種獲取金額的隨機性如何影響收錢者把愛傳下去的意願，即贈予他人金錢禮物。

他們的分析透露，收到錢的人平均會從所收到的錢拿出一〇％來把愛傳下去，而收到紅包大餅中最大一塊的「幸運王」則在把愛傳下去的可能性上比其他收到錢的人高出一‧五倍。所以，我們送出的數位禮物，確實激勵收到紅包的人將利他行為傳出去造福他人。

情緒的超社交化

在一項針對數位社交影響所做的較具爭議實驗中，臉書和康乃爾的研究人員測試數位社交訊號是否造成「情緒感染」（emotion contagion）[11]。他們想知道快樂或沮喪是否會傳播，透過我們每日線上創造和消費的數兆則貼文，從一人傳給另一人。一如往常，麻煩的地方在於快樂和悲傷的人通常和同類人在線上相聚，所以衡量朋友之間的情緒相關性，並無法讓我們知道情緒感染是否會在網路上發生。

所以臉書隨機操縱數百萬用戶在動態消息中所接觸的情緒。他們隨機減少某些人看到的負面內容。至於其他人，則隨機減少他們看到的正面內容，衡量標準是看他們朋友貼文中正面和負面用語的比例。接著，衡量這種正面和負面內容的減少，是否會導致訊息接收者改變自己臉書貼文中表現的負面和正面性質。

他們發現這部宣傳機器除了傳播行為，也會傳播情緒。首先，他們注意到用戶動態消息中，正面和負面情緒的減少會降低臉書用戶的貼文字數。這有何含意？會激發情緒的內容，不管正面還是負面，能激勵臉書用戶貼出更多文章。宣傳機器有助於傳播激昂的情緒。那就是我為何採用宣傳機器這個名稱的部分原因。它使我們興奮，好讓我們保持接觸，而且它所採用的商業模式讓我們更加投入。

其次，他們發現動態消息中的正面用語一旦減少，人們狀態更新裡的正面用語比例就會下降，而負面用語的比例則上升。相反的，一旦負面貼文減少，負面用語的比例就會下降，而正面用語的比例則上升，驗證社群媒體貼文的情緒感染力。我們在臉書上讀到他人的正面情緒時，就會用較正面的方式表達自己。另一方面，我們若是讀到負面情緒，就會以較負面的方式表達自己。

這個研究具有戲劇性含意。研究結果明顯提醒我們這個宣傳迴路的雙面性。一方面，由演算法策展的情緒對我們的心情、以及在全球散播快樂和沮喪產生有意義的影響。但也同時提醒我們，自己在這整個過程中要負的責任。我們放什麼到這部宣傳機器中，就拿什麼回來。人類主體動力很重要。我們在社群媒體上表達的情緒會被放大並傳給他人，那是透過動態消息的策展改變我們的思考和行為方式。如果我們持續在這部宣傳機器中散播仇恨、尖酸刻薄話語與負面內容，這個研究顯示我們將使他人的負面放大。但如果我們將自己導向比較正面的走向，就能引發他們產生類似的情緒。

即將來到的超社交化

　　這些研究顯示宣傳機器具有前所未有的傳播行為改變能力。線上同儕效應改變我們的思考和行為，這些效應是由我們每天在宣傳機器上發送和接收的數兆個讚、戳、貼文、推薦、廣告、通知、分享、登入、評比所引發。現在一個重要的問題是：我們要如何在超社交化的世界裡管理這種種的變化？

　　廣告商、政治人物、公共衛生官員、小公司老闆不能只想到訊息在這部宣傳機器上的直接效應。他們也必須考慮訊息所帶來的社交效應、不成比例的散播改變行為的「意見領袖」，以及忽略這個新網路現實（networked reality）的後果。如羅伯‧凱恩所言，網路消費者（還有選民和公民）年代已經來臨。我們需要新的策略來面對超社交化的世界。

第八章

面對超社交化世界的策略

權力不存在於機構中,也不在國家或大型企業中,而是存在於
建構社會的網路裡。

—— 曼紐・卡斯提爾(Manuel Castells)

　　外國特務散布錯誤資訊、行銷人員散布產品的相關資訊,
以及公共衛生官員在疾病大流行期間鼓勵人們保持社交距離,
都是希望透過人類的社群網路、也就是透過這部宣傳機器來散
布資訊。最終,重點是傳達行為已經改變,那麼,對行為改變
感興趣的行銷人員、政治人物和個人,要如何在新社交時代散
布產品、構想或內容呢?在這部宣傳機器的超社交化世界裡,
自動策展的數位社交訊號完全改變我們生產、消費、分析和評
估訊息的方式。

　　組織和個人都必須改變他們在這新典範(paradigm)中的
運作方式,而能讓機構和個人適應這個超社交化世界的基本
策略有五個:網路目標鎖定(network targeting)、病毒式行銷
(viral marketing)、社交廣告(social advertising)、病毒式設

計（viral design）、意見領袖行銷（influencer marketing）。每個都有不同的目的和策略。這些策略有效的關鍵，在於當事人是否知道何時用它們，和如何使它們優化以適應特殊情況。

朋友的偏好透露你的偏好（網路目標鎖定）

如我在第六章所討論，用社群媒體訊號鎖定消費者相當容易。行銷人員利用與人口統計、行為、偏好、社交網路、定位紀錄有關的資料來預測誰有可能接觸（並最終採取行動）散布在這部宣傳機器上的政治或行銷訊息。但以社交網路為基礎來針對目標投放有說服力的訊息意味著什麼？在創造行為改變（從產品行銷、政治訊息到健康宣導）的同時，網路能在你決定與誰溝通時幫上什麼忙？「網路目標鎖定」的力量，即我們以對這個網路的認識來預測網路裡個別人物的能力，是在於同質性，即人類喜歡結交與自己類似的人的傾向。

我研究過的每一種網路都展現這種規律性。我們按種族、宗教、年紀、政治立場、甚至個人偏好來區分彼此。喜歡滑雪者傾向於與喜歡滑雪者做朋友。喜愛美食者傾向於與喜愛美食者做朋友。民主黨人傾向於與民主黨人做朋友，共和黨人傾向於與共和黨人做朋友。當然也有例外。某些民主黨人有共和黨朋友，反之亦然。但這些是例外，不是常態。

所謂「物以類聚」。如果你的朋友喜歡健行、足球、閱

讀、殺手樂團（The Killers），按統計數據來看，你比較可能
喜歡健行、足球、閱讀、殺手樂團。你的網路連結就這樣透露
你的偏好。行銷人員能透過對你朋友偏好的分析，有效調整目
標的鎖定以改進宣傳報酬率。同質性在目標鎖定上的有效性，
其實剛好就是衡量社交影響為何如此困難的原因。但這個吸
引人的力量，也讓公司和組織得以確認誰該收到有說服力的
訊息。舉例來說，我的朋友暨同事珊卓拉・希爾（Shawndra
Hill）、福斯特・普諾沃斯特（Foster Provost）、克里斯・沃
林斯基（Chris Volinsky）在針對「網路鄰居」所做的研究中討
論到一家全球性通訊公司，該項劃時代的研究是最早揭露「網
路資料對目標鎖定行銷具有強大預測力」的研究之一。[1]

　　珊卓拉、福斯特、克里斯研究一間經常被談到的全球性通
訊公司，該公司擁有長期的目標鎖定行銷經驗。他們正推出一
項新的通訊服務，思考的是如何將行銷目標鎖定在網路上對的
消費者上。他們已建立非常複雜的鎖定模式，根據的是他們認
為會喜歡這些「高科技」新服務的幾類顧客的相關資料、經
驗、直覺。他們的模式涵蓋與數百萬名潛在顧客有關的人口統
計、地理環境與忠誠度資料。但在研究期間，研究人員為這些
非常複雜的鎖定模式添加一個變數：潛在顧客的朋友當中，是
否已經有人採用這項服務。

　　為了建構這個網路，他們分析這家通訊公司的通聯紀錄，
這些紀錄顯示誰打給誰、有多頻繁、維持多久。他們從這些資

料建構一個電話紀錄網，這些紀錄將這項新服務潛在客戶的市話和行動電話號碼連結起來。這個網路關係代表網內任兩位成員間的通話次數，按通話時間予以加權（參閱圖表8.1）。

這個網路有兩種消費者：新通訊服務的已採用者（淺灰色圓圈）和公司想傳送直接行銷訊息的未採用者（深灰色圓圈）。他們把未採用者分成兩類：已有朋友採用這項服務的人（圓圈），和沒有朋友採用這項服務的人（方塊）。研究人員將這個訊息加入這家通訊公司建立的複雜鎖定模式中。他們只要考慮潛在客戶是否有採用過「網路鄰居」這項服務（用電話通過話）的朋友。

接著針對潛在客戶，公司以針對新服務所做的廣告，執行一場直接行銷活動，再算出鎖定目標在相對銷售率上的差異。原來的鎖定模式產生〇・二八％銷售轉換率（sales conversionrate），這樣很好，因為展示型廣告的平均點擊率也才只有〇・〇五％。而這些是轉換率，不是點擊率，換句話說就是實際的銷售率。但利用與消費者網路和是否採用「網路鄰居」服務有關的訊息來鎖定，能達成近五倍的效力，銷售轉換率更達一・三五％。這部宣傳機器利用與朋友偏好有關的資料，建立能更正確反映我們偏好的模式。

圖表8.1　「網路鄰居」網路

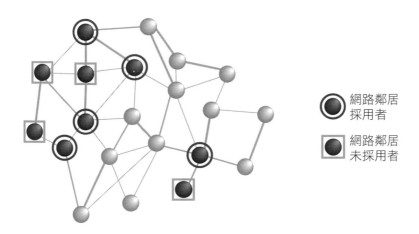

圖中描述根據某間大型通訊公司通聯紀錄，假設出一個用電話溝通的社交網路。淺灰色圓圈代表之前已採用這項新服務的人，深灰色圓圈則代表還沒採用這項服務、卻可能成為直接行銷目標的人。外面包著另一個圓圈的深灰色圓圈代表現在還沒採用「網路鄰居」服務、但有朋友採用這項服務的人。外面包著一個方塊的深灰色圓圈是目前還沒有採用「網路鄰居」服務、也沒有朋友採用這項服務的人。

朋友的說服力影響你的偏好（推薦行銷）

但我們的網路連結不僅預測我們的偏好，也影響我們的偏好。我們信任朋友甚於品牌廣告或政治化妝術。朋友了解我們，知道我們對什麼有興趣，所以知道哪些訊息會引起我們的興趣。他們也知道如何用最具說服力和個人化的方式，為我們設計訊息。因此不令人驚訝的是，朋友間的口耳相傳是消費者最信任的品牌消息來源。[2]鑑於數位口耳相傳的說服力，各品牌在推薦計畫上花了許多時間、精力、金錢。Dropbox 相當倚重「給我們顧客，就有免費空間」促銷計畫，而 Airbnb 和 Uber 都用個人化推薦訊息和誘因來驅動成長。

來自洛杉磯的 Uber 駕駛約瑟夫・齊艾（Joseph Ziyaee）甚至用推薦計畫讓自己成為 Uber 收入分配中的異數，或他最喜歡的稱呼「Uber 王」。

Uber 駕駛開得愈多就賺得愈多。固然因駕駛時間、地點、方式的不同而有差異，但這種關係是持續不變的。二〇一四年的 Uber 資料顯示，根據紐約市司機的取樣結果，他們每小時賺進約三十美元，而工作時間最長的駕駛（每星期約八十至九十小時）則一年賺進約九萬美元，成為同業中報酬最高的。

如果我們就這些數字的表面價值來看，齊艾在那一年六個月所賺的錢真的很可觀。[3]事實上，他可能比地球上其他 Uber

駕駛賺得還多，且多了很多。約瑟夫在二〇一四年的收入幾乎是排名第二名的兩倍，僅六個月就淨賺九萬美元。這意味著年收入可達十八萬美元。他完全是個異數。但他最出色的地方還不僅於此。令人吃驚的是，他雖然以Uber駕駛身分賺到這些錢，但他從未開過Uber。他幾乎完全靠推薦駕駛給Uber來賺錢。

　　Uber擁有世界上最成功的推薦計畫之一。這家公司提供誘因給駕駛，鼓勵他們推薦其他駕駛加入服務。一名帶著朋友推薦碼加入的新駕駛，他和推薦他的駕駛都可以得到獎金。獎金金額隨時間改變，最終演化成保障基本工資的機制，只要駕駛時間超過一定的量，不管出車活動的內容為何，都有基本工資。但到齊艾打破所有紀錄的那一刻，每次推薦的價值已達數百美元。他就是利用這樣的計畫而成為Uber王。

　　世界上有一些成長最快的公司是靠推薦計畫來成長，這些計畫透過社群媒體訊息來傳播公司的服務，而訊息則是由這部宣傳機器上的PayPal、Dropbox、Airbnb、特斯拉、亞馬遜Prime來散播，族繁不及備載，僅在這裡列出幾個。推薦計畫讓顧客有介紹產品或服務給朋友的誘因，這很有道理，因為這些計畫利用的就是社群媒體具有說服力的地方。口耳相傳是最受信任的品牌訊息來源，因為我們信任朋友和家人甚於品牌廣告。朋友也了解我們的偏好，能將訊息導向最正確的人。而當我們開始使用一項服務時，地方網路效應就會發揮作用，減少我們任何一個人可能離開的機會。

　　但最佳的誘因策略是什麼樣子？我們在實驗研究中檢視在促銷線上送花服務時，加入病毒式誘因會有什麼效果。[4]我們受到一些廣告計畫的啟發，如DirectTV的「把你的朋友變成班哲明」（turn your friends into Benjamins）活動，指的是他們的同儕推薦計畫，任何訂戶每介紹一個朋友加入服務，就可以得到一百美元獎金。[5]

　　如果一家公司能以每介紹一位朋友加入就給一百美元的方式，獎勵現有的訂戶。這種「DirectTV模式」會增加我介紹朋友的誘因，但可能不會影響我朋友採用服務的可能性，那超出我的個人魅力和說服力。我們稱DirectTV式推薦計畫為「自私誘因」，因為只有推薦人才拿得到推薦獎金。相較之下，如果一家公司可以讓現有訂戶邀請朋友加入，並提供一百美元獎金給加入的朋友，這對朋友構成加入的誘因，可是現有訂戶卻在傳播訊息上沒有任何金錢誘因，我們稱之為「慷慨誘因」；因為按這個計畫，現有訂戶將推薦獎金捐給朋友。或者我們可以平分獎金，五十美元給朋友，五十美元給現有訂戶，我們稱此為「公平誘因」。

　　我們在實驗中，將上述幾種誘因方案（自私、慷慨、公平），隨機指派給送花服務網站上的用戶，目的是要測試哪一種誘因最有效。我們預期用戶會比較常使用自私誘因方案來邀請朋友，但受邀的朋友比較不會接受邀請。而用戶會比較少使用慷慨誘因方案來邀請朋友，但受邀的朋友比較容易接受邀請。我們認為公平誘因方案，對於用戶邀請朋友和朋友接受邀請的成果介於中間值。但最終哪一個會成功？

　　我們的發現違反直覺。選擇慷慨和公平誘因方案的用戶，比選擇自私誘因方案的客戶發送更多邀請訊息，就算按計畫來說，發送邀請訊息者會少分到很多獎金。原來用戶不喜歡不給朋友一些好處就發送垃圾訊息給朋友。他們覺得自己收別人的錢，來傳送鼓勵朋友採用某項服務的訊息有點「低級」，他們比較喜歡將折扣分給朋友。事後看來，這些結果符合我們對「禮物經濟」（gift economy）的理解，在這樣的環境中，地位來自能給予他人最多的人。

　　這把我們帶往另一個戰略性問題：嘗試在網路上造成行為改變的當下，行銷人員要如何決定採用哪一個策略（網路目標鎖定或病毒式行銷）？負責公司數位行銷預算的行銷長要如何在這兩種策略之間分配行銷花費？結果答案還是要看相關性與因果關係之間的差別。為了理解原因，來看看我們與雅虎一起做過的研究，他們是這部宣傳機器上最早出現的大型社交網路之一，這個研究涉及統計學家所稱的「反射問題」（reflection problem）。

反射問題

　　反射問題的核心凸顯一種困難，即推論人類行為是否會透過社群媒體網路移動，即從一人傳至另一人，原因是朋友之間的社交影響力（人與人的相互影響）或同質性之類的替代性解釋。所代表的意義為何？嗯，我們知道在每個社交網路研究中，相互連結的人通常會在幾乎相同的時間裡做同樣的事，呈現一種驚人的統計規律。現在這種模式可能是社交影響力的結果（朋友說服朋友改變行為），或可能是同質性之類的替代性解釋的結果。我們的行為「反映」朋友的線上行為。這是因為我們相互影響，還是這種影響有其他更為有力的替代性解釋？

　　如果真的物以類聚，那麼從一個朋友擴散到另一個朋友的行為可以這樣解釋：我們選擇有類似偏好的朋友。還記得喜歡滑雪者傾向與喜歡滑雪者做朋友，馬拉松跑者傾向與馬拉松跑者做朋友，喜愛美食的人傾向於與喜愛美食的人做朋友。所以，滑雪、跑步、光顧新餐館在朋友之間形成相關性，僅因為我們是有類似偏好的朋友，不一定因為他們邀請我們才做這些活動。

　　但朋友行為之間的相關性也可能是我們所稱的「干擾因素」，而非由朋友之間的社交影響力所引起。社會學家馬克斯・韋伯（Max Weber）有句名言：「如果你看到一群人在同一時間打起傘，你不會認為是社交影響力造成的。」換句話說，可能只是因為下雨。

想像草地上有一群參加政治集會或音樂會的人。他們在草地上摩肩接踵等待活動開始。現在想像場地的左下角出現一把撐開的傘。幾秒後，撐開第一把傘的人，旁邊站的人也撐開傘。現在場地左下角有兩把撐開的傘。幾秒後第二把傘旁邊又開了第三把傘，就這樣所有的傘一把接著一把依序開啟，從場地的左下角延伸到右上角。形成這種行為模式的可能原因為何？

第一個開傘的人可能用手肘碰了站在隔壁的人並說，「喂，打開你的傘，這麼做很酷。」而打開傘後，第二個人可能也用手肘碰了隔壁的人，就這樣一個接著一個下去。這就是社交影響力說法（social influence explanation）。

但還有另一個因素促使人們出現集體開傘的行為模式：上方飄起雨來，從場地的左下角擴散到右上角。從鳥瞰的角度來看，現場看起來像是從場地左下角開到右上角的雨傘串。但無法分辨這種行為模式是朋友之間相互影響或飄雨所致，這就是干擾因素說法（confounding factors explanation）。為了確切知道箇中緣由，我們需要了解人們開傘的原因。

現在你或許納悶：草地上的傘和這部宣傳機器有何關係？好的，如果真的有同質性，那麼社群媒體上相互連結的人就會有類似的偏好。所以，他們比較可能看相同的電視節目、聽相同的播客（podcast）節目、造訪相同的網站，也因此接觸相同的廣告,意思是他們傾向在大約相同的時間,從相同的來源取得訊息。在這部宣傳機器中,與有說服力的訊息和廣告的接觸,也因目標鎖定的關係,而在偏好相似的朋友之間產生相關性。所以,就像打傘例子中的飄雨因素一樣,宣傳機器中的廣告和有說服力的訊息,可能導致相關的行為,而不是來自朋友之間的社交影響力。但這又代表什麼?

為了理解反射問題為何是行銷成功和斷定操弄社群媒體對選舉造成影響的關鍵,先來思考我們和雅虎一起做的謎題。

雅虎公司才剛推出一個叫做雅虎Go的新行動服務應用程式,這個程式於二〇〇七年七月開始傳送個人化新聞、天氣、股市訊息到用戶的行動電話。六個月內就有五十多萬人採用這個程式。雅虎想知道雅虎Go在網路上的擴散,是否因為點對點(peer-to-peer)影響,或只是因為個別用戶對雅虎的偏好。答案將有助於他們決定如何行銷這個服務。如果朋友能成功說服朋友採用這項服務,給他們提供正式的誘因,如Uber的推薦計畫,或許可以加速採用曲線(adoption curve)的出現。但如果消費者不受到朋友的影響,也不受到用戶的偏好(因同質性而與朋友的偏好產生相關性)的影響,那麼網路目標鎖定策略就會比病毒式行銷策略有用。所以,用一些嚴謹的資料科學,就可以幫雅虎決定如何最有效的行銷產品。

在對雅虎Go的採用情形進行縱向研究的過程中,我們蒐集稱為雅虎即時通的雅虎全球即時訊息網路(就像美國線上的

AIM 或 MSN 即時通）上兩千七百萬個用戶的資料。[6]我們也蒐集這些用戶的詳細人口統計和地理資料，以及他們在線上行為和活動的全面詳細資料，包含共九百億次的網頁點閱數。我們還加入用戶單日和逐日使用雅虎 Go 的數據資料。

為了處理反射問題，我們設計出一個稱為動態配對樣本估計（dynamic matched sample estimation）的統計技巧，其實就是傾向分數配對（propensity score matching）的動態網路版，那是保羅・羅森巴姆（Paul Rosenbaum）和唐・魯賓（Don Rubin）早在二十年前發展出的重要方法。[7]*基本上，這個模式一方面將社交影響效應與替代性解釋（如同質性）分開，另一方面又與干擾因素分開。**我們將這個模式用在資料庫裡數百萬人的資料上。我們的發現透露，忽略網路資料中的相關性和因果關係之間的差異，會產生相當驚人的可能後果。

我們首先建立一個模型來估計用戶採用雅虎 Go 的可能性，根據的是他們的朋友中是否有已採用者。這個模式類似珊卓拉・希爾和同事在「網路鄰居」研究中建立的模式。這個

---

* 裡面的技術細節與我們的目標沒有關聯。但針對這個模式的運作方式有興趣的人，這裡有一個簡短的描述：首先建立一個模式來表示任何用戶擁有採用雅虎 Go 的朋友的可能性。接著將同樣擁有採用者朋友的可能性的用戶配對，並比較同樣擁有採用者朋友用戶（用戶之一擁有這種朋友，而另一用戶則沒有這種朋友）。

** 迪恩・艾科斯和艾騰・巴克希（Eytan Bakshy）後來證明，當正確使用背景變數時，這個方法會減少高達八〇％的錯誤。

分析產生圖表8.2中的「影響曲線」。這個曲線反映在一段時間內，擁有採用者朋友的採用者、和沒有採用者朋友的採用者之間的比例。在這個例子中，如果你看圖最左邊第一個點，所得到的訊息是雅虎Go推出二十天後，擁有採用者朋友的用戶採用這個產品的可能性，是沒有採用者朋友的用戶的十六倍。但如你所見，如果跟著曲線從左看到右，即產品推出後四個月，擁有採用者朋友的人採用產品的可能性，僅是沒有採用者朋友的人的兩倍。所以，似乎從這個圖可以看出社交影響力在雅虎Go的產品生命週期之初，是一個促成採用的重要驅動力，不過重要性隨著時間遞減。

這個曲線對有興趣創造全民規模行為改變的人來說很重要。如果朋友能說服朋友採用雅虎Go，行銷長就該考慮為現有的採用者提供誘因，好讓他們透過推薦計畫介紹朋友使用這個應用程式。另一方面，如果人們沒有在社交上受到影響（如果朋友沒有說服朋友採用產品），那麼傳統的網路目標鎖定會是比較有效的策略。

所以，如果你是雅虎Go的行銷長，正要決定如何在依賴社交影響力的「病毒式行銷」和不依賴社交影響力的「網路目標鎖定」之間分配行銷預算，或許可以參看圖表8.2中的曲線，再決定先在產品生命週期的前三個月加重病毒式行銷，三個月後逆向而行，改加重網路目標鎖定。曲線似乎代表早期的社交影響力較大，稍後的社交影響力變小。但如果你是雅虎行

圖表 8.2 根據簡單模型做出的雅虎 Go 採用影響曲線圖

圖中縱軸顯示擁有採用者朋友的人與沒有採用者朋友的人之間的比例，橫軸則是雅虎 Go 產品發行天數。每一點代表擁有一個或多個雅虎 Go 採用者朋友的人，他們採用這項產品的可能性倍數。

銷長,而我是你的首席科學家,我拿這張圖給你,讓你做出預算分配決定,我們兩個都該被開除。

問題在於我們兩個人都錯把相關性當成因果關係。擁有採用者朋友的人比較可能採用產品,這個事實並不表示他們的朋友影響了他們的行為。我們用傾向分數模式控制了同質性和干擾因素,最後得到我們發現的結果(參閱圖表8.3)。

在消費者採用雅虎Go的決定中,社交影響力所占的比重,比我們原先估計的小很多。而且不會隨著時間而有太大的改變。事實上,我們發現行銷團隊如果沒有注意原因和相關性之間的差別,將高估社交影響力在採用決定中所占的比重,最多可高估七〇〇%!這個糟糕的錯誤可能摧毀數位行銷預算的有效性,使健康宣導活動無效,或是破壞對外國勢力操縱選舉的評估。

這類錯誤耗費極大的行銷和拓展成本。了解投資如何轉換成行為改變是有必要的,因為這樣才能創造真正的「宣傳報酬率」,並了解某外國政府是否成功影響選舉。也有助於解釋雨中開傘為何與社群媒體的成敗有關。

看到朋友的偏好會影響自己的偏好(社交廣告)

病毒式行銷不是這個超社交化世界唯一可以發揮社交影響效用的方法。臉書的選舉實驗凸顯另一個發揮社交影響效用的

圖表 8.3　根據傾向分數模式所做的雅虎 Go 採用影響曲線

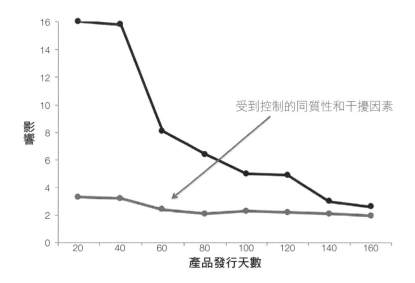

圖中縱軸代表擁有採用者朋友的人與沒有採用者朋友的人之間的比例，橫軸則是經過傾向分數配對模式調整過的雅虎 Go 產品推出天數。每個點代表擁有一個或多個已採用雅虎 Go 的朋友的人，他們採用這個產品的可能性倍數。

方法，即社交廣告。要了解社交廣告，我們必須先理解身分在這部宣傳機器中扮演的角色。不管我們在臉書、Instagram、LinkedIn、微信上貼文或接觸內容，我們將自己的身分以重要的方式與所看到的內容連結在一起。最重要的是，我們明確的向看到我們的人顯示喜好和偏好，同時也隱而不宣的向正在分析我們的平台透露同樣的訊息。平台分析的是克里斯‧狄克森（Chris Dixon）和卡特琳娜‧費克（Caterina Fake）早先所稱的「品味圖」（taste graph）。現在 Pinterest 自稱在品味圖的運用上是領先世界的情報引擎，那其實就是一種把人們和品味連結在一起的網路。但臉書在這場遊戲中也具有一項優勢，他們對人們偏好的大規模了解已經到了驚人的地步。

　　透過訊息中顯示的投過票的朋友的大頭照，臉書大幅改善動員投票活動的說服力。這種「社交證明」驅動臉書的社交廣告，如微信的朋友圈廣告。在這些計畫中，臉書和微信讓一個事實浮現：你的某些朋友喜歡或認可某個訊息或它的來源。例如，當臉書顯示達美航空（Delta Airlines）的廣告時，他們也讓你知道「邁爾斯、史戴方和其他六個朋友都是達美航空的紛絲」。或在寶可夢（Pokemon）的廣告中，他們或許會讓你知道朋友「卡亞也是寶可夢迷」。這樣的社交證明以按讚、分享、評論的形式和無投放廣告的內容一起顯示，而這就是訊息說服力大幅增加的充分理由。

　　臉書於二〇一二年做了兩項大規模隨機實驗來估量這種

社交廣告的有效性。參與實驗的有我朋友暨同事艾騰‧巴克希（Eytan Bakshy）、迪恩‧艾科斯、楊榮（Rong Yang，音譯）、伊塔瑪‧羅森（Itamar Rosenn），他們當時都在臉書工作，迪恩後來加入麻省理工學院成為我的同事。他們所做的兩個實驗，分別隨機選取六百萬和兩千三百萬名臉書用戶為樣本。[8] 在其中一個實驗中，他們隨機將幫某個品牌按讚的朋友名字顯示（或不顯示）給看過該品牌廣告的用戶看。將看到朋友的用戶和沒看到朋友的用戶的反應做比較，就發現顯示具有一個朋友名字的社交提示（social cue）能使點擊率增加三‧八％至五‧四％，按讚率則增加九‧六％至一一‧六％。研究人員斷言（用保守的科學用語）：「社交提示即便很小，也能大幅影響消費者對廣告的反應。」

在第二個實驗中，他們隨機變動所顯示的社交提示數量。某些用戶看到一個朋友的名字，某些看到兩個朋友的名字，第三組用戶則看到三個朋友的名字。研究人員發現顯示的朋友愈多，效果就愈大。對擁有兩個與品牌相關的朋友的用戶來說，比起只顯示一個朋友，顯示第二個朋友會增加一〇‧三％點擊率和一〇‧五％按讚率。對擁有三個與品牌相關的朋友的用戶來說，顯示三個而非兩個朋友會使點擊率增加八‧〇％，按讚率增加八‧九％。

如圖表8.4所清楚描繪，社交提示顯示的朋友愈多，用戶與廣告的接觸就會增加。從圖表也可以看出，擁有較多曾經給

圖表8.4 顯示社交提示（讚）對廣告點擊率和按讚率的影響

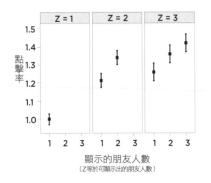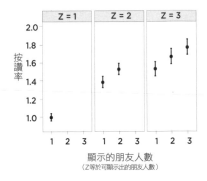

圖中描繪顯示的朋友人數，與臉書廣告點擊率（左）和按讚率（右）的平均關係。Z字圖代表用戶和廣告所組合的不同群體，其中Z=1、Z=2、Z=3表示用戶的朋友人數，這些用戶已為廣告按讚，所以可以顯示在廣告中。

品牌按過讚的朋友的用戶，與廣告有較多的接觸。這可以從 Z=1、Z=2、Z=3 這幾欄間的差異看出。這些欄位用之前給品牌按讚過的朋友數量（從一個、二個、到三個）來區分用戶。必須分開來分析這幾組用戶，因為擁有較多之前給品牌按過讚的朋友的用戶，因同質性的關係，本來就對該品牌有較大的喜好。同質性效應可以從 Z=1、Z=2、Z=3 欄位中漸增的反應看出。若你擁有更多喜愛同一品牌的朋友，你對該品牌的喜好就愈強。

臉書的社交廣告實驗是同類實驗中的第一個。它顯示社交提示在增進廣告有效性上的力量，勝過同質性所產生的網路目標鎖定機會，但並沒有分析社交廣告如何在不同產品間產生不同的有效性。社交廣告對電子產品或流行配件更有效？對跑步或投票更有效？我們在購買代表身分地位的產品（如勞力士手錶和名貴汽車）或體驗產品（飯店和餐廳等需要我們親自體驗或聽他人經驗才能做出評估的產品）時比較可能受到朋友意見的影響？

為了找出答案，我和艾瑞克・布林優夫森、黃珊（Shan Huang，音譯）、傑佛瑞・胡（Jeffrey Ha，音譯）做了一個更大和更全面性的實驗，我們與中國最大社交平台微信合力完成。[9] 我們隨機賦予不同數量的社交提示給三千七百萬個微信用戶看，這些提示出現在用戶朋友圈的廣告中，涵蓋二十五類七十一項產品。我們分析不同產品的社交廣告有效性。來自與品牌相關的朋友的社交訊息，是否能增加品牌訊息的說服力？
如果可以，這些社交訊息分別對哪些產品和哪些類別的產品最
有效？我們發現不同產品出現極為不同的社交廣告有效性。

微信

　　微信值得我們花點時間來思考，因為他們是這部宣
傳機器令人驚嘆且獨特的一部分。如果臉書因其規模之
大而重要，微信的重要性就來自他們的包羅萬象。微信
相當於社交網路中的瑞士刀。你能在裡面做幾乎所有
的事情。可以訂火車票、找飯店、付帳、傳訊息給朋
友、分享照片、點食物、轉帳、叫計程車、購物、送出
乾洗衣物、交換比特幣、買單、投資股市、捐款給慈善
機構、玩電動遊戲、看電影、看新聞，還能做許多其他
事。基本上就是臉書、WhatsApp、Instagram、Uber、
Venmo 與整個蘋果商店的綜合體。

　　微信的狀況是這樣：中國的長城防火牆（中國用來
封鎖臉書、Instagram、推特、YouTube 這類網站的國家
級網路防火牆）讓微信得以在沒有臉書網路的競爭下發
展自己的網路效應，同時間又能維持其後進者優勢。通

常在一個具有網路效應的市場中，你會想當個先進者，如此才能趁早發展足以對抗競爭者的網路效應。但缺點是後進者可以從你的錯誤裡學習並進行創新，只要他們能克服先進者開發出來的網路效應。微信的發跡不太一樣，他們能從防火牆內窺視並觀察西方社交平台的創新，同時間又能保持他們在中國這個受到保護的中文市場裡的先進者優勢。演化下來的結果是，他們好像才是先進者，卻又擁有後進者所有的優勢，成為全世界最包山包海的社交平台，目前用戶已超過十億人。

研究顯示，任何朋友按讚都會讓用戶點擊廣告的可能性增加三三·七五％，這比同事在臉書上發現的三·八％至一〇·五％的提升力還要大。但我們實驗中的三項差異能對此有所解釋，讓我們對社交提示的力量有進一步認識。

首先，臉書的實驗沒有準備一個沒採用社交提示的控制組。他們分別比較的是收到兩個和三個社交提示的兩個組別，和只收到一個社交提示的另一個組別。我們的實驗率先估計，在廣告裡，從沒有社交提示到有一個社交提示的說服力如何變化，揭露社交提示的純說服效果。

其次，我們的實驗只將用戶的按讚貼給他們的朋友，沒有

給他們朋友的朋友或朋友的朋友的朋友。相對之下，臉書實驗
所顯示的社會提示，是來自社交網路上，離廣告實際觀看者只
有數步之遙的用戶。這證明關係強度在調節社交提示上的力
量：朋友愈親近，他們的社交提示對我們行為的影響力就愈
大。這強化我在第五章中的論點，即臉書的地方網路效應力量
助長臉書擊敗 MySpace。

最後，我們檢視社交廣告表現如何因產品而異，而且差
異還挺大的。在廣告中加入任何朋友的按讚，會增加點擊率
達二七〇％（指的是最成功的社交廣告）。由於這是一個隨機
實驗，我們用一種真正具有因果關係意義的方式來衡量提升
力（除了社交提示的顯示外，無關廣告的改變）。加了社交提
示後，多數廣告都在有效性上出現正向的提升，但有些廣告就
是表現得比其他好。三十九項產品因社交提示而出現顯著的正
向提升力，另三十二項產品則沒有出現提升力。加入社交提示
後，沒有任何廣告因而變得比較沒效。

海尼根（Heineken）是廣告表現最好的品牌，具有二七
〇％提升力。提升力最小卻重要的品牌（要記得有三十二項產
品沒有提升力）是迪士尼，它的提升力為二一％。這引發一個
問題：產品的什麼要素使它適合社交廣告？為何社交提示改變
我們對某些產品而不是其他產品的看法？為了找出答案，我們
按產品類別切割資料，再次檢視提升力。

我們在檢視不同類別產品的社交廣告有效性時，清楚看到

某些類別產品比其他類別更容易受到社交廣告的影響。食物、時尚、車子是表現最好的類別，飲料和珠寶也表現不錯。金融產品、房地產、保險、金融服務的效果普通。廣告對信用卡和電子商務平台的有效性最不受社交訊號的影響。為什麼？某些產品類別的哪些特質，使其比較容易受到來自社交訊號的說服效應的影響？

　　或許不同類別產品的某些重要層面促成社交訊號的有效性。例如，某些產品滿足與我們和朋友之間所做的社交比較的需求。以奢侈品為例：名貴手錶或昂貴車子。人們買這些產品不僅為了使用和享受，也在表明他們的地位。有了這種產品，我們假設社交影響力可以變得更具相關性。我們在測試奢侈品和其他產品之間的差異時發現，能賦予地位的產品比沒能賦予地位的其他產品，更能從社交提示得到明顯較大的提升力。

　　我們從微信研究中學到的是，我們透過這部宣傳機器，與不同產品和行為產生不同的互動。關於宣傳機器如何在人類社交網路上傳播訊息、思想、產品、行為，目前沒有單一的說法。每種行為、產品、思想都具有讓它可能被社交影響傳播或受到同質性、物以類聚效應影響的特性。某些思想和產品適合社交傳播，其他則不適合。

　　但如果我們想這麼做的話，能否將產品設計成具有社交傳播的特性？

圖表8.5　社交提示（按讚）顯示對不同類別產品的廣告點擊率的影響

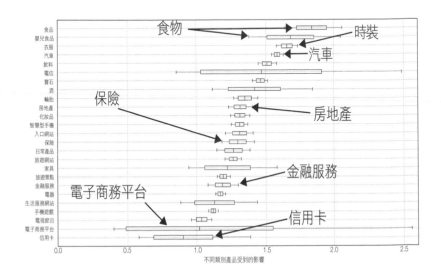

圖中描繪朋友的廣告按讚顯示與微信廣告點擊率之間的平均關係。條狀圖愈靠右邊，表示朋友的廣告按讚顯示對廣告觀眾的影響愈大，在該項產品類別（例如食物、時裝或汽車）中點擊廣告的可能性愈大。

將產品和構想設計成具有瘋狂轉載的特性（病毒式設計）

　　超社交化劇本中的前三個策略，是關於如何行銷已存在的產品和構想。但可以處理超社交化的一個全方位方式，需要往回探究產品或構想的開發，即了解產品或構想本身的設計。對改變行為感興趣的行銷人員、政治人物與個人來說，不該只問如何能在這個新社交世紀散播產品、構想與內容，還要問一個更深入的問題：我們要如何設計產品和構想，使它一開始就比較有可能在社交平台上分享？那就是病毒式設計：在產品、構想、內容的設計過程中，納入比較可能使它在朋友間分享的特質。

　　病毒式設計不是新東西，約從聖經年代起就有。事實上，福音傳道存在於每一個宗教信仰中，是傳播宗教的必要成分。基督教就是設計來傳播福音：「他對他們說，『往天下去，傳福音給萬民』。」（《馬可福音》第十六章第十五節），「所以，你們要去，使萬民作我的門徒，奉父、子、聖靈的名給他們施洗。」（《馬太福音》第二十八章第十九節）。在《可蘭經》的教導中，福音傳道是一種稱為召喚（da'wa）的責任，意思是「邀人來加入伊斯蘭」（《可蘭經》第三章第一百零四節、第三章第一百一十節、十六章第一百二十五節、第四十一章第三十三節）。如果你以為「瘋狂轉傳」是千禧年的事，那你腦中所想的千禧年和我們現在講的千禧年不一樣。

在這個資訊時代，病毒式設計就是開發病毒式特色[10]和功能。我的朋友暨同事約拿・博格在《瘋潮行銷》中辯才無礙的論及病毒式特色。這些特色是某一構想的特性，因這些特性我們才想分享那個構想。例如，博格和凱西・米克曼（Kathy Milkman）在針對《紐約時報》最常被分享的文章所做的共同研究中發現，能激發情緒的內容，不管是正面（如敬畏）還是負面（如生氣或焦慮），比較會被瘋狂轉載。激發情緒程度較低或使情緒不活化（如悲傷）的內容比較不會被瘋狂轉載。令人驚奇、讓人感興趣、具實用價值的內容也與瘋狂轉載有正相關性。[11]

另一方面，病毒式功能是產品或構想的設計元素，這些元素促使我們進行分享。這是一個強而有力的策略，能促成採用、接觸和分享。以免費的Hotmail電子郵件服務為例，它是數位時代最早的病毒式設計之一。

傑克・史密斯（Jack Smith）和沙比爾・巴蒂亞（Sabeer Bhatia）於一九九六年推出Hotmail。他們將一種病毒式功能內建於設計之中。每封郵件尾端的簽名檔都有一個聰明的附筆，上面寫著「來www.Hotmail.com獲取免費的電郵」。每封寄給同事或朋友的郵件也同時兼作Hotmail的廣告，而簽名檔的連結是引向採用產品的直接路徑。推出日期是一九九六年七月四日。

　　Hotmail六個月內就擁有一百萬個用戶。五星期後,用戶達兩百萬個,每日增加兩萬多個新用戶,期間的廣告費少到幾乎是零。如風險投資公司Draper執行董事史蒂夫・傑佛森(Steve Jurvetson)和Hotmail主要投資人費雪・傑佛森(Fisher Jurvetson)所寫,「我們對Hotmail如此快速傳遍整個世界感到驚奇。這種快速的採用模式是網路病毒模式。我們注意到海外某個大學城出現第一個用戶,那個地區的訂戶數很快就擴散開來。從流行病學的角度來看,好像宙斯從天上往地上打了一個噴嚏。」[12]

　　產品的病毒式特色,如約拿・博格所描述,是關於產品的內容和內容對用戶所產生的心理效應(分享產品訊息給朋友的意願)。如我們在第二章學到的,假新聞的病毒式特色會引發驚訝、生氣、厭惡。另一方面,產品的病毒式功能是關於產品如何被設計成可以與他人分享。病毒式功能促成溝通、產生通知、促進邀請,或讓產品在網站或網誌上嵌入超文本(hypertext)。

　　兩種最常用到的病毒式功能是個人化推薦和自動通知。自動通知是由用戶的活動啟動。例如,一旦用戶發出訊息或更新狀態,就會以通知形式告知用戶的聯絡人。社交網路平台在這種情況下,通常會發通知給用戶的朋友:也就是當用戶上傳照片到Instagram上或在Strava上發布跑步貼文時。另一方面,數位推薦比通知更為個人化和更具針對性。用戶積極的選出一群朋友來接收這些推薦，並可能在裡面加入個人訊息。這兩種病毒式功能哪一個較強大？我和迪倫‧沃克（Dylan Walker）在臉書上設計一個大型隨機實驗來找出答案。[13]

我們與一家開發臉書電影應用程式的公司合作，這個程式能讓用戶和朋友一起讀到與即將上映電影有關的訊息、撰寫電影評論、和名人「交往」、買電影票，不管是以個人身分或團體名義皆可。它是設計來將電影文化嵌入臉書的社交電影應用程式。為了測試程式的病毒式功能的有效性，我們製作三種免費版應用程式，每一種各自開啟或關閉不同的病毒式功能。我們測試的項目有個人化推薦（讓用戶個別邀請朋友使用這個程式）和自動通知（自動發送被動性通知給臉書朋友，向他們描述用戶在應用程式上的活動，還提供連結到下載程式頁面）。

個人化推薦功能以「邀請朋友」按鍵形式存在於應用程式中。用戶點擊後就會看到臉書朋友清單。用戶可以選取想邀請的朋友、想寫個人化便條給誰、想把下載程式的連結傳給誰。自動通知功能通知用戶的朋友，用戶在應用程式上進行什麼活動。若用戶正在從事關鍵活動，如給電影評分，程式就會發通知給用戶所有的臉書朋友，鼓勵他們加入程式。例如，如果我給《魔鬼終結者2》（*Terminator 2*）四顆星（最高五顆星）評價，程式就會自動發通知給我所有的臉書朋友，告訴他們我的評分並鼓勵他們下載程式。訊息可能會這麼說：「思南剛在電影應用程式上給《魔鬼終結者2》四顆星評價，你或許對這個程式感興趣，這裡有下載連結。」

　　用戶下載程式後，我們隨機讓他們接收事先準備好的三種實驗性版本中的其中一種，每一種都開啟或關閉不同的病毒式功能。第一組得到開啟個人推薦功能的版本，第二組具有自動通知功能，控制組則完全沒有前述兩種功能。我們接著觀察每個版本如何在臉書網路上所鎖定的一百四十萬用戶間自然擴散。

　　我們發現推薦在增進採用率上具有比通知高出三倍的效力。與控制組相較之下，推薦邀請使採用率增加六％，而通知只讓採用率增加二％。雖然邀請功能對應用程式的全球擴散率翻長，即增加九八％，被動通知功能卻創造更大的二四六％效果。邀請對單一訊息的效用固然較大，通知的整體效果卻更大，因為能產生較多自動訊息，讓更多人接觸應用程式。

　　邀請功能也為應用程式的持續使用帶來一七％的成長，而通知功能則對使用沒有影響。當用戶邀請最好的朋友使用這個應用程式，而這些朋友也真的加入時，他們對應用程式的興趣就會較大，也較可能繼續使用。這些結果強力暗示持續的接觸要靠臉書的地方網路效應。這個應用程式對每個用戶的價值不僅在於有多少朋友採用，也在於他們的親密朋友是否採用，這凸顯出密切熟悉的關係對強化平台網路效果的重要性。

　　而如果你以為病毒式設計只適用於一些小眾的數位產品，那麼你就錯了。你所能想到的最老舊的產品都在進行數位化，可以和這部宣傳機器連線。以運動鞋這個歷史上最老舊的產品為例。想讓運動鞋和宣傳機器連線嗎？只要裝入晶片即可，晶片會透過應用程式將資料傳給臉書和Instagram之類的社交網路。Nike於二〇〇六年推出Nike+Running時就是這麼做。

他們製作的晶片能從跑步時的溫度和壓力所產生的電力取得動力。晶片上的傳輸器透過二·四GHz無線傳輸與你手機裡的接收器連線。資料在你的腳和手機之間進行傳輸時會進行加密。但之後你可以在臉書、推特、Instagram上自由分享這些資料和其他資料（如跑步時天氣有多熱）。如我們在運動傳染研究中所見，這種病毒式設計將跑步行為的社交影響力透過網路傳送開來。隨著裝置愈變愈聰明，病毒式設計讓這些裝置更具社交功能，使宣傳機器的影響範圍擴及非數位化的世界。且如我們在假新聞研究中所見，錯誤訊息就是被設計來瘋狂轉載，利用的是能觸發情緒、最令人震驚和煽情的內容，也就是讓我們最感到吃驚、生氣、厭惡的內容。

意見領袖行銷

當艾麗兒・查默斯（Arielle Charnas）於二〇〇九年創立一個用來加深男友對她印象的時尚部落格時，她仍在紐約肉品加工區一家稱為理論（Theory）的服裝零售商工作。稱部落格內容為「有點海軍」的她，向不同社群媒體平台分享「向上提升基礎」的時尚情報。Instagram 在二〇一〇年推出後，她就開始在上面貼文。貼文裡的她展現時尚、細微、令人振奮的外貌和行為舉止，並經常貼出家人光鮮亮麗的狀態更新。

　　但她所產生的影響一點也不細微。她在二〇一六年貼一張彼得羅夫（Peter Thomas Roth）的玫瑰幹細胞生物修復凝膠面膜照片到Snapchat上，這則貼文一天就幫這家公司賣出一萬七千五百六十五美元的面膜。這樣的銷售率如果持續下去，一個月將產生五十二萬七千美元銷售額，或一年近六百四十萬美元收益。[14] 她的第一個服裝合作項目是與諾德斯特龍（Nordstrom）合作，這項合作在頭二十四小時就賣出一百萬美元的衣服。她的第二個合作案更是讓諾德斯特龍的網站當掉，[15] 推出後一小時內就達到大得驚人的流量，更產生四百萬至五百萬美元的銷售額，超過諾德斯特龍與歌手碧昂絲（Beyonce）和雷哈娜（Rihanna）合作的紀錄，儘管中間出現一些技術性問題。

　　Fashionista.com的泰勒・麥考（Tyler McCall）問艾麗兒，社群媒體如何改變她的事業，她這麼回答，「社群媒體是我的一切。我靠社群媒體闖出一番事業，也建立我的生意。我還靠社群媒體創造品牌。我不曉得沒有社群媒體我還能做什麼。但我的事業起飛是在Instagram推出後。部落格很棒且能持久⋯⋯但能觸及的範圍不如Instagram所能給我的那麼大。」[16]

　　艾麗兒是個典型的「意見領袖」，這部宣傳機器讓她有能力透過個人品牌傳播行為改變。*她目前在Instagram上擁有超過一百三十萬個追蹤者，也在多個社交平台上維持強大的存在。自一九五〇年代保羅‧拉扎斯菲爾德（Paul Lazersfeld）和埃利胡‧卡茲（Elihu Katz）提出「兩級傳播」（Two Step Flow）模式後，學術界一直有這樣的看法：意見領袖「每十個就有一個」能透過社會帶動行為改變。[17]麥爾坎‧葛拉威爾（Malcolm Gladwell）在《引爆趨勢》（*The Tipping Point*）中將這個概念普及、介紹給一般讀者。[18]不過宣傳機器讓意見領袖更能接觸到他人，使他們得以建立以影響他人為主的事業。宣傳機器用增強群眾說服力的方式擴大意見領袖的影響力。

現在我們手上都有可以透過這部宣傳機器推動群眾說服力的工具，不管是為了品牌還是人道主義理想。包括艾麗兒‧查默斯在內的某些人，只是比其他人更在行一點。這部宣傳機器讓他們從影響力賺到錢，也讓品牌、公司、政府（本國和外國）得以觀察、衡量與接觸意見領袖，看他們能否協助推廣產品和理念。意見領袖行銷到了二〇二一年將成為一個市值一百億美元的產業。[19]

那麼行銷人員如何辨別誰是這部宣傳機器上最大的意見領袖？他們如何衡量那些人的影響力？最常用的兩個指標是受歡迎程度和接觸程度。受歡迎程度指的是意見領袖的影響範圍，經常用追蹤者人數來加以衡量。接觸程度則是意見領袖所引發的追蹤者與他們的互動率，公開的衡量方式是看按讚數和觀者評論，私下的衡量方式（宣傳管理者在用的）則是看點擊率和轉換率。

不過雖然受歡迎程度和接觸程度是了解意見領袖的有利起點，卻不足以完全衡量出真正的影響力。想更完整的了解影響力，需要對行為改變做出更嚴謹的分析。受歡迎程度代表你有支很大的麥克風，但不見得意味你有影響力。以艾希頓・庫奇（Ashton Kutcher）為例。他是這部宣傳機器最早的意見領袖之一。當時艾希頓買下洛杉磯四〇五號州際公路旁告示牌的廣告，只為了鼓勵人們在推特上追蹤他，他因此有了數百萬個追蹤者。但他有多大的影響力？我在公開演講中要求有在推特上追蹤艾希頓的觀眾舉手，結果很多人（真的很多）舉手。我接著要曾聽從艾希頓建議去做某件事的人舉手，幾乎沒人舉手……現場寂靜無聲。如果艾希頓真的是個意見領袖，卻沒人跟著他的建議行事，那麼他的影響力在哪裡？

假設歐巴馬在二〇二〇年大選前為一群捐款給民主黨的人發表一場演講。某政黨領導者或許會問，有效嗎？為了真正了解歐巴馬演講的影響力，光計算聽完演講後有多少人捐款給民主黨是不夠的。歐巴馬的死忠支持者很可能率先出現在演講現場。他們早已捐款給民主黨幫助該黨競逐二〇二〇年大選。為了了解歐巴馬的影響力，我們必須知道這些捐款者若沒聽過這場演講，還有多大的可能性去捐款？[20]為了估計行為的改變，我們需要一個反事實條件：如果影響根本沒有發生，該行為出現的可能性為何？

　　為了正確估計影響，我們必須把焦點從相關性轉到因果關係上。這表示我們想的是行為改變而不是行為傾向。[21] 每個人都可能買下某項產品。為了斷定他人對我的購買決定有多大的影響，我必須估計他們的訊息對我的購買行為的可能性有多大影響。問題是，如果你買了某項產品且幫某項產品按讚，而我又是你的朋友，那麼因同質性的關係（作為朋友，我們可能更為相似）我更有可能對該產品早已有興趣。且由於那一層關係，在目標鎖定廣告的條件下，我們更可能接觸該產品的廣告。就算沒有你的影響，我也有可能購買。這是一個統計毛團（statistical hairball），我和沃克想解開這個毛團。所以我們設計出一個方法並於二〇一二年在《科學》期刊上發表，這個方法除了處理前述的挑戰外，還對意見領袖做出衡量和確認。[22] 還記得病毒式設計實驗中用到的電影應用程式？我們在那個實驗之上再跨出一步。

　　為了衡量人們在決定採用電影應用程式時所受到的社交影響，我們隨機發送通知給電影應用程式用戶的一百五十萬個朋友。例如，在我給《魔鬼終結者2》所做的評分案例中，雖然我做出評分的訊息會傳給我所有的臉書朋友，我們還是隨機攔阻部分訊息的發送，以作為這第二個實驗的一部分。我們接著比較收到通知的人和沒收到通知的人，這些比較是用來估量人們有多麼容易受到社交影響的左右。然後，我們就一些特徵

（年紀、性別、關係狀態）來比較。我們也分析發送者與接收者「組合」的特色，像是男人發訊息給女人還是女人發訊息給女人。

　　根據這種隨機採樣，我們能估算男人和女人的影響力和易受影響程度、男人對女人的影響、女人對男人的影響、這種影響是否隨著年紀增加或減少。我們發現整體而言男人比女人更具有影響力，女人對男人的影響大於對其他女人的影響、較年長者較有影響力且較年輕者較不受他人影響、已婚者在決定採用我們所研究的產品時較不受他人影響。

　　有次在英國公開演講時描述到前述結果，我頓時起了詩性，說兩人結婚後創造一個緊密結合的單元，相互融入對方並開始行動一致，成為「一體」。這可以解釋為何人們結婚後較不易受影響：因為要兩人都同意才能做某件事。我在劍橋大學擔任教授的朋友桑吉夫・戈耶爾（Sanjeev Goyal）從講堂裡的座位起身並給了評語：「思南，關於已婚者為何最不容易受影響，我有個另類的解釋，」他說。「容我這麼說：我從未沒先問妻子就做任何事。」觀眾聽了大笑。兩種說法聽起來都有理，而我們還不知道這為何發生。但這裡有個危險信號：這些結果是我們研究電影應用程式所獨有的結果。比方，在購買我們沒有研究過的產品上，女人也可能比男人更具影響力。不過，我們確實在影響力和易受影響程度如何與網路產生關聯上，發現驚人的規律性，這種規律性最終攸關我們如何選取意見領袖。

　　首先，我們發現有影響力者通常不會受他人影響，而易受影響的人通常沒有影響力。一個人的影響力愈大，意味所發出的訊息愈能改變與自己相連結的人的行為，自己也比較不可能因他人而改變自己的行為。在我們研究所涵蓋的一百五十萬人中，影響力與易受影響程度之間呈現驚人的一消一長現象，這或許有助於解釋我們文化中這個迷因：有開創性的創新者不受批評者和唱反調者的影響，能以不動搖的幹勁致力於追求自己的願景。還有創業者和開路先鋒，如史蒂夫・賈伯斯和早他近一世紀，反對一般思想趨勢的愛因斯坦（Albert Einstein）。他們致力於追求自己的願景，一生大部分時間未曾受他人意見的影響。社群媒體的影響力和易受影響程度之間的此消彼長現象，出現在研究者所稱的「追蹤者比例」（follower ratio）中，即某人的追蹤者人數和自己所追蹤人數之間的比例。影響力和易受影響程度之間此消彼長的現象，可以解釋像是川普為何有七千兩百萬個追蹤者，自己卻只追蹤四十七個人，或泰勒絲（Taylor Swift）為何有八千五百萬個追蹤者，自己卻沒有追蹤任何一個人。

　　其次，我們發現意見領袖的網路地位攸關其整體的影響力。我們發現社群媒體網路有兩種不同的意見領袖。他們有些也連結其他意見領袖，而其他人雖然對追蹤者具有同樣的影響力，卻連結較不具影響力的人。擁有具影響力朋友的意見領袖，較可能在網路上把自己的影響力擴展到離自己兩個跳距以外的範圍。沒有具影響力朋友的意見領袖，對最親近社交圈的影響力，相當於他們對頂端意見領袖的影響力，但他們的影響力無法做同樣的擴展，因為他們的朋友沒有同樣的影響力。

　　第三，我們了解群聚性與影響力如何產生關聯。[23]由於我們在臉書實驗中是隨機發出訊息，可以順勢測試社交影響力如何因意見領袖和他們的朋友所擁有的共同朋友人數而產生差異。想想你的朋友群，你可能和其中某些人擁有許多共同朋友（你和這些人一起被嵌入一個朋友群），也可能和其他朋友之間有很少的共同朋友。結果我們最能影響那些和我們擁有許多共同朋友的朋友。換句話說，最大的影響力出現在共同朋友最密集的群體中，這可能是因為同儕壓力，譬如一群朋友鼓勵某人戒菸。

　　這些影響模式在這部宣傳機器的緊密連結群體裡，導向更多的相似性和更少的多樣性，而另一種必然結果是不同群體之間的相似性變少和多樣性變多（我將在第十章討論政治兩極化和群體智慧時重新回到這個主題）。這也說明病毒式設計為何通常在採用者的周圍散播行為，而不是在網路上廣泛散布。我們對緊密連結群體裡的人的影響力，通常大於與關係較遠的人的影響力。

　　最後，或許不令人感到意外的是，在擁有共同社交或機構背景的人之間，影響力傳播得最快。我們發現個人和朋友之間，每共同擁有一個機構關係（institutional affiliation）就會對朋友的影響增加一二五％。對上過同一所大學的朋友來說，和出身不同大學的朋友相比，影響力更增加一三五五％。住在同一鎮上的人對該鎮朋友的影響力，會比他們對住在其他鎮的朋友影響力多六二二％。另一方面，同一城鎮的成長背景卻與影響力沒有關係，暗示近期的共同社交背景的重要性。這些結果讓我們對影響力如何在宣傳機器上運作有更多的背景了解，也知道如何辨識意見領袖。但辨識有影響力的人只是第一步。

對意見領袖行銷人員來說，所面臨的挑戰是要選出可以將構想或產品做最大化傳播的意見領袖。行銷人員只能把自己的構想「播種」給少數人，即聘請他們擔任意見領袖、免費送他們試用產品、將自己的構想灌入他們的腦中。那麼行銷人員如何選擇該把構想播種給誰？這在電腦科學、經濟學、行銷學中其實是個經過深入研究的問題，即影響力最大化問題（influence maximization problem）。而我們在這方面的發現不僅令人著迷，而且還違反直覺。

影響力最大化

行銷人員如何選擇一群意見領袖來將構想或行為在社會上做最大的傳播？影響力最大化研究在二〇〇〇年出版的《引爆趨勢》中有普及化的介紹，這種研究的重點在於展示真實結果。這個問題在二〇〇一年率先由電腦科學家暨《大運算》(*The Master Algorithm*) 作者佩德羅・多明戈斯 (Pedro Domingos) 和學生麥特・理查森 (Matt Richardson，在微軟工作) 提出，並自此開始受到重視。[24] 此後電腦科學家和行銷人員不斷針對影響力最大化提出愈來愈細膩的解決方案，而這些解決方案也被業界採用。

　　一個明顯的方法是選擇追蹤者最多的最受歡迎的人，即名人。那是意見領袖行銷的起始點，用的是影響範圍很廣的名人，如金・卡戴珊 (Kim Kardashian)。選擇最受歡迎的人是合乎邏輯且合理的做法，比隨機選取意見領袖更有效。但這個策略有一些缺點，行銷人員在經過一段時間後就會發現。首先，受歡迎的人傾向於相互連結，所以他們的追蹤者圈子會重疊，產生影響力重疊。其次，他們的影響力要價頗高。卡戴珊在Instagram上的每一則貼文可以開價到五十萬美元，這樣的影響力價碼有點高。[25] 最後，很難預測意見領袖的哪一則訊息會成功：他們的效力是行銷人員所稱的高變異 (high variance)。所以，以高薪意見領袖為手段的策略並沒有效，意味著每一美元的影響力很低。

　　後來出現一個以「友誼悖論」為基礎的替代性策略，我在第三章已談論過。友誼悖論根據的是這種理解，「我們的朋友通常有比我們還多的朋友。」社會學家史考特・費爾德發現這個模式，因為朋友愈多的人比較可能與他人連結，所以隨機選取的人的朋友通常有著高度的連結。[26]行銷人員能用這種模式來選取意見領袖,除了可以避免意見領袖過多或重複,還讓意見領袖行銷在線下發揮作用,在社交網路大小不明或取得費用不清的狀況下依然奏效,如在鄉下農村施行的公共衛生干預。

　　為了用這個策略找到有效的意見領袖,行銷人員或公共衛生官員採行一套二階段步驟。首先,他們從想要散播構想或行為的群體中隨機選取採樣。接著隨機從在第一步驟(隨機)選取的人當中取樣。透過這個二階段步驟能辨識出具有許多連結的人,而這些人又在網路上開枝散葉。這個方法能辨識出較不可能相互連結的高度連結者。

　　我的同事尼古拉斯‧克里斯塔吉斯(Nicholas Christakis)和團隊於二〇一二年成功用這個策略在宏都拉斯的倫皮拉(Lempira)地區的三十二個鄉村擴大綜合維他命的採用。[27]他們將這些村子分成三組,每一組由九個隨機選取的村子組成。每一組分別被分配三種不同的意見領袖行銷活動策略。研究人員為第一組的村子中最受歡迎人物(前五%)提供六十瓶綜合維他命、有關維他命好處的健康訊息和綜合維他命兌換券(可以分享給村裡認識的人)。研究人員為第二組的意見領袖提供相同的產品和資訊,但按二階段步驟為這個網路播下種子:首先隨機從村中選出五%的樣本,然後再隨機從前一樣本的每個村子中選出一個聯絡人。至於作為控制組的第三組,研

究人員隨機選出五％的人作為贈送維他命、健康訊息、兌換券
的對象。

　　結果證實二階段步驟，即從隨機選取的人中選出意見領
袖，表現得比另外二個組好很多，這是針對當地一家商店所收
的維他命兌換券數所得到的結果。在二階段意見領袖的村子裡
有七四％的維他命兌換券被兌換，而在採用不同策略的其他兩
個村子裡，各只有六六％和六一％的維他命兌換券被兌換。

　　雖然這個策略很吸引人，但也有會逐漸明顯的弱點。首
先，如我先前所提，愈具有影響力，就愈不易受他人的影響。
不管他們是最受歡迎的名人還是透過二階段提名步驟選出來
的，都較不容易受到原創構想或產品的影響，動員他們要花比
較多的錢。

　　其次，受歡迎程度和接觸程度之間存在此消彼長的現象。
意見領袖的追蹤者愈多，對任一追蹤者的影響力就會變小。記
得鄧巴數嗎？在社群媒體上獲得大量觀眾的人有一個困難，即
他們難以與這些觀眾進行有意義的接觸。所以隨著交友網的
增長，他們與追蹤者的接觸卻變弱。產業研究已證實：追蹤
者較多的Instagram意見領袖的貼文出現「每一追蹤者按讚數」
（likes per follower）減少的現象，因觀眾覺得和他們沒有那麼
緊密的連結，與之對比的是追蹤者較少的意見領袖的觀眾。[28]
對追蹤者在一千至五千間的意見領袖來說，「每一追蹤者按讚
數」平均為八・八％，追蹤者在五千至一萬間的意見領袖為

六・三％，追蹤者超過一百萬的意見領袖則為三・五％。隨著受歡迎程度的增加，他們對追蹤者注意力的掌握也會變少。

我的同事鄧肯・瓦茲、傑克・霍夫曼（Jake Hofman）、溫特・梅森（Winter Mason）、艾騰・巴克希在提出的模式中建議一個不同的策略，即用比較低的成本選取「一般意見領袖」（追蹤者較少，但每一貼文的接觸程度較高）[29]作為散播的種子。我和帕拉米爾・迪倫（Paramveer Dhillon）所做的研究證實這個方法的有效性。我們的模式用真實的社群媒體資料做過測試，結果顯示：「最佳的種子……相對來說相互連結性沒那麼高，中央節點也較少，但他們和聯絡人卻維持較具凝聚力和緊密的關係。」[30]換句話說，我們的研究指出「微型意見領袖」（micro-influencer）和「奈米意見領袖」（nano-influencer）的重要性。而這個產業近些年來確實就是往這方向發展。

我們從與意見領袖和微型意見領袖相關的研究裡，主要可以學到的是注意力的重要性。一個由不同微型意見領袖構成的宣傳組合，之所以能表現得比名人意見領袖好，是因為他們將觀眾的注意力分散於網路的不同部分，不使其重複。雖然他們的觸及範圍較小，對追蹤者注意力的掌握卻更強，因此能以較低成本產生更大的每一追蹤者接觸程度（engagement per follower）。在下一章，我將焦點從個人意見領袖轉移到以整體經濟角度來分析注意力，並討論它對這部宣傳機器的重要性。

第九章

注意力經濟和趨勢專制

豐富的訊息造成注意力的貧乏。
　　　　　　——諾貝爾經濟學獎得主　赫伯特・西蒙

　　二〇一六年九月，時任劍橋分析公司執行長、現卻名譽掃地的亞歷山大・尼斯（Alexander Nix）充滿自信的在紐約康考迪亞年度峰會（Concordia Annual Summit）會場的講台上，邊走邊暢談「全球選舉的大數據力量」，[1] 此時會場的音效系統播出清水合唱團（Credence Clearwater Revival）的《壞月亮升起》（Bad Moon Rising）作為他的宣傳音樂。「我看到壞月亮升起，」約翰・弗格蒂（John Fogerty）唱著。「我看到路上的麻煩。」

　　我不認為尼斯或會場上的其他人了解那幾句歌詞多麼具有預言性。僅十八個月後，即二〇一八年三月，尼斯在一支祕密錄製的影片中，被抓到說要用網路上傳播的假新聞影響全球的選舉。[2] 該月稍後，他的劍橋分析公司執行長職務便不保，兩個月後該公司結束營業。

　　二〇一六年，尼斯在由資料驅動的廣告界是個寵兒。他所領導的公司才剛完成為泰德・克魯茲（Ted Cruz）所做的競選總統活動工作，按尼斯自己的說法，就是把這位參議員從一個人們不太知道名字的「最不受歡迎的提名人選之一」轉變為能與川普相抗衡的「唯一真正競爭者」。「那麼他是怎麼做到的？」尼斯問現場群眾，似乎迫不及待想給出答案。「大多數通訊公司現在依舊按人口統計和地理環境來區分觀眾。「這真的很可笑。這種想法實在沒有意義，以為所有女人因其性別關係都要接收同樣的訊息，所有非裔美人因族裔關係而如此，有錢人或年輕人因人口統計也要得到相同的訊息。」他的說法聽起來很像可口可樂資訊長羅伯・凱恩所言，他提出的數位接觸做法，讓這種市場區隔策略看起來落後三十年。尼斯接著描述劍橋分析公司如何轉變這個做法：

　　我們能形成一種模式來預測每一個成人的個性……如果你知道你鎖定的人的個性，就能在訊息中做出細微的變化來更有效的與那些主要的觀眾群產生共鳴……我們能為目標觀眾用上數十萬個個人數據點，以確切了解哪些訊息會吸引哪些觀眾……地毯式廣告已死，那時的構想是讓數億人接收相同的直接郵件、相同的電視廣告和數位廣告……現在的通訊變得愈來愈有目標性，正為這個廳室裡的每個人進行個人化。

　　這部宣傳機器如何讓橫跨整個經濟的行為改變進行制度化？這樣能橫跨整個社會？為了回答這些問題，我們必須後退一步，以了解社群媒體經濟本身（核心是經濟學家所稱的「注意力經濟」）的結構和功能。注意力經濟為宣傳機器塑造出一個環境，使它以特定方式驅動我們所在乎的社交、經濟、商業結果：包括從選舉操弄、假新聞到行銷成功。而要了解這種經濟的運作方式，可能最好去問一個人稱蓋瑞・范（Gary Vee）的傢伙。

#問蓋瑞・范

　　我承認我對蓋瑞・范納洽（Gary Vaynerchuk）有所質疑，雖然還不到「酸民」的程度（我告誡兒子不要用那個字），但絕對是個懷疑者。人稱蓋瑞・范的他無禮、不認錯、不妥協。身為范納媒體（Vayner Media）創辦人暨執行長的他用噱頭十足的妙語來做宣傳。看到「直拳，直拳，右勾拳」和「做得很棒」這類暢銷書書名，你或許會合理的把出現在社群媒體上的他，誤認為在做資訊型廣告：像是在Instagram上時髦的「往上滑」動畫、搖頭玩偶、出現在微笑的「糞」旁邊的蓋瑞・范卡通。乍看之下，他看起來像是在做馬戲團雜耍。你或許會諒解我的質疑，因為我和他在一些基本議題上有著根本的不同看法，這些議題包括教育的價值，以及跟孩子說他們能成為想要成為的任何人物的優點。他經常建議青少年和二十多歲年輕人輟學（想像我遮住七歲兒子耳朵的畫面）。想了一下，或許我還真是個酸民。

不過我錯了，完全錯了，不是關於教育議題，而是關於蓋瑞是否真的懂行銷。我看了更多他在Instagram上的影片、聽了他的播客、詳細看他的線上演講、看他在接受訪問時不顧滿臉驚愕的記者一路飆罵下去的畫面（可以在社群媒體上找到大量精選出來的內容），這才理解我對他有多大的誤解。更深入他的內容後（邊聽邊罵），我在某個點上體會他證明自己的論點。他在那一刻不用再對他的內容價值、他的建議、他的巡迴「馬戲團」表現多做解釋，因為他已成功抓住並保留他所追逐的東西：我的注意力。他是怎麼做到的？

沒錯，原來蓋瑞・范並不是一個膚淺的搞噱頭者。他對推動數位經濟的核心概念（他會說推動整個經濟）有深度的哲學思考。他比我認識的任何人更了解現今由社群媒體所驅動的數位經濟的本質：基本上始終是注意力經濟。他喜歡說「注意力是商業的貨幣」。而事實上，注意力就是這部宣傳機器的貨幣或燃料（我們在這部機器用過這個比喻）。它驅動主要社群媒體平台的商業模式。社群媒體競逐的就是注意力，將它賣給試圖創造全球規模行為改變的品牌和政府。沒了注意力，社群媒體平台就會萎縮死去。

注意力也是試圖說服這部宣傳機器上的消費者、選民、大眾品牌、政治人物和政府的命脈。品牌在還沒賣最新產品給我們之前就先需要我們的注意力。政治人物在還沒說服我們投票之前也需要我們的注意力。政府在說服我們給小孩打疫苗之前更需要……你知道的,就是我們的注意力。

注意力經濟

　　注意力之所以有價值,是因為它是說服的前導。臉書、推特和YouTube這類平台提供連結、通訊、內容,來獲得消費者的注意力。他們接著把這種注意力賣給想用廣告改變人們觀點、意見、行為的品牌、政府、政治人物。平台廣告「資源」(可以賣的廣告單元)的數量和品質,隨著所服務的顧客人數和消費者接觸平台所策畫的內容程度增加(圖表9.1)。這是平台執著於用戶成長(社交平台上的用戶增長數)和接觸程度(用戶與社交內容、功能的互動頻率和強度)的原因。

　　當我們在設立Humin(我的第二個新創公司,二〇一六年賣給Tinder)時,心裡想的都是分析資料。我們設立一個資料儀表板,來追蹤能描述平台在全球各地成長和使用情形的所有關鍵指標。為了持續為團隊提供資訊,我們在舊金山辦公室的最中心位置,裝設一個大型電視螢幕,就在廚房的對面,大家設計程式累了以後都會到那裡聚聚。螢幕輪流顯現平台即時狀態的摘要式訊息:應用程式被下載次數、用戶保留率、用戶之

圖表9.1　注意力經濟

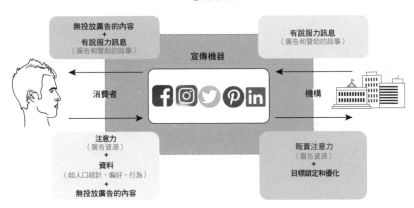

注意力經濟

無投放廣告的內容
＋
有說服力訊息
（廣告和贊助的故事）

有說服力訊息
（廣告和贊助的故事）

宣傳機器

消費者　　　機構

注意力
（廣告資源）
＋
資料
（如人口統計、偏好、行為）
＋
無投放廣告的內容

販賣注意力
（廣告資源）
＋
目標鎖定和優化

圖中顯示注意力經濟的結構。構成這部宣傳機器的社群媒體平台擔任消費者和機構（品牌、政府、非營利機構、小型廣告商）間的中介者，除了傳送內容和有說服力的訊息給消費者，還把消費者的注意力賣給機構（以廣告資源形式）作為他們說服消費者改變行為的機會，也提供能改善機構說服力的有效目標鎖定和優化服務。

間的連結、對話、個人檔案的開啟、搜尋。但衡量業務量的最重要兩個指標，是用戶數量的成長和接觸程度。我們沒有賣廣告，也沒有分享用戶資料，但我們的市場價值完全取決於用戶群的成長速度和消費者使用應用程式的頻繁程度。這兩種數據簡要說明我們掌握多少人的注意力，以及每天掌握他們多少比例的注意力。基本上，我們的價值就是這麼決定的。

在廣告驅動的生意中，應用程式、平台、發行商擁有的用戶愈多，且用戶與花愈多時間在其中，這些應用程式、平台、發行商能顯示的廣告就愈多。用行銷話語來說，就是他們有更多的廣告「資源」可以賣。但廣告資源上的項目不是每一個都有相同的評價。評價方式有時透過拍賣、有時透過直接銷售，根據的是廣告顯示給誰看、廣告顯示的頁面、廣告顯示的時間、廣告在頁面的哪一部分顯示、廣告的類型（如插頁式廣告、動態消息廣告、橫幅廣告）等。不同平台也有不同的廣告收費標準。例如，臉書能向廣告商索取較高的「每次點擊費」，廣告商通常要有人點擊廣告才付錢，這叫做「每次點擊費」，或每次點擊計價模式。相較之下，推特的價格較低。而Snapchat的每次點擊費則介於兩者之間，他們收費比推特高，因為他們比其他平台更能吸引大家想要的千禧世代。所以，注意力的價碼因平台而異。

蓋瑞充分利用這種價格差異。如他自己所描述，他靠投資「價格過低的注意力」來建立自己的事業。他有辦法賣書和為

品牌、運動明星、音樂家提供高價的行銷服務，因為他能獲得
注意力（並利用該注意力來達成客戶的目標）。所以自一九九
〇年代起，他把父親的紅酒事業放到網路上，使一年的營收從
三百萬美元增加到六千萬美元。他尋找的是可以取得消費者注
意力的低價管道，特別偏好可以用最便宜、最有效的方式取得
注意力的管道。

　　當時最便宜的注意力是透過電子郵件行銷取得，所以他投
資電子郵件來推動生意。價格和有效性隨著新平台和社交服務
的出現而改變，谷歌和臉書就在那時上線。為了促進生意的成
長，谷歌之類的新平台一開始壓低注意力的價格。所以蓋瑞就
拿行銷預算投資谷歌。地位穩固後，谷歌的注意力價碼就往
上升，而臉書、推特、YouTube 等新平台陸續上線。所以當這
些平台的注意力價碼較低時，蓋瑞就撒錢投資他們。後來他
吹捧抖音為下一個注意力搖錢樹。他說他沒有特別喜好哪一
個平台，他就是一個「平台未知論者」。他只是在用注意力賺
取利潤。「我用低價的注意力建立自己的事業，如一九九七年
的電子郵件行銷、二〇〇〇年的谷歌 AdWords、二〇〇六年的
YouTube、二〇〇七年的推特和 Snapchat，」他說，「這就是
我的事業。」

　　廣告資源也因平台有能力用有說服力訊息鎖定對的人（預
定說服的人）而產生差異性。例如，如果某位政治人物希望用
與槍枝擁有權有關的訊息，說服某州一些特定地區的三十五

至四十五歲的保守人士，最能正確的找出那些地區三十五至
四十五歲槍枝愛好者的平台，就較有可能吸引到廣告收入並要
求高額的廣告費。所以，最能有效將廣告目標鎖定在對的人的
平台、懂得目標鎖定的品牌和行銷人員才具有競爭優勢。這種
用有說服力訊息做微目標鎖定的能力（將廣告引向類別愈來
愈窄的消費者），要靠社群媒體平台針對用戶的人口特徵、意
見、行為、心理特徵、地點、社交網路蒐集到的資料質量而
定。

微目標鎖定

　　我在第六章概括描述微目標鎖定過程。為了鎖定對的
人，品牌、政治活動、國家主導的影響力操作（influence
operation）首先要建立模式，以了解誰最有可能接觸訊息且會
因特定有說服力的訊息而採取行動，接著透過這部宣傳機器的
不同管道部署這些訊息，再衡量訊息的有效性，並調整不同管
道之間的訊息發送和預算分配，藉以在他們試圖說服的選民或
消費者之間達到接觸、認知、影響的最大化。這就是「整合式
數位行銷」。

　　微目標鎖定模式以大量的個人資料為動力，這些資料包
括消費者的人口特徵（如年紀、性別、語言、社經地位）、
行為（如購買史、搜尋史、瀏覽史）、偏好（如社群媒體上

的按讚和分享）和心理特徵。而這些資料是由一個分享資料
給不同來源的第三方生態系統在做跨平台整合。人口特徵微
目標鎖定（demographic microtargeting）用這些資料辨識觀
眾，根據他們是怎樣的人而定。行為微目標鎖定（behavioral
microtargeting）根據行為來辨識觀眾。而以興趣為基礎的區隔
能辨識人們的喜好。尼斯和劍橋分析公司所提倡的心理變數
鎖定（psychographic target）根據人們的個性勾勒出他們的樣
貌，例如他們是外向還是內向。但這每一個方法是如何運作、
且能有多大效果？有益的做法是即時從實際體驗開始。

　　如果你想體驗行為微目標鎖定行動，暫時放下這本書，
試著在手機上做這個練習。打開谷歌搜尋「臉書即時競價」、
「谷歌即時競價」、「鎖定Instagram展示型廣告」。點擊幾個贊
助的鏈結後，瀏覽其中一些文章和提供廣告目標鎖定服務給行
銷人員和小公司的商家。現在關閉谷歌、打開Instagram。滑
滑動態消息並留意顯示出來的廣告。你將發現Instagram的動
態消息上可能都是一些行銷公司，他們想幫你在各社群媒體和
整個網路上行銷你的產品。

　　以為純屬僥倖？再試一次看看。在你的手機上用谷歌搜尋
「靴子」、「暖靴」、「防水靴」。點擊搜尋廣告所顯示的一些
靴子。現在關掉谷歌、打開Instagram。如果你看到的都是靴
子，請不要驚訝。注意力經濟要靠以資料為食來強化微目標鎖
定。沒了細微的個人層次資料，就無法進行微目標鎖定（不過

還是有辦法在保護隱私的狀況下，用個人資料做微目標鎖定，在這過程中你不會知道你鎖定的是誰，我將在第十二章討論這點）。

　　但微目標鎖定有用嗎？品牌、政治活動、影響力操作能透過微目標鎖定改變我們的行為嗎？這種微目標鎖定是從這部宣傳機器每日蒐集的大量寶貴個人資料中、選取對的訊息來鎖定對的人。簡短的回答是「可以，可是⋯⋯」微目標鎖定通常產生細微卻又重要的行為改變，一旦有數億人受到影響，就可以影響產品的銷售，也可能影響選舉和接種疫苗的意願。但這樣概括而論有危險，值得我們探索，尤其是當我們評估注意力經濟的說服力時。

　　二○○二年七月，歐盟施行電子通訊隱私指令（Directive on Privacy and Electronic Communications），即《一般資料隱私規定》（General Data Privacy Regulation）的前身。二○一一年，我在麻省理工學院擔任行銷教授和經濟學家的朋友暨同事凱瑟琳・塔克（Catherine Tucker）和多倫多大學的同事艾維・葛德法布（Avi Goldfarb）用歐盟這個隱私法的改變來衡量微目標鎖定的有效性。[3]隱私指令限制廣告商蒐集和使用消費者資料來鎖定廣告目標的能力。凱瑟琳和艾維根據這個政策上的改變做一個自然實驗，以衡量失去鎖定目標的資料，將如何影響廣告商對消費者購買決定的影響。

　　他們比較施行隱私法的歐洲國家、沒施行這類法律的國家

（接受目標鎖定廣告）、施行這類法律的國家（指的是施行前）的廣告有效性。在近一萬件廣告研究案中，廣告效力減少達六五％，此時法律已開始限制為微目標鎖定所做的資料擷取。當歐洲人瀏覽歐洲以外的網站時，由於沒有受到隱私法令的影響，廣告效力並沒有減損。非歐洲人瀏覽受到法律管制的歐洲網站時，廣告效力就下降。這暗示法律在阻止微目標鎖定所需的資料蒐集的同時，也會減少廣告的效力，而微目標鎖定則明顯提高廣告商的能力，使他們能用對的訊息鎖定對的人，最終提升消費者的購買量。在凱瑟琳和艾維的研究確立微目標鎖定對廣告表現的因果效應的同時，深入這個生產體系能讓我們更了解微目標鎖定的運作方式。

　　有兩位走在微目標鎖定理論與實踐前沿的機器學習專家是我的摯友克勞蒂亞・佩利奇（Claudia Perlich）和福斯特・普諾沃斯特。他們在微目標鎖定方面的洞察力之所以很重要，一方面是因為他們所做的原創機器學習研究，能協助建立微目標鎖定統計（statiscal microtargeting）理論，另一方面是因為他們建立大規模的實用微目標鎖定系統。整體來說，他們協助創立每天為數位經濟做出數兆個微目標鎖定的機器學習系統。過去在紐約大學與我共事的福斯特和他的博士班學生克勞蒂亞，接下來成為以鎖定目標為業的Dstillery的首席科學家，福斯特協助建立該公司。如果你真的想要了解微目標鎖定的實際運作細節，只要請他們兩個或其中一個吃午餐。我和他們吃了許多次飯,光是說我從中學到很多,其實還是一個過於保守的說法。

當你與福斯特和克勞蒂亞談論微目標鎖定是否有效時,逐漸明朗的一點是弄對資料的重要性。微目標鎖定讓品牌、政治活動、外國政府更加了解他們的觀眾,所以能用更有效的方式向觀眾說話。了解觀眾需要大量的資料,而社群媒體蒐集的資料則是最具有預測性的資料之一,因此也最有價值。到了二〇一八年,Dstillery每天處理桌上型電腦、平板電腦、智慧型手機上發生的一千兆個事件,為的是幫CVS、微軟、AT&T等藍籌股(blue chip)公司鎖定廣告目標。克勞蒂亞於二〇一八年來麻省理工學院課堂上介紹這項研究時,舉出一個簡單的例子,她將年紀和性別之類的人口特徵資料與消費者在臉書上給什麼「按讚」之類的偏好資料進行比較:目標鎖定根據的是對象的身分或偏好。

想像你正試著預測消費者的性別(在行銷時這是最簡單的預測任務之一),而你只知道他們的年齡。應該不太能用人們的年紀來預測他們的性別,而事實正是如此。在只知道他們年紀的狀況下,一個用Dstillery資料打造、以男人為鎖定目標的模式在六〇%的時間裡是正確的,只比丟銅板的準確率高一點。唯一的解釋是,Dstillery資料裡的消費者年紀和性別之間,存在些微的關係。但是一旦克勞蒂亞用消費者在臉書上按讚的十樣事物來預測他們的性別,模式的正確率就躍升為八六％。用一百個被按讚的事物，預測性別的正確率就能達一〇〇％。用一百個讚和一千個讚的結果一樣。某些資料特徵只是比其他特徵更能改進目標鎖定的預測。

　　現在想像有一個每日從數千億個事件中進行篩選的生產規模系統，篩選的目的是要為廣告提供大規模的目標鎖定模式。可能的表現為何？福斯特、克勞蒂亞、他們的同事布萊恩・戴勒桑卓（Brian D'Alessandro）、歐利・史戴夫曼（Ori Stitelman）、卓伊・里德（Troy Reader）於二〇一四年在《機器學習》（*Machine Learning*）期刊上發表一篇論文，文中描述 Dstillery 的原始目標鎖定系統和表現成果。[4]他們比較系統的目標鎖定的廣告和隨機鎖定的廣告，發現目標鎖定的廣告總是表現得比較好。事實上，目標鎖定廣告活動表現的中位數比隨機鎖定的廣告表現好五倍，而名列前十五％的廣告活動表現更是好二十五倍以上。在一年後發表的兩項大型實地實驗和兩項實驗室實驗中，亞歷山大・布萊爾（Alexander Bleier）和麥克・艾森拜斯（Maik Eisenbeiss）發現個人化廣告在促成點擊率和顯示到達率（view through rate）上，比非個人化廣告多二至四倍的效力。[5]

　　但目標鎖定是如何運作的？那不僅是在找出最有可能因為有說服力訊息而有所行動的人。鎖定感興趣的人其實是在改變他們有關興趣的自我知覺（self-perception）。克里斯多福・桑默斯（Christopher Summers）、羅伯特・史密斯（Robert

Smith）、蕾貝卡・沃克・雷捷克（Rebecca Walker Reczek）發現，比起根據人口特徵所做的目標鎖定廣告，根據消費者線上搜尋和購買行為所做的目標鎖定廣告，能使消費者的購買意願增加一七％。[6] 他們也發現目標鎖定的廣告有改變消費者自我知覺的「社交標記」（social label）功能，讓消費者改變行為來符合這種新的自我知覺。例如，當廣告商將我鎖定為一個對健身很感興趣的人時，我就會覺得自己對健身的興趣變得較大，於是改變行為以符合對健身的興趣，譬如去買些運動衣或報名參加健身房。

有趣的是，自我知覺的調整和購買意願的改變，只有在社交標記與消費者先前的行為有令人信服的關聯時才會發生，換句話說，就是當微目標鎖定結果正確時。如果一開始我對健身至少有點興趣，我才會相信那個貼在我身上的健身標記。如果目標鎖定不正確，就對我的自我知覺沒有影響。

如果宣傳機器影響消費者和選民行為的能力，取決於微目標鎖定的正確性，這個正確性能有多高？很多炒作的文章稱臉書、推特、YouTube 對我們有多麼的了解，以及那樣的了解如何引導品牌和外國政府在社群媒體上發動有說服力的影響活動，凱瑟琳・塔克（Catherine Tucker）實際做了一項研究。二〇一九年十二月，她和尼可・紐曼（Nico Neumann）及提摩西・懷特菲爾德（Timothy Whitefield）發表一項研究，文中除了檢視許多不同的資料掮客（在注意力經濟中的品牌所雇

用的第三方公司，他們用人口特徵和行為資料找出特定觀眾）
所做的觀眾微目標鎖定的正確性，還將他們正確辨識出不同類
型的人的能力進行比較。[7]她和同事的發現，有助我們了解這
部宣傳機器在轉換燃料（資料）為行動（行為改變）上做得有
多好。

　　微目標鎖定光在美國就是個市值兩百億美元的產業。[8]問
題是目標鎖定的演算法祕而不宣。很少人知道它的運作方式、
或是否有用、對不同觀眾有多大程度的作用、不同平台和不
同目標鎖定服務之間是否有差異。誠如《紐約時報》執行長
馬克‧湯普森（Mark Thompson）所問，「當我們說觀眾中的
某人（某個品牌想觸及的人）是二十至三十歲的女性時尚達人
時，這種說法屬實的可能性有多少？」凱瑟琳、尼可、提摩西
回答了這個問題。

　　他們根據九十項第三方人口特徵和觀眾興趣區隔（如
「二十五至三十五歲對運動感興趣的男性」或「二十至三十
歲的女性時尚達人」）裡，檢視一個由十九家主要資料掮客
在六個平台上做的觀眾鎖定的正確性。他們用第三方資料檢
視兩階層微目標鎖定：一個是用優化演算法（optimization
algorithm，選擇資料來源和投放廣告），另一個不用優化演算
法，即考量不同的人口特徵區隔（如二十至三十歲女性）和以
不同的興趣為依據的區隔（對運動感興趣、對健身感興趣、對
旅行感興趣）。他們發現這部宣傳機器的黑盒子裡，微目標鎖

定的幾個真實面，這有助於我們了解它是否有用和如何運作。

　　當第三方資料沒有和優化演算法一起使用時，微目標鎖定的結果並未給人留下深刻的印象。微目標鎖定在辨識二十五至五十四歲男性時的平均正確率為二四‧四％，而在辨識性別上則平均有四二‧三％的正確率。由於這幾組人通常有二六‧五％和五○％的時間都待在他們的群體中，只用第三方資料做微目標鎖定比隨機選取的結果還糟。

　　一旦第三方資料和優化演算法結合在一起，表現就有明顯的改進。辨識二十五至五十四歲男性的平均正確率為五九％，比隨機選取的結果好一二三％。但不同平台和目標鎖定公司有明顯不同的表現。福斯特和克勞蒂亞如何能將目標鎖定表現提升二十五倍？有些公司只是在這方面比其他公司強：他們用預測性更高的資料寫出更好的演算法。在凱瑟琳的研究中，最佳供應商在七二％的時間裡將廣告顯示給正確的目標觀眾（改進一七一％），而最糟的供應商則在四○％的時間裡展示型廣告給對的目標（改進五○％）。

　　在過去，人口細分（demographic segmentation）是這部宣傳機器的焦點，微目標鎖定的未來則在以興趣為基礎的觀眾區隔（audience segment）。凱瑟琳、尼可、提摩西發現以辨識對運動有興趣的人（八七‧四％正確）、健身愛好者（八二‧一％正確）、旅遊愛好者（七二‧八％正確）的結果形成微目標鎖定的「總精確性」（high total accuracy）。不同的微目標鎖定公司之間的差異也比較小：他們都理所當然的善於辨識這些興趣。微目標鎖定的表現，隨興趣的「小眾」程度上升而變得更正確，意思是某特定主題或小眾的觀眾群愈小，微目標鎖定就會表現得比隨機選取好。

所以，這些發現對劍橋分析公司的目標鎖定做法而言有什麼意義？我們的性格真的能顯示這些小眾的興趣，並推進目標表現嗎？

劍橋分析公司

亞歷山大‧尼斯在康考迪亞會議和世界各地的會議上吹捧「心理剖繪」的重要性。他暗示了解人們的心理剖繪（即「了解你的個性」）在掌控選民行為上是最重要的東西，因為「個性主導行為、而行為明顯影響你如何投票」。劍橋分析公司是真的有祕方，或只是在賣誇大成效的萬靈藥？

珊卓拉‧梅茲（Sandra Matz）、麥可‧柯辛斯基（Michal Kosinsky）、吉迪安‧奈夫（Gideon Nave）、大衛‧史迪威爾（David Stillwell）於二〇一七年在臉書上做過一項最大型的公開心理剖繪研究，裡面用到劍橋分析公司的測試方法。[9]他們用一個稱為MyPersonality的臉書應用程式資料，來測試心理說服力（psychological persuasion）對人們購買行為的影響。在三個實地研究中，他們利用根據心理量身訂做的廣告觸及三百七十萬人。史迪威爾開發的MyPersonality讓用戶做心理測驗，然後再用五大人格模型（five-factor personality model）給他們評分。

五大人格模型根據五個廣泛的心理層面來給人評分，這「五大」人格特質：外向性、親和性、盡責性、情緒不穩定性、開放性。史迪威爾的MyPersonality應用程式也要求用戶准予接觸他們的臉書個人檔案和社群媒體上的資料，研究人員因此首次有機會將個人可衡量人格特質和他們在臉書上的按讚項目做連結。有了這個連結，研究人員按五種人格特質給臉書上的按讚評分。例如，喜歡「電腦」和電視影集《星際之門》（*Stargate*）的人比較內向，而喜歡「讓人發笑」的人則比較外向。把在臉書上為某些內容（如女神卡卡〔Lady Gaga〕或《紙牌屋》〔*House of Cards*〕）按讚的人的分數結合起來後，他們得以根據五大人格特質給那些內容評分，再根據這些研究對象在臉書上按讚的內容為他們勾勒心理輪廓。

說這個故事時，不能不先討論一件將柯辛斯基、史迪威爾、MyPersonality應用程式和影響範圍較廣的劍橋分析公司醜聞連在一起的密謀，因為事涉一個令人驚奇的轉折：柯辛斯基和史迪威爾在劍橋大學任職期間就做了相關研究，而且他們和亞歷山大・柯根（Aleksandr Kogan）在同一個系所。柯根就是那個把五千萬個美國人心理剖繪和臉書資料交給劍橋分析公司、現已名譽掃地的劍橋大學研究員。這引發讓祖克柏陷入困境的醜聞。

　　針對這些研究員之間關係所做的調查報導暗示，柯根用一家不知名公司（劍橋分析公司）代表的身分找上柯辛斯基，表示該公司對他的方法感興趣，想存取MyPersonality的資料庫。報導顯示柯辛斯基最終中斷與柯根的接觸，因為他得知該公司的名稱，也發現他們專注於「影響選舉」。[10]二〇一七年，柯根接著自行發展一個叫做「這是你的數位生活」（This Is Your Digital Life）的應用程式（仿自MyPersonality），並分享資料和方法給劍橋分析公司。劍橋分析跟德國雜誌 *Das Magazin* 說他們與柯辛斯基「沒有任何交易」且「沒有使用（和他一樣）的方法」[11]，雖然記者約翰・摩根（John Morgan）說過劍橋分析的方法與其「難以否認的相似」。這項密謀之所以重要，是因為它揭露梅茲等人的研究。這項研究以公開方式，盡可能系統性的審視劍橋分析的方法和數據的說服力。

　　臉書不允許行銷人員發出以個性為依據的目標鎖定廣告。所以，研究人員不直接用以個性為依據的廣告鎖定目標，改以按讚（代表個性特質）為基礎的廣告鎖定目標，藉此測試性格剖繪（personality profiling）的有效性。為了鎖定內向者，他們瞄準按讚內容顯示內向性格的人。為了鎖定外向者，他們瞄準顯示外向性格的按讚者。他們接著分別用外向和內向語言、或高度開放性和低度開放性的語言來製作廣告。例如，為美妝產品設計的外向性廣告，採用一位正在宴會上跳舞的女子畫面，一旁有這個標語：「跳舞跳得好像沒人在看似的（其實大家都在看）」。內向性美妝廣告則用一個在化妝鏡前化妝女子的畫面，旁邊的標語是：「美不用喊出來」。研究人員接著用這些以內向性和外向性按讚為基礎的廣告鎖定「內向」和「外向」的臉書用戶，並衡量個性相配的廣告是否表現得比個性不相配的廣告好，這裡指的是對點擊率和購買的影響。

這些結果顯示，比起個性不相符的訊息，與人們個性相符的說服性吸引力（persuasive appeal）增加四〇％以上的點擊率，購買量則增加五四％。在外向性格研究中，看到與個性相符的廣告的消費者，比看到與個性不符的廣告的消費者多出五四％的線上購物可能性。在開放性研究中，看到與個性相符的廣告的消費者，比看到與個性不符的廣告的消費者，多出三八％的點擊可能性，同時也多出三一％的安裝填字遊戲應用程式可能性。這些結果顯示心理目標鎖定確實帶來這個可能：「要影響大群人的行為，需要靠針對目標觀眾心理需求量身訂做的有說服性吸引力。」

但這個研究在科學界卻遭到一些質疑，主要是因為它無法在廣告目標鎖定中將相關性和因果關係分開來，並控制好選擇效應（selection effects）。如果你想起我們在第六章所討論的因果關係重要性，就會記得臉書廣告通常是投放給臉書認為最有可能回應他們的人。所以，與心理相符的訊息獲得較大的回應率，可能是因為這種選擇效應，而不是根據心理量身訂做的訊息對行為所產生的因果影響。我的同事迪恩‧艾科斯、布萊特‧葛登、蓋瑞特‧強森針對同一期刊上的研究做出回應。他們說，「在比較臉書廣告活動時並沒有隨機指派用戶……這威脅他們發現的內在有效性，且弱化他們的結論……臉書之類的（廣告）平台將廣告活動表現最大化，也就是讓平台展示型廣告給比較可能實現活動目標的用戶看……如果不是全部的話，（這或許）說明這個研究效果無法忽略的一部分。」[12]說服人們改變投票選擇也比要他們點擊目標鎖定廣告、或購買具有這些廣告的產品還難。所以，有關劍橋分析影響選舉方法的說服力，確實存在很大的懷疑空間。

　　這份劍橋研究雖然並不具體明確，卻暗示心理剖繪可以改善這部宣傳機器的說服力，至少就商業目的而言是如此。隨著研究的增加，我們將學會微目標鎖定改變我們意見和行為的方式，包括我們如何購物、投票、約會。

趨勢專制

　　除了微目標鎖定，注意力經濟也讓另一個重要趨勢永久化：也就是整個產業對與用戶接觸程度的著迷。我們在社群媒體上顯露我們對所見內容的情緒反應（按讚、大心、笑臉、生氣、悲傷、驚訝），平台不僅以我們的反應為我們量身訂做內容，也用能形成趨勢的演算法來強化內容。病毒式散播為注意力經濟提供支持，因為它播放的都是受歡迎的東西，還讓我們不自覺想要成為受歡迎的人物。但在演算法放大受歡迎程度的同時，也創造出我所稱的「趨勢專制」。

　　注意力需要接觸，所以這部宣傳機器在設計上盡量鼓勵和強化接觸。社群媒體平台讓我們保持愈多接觸，他們的廣告資源量就會愈大，廣告的價值也會增加。這是一筆好生意。幾種設計特色支持這個模式。例如，按讚和其他情緒反應讓平台能夠「計分」（keep score），他們因此不僅可以知道哪些內容與用戶有最多的接觸，也為腦部多巴胺回應系統提供回饋（我在第四章討論過）。當別人幫我們的內容按讚時，我們就得到大量的社會認可式多巴胺。他們若是不喜歡，我們就會失望。這鼓勵我們創造會被喜歡的內容，且由於社交相互作用，我們會一直喜歡我們發現有價值的內容。就在上星期，我的母親抱怨我還沒為她貼在Instagram上的照片按讚。她才不過貼了兩天！我當時很忙，只回應「#哈哈」。作為七歲兒子的父親，我擔心社群媒體對心理和心理健康的潛在影響，尤其是對小孩的影響。因此，我兒子幾乎沒有任何形式的螢幕時間。

　　計分讓另一個促進接觸的設計特色得以實現，即演算法的放大。用演算法策展和強化正在流行、產生接觸、「形成趨勢」（trending）的人事物，並顯示給更多的人看，放大受歡迎的程度和帶來更多接觸。[13]這部宣傳機器將不成比例的互動與接觸顯示給更多人看，如此創造出另一個在設計上能更加強化接觸的宣傳迴路。

演算法的放大有多種形式。例如，你許多朋友所喜歡的內容將在你的動態消息中得到宣傳。但某種特定特色會創造一波又一波話題接觸，這些話題即時產生爆炸性的受歡迎程度，這就是「形成**趨勢**」。**趨勢**話題就是短時間內受歡迎程度邊增的話題。平台發現這些話題的方式，是從任一時間點上所有用戶都在討論的話題中根據接觸程度和受歡迎程度的分數進行篩選，並用演算法辨識新奇、及時、大受歡迎的話題。他們做這個篩選時要量化話題周圍的現行活動（current activity，包括貼文數、分享數、按讚數或話題評論）和同一話題周圍的預期活動（expected activity）之間的差異。如果觀察到的活動遠大於預期活動，那個話題就會被視為一種**趨勢**。

人們隨時都在貼許多不同類型的話題，但當某個話題突然在某一時間點上出現暴增的活動時，就是開始形成**趨勢**。觀察到某個活動讓平台感覺到某話題的受歡迎程度，而該話題的可觀察到的活動和預期活動之間的差異，讓平台感覺出話題的新奇性。接著透過衡量最近一段時間受歡迎的程度和新奇性來捕捉即時性的話題。但平台一開始如何辨識「話題」？

機器學習和自然語言處理（natural language processing）能分析社群媒體上所貼的自由格式文字（free form text），但若沒有導軌（guard rail），分析數量漸增的用戶所產生的內容，將是電腦計算上的一大挑戰，而且沒有效率。所以各平台普遍採用＃符號作為代表話題的標記。這減輕他們的工程負擔，並引導用戶群自行為話題設標記。＃符號目前存在於各個社交平台，不過最早是在二○○七年由推特發明。

二○○七年八月二十三日，自稱「數位游牧者」的推特用戶克里斯・麥西納（Chris Messina）建議在關鍵字上增加井字號，讓搜尋與話題相關的推文變得更容易。他的原始推文這麼問：「你覺得用＃符號分類訊息如何？像是＃國際研討會網絡（#barcamp）。」而剩下的故事現在都已成為歷史了。推特接納這個建議，二○○九年開始支持＃符號，二○一○年又推出衡量和促進趨勢的趨勢主題。此後＃符號和形成趨勢功能就廣泛的被這部宣傳機器採用。

不管是用＃符號還是趨勢主題，現在顯示在排行榜和趨勢清單上的內容，是根據用戶的興趣和地理位置量身訂做，好讓他們知道新奇、即時、流行的訊息。按經濟學家赫伯特・西蒙的用語，這是為這部宣傳機器大量製造訊息而產生的注意力貧乏的處理方法之一。公布這樣的清單除了放大趨勢，還讓已受歡迎的內容變得更受歡迎。演算法的放大就這樣創造出趨勢專制，使用戶的注意力集中在當前最新的流行情緒上。這對我們的文化、政治，以及下一章將提到的群眾智慧和群眾瘋狂之間的戰爭具有很大的含意。

形成趨勢需要能引起注意、令人震驚、情感豐富的話題。如果某個話題能使我們感到震驚，進而促發我們最極端的情緒

（驚訝、生氣、厭惡、啟發、快樂等），就比較有可能快速流行並成為趨勢。一旦話題成為趨勢，排行榜和趨勢清單就會將它傳播給更大一群觀眾，除了放大受歡迎的程度，還讓極端情緒、令人興奮（或煽動性）的內容受到喜愛。

演算法的放大和趨勢的形成還有一個被忽略的結果，即鼓勵人們嘗試「玩」這個系統，以期放大注意力，並在沒有任何受歡迎內容的地方製造人氣，將注意力重新導向到某些話題，希望能讓這些話題成為趨勢。銀行、政府、政治活動非常重視趨勢話題所創造的廣大注意力，推特曾向他們索價一天二十萬美元，才讓受贊助的趨勢出現在趨勢主題列表上的第一個位置。[14]注意力的價值加上趨勢主題透過演算法的放大，共同創造出一種操弄誘因。經驗豐富的社群媒體專家能動員人類和機器人網路來讓特定話題或想法更凸出，目的明顯是想使社會上分化，如通過某項立法、干預某個領土合併行動（如克里米亞事件）、決定國會調查期間所發生的事情。例如，二〇一八年一月俄國為「＃公布備忘錄」（#releasethemeom）所做的努力就形成一種趨勢。

＃公布備忘錄

「讓（迷因）成為趨勢」最明確的一項嘗試，是俄國對「公布備忘錄」（通俄門案）所做的努力，該事件於二〇一八年一月在推特上爆發。這份由美國眾議院代表德恩・努涅斯（Davin Nunes）幕僚所寫的備忘錄指控聯邦調查局用「具有政治動機或有問題的消息來源」來取得《聯邦情報監視法案》（Federal Intelligence Surveillance Act）的授權，可以調查俄國干預美國大選和調查川普的顧問卡特・佩奇（Carter Page）。民主黨反駁說這份備忘錄含有明顯的錯誤和誤導的指控，目的是要讓聯邦調查局和所做的調查失去公信力。一場關於這份備忘錄是否該公布的辯論就此展開，俄國干預美國大選的調查案是否合法也成了問題。如莫莉・麥邱（Molly McKew）所報導的，俄國間諜當時在這部宣傳機器上下足功夫，他們所設計、投放、散播的數位宣傳就是要引起大眾支持公布備忘錄。[15]

　　俄國機器人和機器人（半機器半人類操控）帳號協助創造出呼籲美國國會公布備忘錄的迷因和#符號。這個#符號源自一個叫做@underthemoraine的推特帳戶，帳號擁有者似乎是個住在密西根州、當時有七十五個追蹤者的真實人物。但這類帳號經常受到稱為「殭屍網路」（botnet）的機器人網路的追蹤、轉推和放大，這些網路一起在社群媒體上推動迷因並創造趨勢主題。它們追蹤一些普通帳號，為的是劫持支持己方議題、未投放廣告的迷因，並為了政治目標做宣傳。在@underthemoraine用了「#公布備忘錄」標記後沒多久，有幾個自動帳號，包括一些成立於二〇一二或二〇一三年、但在二〇一六年大選前一直沒有活動的帳號，開始推文、轉推、分享彼此宣傳的迷因。

　　俄國殭屍網路在推特上將該迷因宣傳到瘋狂的程度，並引介給主要的意見領袖和立法者看。雖然好幾個#符號標記在相互競爭想成為該迷因的代表，一旦#公布備忘錄得勢，殭屍網路就專注於該推文，除了放大它還慫恿其追蹤者「讓它成為趨勢」。從一月一八日下午四點到當天晚上，這個標記在八小時內就被用了六十七萬次。到了午夜，它每小時被提及二十五萬次。可以與之對比的是同一時間舉行的另兩場活動：一月二十日在華盛頓特區舉行的婦女遊行和一月二十一日新英格蘭愛國者隊（New England Patriots）對上傑克遜威爾美洲虎隊（Jacksonville Jaguars）的美式足球決賽。這些活動各自產生六十萬六千則和二十五萬三千則推文，每小時最高產生八萬七千則和七萬五千則推文。到了一月十九日早上九點，#公布備忘錄已被提及近兩百萬次。

　　殭屍網路接著又在迷因中加入一些主要的意見領袖和立法者，方法是在推文中提到他們，而美國人真的跟著這樣做：一路推文、轉推、提到主要的意見領袖。眾議院情報委員會共和黨成員和那個標記一起被提及二十一萬七千次。尚恩・漢尼提（Sean Hannity）被提及二十四萬五千次。等到眾議院議長保羅・萊恩（Paul Ryan）發言支持公布備忘錄時，他已在二十二萬五千則相關訊息中被鎖定。川普自己則被鎖定一百萬次。

　　一旦迷因的勢頭增強，它的標記就會被趨勢演算法放大，接著就成為新聞媒體的主流和政治論據。當迷因在很短的時間內取得相當多次曝光時，自動演算法抓到群眾對這個迷因有興趣的訊息，於是將迷因貼到最常被提及的故事的「趨勢」列表中。這些列表具有公開廣播最火熱話題的功能，並將更多的注意力引向迷因。「公開備忘錄」活動成功創造趨勢並跨界到主流媒體，也觸及國會的立法者。

　　最後，部分由俄國帳號創造和推廣出來的爆炸性支持，被用來合理化公開備忘錄的訴求。共和黨眾議員於二〇一八年二月二日公開備忘錄。「公開備忘綠」活動中所展現的社群媒體宣傳力道，呼應二〇一四年在克里米亞激起的爆炸性支持。如克里米亞的例子所示，支持公開努涅斯備忘錄（Nunes memo）的人，用這部宣傳機器激起人們的支持，並扭曲一般人對支持特定的政府成果所需要的看法。二〇一四年二月，結果是克里米亞加入俄國；二〇一八年一月，努涅斯備忘錄公開，不管是哪一個結局，都是來自外國嘗試做出的政治操弄。

注意力的不均等

　　注意力經濟的結構、它對受歡迎程度的重視、演算法對趨勢的強調，這幾點讓這個社交世紀充滿不均等。注意力沒有平均分布在這部宣傳機器上。事實與想像相反，有一小部分的人和內容獲得最多的注意力，就算沒有社群媒體，也會比你預期的還多。這是因為人類自然傾向與驅動社交網路的演算法一致。例如，我的朋友暨同事拉茲羅・巴拉巴西（Laszlo Barabasi）與雷卡・艾伯特（Reka Albert）於一九九八年在研究中發現，網路動態是由稱為「偏好依附」（preferential attachment）的模式來管理。[16]我們在社交網路中傾向於與受歡迎的人連結。結果，受歡迎程度和財富一樣：富者愈富。

　　這部宣傳機器的演算法，讓注意力的不均等永久化，而且加速這種不均等。交友建議演算法通常對朋友比較多的人比較有效，因為他們與接到交友建議的人有較多的「共同朋友」。結果，擁有眾多連結的人接收到最多的新連結。

　　不均等現象也以類似的方式永久存在於我們對內容給予的注意力中。由於演算法偏好內容能引發更多接觸，擁有較多按讚、評論、分享的貼文比較有可能在動態消息中獲得推廣，因此更有可能再次被分享，以內容受歡迎程度為基礎的宣傳迴路，推動注意力的不均等。趨勢演算法更加重富者愈富的驅動力，因為在散播內容時會使內容獲得不成比例的注意力。誠如我的同事克莉絲丁娜・雷曼（Kristina Lerman）和她的共同作者朱林紅（Linhong Zhu）在研究推特上的注意力經濟時所言，「大多數用戶沒有得到任何注意力，前一％用戶獲得的注意力比其餘九九％的用戶多很多！」[17]這很重要，我們在下一章將檢視這部宣傳機器對集體智慧（collective intelligence）和群眾智慧的影響。

新奇性、震驚程度、真實性

如果注意力經濟是社群媒體的引擎，那麼是什麼透過這部宣傳機器推動注意力？在我們針對假新聞所做的十年研究中有一個線索：我們發現令人震驚、淫穢、沒預料到、令人意外的內容最能引起注意力，引發我們分享的意願。我不是第一次在我的研究中看到新奇性的重要性。二〇一一年，我與馬歇爾·范·奧斯坦（Marshall Van Alstyne）發現新奇的訊息對提升工作生產力最有價值。[18]我們在分析一家獵人頭公司五年來的電子郵件資料時，衡量招募者收發郵件裡的訊息新奇性。我們發現接觸新奇訊息的招募者，會以更快的速度完成更多案子，因此收入也更多。我們無法確定新奇性是否導致生產力的增加，但之間的相關性很驚人。我與帕拉米爾·迪倫接著用第二家公司來驗證這些發現，但該公司屬於完全不同的產業。結果完全吻合。[19]

這兩份論文證實我的同事榮·伯特（Ron Burt）多年來一直在強調的：弱連結有價值，是因為它可以讓我們接觸新奇的訊息。這要從宣傳機器網路的結構說起，我已在第三章描述過這個結構。這個網路是由各個群組連結而成，群組內的連結緊密，而群組之間的連結則很稀疏。透過弱連結（網路上稱為連結者或「中介者」）和許多群組連結的人，能收到許多新奇的訊息，因為他們悠遊於許多不同的訊息池。結果發現，由於接觸到新奇的訊息，他們比較知道在不同網路上所發生的事情。他們能把握機會、解決用地方知識（Local knowledge）難以解決的棘手問題，並推動創新。基於這些理由，我們能藉此更新對世界的了解，並傳達分享者的社會地位，新奇性就這樣抓住我們的注意力，並鼓勵我們分享它。這意味著注意力被引向最令人驚訝、最令人震驚、最淫穢、最能引發情緒的內容。

但讓我保持注意力的東西，不見得和引起我們注意力的東西一樣。在某種意義上，讓我們保持注意力的是與衝擊值（shock value）相反的東西，即真實性。地方網路效應對強連結（而非弱連結）最有效，因為我們親朋好友所提供的長期價值大於名人引發注意力的短期價值。[20]這說明微意見領袖為何比名人意見領袖產生更多的接觸、生產力為何在複雜的工作中會因強力連結而有所提升、我們為何最常與最親近和最強的連結者溝通。說到注意力，如果新奇性屬於短期賽局，真實性就屬於長期賽局。

「手段」無意義

我們對社群媒體訊息的注意力不僅高度不平均，這些訊息對網路中不同的人的影響也極為不同。動員民主黨人的政治廣告遭到共和黨人的嘲笑。外向性訊息傳給內向性格者不會達成預期效果。我們發現社群媒體訊息影響力的平均效果，在重要性上遠不如這些訊息對特定人士的影響力。要了解社群媒體，我們不該只在乎平均值。我們應該在乎這類訊息對特定群組帶來明確但又有所不同的效果總和。我的某個研究結果讓我明白這一點。

安全顧慮和目標鎖定這兩個因素，近幾年來促使社群媒體公司盡可能確認並顯示人們的真實身分。我記得一幅現已變得很有名的《紐約客》（New Yorker）漫畫，其內容對網際網路上的身分的含意有一番思考。漫畫中有一隻狗和另一隻狗在電腦前說話。第一隻狗跟另一隻狗說：「網際網路上沒人知道你不是狗。」這完美的捕捉到一種緊張關係：我們一方面需要真實身分來促進商業活動和確保安全，另一方面是匿名以自由表達的好處。我和雷夫・馬克尼克（Lev Muchnik）、尚恩・泰勒（Sean Taylor）當時在研究社群媒體中研究身分的重要性。我們想知道這種匿名性（或缺乏匿名）如何影響人們在社群媒體上的行為。他們對匿名呈現的社群媒體內容有何反應？

我們在某個大型社群媒體平台上，設計一種實驗來測試匿名性對社群媒體行為的影響。[21]我們隨機讓人們在紅迪之類的社交新聞網站留下評論，其中有五％是匿名發出，其餘九五％則皆為具名貼文。貼文的其他部分（內容、出現順序、其他人能否按讚或評論、朋友的社交反應）都一樣。我們接著衡量相較於具名內容得到的反應，匿名性如何影響匿名貼文收到的贊成和反對數。我們發現「手段」真的沒有意義。

我們首先估計匿名性對社群媒體反應的影響，結果發現沒有影響。平均來說，貼文的匿名對貼文本身是否被喜歡或不喜歡沒有影響。我們接著檢視匿名性對不同族群的影響。我們發現兩種強力卻相互抵消的效應。例如，顯露身分有很大的好處：人們因為知道貼文者是誰而更喜歡貼文內容。但對其他人來說，身分卻有著相反的效果：他們因為知道貼文者是誰而更加不喜歡貼文內容。社群中名聲響亮的人因其具名貼文而受益，而那些名聲較弱或名聲不好的人則因具名而受害。我們從平均值看不到這些效果的原因，是正面和負面的效果加起來會相互抵消。但從次群組的角度來看，這些效果其實還是很強。

這種結果充斥於社群媒體上。還記得我們所做的數位運動傳染研究嗎？[22]我們在那項研究中發現，平均而言，把自己的跑步訓練貼上社群媒體的人的朋友，會受到激勵而跑得更多。但這種影響對某些人更有效。我們通常利用與他人比較的方式來衡量自己的運動表現。[23]研究人員想問的問題是，引發我們更多回應的原因是什麼？[24]是因為與比我們跑更多的人比較，或是因為與比我們跑得少的人比較？[25]和跑得比我們多的人比較會促使我們努力一點。但和跑得比我們少的人比較會產生「為了保護自我優勢而做的競爭性行為」。[26]我們更仔細檢視這些次群組後發現，較不活躍跑步者對較活躍跑步者的影響，大於較活躍跑步者對較不活躍跑步者的影響。我們也發現沒有持續跑步（非每日）的人對持續跑步的人的影響，大於持續跑步者對不持續跑步者的影響。這些結果暗示，在社群媒體上與跑得比我們少的人比較，即我們所說的「向下比較」，比我們所說的「向上比較」，對我們的線上健身習慣評量有更多影響。

我們也發現，在線上的運動習慣影響力在同性組合中最強，在兩性之間的影響較弱。男人強烈影響其他男人，而女人只適度影響男人和其他女人。更讓人驚訝的是，男人完全沒有影響到女人。這或許是因為運動和競爭動機上存在著性別差異。例如。男人回報說他們在決定採取運動行為時，比較容易受到社交支持的影響，而女人則回報說她們比較容易受到自我調節和個人計畫的驅使。[27] 或許男人在和女人競爭時所受的激勵，大於女人和男人競爭時所受的激勵。

次群組效應的另一個例子，是我們在研究微信上的社交證明和臉書的投票實驗時發現的。我們在微信上發現，平均而言，讓用戶看到朋友喜歡某個廣告，會增加他們和該廣告的接觸。[28] 但不是所有朋友都有同樣的影響力。社會地位較高的朋友（衡量方式是看他們在微信上有多少朋友）和在廣告產品領域有較大產品專業知識的人（衡量方式是看他們讀多少篇文章，例如有關汽車或消費性電子用品的文章）擁有較大的影響力。在臉書的投票實驗中，關係比較密切的人比點頭之交有更大的影響力。[29]

　　重點是，由於次群組效應如此強大，我們必須小心評估社群媒體的影響。知道俄國錯誤訊息對選舉的平均影響，或知道反疫苗廣告對接種疫苗意願的影響並不夠，我們必須了解這些訊息對特定次群組的影響，並考量這些不僅不同，且可能相互抵消的效應全部加起來會對社會造成整體的影響。一個完美的例子就是選舉操弄。雖然數位廣告對選舉選擇的平均影響或許很小，或甚至不存在，但如果能正確的鎖定次群組並在對的地理環境產生影響（在對的州或選區），影響選舉的可能性仍真實的存在。

第十章

群眾的智慧和瘋狂

弔詭的是，讓一個團體變聰明的最好辦法是，要裡面的每一人盡可能獨立思考和行動。

—— 詹姆斯・索羅維茲基（James Surowiecki）

相互依賴不但是、而且應該是人類的理想，重要性等同於自給自足。人類本就是一種社交動物。

—— 甘地（Mohandas Ghandi）

在《群眾的智慧》（*The Wisdom of Crowds*）這本有影響力的書中，作者詹姆斯・索羅維茲基（James Surowiecki）描述集體判斷（collective judgement）的力量：可以解決人類許多最具挑戰性的問題，範圍從預測、創新、治理、戰略決策、到打造常勝足球或棒球隊之類較世俗的事務。[1]這套理論最早在一百年前由法蘭西斯・高爾頓（Francis Galton）提出，當時是用來解釋一群陌生人如何猜出一頭牛的實際重量，誤差還在一磅內。原來，他們是將足夠人數的個別猜測值加以平均。[2]

道理很簡單：如果一個群體的成員有多元和獨立意見，且彼此聲量相等，他們在許多工作上的表現就會優於多數的（即使不是所有的）個別專家，因為他們將意見聚集起來駕馭他們的集體智慧。這是一套很有說服力的理論，若用集體加總（collective aggregation）的方法來算，大致上都對。但尤吉・貝拉（Yogi Berra）*說得很有道理，「理論上，理論和實務應該沒有差別，但實務上，兩者還是有差別。」

索羅維茲基論點的唯一問題是，他的書在二〇〇四年發表，祖克柏剛好就在那一年創辦臉書。接下來的十年間，這部宣傳機器有系統的暗中破壞構成群眾智慧的三個基本假定。群眾的智慧取決於有多少聲量相等的多元和獨立意見。但如我們所知，宣傳機器使我們走向超社交化，系統性的讓我們的個別判斷變得和演算法相互依賴、使我們兩極化成同質性群體（如物以類聚），將我們困在一個不均等的通訊系統裡（使受歡迎者的受歡迎程度永久化並加速特定趨勢的創造），這都發生在一個自動運作的從眾市場（herding market）裡，裡面的人都在追隨其他人的行為。

結果，我們的趨勢走向逐漸背離索羅維茲基所憧憬的群眾智慧，往他的學術對手查爾斯・麥凱（Charles Mackey）所說的「群眾的瘋狂」靠近。我們如何設計、使用、規範這部宣傳機器，將會決定它把我們引向何方：智慧或瘋狂。現今的這部宣傳機器是為瘋狂設計。但也可能為智慧而建。該如何設計這

---

* 　編注：美國職棒大聯盟傳奇捕手。

部機器使它遠離我們的集體病症？某次我在紐約市吃午餐時想出方法。

社交影響偏見

　　到麻省理工學院教書前我曾在紐約大學擔任教授，紐約大學位於格林威治村中心，那裡是街頭爵士、「垮掉派」詩作（beat poetry）、當然還有食物愛好者的朝聖地。靠近我辦公室的午餐選項都非常精緻，包括馬利歐‧巴塔利（Mario Batali）的Babbo餐廳、馬蒙的法拉費餐廳（Mamoun's Falafel）*與堤魯‧庫馬（Thiru Kumar）的多薩餐車（Dosa Cart）**。如果你在華盛頓廣場公園附近吃過飯，就知道我在說什麼。那裡的味道和口味無法讓人輕易忘懷。我經常到那裡和學生及同事一起吃午飯，從忙碌的分析和寫作中稍事休息並想新點子。

　　某日，我們一群人到當地一家叫做Dojo的餐館用餐，那裡主要賣廉價的學生餐，既不是Babbo那樣的正式餐廳，也不是路邊快餐，而是介於兩者之間。用完餐後，我覺得有必要用線上評分的方式分享我的用餐經驗。在薑汁醬料的滋味還殘留在口腔之際，我回到辦公室登入Yelp。

---

* 馬蒙‧恰特（Mamoun Chater）於一九七一年創立的地中海料理餐廳，法拉費（Falafel）是由鷹嘴豆泥拌蔬菜做成球狀下去油炸的一種中東美食。
** 多薩（Dosa）是由米漿做成薄餅的南印度美食。

在那個特別的下午，我們所吃的食物一般般，服務一般般，氣氛也一般般：整體的感覺就是一般般。所以，我想給這個餐館一個中間分數，即五星評等中的三星。但當我在寫那份三星評等評論時，就在寫評等的區塊隔壁，有一則由名叫Shar H的用餐者所寫的精選評論。她給的紅色五星評等閃閃發亮，文章洋洋灑灑的描述「價格有多麼實惠」和「他們那裡有著新鮮、令人驚豔的、香甜的水果餡餅薑汁醬料」。我心想，「你看……她說得有理。就他們所提供的食物而言，價格確實很實惠……且那個香甜水果餡餅薑汁醬料真的很可口！」所以，我給了那個餐館四顆星而不是三顆星。

我事後回想覺得不太好。Yelp和其他評分網站應該把群眾不具偏見的意見匯集起來。他們應該針對餐廳或飯店的好壞傳達真實、包含各種資訊的意見，這樣我們才能做出更好的選擇。如果我受到上一個評論餐廳者的意見的影響，這絕對是在群眾的意見中灌入偏見。如果每個人都受到前面評論的影響，就會產生從眾行為，可能會深深的扭曲群眾的智慧。

我從椅子起身走向隔壁的博士後學生雷夫・馬克尼克的辦公室（他現在是耶路撒冷希伯來大學的教授）。他的辦公室門總是開著。所以，我就探頭進去並在門框上敲了敲。正在打電腦的他抬起頭來，我向他解釋剛才的事情。我們開始談論可能的含意。我們能否根據這些動態建立一個模式？當然可以。但從眾行為模式已存在幾十年。我們真正想知道的是，這在真實生活中經常發生嗎，如果是，對線上評分和意見動態有何意義？

這些問題的重要性在於評分會影響我們的選擇。九二％消費者回報說有看過評論，四六％說他們受了影響才購買，四三％說他們受到影響不去購買，只有三％說他們的決定沒有受到評論的「影響」。[3]而且，九二％消費者有看評論，會寫評論的人只有六％，這表示發聲的少數一群人正在影響大多數人的意見。評分從眾現象的可能後果很重要，因為六％的人對其他人的購物方式有超大的影響力。

我當時的博士生尚恩・泰勒聽到我和雷夫的對話後，從走廊走了過來。他在Lyft擔任資深資料科學家，還曾擔任臉書核心資料科學團隊統計隊隊長。「嘿，你們在談些什麼？」社會科學就是這麼開始：因日常難題而展開對事情如何發生及為何發生的調查。

我和雷夫及尚恩在談論從眾行為這個惱人的問題時，就著手進行一項研究計畫，企圖發掘群眾意見動態的真相。[4]現在的評分會影響未來的評分嗎？如果是，這對線上群眾意見中的偏見有何意義？在現在評分和在未來評分之間找到相關性並不能說明什麼，因為過去評分和未來評分的相關性可能只是因為品質。高品質餐廳（或鞋子、飯店）會得到高的現在評分和高的未來評分，而低品質餐廳則不管在今天還是明天都會得到低評分。雖然過去評分和未來評分有相關性，實際上只有一種方法來判定過去評分是否影響未來評分。我們必須設計一個控制評分的實驗。

所以，我們與一個類似紅迪的社交新聞網站合作，來大規模測試從眾假設。這個網站讓用戶張貼新聞文章並給予評分和評論。我們不用給多少顆星來評分，用戶可以選擇用按讚或按倒讚的方式，讓整個實驗看起來簡潔一點。我們的實驗在循環評分的一開始，就隨機給貼在網站上的文章一個讚或倒讚，我們還有一個沒有改變評分方式的控制組。我們接著看這三組是如何評分。每一篇文章通常有數百個或數千個評分，所以引進這個按讚或按倒讚方式是最小程度的操控。我們不想把手指放在天秤上太久（可以這麼說）。但儘管實驗設計得這麼精細，結果還是很戲劇化。

正向的操控會把整個評分落點往右邊移（圖表10.1比較代表按讚組的箭頭向上線和代表控制組的星星線）。循環評分一開始給的一個讚，會讓正向評分的可能性增加三二％，平均評分增加二五％。事實上，這個效果強大到讓某些文章產生「超級巨星」效應，拜正向從眾現象之賜，如滾雪球般上升至明星級評分。如果我們隨機讓一個文章項目多得到一個讚，它超過十分的可能性就增加三〇％，這樣的成績可不低，因為該站的平均分數是一‧九分。所以，由於循環評分一開始隨機給的小小助力，文章項目進入評分同溫層的可能性就多了三〇％。

我們也對圖表10.1中的另一個結果感到驚訝：從眾現象的

圖表10.1　社群媒體影響對評分的影響

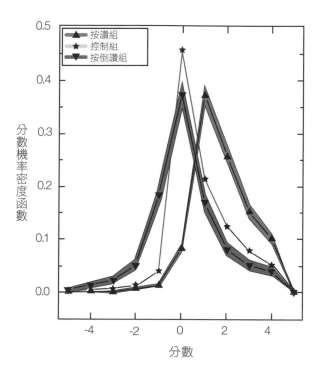

圖中顯示在紅迪之類的某個社交新聞網站上，三個隨機選取貼文組合的標準化評分分布：「按讚」組（貼文在操控下第一個獲得的評價是讚，由箭頭向上線代表）、「按倒讚」組（貼文在操控下第一個獲得的評價是倒讚，由箭頭向下線代表）、控制組（貼文沒有受到操控，由星星線代表）。95％的信賴區間推斷自貝葉斯邏輯迴歸（Bayesian logistic regression），還有評論者、評分者與評論者－評分者效應。

不對稱。當按讚組（箭頭向上線）的評分戲劇性的往右移動時（代表更高分數），按倒讚組（箭頭向下線）並沒有以同樣的比例向左移動（代表較低分數）。在消費者因按讚的影響而增加他們的正向評分的同時，他們對倒讚的回應是按讚，或許是要糾正他們認為的不公平。負向操控因這種「糾正效應」（correction effect）而停歇，進而促使負向從眾的暫止。如我們即將看到的，這對線上評分的從眾方向有重大的意義：偏向正向的從眾。

我們感到震驚。社交影響力會產生這麼大的轉變令人感到不安。問題源自於我們的從眾本能，我們因此會和周遭的人做出一樣的思考和行為。在這個數位時代，我們每天在臉書、Instagram、推特、Yelp上遭到其他人意見的轟炸：我們被超社交化了。我們在亞馬遜瀏覽書時知道其他顧客喜歡（或不喜歡）某一本書。我們在比較飯店時根據的是Expedia上的用戶評分。我們先查看YouTube上某支影片的按讚和按倒讚分數來決定它是否值得看。我們甚至在選擇醫療專業人員這種重大決定上，都有可能根據先前病人的回饋。

來自社群媒體的同儕影響不僅導致外在的一致（假裝喜歡群眾喜歡的），也實際改變我們對不同意見的價值判斷。當某個神經成像研究的參與者被要求評斷他人臉部吸引力，並在看到刻意顯示給他們看的他人意見時，他們的功能性磁振造影結果顯示，他們不只遵從群眾對吸引力的看法，他們腦中負責主觀價值判斷的部分也被啟動,「暗示接觸社會規範會影響研究參與者對價值的神經表現。」[5]在另一個研究中,參與者被問到對音樂的看法,接著看到刻意給他們看的專家和群眾意見。社交影響力改變參與者對音樂表達的看法,而功能性磁振造影結果則顯示「社交影響力居中傳達最基本的價值訊號……(這)有助於群體中的快速學習和價值迅速傳播。」[6]

　　在做線上評分時,我們除了本能的追隨他人外,還更容易受到正向社交影響的影響。我們看到他人欣賞某一本書、某家飯店或餐廳、某位醫師(還給了很高評分)時,就會想要給差不多高的評分,並把這些人事物想得更好一點。實驗顯示我們在做文化選擇時有從眾的傾向,如聽什麼音樂,[7]甚至連注意街角有什麼都包括在內。[8]這種群眾意見中的反常現象,也有助於解釋亞馬遜之類的商業網站上無所不在的星級評分為何呈現完全預期不到的分布圖形。

星級評分的 J 曲線

　　線上星級評分的分布圖形總是讓我感到困惑。如果我們隨機調查由經驗證的鞋子或飯店套票購買者所組成的代表性樣本,將發現他們的經驗大致呈現一個鐘型曲線。一小群人會有很正面的體驗,另一個人數類似的群體會有很糟的體驗。但大多數人的體驗很一般,即不太好也不太壞,就是位於中間。確

實，很棒的產品的評分分布會往右移動，而糟糕的產品的評分
分布則往左移動。但如果你將所有體驗過產品的消費者所給的
好產品和壞產品評分加起來，預期會看到一個接近正常分布的
圖形，或是鐘形曲線（參閱圖表10.2）。

　　但當你將消費者跨平台給許多不同種類產品所做的評分加
起來，反而會得到一個奇特的分布圖，看起來像英文字母J，
裡面有許多五星和四星評分、數量適中的一星和二星評分、很
少的三星評分。線上星級評分的J形曲線，令人驚訝的始終一
致。[9]如果你身旁有電腦，去亞馬遜網站隨機瀏覽幾項產品。
你看什麼產品或哪類產品通常不重要，評分結果通常都呈J形
曲線。評分很高的產品通常產生較平的J，像個曲棍球桿，因
為一星評分較少，而評分一般的產品通常產生較為彎曲的J，
因為一星評分較多。但J形曲線令人驚訝的始終一致：有很多
的五星和四星、較少的一星和二星、極少的三星。不過，為何
如此？

　　證據指向三種可能的解釋。首先是「購買偏見」。購買產
品的顧客（因此可以選擇留下經驗證的評論）一開始就對產品
比較有好感，因為他們要有足夠的喜歡才會購買。其次是「低
報偏見」。消費者要真的有很好的體驗或真的很糟的體驗才會
提供評分。只有一般體驗的人沒必要評論。所以，這種評分過
度採樣（oversample）好的和壞的體驗，且好的體驗採樣率高
於壞的體驗。另一個因素是在我們與交易夥伴同意達成彼此互

圖表10.2　線上評分的J形曲線

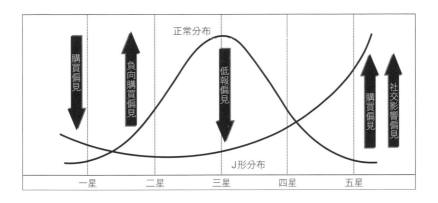

圖中顯示線上評分所呈現的奇特J形圖。我們預期消費者的產品體驗會呈現正常的分布，即多數人有著一般的體驗，不過線上評分通常呈現一種J形線，裡面有很多的五星和四星、數量適中的一星和二星、非常少的三星。可以用「購買偏見」、「低報偏見」、「社交影響偏見」來解釋。

惠結果時所產生的。例如，Uber和Lyft的駕駛和乘客通過一個簡單的把戲就能彼此串通互給對方好的評分。你離開Uber車時問「五給五？」（Five for five）意思是「我給你五顆星，你回好處給我。」這種做法造成評分膨脹。最後，如我們在評分實驗中看到的，社交影響偏見偏向正向從眾多一點，偏向負向從眾少一點。合起來，這些解釋促使評分分布趨向「J形曲線」。

線上意見的正向從眾對商業策略、預防詐騙、股價、甚至選舉都具有意義。例如，急於強化商譽的品牌有個簡單的策略，即鼓勵滿意的消費者給產品評分且盡早評分。鼓勵擁有正向體驗的消費者早點評分，將促使未來的評分者給出更高的評分，並將意見動力推向對品牌有利的方向。而這沒有不誠實的地方，因為評分都是真的。

正向從眾也能使詐欺偵測受挫。紅迪等網站用機器學習來偵測假的評論，一旦找到就會移除。但移除假評論無助於消除假評論對後來所有合法評論的影響。詐欺已滲入系統，也污染合法的評論。

從眾理論暗示人與人之間分享的「連串」訊息在市場上創造泡沫，影響範圍從股市到房市。荷蘭鬱金香狂熱經常被引用來說明歷史上曾發生過的同類型泡沫。但今天這部宣傳機器已將社交影響偏見制度化和自動化到無所不在的地步。這可能具有很深的含意，而不清楚我們是否完全了解它。

　　以選舉為例。我們在二〇　二年美國總統大選期間發表我們對社交影響偏見的實驗。當我們分析實驗中的戲劇性正向從眾現象時，我記得聽到廣播上報出統計歐巴馬總統支持率的選舉民調，告訴我們誰在總統選舉中領先。在對偏見實驗結果了然於胸的當下，我不禁納悶：這些民調是在預測選舉結果還是在引導結果？我在政治科學界的朋友已證明民調可以影響投票率。如果你支持的候選人領先，你或許會想「我們不可能輸掉這場選舉，所以我不需要去投票。」結果暗示從眾效應不僅影響人們是否會去投票，也影響他們如何投票。雖然我們的研究不是關於選舉本身，但從眾傾向存在於人類的許多行為中。沒有理由認為選舉不會受到影響，且臉書的投票實驗也有這樣的暗示。

　　一種解決方案是讓線上評分在不公開的狀況下進行，直到網站獲得的評分樣本數足以產生穩定的評分結果。例如，在《科學》期刊登出我們的社交影響偏見研究後幾個月，紅迪改變政策決定，不顯示評分，直到被評項目有機會在不公開的狀況下獲得幾百個評分為止。如果有足夠數量的票在不公開的狀況下投出，就可以維持群眾意見的獨立性，至少讓少部分票數不會影響群體。紅迪在一則部落格貼文中解釋這樣的改變是為了避免社交影響偏見並遏止詐騙。二〇一九年，Instagram為了完全不同的理由開始隱藏平台上的讚，我將在第十二章討論這一話題。這些政策改變如何影響社會？我們很快就會知道。

宣傳機器陰影下的集體智慧

這部宣傳機器經常被描述為蜂巢思維（hive mind）的先驅。它的演算法如果運用得宜，能增進我們的集體智慧，也就是快速的用聰明方法將群眾的意見聚集起來。不過一旦那些演算法將我們的集體缺點加入群眾行為之中，就可能造成預測能力失效，我們的集體判斷也會偏離軌道。一個完美的例子就是二〇〇九至二〇一三年間，我們在預測流行性感冒（簡稱流感）上所做的集體演算嘗試。

流感每年在全世界造成約一百萬人死亡。不過及早測出加上快速的反應，能減少流感對我們健康的衝擊。預測流感爆發能為美國疾病管制中心（Centers for Disease Control）之類的機構改善資源分配和反應計畫。直至二〇〇九年，疾病管制中心都根據流感相關的醫師出診紀錄和其他病毒學及臨床健康資料來做每週一次的流感發生率報告，時間上會落後一至兩週。

二〇〇九年一月，谷歌推出稱為谷歌流感趨勢（Google Flu Trends）的流感偵測系統，這套系統用數千億筆搜尋結果當中，與流感有關的五千筆搜尋詞語預測全美每週的流感發生率。邏輯很簡單：感冒的人通常會在看醫師前先在網路上搜尋與感冒症狀和治療偏方相關的訊息。用這種搜尋結果做出的預測模式，可能比傳統監控系統預測得更快。它是根據演算法促成的集體智慧所做的猜測，結果證明猜得很準。

　　谷歌流感趨勢以〇・九七的平均相關性（mean correlation）做出流感預測，速度比疾病管制中心快很多，時間上只落後一天，而不是傳統的一至兩週。[10] 結果令人吃驚。這個方法被宣告為集體智慧用在健康監測上的一個里程碑。它利用群眾的智慧，具體而言就是數十億筆流感症狀（如「頭疼」、「鼻子不通」、「發燒」）和偏方（如「錠劑」和「熱敷」）相關查詢，這比傳統監測方法進步許多，直到其失效為止。

　　從二〇〇九年六月至二〇一一年六月，谷歌的預測幾近完美的追蹤實際發生的流感案例。接著從二〇一一年六月開始，谷歌流感趨勢突然間失去準頭，二〇一一至二〇一三年間高估流感發生率達五〇％，在二〇一一年八月開始的一百零八週裡，有一百週出現過高的流感預測。從二〇一二年末到和二〇一三年的冬季，谷歌預估結果高出疾病管制中心的兩倍以上。

　　群眾的智慧為何這麼快就變成群眾的瘋狂？主要有兩個說法。首先，谷歌流感趨勢設計者落入大衛・賴澤（David Laszer）、萊恩・甘迺迪（Ryan Kennedy）、蓋瑞・金恩（Gary King）、亞歷山卓・維士畢亞尼（Alessandro Vespignani）所稱的「大數據傲慢」陷阱中。[11] 這個模式在做預測時，雖然投入大量的資料（數十億筆針對數百萬個詞語所做的搜尋），客觀的流感紀錄卻相當少（數千份醫師出診紀錄），因此出現統計學家所稱的過度配適（overfitting）和假相關（spurious correlation）。在五千萬筆與流感相關的搜尋詞語中，許多只是在時間上和流感有關，和流感本身沒什麼關係。例如，流感季節大致和籃球季同一時間。所以，與籃球相關的搜尋詞語和流感產生相關性，但純屬巧合。與冬季相關的搜尋詞語也一樣，結果，谷歌流感趨勢在非季節性流感預測上就表現得很糟，如二〇〇九年發生的非季節性H1N1流行病。誠如賴澤和他的同事所言，「谷歌流感趨勢部分是流感偵測器，部分是冬天偵測器。」

其次，谷歌搜尋演算法的幾個小改變也影響到谷歌流感趨勢的正確性。二〇一一年六月，谷歌開始建議增加與用戶搜尋有關的搜尋詞。二〇一二年二月，他們開始在用戶搜尋「發燒」或「咳嗽」這類流感症狀時回以可能的診斷結果，作為他們建議增加的搜尋詞。這些設計選擇把偏見加入這部宣傳機器的程式中，促使谷歌用戶搜尋更多的流感相關用語，沒有演算法的推波助瀾，他們不會這麼做。這些新的建議導致更多的流感搜尋，讓谷歌流感趨勢以為流感比實際情況嚴重。這戲劇性的演示軟體程式如何決定這部宣傳機器的影響？演算法的小改變有助於將一個可作為群眾智慧的範例變成群眾瘋狂的案例，只要推倒群眾智慧賴以維持的三個支柱中的一個即可：在先前獨立的意見中注入相互依賴關係。理論是這麼說的：有智慧的群眾通常需要三樣東西：獨立性、多樣性、均等。問題是，這部宣傳機器正在侵蝕這三個支柱。

獨立性

　　群眾預測得準，是因為他們能抵消個人的錯誤。還記得高爾頓的用一群人猜出牛的重量的例子。不管個人對牛的重量有多少的體驗或感知，還是會犯錯。有些人高估牛的重量，有些人低估。但如果這些錯誤沒有相關性，意即彼此不相關且不含偏見，也沒有系統性的低估或高估真實的重量，那麼只要有夠多的猜測，高估值和低估值將相互抵消，而平均的（中間的）看法會最接近真實數字。按數學用語，當錯誤互不相關時，猜的次數一多，智慧就會從中而來。

　　獨立性之所以重要，是因為能讓個人用他們的個人訊息促成集體猜測，而過程沒有受到他人意見的影響，也沒出現任何單一意見把整個群體帶往偏離方向的現象。另一方面，社交影響將正向的相關性注入個人猜測之中，因為我們會模仿他人的意見，或許是因為我們以為他人知道我們不知道的事情，或覺得有服從群體的壓力。這造成一種從眾效應，群體會被拉向某一種猜測，因此失去抵消錯誤的能力。線上評分和谷歌流感趨勢都是這種病症的強而有力案例。

　　值得讚揚的是，《群眾的智慧》作者詹姆斯・索羅維茲基坦承人類是「社交動物」。「我們想要彼此學習，而學習就是一種社交過程，」他寫道，「我們所住的社區、所上的學校、所工作的公司形成我們的思考和感覺方式。」[12]但儘管承認社交影響是一種生活上的事實，他堅持他的論點：智慧一般來說需要獨立性。「我想表達的是，」他寫道，「一個團體的成員如果彼此影響愈大且彼此接觸愈多，這個團體做出的決定就比較不可能是明智的決定。我們彼此影響愈大，我們就愈有可能相信同樣的事情和犯同樣的錯誤。意思是，個別的我們可能比較聰明，集體的我們卻變得比較笨。」

但這部宣傳機器使社交影響變得無所不在，而我不確定索羅維茲基是否有預料到這一天的來臨。「串聯（cascade）存在嗎？」他寫道，「毫無疑問。」它們沒有像上餐廳的模式所暗示的那麼無所不在，因為如耶魯經濟學者羅伯特・席勒（Robert Shiller）所言，人們通常不會有條不紊的做出決定。「大多數狀況下，」席勒寫道，「許多人根據自己的訊號，獨立選擇自己的行動，期間沒有觀察其他人的行動。」顯然索羅維茲基和席勒在做這些結論時，都沒有體驗過Instagram、Yelp、推特、#符號標記、病毒般傳播的迷因、趨勢主題和社群媒體意見領袖。

現在我們在做出決定時，總會觀察別人的行動。做決定時接觸他人意見已成為常態而非例外。我們不必去找社交影響力，社交影響力會自動找上我們。推播通知（push notification）整天拿別人的意見來轟炸我們，不管我們喜歡與否。其實，如果我們要在線上評分、評論、推文、分享、推薦的環境中修正席勒的結論，或許可以這麼說：「許多人若沒有觀察他人的行動就不會選擇自己的行動。」但這樣糟糕嗎？嗯，看情況。我稍後再回到這個話題。

多樣性

　　群眾智慧的第二個支柱是多樣性。當群體中每個人都有自己的意見並抱持根深柢固的兩極化意見時，這個群體就不會聰明。集體判斷的聰明組合在解決問題和做預測上會因多元意見而受益。為何？因為不同的群組能發現多種解決方案並有效使用這些解決方案。複雜系統科學家史考特・佩奇（Scott Page）表示，在能解決問題的團體中，多樣性勝於同質性，且在對的條件下，*多樣性也能勝過能力。[13]有多元認知的團體，表現會比有最優秀的問題解決者的團體還要好，這正是因為表現最好的人通常會有相似的思考，所以不會去探尋夠多的可能解決方案來找出較好的替代方案。在預測選舉結果、股價、牛的重量時，群體的多樣性和群體中個人的正確性一樣重要。而當你把群體裡的個別預測綜合起來時，至少能和群體任一份子的平均預測一樣好。這種數學規律性很大程度要靠群眾的多樣性。

　　一種受到熱議的趨勢能降低多樣性，那就是兩極化。兩極

---

*　問題必然很困難，而且由我們組成的解決問題小組團體，以及個別的群組都必須夠大。

化的危險性在於能製造僵局，並癱瘓社會有效處理社交訊息的能力。它放大我們的偏見，讓我們偏愛符合自己信念的想法。這種「動機性推理」（motivated reasoning）能將兩極化的團體推向不易改變的意見不合狀態，甚至連基本事實都能吵。我們從美國眾議院彈劾川普總統的調查案和美國參議院的彈劾審判都看出這種現象。民主黨和共和黨似乎都影響不了對方的論點，各自囿於己見。你可能以不同的觀點來看這場審判，這取決於你的政治傾向，而你可能很難相信別人有相反的看法。

我們這種不易改變的兩極化觀點容易受到「確認偏誤」的影響，即人類自然傾向更相信與自己堅持信念相符而非相左的事實和意見。從美國民主黨和共和黨的緊張對立、英國脫歐公投中的「脫」和「留」兩派對立、到巴西總統大選中右傾和左傾政黨的對立，我們看到兩極化現象似乎正在席捲全球……但真的是這樣嗎？

兩極化悖論

深入了解數據後，你會發現兩極化現象似乎不是那麼清楚，不管是就全球還是美國而言。一方面，當我們把自我認定為共和黨人和自我認定為民主黨人的人的觀點，按政治價值評量標準來做比較時，正如皮尤研究中心自一九九四年起所做的，我們看到兩黨之間自二〇〇四年起出現一個戲劇性分歧，那年就是臉書創立之年。[14]這種分歧在「接觸政治」的人中更為明顯（參閱圖表10.3），也存在於許多政治問題中（參閱圖表10.4）。

　　但當我們檢視特定政治議題所顯現的政黨認同、意識形態、觀點時，發現自一九六〇年代起並沒有多大的改變。如馬修・詹斯考所言，過去五十年來在政黨屬性或自由和保守傾向上，「我們看不到逐漸兩極化的證據」。[15]「很少美國人自稱『非常的』保守或傾向自由主義。在其他人當中，那些自稱『保守』、『自由主義』、『溫和主義』的人依然相當穩定不變，沒有在近幾年往極端移動的任何跡象。」如果與政治議題相關的意見有逐漸兩極化的傾向，我們預期可以看到美國人對許多經濟和社會議題的意見會出現更廣的分布。但多數美國人對多數議題仍持溫和的看法，在許多經濟和社會議題上的意見分布情形呈現穩定的「單一高峰」圖形。

　　然而，投票數據「似乎大聲喊出兩極化增加的現象」。美國某些郡出現某總統選舉候選人以超過二〇％壓倒性優勢贏得該郡選戰的現象，那些居住在這些郡的選民，在一九七六年占總投票人數的二五％，到了二〇一六年則上升到六〇％。[16]選民比較不可能在現在的總統和國會選舉中跨越黨派投票，[17]而郡級選票比例隨著時間變得愈來愈有相關性，[18]選民比較可能在總統和國會選舉中投給同一黨。[19]

　　怎麼會這樣？為何在共和黨人和民主黨人（政黨身分）、

圖表10.3　1994至2017年間美國的政治兩極化

美國選民的政治兩極化（1994至2017年）

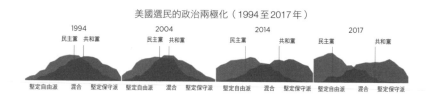

美國接觸政治選民的政治兩極化（1994至2017年）

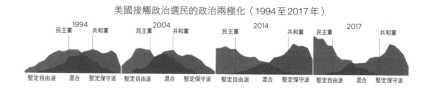

上圖顯示民主黨人（左）和共和黨人（右）的1994年、2004年、2014年、2017年政治價值評量（十項評分項目）分布情形。下圖顯示接觸政治的民主黨人（左）和共和黨人（右）的1994年、2004年、2014年、2017年政治價值評量（十項評分項目）分布情形。這個政治價值評量表由十個問題組成，問題取自皮尤研究中心的民意調查，目的是要衡量人們在面對許多政治價值時，採取的是自由還是保守態度，這些態度針對的是政府大小和規模、社會安全網、移民、同性戀、商業、環境、外交政治、種族歧視等議題。

保守派人士和自由派人士（政治意識形態）比例數十年來維持穩定的狀況下，民主黨人和共和黨人卻在政治意識形態評量和對顯著議題的立場上，出現戲劇性分歧？

答案很簡單：人們的觀點與政黨屬性的相關性已急遽上升。[20]美國人已匯聚成兩個分別具有同質性信仰體系的陣營。總的來說，雖然多數美國人對多數議題仍維持溫和的看法，他們對特定議題和候選人的看法已出現跨越黨派的重新組合。雖然美國人支持或反對移民的比例大體上沒有改變，「支持移民的共和黨人比例或反移民的民主黨人比例卻大幅下降。」選民對特定議題上的看法開始匯集成分歧卻又同質的觀點，與他們所屬政黨一致。但是，以前不是這樣。「以前比較常看到的是對某些議題（如社會政策）採自由派看法，對其他議題（如經濟政策）則採保守看法，」詹斯考寫道，「今天，更多人全面的持自由派或保守傾向看法。」[21]

這種分歧也擴散到美國文化中。蘇珊‧克普納（Suzanne Kapner）和丹提‧齊尼（Dante Chinni）在分析西蒙斯全國消費者調查（Simmons National Consumer Survey，針對二〇〇四至二〇一八年間消費者品牌偏好所做的一項調查）時發現，品牌近年來愈來愈與共和黨或民主黨產生相關性。[22]檢視一下消費者的品牌忠誠度和購買模式，就會發現共和黨人會買藍哥（Wrangler）牛仔褲，民主黨人則買李維斯牛仔褲。共和黨人買通用汽車的車子，民主黨人則買福斯的車子。且如我們所

圖表10.4 美國選民的政黨和意識形態屬性

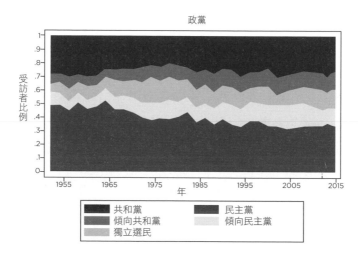

政黨

受訪者比例

共和黨　　　　　　民主黨
傾向共和黨　　　　傾向民主黨
獨立選民

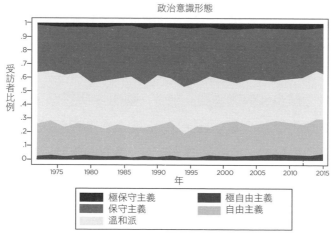

政治意識形態

受訪者比例

極保守主義　　　　極自由主義
保守主義　　　　　自由主義
溫和派

圖中顯示美國國家選舉研究民意調查受訪者中，分別表明為共和黨、傾向共和黨、獨立選民、民主黨、傾向民主黨的比例。2012年以後的數據來自皮尤研究中心所做的另一份民意調查，比例經過重新調整，好讓重疊的時間區塊有相同的平均值。

知，共和黨人看福斯新聞（Fox News），民主黨人則看CNN。

這一方面是品牌塑造、行銷、目標鎖定所造成，一方面是消費者的口味分歧所致。各品牌開始在社會議題上採取立場，或許是為了表達他們領導階層的社會價值，或是試圖與某些消費群體產生認同感。例如，李維斯接受自由派主張的槍枝管制並支持移民政策。吉列在廣告中針對有毒的陽剛氣（toxic masculinity）所做的質疑引發爭議，廣告內容是描寫一位父親如何教導變性兒子刮鬍子。而誰又能忘記耐吉對科林・卡佩尼克（Colin Kaepernick）的接納？他是前洛杉磯四十九人隊（San Francisco 49ers）四分衛，曾在演唱國歌時用單膝下跪的方式抗議少數族裔受到壓迫。美國人當中表示會因品牌的社會議題立場而選用、改用、避開、抵制某品牌的比例，已從二〇一七年的四七％上升到二〇一八年的六〇％。或許不令人驚訝的是，二〇一八年有四六％的耐吉顧客說自己是民主黨人，說自己是共和黨人的只有三一％。

共和黨人和民主黨人針對這些議題分別形成緊密結合的同質性社群，某種程度上也因他們對某些品牌的忠誠度而結合在一起，與此同時，另一種分歧也在兩黨之間出現：兩黨成員如何看待對方。「情感兩極化」（affective polarization），即政黨間的不喜歡、不信任、敵對，自一九九〇年代中期至末期起已大幅增長。[23]「溫度計」評分用一個滿分為一百分的評量機制（從溫到冷）來衡量受訪者對自家黨和他黨的相對感受，包括內團體和外團體對自家黨和他黨成員是否「自私」或「聰明」的評分，以及會因自己小孩和他黨成員小孩結婚而不高興的比例。情感兩極化現在處於六十年來的最高點，剛好符合皮尤研究所記錄的一九九四至二〇一七年間的政治兩極化。

下一個問題自然是為什麼？我們為何看到這種分歧在逐步擴大？先是在美國，最後擴及全球，從孟加拉、巴西、加拿大、瑞士、哥倫比亞、印度、印尼、肯亞、波蘭、土耳其，再到其他各地。兩極化的根源很複雜，而探究成因的科學研究也尚未有定論。但我們對其中幾個促成因素已獲得證據，不過許多其他因素仍具爭議。首先，或稱意識形態和社會認同重新排列組合的政黨歸類（partisan sorting），如種族和宗教，已沿著政黨分界線聚起力量。福音派基督徒一面倒投給共和黨，非裔美人則一面倒投給民主黨。

其次，美國選民在過去十年間已在經濟上兩極化。[24]民主黨地區（尤其城市和郊區）的家庭中位數收入（median household income）增加一七％，他們擁有較高學歷和較多專業工作機會，而在教育程度較低，以勞工為主的共和黨鄉下地區，家庭中位數收入則下降三％，他們擁有的農業和低技術製造業工作較易受到海外競爭的傷害。

第三，有線新聞媒體的政黨兩極化，可能強化政治認同並增加政黨間的情感兩極化。儘管如此，政黨人士也選擇往左傾或右傾的媒體觀眾靠攏，這樣就難以判定是新聞媒體造成兩極化，還是早已兩極化的大眾選擇兩極化的媒體。[25]

第四，網際網路經常被怪罪為兩極化的起源，因為個人化和目標鎖定合起來形成法律學者凱斯・桑斯坦（Cass Sunstein）和 MoveOn.org 主管伊萊・帕瑞薩（Eli Pariser）所描述的兩極化內容的「同溫層」，不同派別得以吸收來自世界各地完全不同的訊息和事實。[26]儘管如此，有關網際網路對兩極化的促成，相關證據仍存在矛盾之處。有些研究發現網路的使用使兩極化增加一點，[27]其他研究則發現較少用網路的人最常有兩極化傾向。[28]

有關情感兩極化在不同國家出現的分歧趨勢，重要證據來自由李維・巴斯威爾（Levi Boxwell）、馬修・詹斯考、傑西・夏皮羅（Jesse Shapiro）所做的一項研究，那是少數縱向跨文化研究之一。他們的分析跨越四十年涵蓋八個國家，結果顯示過去四十年間，情感兩極化在美國、加拿大、瑞士呈穩定成長，卻在澳洲、紐西蘭、英國、瑞典、挪威、德國出現持續下降。[29]

由於當時那些國家的網路使用率不但很高且持續在增加，不太可能把網路當成情感兩極化的原因。不過如他們所言，「事實上，許多國家的情感兩極化是在二〇〇〇年後開始加快出現，幅度大於二〇〇〇年前，這符合數位媒體在這裡面所扮演的角色。」[30]這些趨勢卻無法解釋兩極化為何也在一九九〇年代興起，為何二〇〇〇年後某些國家的兩極化會增加，而其

　　他國家的兩極化卻減少？這暗示多種因素促成情感兩極化的興起，而某些國家特有的趨勢，如美國收入不平均的加劇、種族分裂的惡化、有線新聞的崛起，可能會結合數位和社群媒體促成兩極化的產生。

　　過去幾年間，許多人感到納悶的是，這部宣傳機器和所有的不和有什麼關係？自動化、個人化、鎖定目標、形成趨勢的演算法似乎就是為我們量身訂做，好把我們推向更大的同質性和兩極化。社會的超社交化本身可能會減少多樣性，因為當我們集體繞著他人的意見打轉時，可能正和其他和我們一樣的人聚集成緊密結合的思想同溫層。

　　這部宣傳機器是否可能與特定的國家因素（如收入不平均、種族分裂、政黨歸屬感加重）結合在一起，形成線上同溫層效應，進而促進情感兩極化加速？這些因素讓與政黨相關的同質性團體更容易在臉書和其他社群媒體上遭到鎖定？這些問題很複雜。動態消息的排序和交友建議演算法很可能與我們自己的選擇相結合，構成我們閱讀和相信的東西，進而更加使我們分裂。有關這個可能性，科學是怎麼說的？

宣傳機器正使我們兩極化嗎？

　　首先，動態消息演算法從我們的點擊、接觸、按讚項目得知我們的偏好，經過訓練能為我們提供更多最常接觸的內容。

各平台宣稱他們不僅將點擊最大化，演算法也在增加多樣性上有所準備。但我的直覺反應是，這部宣傳機器的演算法在尋找多樣性上所做的準備，可能只是在探索我們的偏好，以改善自身的正確性，而不是增加我們的消費多樣性（難以確知，因為各平台都沒有公布自身的演算法）。這些演算法用不同於我們慣常喜歡的內容來測試我們，目的是要探索我們的興趣看有沒有遺漏什麼，或確定我們的偏好沒有改變。但這些多樣性準備可能敵不過演算法的主要目的，即為我們提供更多使我們保持接觸的內容。

其次，這部宣傳機器的內容策展演算法透過一種會將我們推向兩極化的宣傳迴路，減少我們的消費多樣性：交友建議演算法把我們連向與我們類似的人。所以，我們聯絡人所分享的內容會偏向我們的觀點。動態消息演算法進一步降低內容的多樣性，因為我們的閱讀選項窄化到只包含最直接符合我們偏好的項目。我們接著選擇閱讀範圍更窄的內容子集，這種帶有偏見的選擇回傳給機器智慧，讓機器推斷我們想要什麼，如此形成一個兩極化循環，將我們捲入派系化的訊息同溫層裡。這是一種惡性宣傳迴路，由演算法和我們自己的選擇合力在驅動，將我們引向一個目光短淺的兩極化世界觀。

我的臉書同事艾騰・巴克希、所羅門・梅辛（Solomon Messing）、拉達・亞當米克（Lada Adamic）於二〇一五年在《科學》期刊發表一篇被廣為引用的論文，他們研究的是我們的網路、動態消息演算法、我們自己的選擇能對我們在臉書上接觸多元意識形態新聞的機會產生多大程度的影響。[31]他們分析美國一千萬個臉書用戶如何用他們動態消息上的社交分享新聞做回應。他們發現在內容策展的過程中，每一階段都會出現內容選項窄化的現象，包括根據朋友分享決定做出的策展、根據動態消息演算法做出的策展、根據我們閱讀選擇做出的策展。

在策展過程的每個階段，我們會接觸到愈來愈少的多元意識形態觀點。由於我們的社交網路已因交友建議和個人連結偏好（皆偏向同質性）而兩極化，臉書上出現明顯以政治歸屬為導向的群聚現象。研究人員觀察到，和網路結構兩極化相呼應的是，朋友分享給我們的新聞內容也出現相當程度的兩極化。圖表10.5比較我們在網路所分享的硬新聞內容的戲劇性兩極化和軟新聞內容（體育、娛樂、旅遊）的相對缺乏兩極化。動態消息演算法更將自認為自由派的人能接觸多元內容的機會降低八％，自認為保守派的人的接觸機會則減少五％。最後，個人選擇加上動態消息演算法使自由派人士減少六％接觸多元內容的機會，保守人士則減少一七％接觸多元內容的機會。

這些發現清楚的顯示：我們在臉書上追蹤的人（我們都知道是受到朋友推薦的影響）限制了我們與政治和世界事務類硬新聞的接觸，亦即我們要追蹤誰、接觸什麼社交內容都經過設計。動態消息演算法加深這種兩極化，不過比較溫和一點。最

圖表10.5　臉書上分享硬新聞和軟新聞的兩極化

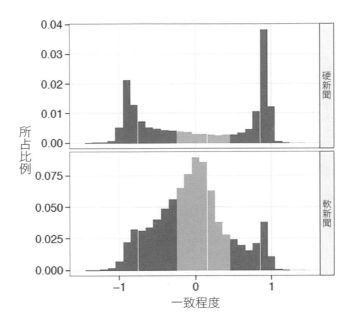

圖中顯示美國1,000萬個臉書用戶動態消息分享的硬新聞和軟新聞所呈現的意識形態一致程度分布。往左傾或右傾的意識形態一致程度，是用分享者平均屬性（加權總分享人數）來加以衡量。所以，如果許多左傾或右傾朋友分享某篇內容，該篇內容就會被標記為左傾或右傾。

後，我們的個人選擇更加限制我們的閱讀內容，機器收到這樣的回饋後依此解讀我們的需要，形成一個不斷在強化的意識形態循環。

接觸多樣性陷阱

　　從臉書的觀察式研究難以認定演算法或我們的選擇導致我們在接觸硬新聞時出現的兩極化，因為該項研究根據的是相關性而非因果關係。但前麻省理工學院博士後研究員阿那亞・申（Ananya Sen）所蒐集的實驗證據為兩極化和演算法策展新聞的間關係提供第一個因果關係證據。這個研究是他與約格・克勞森（Jorg Claussen）及克里斯欽・普凱特（Christian Peukert）於二〇一七至二〇一八年間在德國一個主要新聞網站上做的。[32]

　　他們用一個大型實驗來測試演算法策展是否會形成同溫層。他們隨機指派一些用戶接收演算法策展的新聞，其他用戶則接收人為策展的新聞。控制組用戶被指閱讀由人為編輯的頁面。實驗組用戶則看到演算法策展的內容，根據的是他們之前的閱讀史，即網站動態消息第四槽（新聞項目部分）裡的資料。除此之外，控制組和實驗組看到的其他部分都一樣。透過對人類策展的第四槽和機器策展的第四槽的比較，他們衡量演算法策展有多大程度窄化了新聞消費。

　　這個針對一億五千萬個用戶所做的分析，證實三件與演算法有關的事：

　　首先，演算法策展在讓用戶接觸最大化上的表現得比人類策展要好。只蒐集六次的拜訪資料後，演算法就比較能預測讀者想要什麼並持續在促使讀者點擊上表現得比人類編輯要好。*這證實演算法策展能有效促成大規模的接觸最大化。演算法的資料愈多，就能與我們有更多接觸，達到回報逐漸減少的程度。

　　其次，演算法策展帶來的同溫層會大幅降低我們的多樣性。多次回到網站的讀者每次都會被隨機指派接受演算法策展或人為策展。指派的是演算法策展時，同溫層就會出現，他們的閱讀內容變得比較窄。指派的是人類編輯的頁面時，他們的閱讀內容就比較廣。

　　第三，演算法策展不僅窄化讀者的多元內容選項，還讓他們的閱讀選擇也變窄。換句話說，同溫層不僅限於動態消息的第四槽，還擴散到更廣泛的消費選擇。指派給演算法的用戶不僅在第四槽的閱讀內容變窄，也在其他人類策展的槽裡出現點擊和閱讀範圍變窄的傾向。阿那亞的研究提供第一個大型實驗證據來證明演算法策展導致同溫層，也暗示演算法策展窄化我

---

* 有趣的是，人類編輯在判斷突發新聞的表現上比演算法好，這顯示人類在預測讀者對有新聞價值的內容喜好上也許有更好的表現。

們閱讀內容的方法，是一方面限制我們的選項，一方面窄化我們在那些選項裡能做的選擇，這可以解釋為何臉書研究發現可將顯著的窄化歸因於人類的選擇。

我與博士指導生戴夫・霍茲（Dave Holtz）及班・卡特瑞特（Ben Carterette）在一項大型實驗中有類似發現。我們這項研究是在測試音樂串連平台Spotify上個人化推薦對消費多樣性的影響。[33]在實驗中，部分Spotfiy用戶收到根據他們之前收聽史所做的播客推薦，其他用戶收到的推薦則是人口特徵與他們相同的團體裡最受歡迎的播客。演算法推薦增加了接觸，串流播客的用戶人數上升三六・三三％，每一用戶的平均播客串流數則上升二八・九〇％。但這個處理方式也產生兩極化消費群組，群組內呈現同質性，群組間則出現多樣性。這些推薦減少個人收到的播客串流多樣性達一一・五一％，播客串流的整體多樣性卻增加五・九六％。這和申等人的發現一樣，我們發現演算法策展不僅窄化用戶的選項，也窄化他們的選擇。用戶選擇的窄化不僅出現在首頁（沒有顯示演算法推薦），也出現在平台的其他地方，如用戶的圖書館和廣播電台頁面（沒有顯示演算法推薦）。

在我們的實驗中，演算法策展的同溫層效應在沒有策展的狀況下不會持續下去。我們關掉演算法推薦後，用戶的消費多樣性就回復正常。這暗示我們對多樣選項的偏好是有彈性的，能從演算法策展的兩極化效應回復過來。於是有了這種可能性：被設計來做最大化接觸的自動演算法不會永久改變我們的消費模式，而較好的演算設計能恢復我們在社群媒體上的消費內容多樣性。

但這些研究都沒有檢視兩極化媒體消費對政治兩極化的影響。為了在社群媒體和政治兩極化間建立直接的連結，我們需要在實驗中隨機安排社群媒體用戶的動態消息，並衡量這對他們的新聞消費和政治態度產生什麼變化。要使這樣的研究盡可能有效和被廣為運用，最好在臉書上做，因為他們無疑是世界最大的社群媒體新聞消費平台。耶魯大學的羅伊・李維（Ro'ee Levy）就做過這樣的研究。[34]

李維隨機指定美國的成年臉書用戶訂閱自由派或保守派新聞媒體。實驗參與者有一半做了訂閱。被供以自由派訂閱內容的人在臉書動態消息中收到更多的自由派新聞，被供以保守派訂閱內容的人收到更多的保守新聞。李維衡量這種隨機在用戶動態消息的媒體菜單（media diet）裡灌入自由派或保守派內容的效果，以及他們政治意見和態度接下來的變化。他的實驗有四個主要發現。

首先，臉書動態消息顯著的改變實驗中的線上新聞消費。將自由派和保守派新聞項目灌入用戶的動態消息，會改變他們的媒體菜單，使他們往指定的政治傾向靠去。換句話說，被指定接收更多自由派新聞的保守人士改變了他們的媒體菜單，轉往政治光譜的自由派一端靠去，而被指定接收保守派新聞的自由派人士也有同樣的情況，只不過是往另一個方向靠去。就兩極化而言，這可以被視為好消息或壞消息。一方面，這暗示臉書可以成為一個增進用戶接觸與自己意識形態相左新聞的有效工具。另一方面，如果臉書為用戶提供強化他們觀點的新聞，就會增加媒體菜單的兩極化。這要看演算法是如何設計的。

其次，接觸與我們信念相左的新聞會降低對不是自己政黨的人的反感。李維用一種經典的「感覺溫度計」來衡量這種改變對動態消息的影響。測量情感兩極化（共和黨人對民主黨人的反感或民主黨人對共和黨人的反感）的「溫度計」，在一九九六至二〇一六年間整體上升了三・八三度。但李維在實驗中讓團隊在動態消息中灌入隨機變化的態度，最後兩極化下降了〇・九八度。李維估計如果臉書讓用戶接觸「相同比例的與自己態度相同和相左的新聞」，會發生什麼事？李維發現「他們對政黨的感覺差異會減少三・七六度，幾乎是過去二十年的所有的增加幅度。」

第三，動態消息的操弄對政治意見不具有衡量得出的影響。這和我先前討論的兩極化悖論一致。雖然過去二十年出現顯著的政黨分歧，美國選民的政治意見卻維持溫和穩定。相較之下，身為民主黨人和共和黨人的意義，都在這兩個黨的黨內變得更為一致。

最後，李維發現臉書的動態消息確實創造出同溫層。演算法比較不可能從新聞媒體提供與人們現有態度相左的新聞。即便這個實驗鼓勵人們閱讀相反的觀點，臉書的演算法仍持續供應接近人們先前政治觀點的內容，就算他們訂閱了與自己態度相左的新聞來源也一樣。

那些聲稱這部宣傳機器在製造兩極化的人，主張這個機器創造使我們兩極化的同溫層。雖然沒有確切證據可以直接證實或否認這個機器在兩極化中的角色，多項實驗研究卻提供這一證據：宣傳機器的推薦演算法創造兩極化內容消費的同溫層。用最近的證據追蹤這些結果：「美國人不僅對政策議題有兩極化的看法，也對政府和社會有兩極化的態度，還對這個實際存在的現實產生兩極化的感知。」[35]

但不見得一定要這樣。如果我們小心運用程式，可以鼓勵自己接觸同溫層以外的另類看法。這部宣傳機器推薦演算法的設計者可以使用多目標優化（multi-objective optimization），即用軟體程式達成多個不同目標的過程，來促進主動和被動接觸多元內容和觀點。Spotfiy的「每週發現」（Discover Weekly）推薦是一個好例子。「每週發現」的目的是要為聽者介紹沒有聽過的音樂，他們或許會喜歡，因為是根據他們之前聽過的音樂做出的推薦。我發現這很具吸引力，雖然不是在談接觸多元的政治觀點或內容，同樣的邏輯卻可以用到我們的動態消息上。我個人歡迎這種多樣性。

均等

　　群眾智慧的核心是一種關於團隊、社群、社會的集體或總和意見的數學概念。但這種數學自法蘭西斯・高爾頓率先用牛的重量來了解我們的集體智慧後已有了進化。過去十年我們對群眾智慧的看法出現很大的進展，其中最重要的就是要去理解（並正式思考）群眾是如何被連結他們的網路組織成一個集合體。將群眾智慧延伸至網路時，我們發現均等對智慧具有絕對的重要性。在數位社群媒體時代，維持均等和少數發言權是必要的，不僅是為了道德價值，也為了實現集體智慧的可能性。要了解原因，首先必須思考我們是如何社交互動學到東西和如何建構這些互動。

　　當我們讀書、聽新聞、第一手觀察事件的發生時，會納入新的訊息並更新我們對世界的看法。我們也在社交上學習，靠的是將朋友的信念、意見、觀點納入自己的觀點。[36]事實上，我們每天都在進行「社交學習」，幾乎涵蓋生活的每一層面，像是在和認識的朋友討論突發新聞、時尚趨勢、政治時。

　　過去十年間，這部宣傳機器強力的將自己塞入我們的社交學習中，靠的是為我們策展社交訊號和宣傳（或抑制）社交回饋：如顯示或隱藏分享內容的「讚」（Instagram於二〇一九年做過）、不公布評分直到有足夠數量的評分後（紅迪於二〇一三年做過）、限制訊息分享次數（WhatsApp於二〇一九年將全球用戶的分享次數限制為五個）。[37]這些演算設計選擇加上我們的選擇，改變我們對這個世界的認識。

　　但具有同樣影響力的是他人意見觸及我們時作為媒介的社會結構。由於我們的世界觀部分要靠週遭人的訊息和意見建立，將我們連在一起的社交關係結構又影響了社會的觀點、意見、思想流動。而最可能支持集體智慧的社會結構是一種以均等為特色的結構。

　　我在史丹佛大學任教的同事麥特・傑克森（Matt Jackson）和他之前的學生班・葛樂伯（Ben Golub）（目前在哈佛）找到支持這套理論的算法。[38]當他們坐下來按高爾頓的理論在網路環境中做出模型時，竟不斷發現均等的重要性。*傑克森和葛樂伯問了這個問題：假設有一個我們都該知道的真理（有些人知道，有些人不知道），哪種社交網路結構會讓社會趨近真理？**他們稱能做到的社會為「明智」的社會。

---

* 葛樂伯和傑克森提出一個模型，認為人們會將自己的觀點與往來的朋友、家人和同事溝通的觀點加權平均後，藉此更新自己的信念。葛樂伯對於一個外部觀察者是否可以匯總真理很感興趣。集體智慧，以其最純粹的形勢來看，就是社會是否可以自行得出真理。一旦用蜜蜂尋找花蜜來描述群體智慧，這個隱喻也適用在蜂群有能力明智的搜尋花蜜，而不是養蜂人有能力集結蜜蜂的選擇，去計算他們與花蜜之間的距離。

** 這是一個重要的問題，與群體聚集的智慧、或是一個外部觀察者有能力根據每個人都知道的真相開發準確的預估有關。在這種情況下，葛樂伯和傑克森有興趣的是社會裡的個人是否會趨近真理，因此他們從一個中央計畫者能將個人信念中的真理整合在一起的情境開始，這些個人信念相當於真相的自然狀態加上一些雜訊。

　　他們發現社會網路對智慧有一個簡單完整的描述：必須要有抵達真相的能力。意思是，用現代用語來說，就是沒有「意見領袖」。如麥特和班所寫，「不成比例的受歡迎程度是智慧的唯一障礙……有著突出的行為者，他們導致學習的失敗，因為他們對具有局限性的信念產生過多的影響。」[39]沒有智慧的社會缺乏「平衡」，意即某些團體不成比例的比其他團體擁有更多的影響力，且可能對世界其他地方沒有給予足夠的注意。

　　聽起來熟悉嗎？這就是我們所在的世界，歐巴馬和川普各自擁有一億一千萬和六千七百萬個推特追蹤者的世界。是肯伊‧威斯特（Kanye West）擁有三千萬個追蹤者和三百個被他追蹤的人的世界。是趨勢演算法宣傳最歡迎的人和內容的世界。也是「偏好依附」，即網路上受歡迎節點會引來更多連接的趨勢，讓最受歡迎的人事物變得更受歡迎的世界。傑克森和葛樂伯發現這樣的社會型態容易變瘋狂。[40]

　　那是一套很有說服力的理論，且算法無懈可擊。 但作為一名經驗主義者，我總想知道理論是否適用於現實生活。賓州大學的戴蒙‧善托拉（Damon Centola）和團隊用一系列線上實驗來測試這套理論。二〇一五年夏天，我和戴蒙的學生戴文‧布萊克比爾（Devon Brackbill）在芬蘭赫爾辛基舉行的國際計算社會科學會議（International Conference on Computational Social Science）上談論到這點。戴文告訴我他和戴蒙及喬許・貝克（Josh Becker）正在做一系列實驗，以測試群眾智慧在面對社交影響逐漸增加時所受的限制，以及中央集中網路（centralized network）和均等網路（equitable network）各自對集體智慧的影響。

他們將一千人放入不同的線上社交網路，除了賦予受試者用來測試群眾智慧的任務外，還按正確性給予報酬。[41]有些參與者被隨機指定到「均等」網路，裡面每人都均等的相互連結。其他人則被指定到「中央集中」網路，裡面有位擁有不成比例連結人數的中央意見領袖。第三個控制組沒有連結，代表一個真正「獨立」的群體。實驗團體接著賦予這幾組測試群眾智慧的任務：例如，估計食物的卡路里含量和罐子裡的糖果數量。他們衡量每一組經過幾輪預測後所表現出趨於真相的能力，受試者在每輪預測之間會與社交網路成員相互溝通。

他們的發現證實傑克森和葛樂伯的理論。在成員均等的相互連結的均等網路中，整個網路會因溝通而提升正確率，而中央集中網路則偏向最受歡迎意見領袖的信念。這些結果讓我們對網路中群眾的智慧有很多認識。社交影響除了消除獨立性外，還減少多樣性，這驗證高爾頓和索羅維茲基所強調的獨立性和多樣性。

但社交影響和相互依賴不見得會破壞群眾的智慧。因社交影響而變得相互依賴的群眾仍能展現智慧（甚至更大的智慧），例如相互依賴卻均等的群眾，或不均等卻有更多智慧意見領袖的群眾。

　　貝克、布萊克比爾、善托拉在他們的實驗中發現兩種中央集中網路：「往真相集中」的網路和「往真相的反方向集中」的網路。在往真相集中的網路中，意見領袖的估計是在偏離團體平均、離真相較遠的那一邊，因此可以把團體平均往真相拉近，增加正確率。在往真相的反方向集中的網路中，團體平均落於意見領袖的預估和真相之間，所以意見領袖會把團體拉往真相的反方向，降低團體的正確率。

　　想想看下面的例子。如果罐子裡有五十顆糖而團隊的平均估計是四十顆，不管意見領袖估的是五十五顆（比團隊平均還正確）還是六十五顆（比較不正確），都會把團隊引向真相。但估計三十五顆的意見領袖會把團隊帶往偏離真相。這取決於意見領袖相對於團隊而言離真相有多近。

　　這所有一切都在暗示，超社交化會將我們領向集體智慧或集體瘋狂，這取決於幾個因素：我們所創造的網路結構、在社會中傳播社交訊號的系統是如何設計的、意見領袖的智慧和我們是否有能力用創造性而非破壞性方式從社交環境學到東西。我們有樂觀的理由，因為最近出現為我們指出解決方案的想法：為了集體的善，需駕馭好群眾的智慧。

群眾智慧永垂不朽

　　這部宣傳機器的現行設計破壞了群眾智慧的三個支柱，威脅到我們達成集體智慧的能力，並將社會引向兩極化和不均等，這都是與群眾瘋狂有關的元素。這些趨勢暗示，這部宣傳機器會抑制我們處理社交訊息的能力，使我們無法達成最佳的社交結果，可能對我們的民主構成破壞，也影響我們的市場和我們預測傳染病的能力。然而，最新研究顯示有些管道可以幫我們恢復獨立性、多樣性、均等，或者是不用這些管道也可以達到群眾智慧。但這些調整需要對這部宣傳機器的設計和結構以及我們的使用方式進行根本的重新思考。所以，我們何不用幾頁的篇幅來進行這種根本的重新思考？為何不想像這部宣傳機器能永久的引導、放大、指引我們的集體智慧？

　　戴蒙・善托拉和團隊在研究網路中的群眾時發現一件事：群眾智慧可以用社交影響來改善，只要最有影響力的個人也是最正確的人就行。更重視具備精確性、可靠性、接近真相能力的人的網路能表現得比獨立群體更好。但我們要如何設計才能讓這部宣傳機器更重視這些同儕？

　　這部宣傳機器已充滿回饋機制：就是設計來回傳錯誤訊息。以按讚為例。按讚鍵是注意力經濟的引擎，就是設計來取得我們的注意、引起我們對所看內容的同意或不同意、用多巴胺刺激來誘導我們產生更多內容。我們愈喜歡社群媒體內容，就會和這些內容有更多接觸，為我們提供廣告的機會也更多。不過，按讚還有另一個重要目的。當我們喜歡的內容愈多，我們會將個人偏好訊息傳遞給這部宣傳機器，它就可以讓依據那些印象提供的廣告鎖定對的人。

　　現在想像我們回到按讚鍵發明時的那個世界，改以「真實」鍵（表示內容的真實）、「可靠」鍵（表示內容的來源可靠）、「有益」鍵（對我們有益的內容）、「教育性」鍵（讓我們學到東西的內容）。這種思考練習強迫我們重新思考在社群媒體上看到的回饋，並思考程式改變如何能將這部宣傳機器重新設計為往正向引導。事實上，我們已用規範參與這個重新設計的宣傳機器。例如，從社會整體的角度來看，我們大致接受推特上「轉推不見得代表支持」這個說法，因為我們用「轉推≠支持」這個無所不在的標記來重新設計轉推的意義。研究顯示回饋的必要性在於能讓我們用集體有用的方式處理社交訊息。所以，我們如何以正式和非正式的形式設計回饋機制將有助於塑造這部宣傳機器塑造我們的方式。

　　如果我們每次貼文到社群媒體上都有選項可以表示自己對內容有多大「信心」，或會被問及他人貼文的可信度，世界會有什麼不同？要花多久時間才能讓所有美國人知道所有五十個州首府的正確名稱？要花多久時間才能讓所有美國人知道他們的米蘭達權利（Miranda rights）？

　　回饋不僅是用社交上有益的方式看重我們收到的訊息，也讓我們有機會調整網路本身。我想知道的是，如果推特個人檔案上紀錄了個人推文被事實查核機制驗出真假比例的「誠實」分數，我們將如何改變我們所追蹤的人？如果追蹤某人的決定受到該人誠實度的影響，且說真話者有更多的追蹤者，我納悶的是，是否大家會受到啟發變得更誠實？可以限制錯誤訊息的再分享次數和兜售假新聞的帳號的追蹤者人數嗎？

　　我在麻省理工學院的同事阿布杜拉・阿米圖克（Abdullah Almaatouq）和共同研究者弄了一個實驗與善托拉的賓州大學實驗類似。[42] 他們讓一千五百人加入不同的線上社交網路，這些人被賦予測試群眾智慧的任務。但這些實驗會隨機改變回饋和可塑性（人們重新安排追蹤對象的能力）。

　　在第一個實驗中，他們讓可塑性可變，回饋則維持一定。這幾個組隨機進入若干狀況：一是獨自解決任務的「單獨」狀況，二是社交網路維持不變的「靜止網路」，三是小組成員可以重新安排追蹤對象的「動態網路」。在第二個實驗中，他們讓回饋可變，可塑性則維持一定。所以，這幾個組隨機進入幾個狀況：沒有任何表現回饋（關於他們答案有多正確的回饋）的單獨狀況、社交網路中的人看不到任何表現回饋的「零回饋狀況」、社交網路中的人只看到自己表現回饋的「自我回饋」狀況、社交網路中的人看得到所有實驗參與者（包括自己）表現回饋的「完全回饋」狀況。

　　這幾組參與的是一種遊戲，他們要看出給他們看的散布圖

（下圖）中的相關性，然後按正確性獲得酬勞。某些散布圖中的相關性容易被看出，其他則難以看出。圖表10.6中的例子顯示有著相同相關性的兩個地方，但從左圖的資料量比較容易看出相關性，與之比較的是資料量或訊息量較少的右圖。

　　研究人員要這幾組在看了每個分布圖後紀錄下他們所猜想的相關性。在每一輪猜測中，收到回饋的組被告知他們和同儕的表現差異，而動態網路組則可以按他們對表現回饋的回應改變網路。研究人員接著記錄每一組在邁向資料的真實相關性上的表現。他們的發現證實，能根據回饋重新連線的自適應網路（adaptive network）比任何其他組更能達到群眾智慧。換句話說，網路連結的組比獨立的組表現要好，這證實相互依賴在對的狀況下也能有成效。根據回饋重新連線的動態網路隨著時間調整，錯誤率是所有實驗中最低的。

　　這對這部宣傳機器有著清楚的意義。我們在過去十年間創造出一個有三十多億人參與的全球性動態網路，所產生的回饋（我們每天在社群媒體上的按讚、分享、轉推、評論）如海嘯一般襲來。而這個網路具有自我適應的能力，因為我們隨時可以選擇要追蹤誰或停止追蹤誰。最近有關群眾智慧的實驗顯示，透過這種自適應網路達到的群眾智慧勝於表現最好的個人所能達到的，只要有高品質的表現回饋就行。這意味在對的狀況下，我們逐漸增加的相互依賴和超社交化，可以是人類文明的資產而不是負債。

圖表10.6　「猜測相關性遊戲」圖示

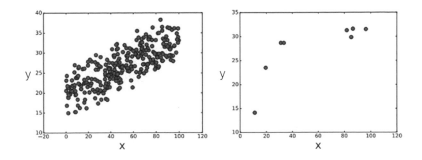

圖中是有關「網路中群眾的智慧」實驗中所用的散布圖圖例。不管是哪一回合猜測，所有參與者看到的分布圖都有著相同和真實的相關性，但光從資料多（左圖）或少（右圖）都難以看出。

　　現在的問題是：我們要如何設計這套系統才能在駕馭我們集體智慧力量的同時又能避免群眾瘋狂的發生？我們像是正在調整蜂巢思維以適應當前挑戰的蜜蜂。但我們還是處在一個很令人羨慕的位置上，因為我們實際能將回饋機制和社交調適設計到可以讓我們變成更聰明物種的地步。我在下一章將勾勒出顯現在我們眼前的希望和危險。如果我們把這些都弄對，世界會變成怎樣？而如果我們弄錯了，又會是怎樣？接著在最後一章，我將思考要如何調適才能駕馭這個同時具有不可思議力量和破壞力的科技，以邁向希望、遠離危險。

第十一章

社群媒體的希望與危險

當人們相互連結時，我們能做許多很棒的事。他們有機會接觸到工作、教育、醫療、通訊。我們有機會與我們在乎的人靠近一點。這真的有很大的差別。

—— 祖克柏

他們利用我們的信任，用精密科技吞食人類心理最脆弱的一面、蒐集私人資料並從中得到好處、設計無法使用戶免於傷害的商業模式。

—— 羅傑・麥克納米（Roger McNamee）

　　這部宣傳機器偶爾綻放出為生命帶來正面意義的光芒。二〇一五年四月就是這類時刻。尼泊爾經歷百年來最嚴重的自然災害。數十億年來，印度板塊和歐亞板塊一直在一條創造出喜瑪拉雅山的斷層線上相互摩擦。四月二十五日，規模八·一的地震在這個斷層線上發生，尼泊爾受到很大的衝擊，連一百四十英里外的聖母峰都發生雪崩。[1]一個村子接著一個村子被摧毀，數十萬尼泊爾人無家可歸。

　　地震襲擊尼泊爾幾秒後，臉書的報平安（Safety Check）

系統啟動，向數百萬個用戶發出通知，問他們是否平安。[2]由於電話服務中斷，打電話行不通。但報平安系統自動找到八百五十萬人的位置，並在幾分鐘內向他們一億五千萬個親人報平安。這些通知不僅幫助急救人員知道去哪裡找生還者，臉書還在當天讓許多人心情同時得到寬慰，這是人類史上最多人共感的事件之一。在寬慰心情逐漸消退後，真正的救濟行動開始。

　　來自世界各地的援助接著湧入。歐盟捐三百萬美元，加拿大捐四百萬美元，中國人捐九百九十萬美元，美國捐一千萬美元。臉書想要盡一分力，所以設了一個救災「捐款」鍵。來自一百七十五個國家的七十七萬人捐出一千五百五十萬美元，比歐盟和美國加起來的還多。這些錢被用在緊急醫療設施、疾病控制、衛生、健康計畫、女性安全倡議上，惠及數百萬人。

　　我在這裡要說的是，這部宣傳機器能創造很大的價值。但在現在這個或許是它最黑暗的時刻中，我們容易忽略那樣的價值。我想提醒大家這部宣傳機器擁有驚人的能力，能為這個世界創造正向的改變。但我必須節制樂觀的想法，因為源自於它的正面力量，剛好也是我們試著避免的禍害源頭。這具體說明本書的一個簡單核心論點：這部宣傳機器能創造正面力量，但這個正面力量的來源剛好也是它黑暗面的起源。這種雙重特性讓管理社群媒體變得困難。如果沒有一套能防微杜漸的方法，一旦我們拉高價值，就會釋放黑暗的一面。而當我們與黑暗面對抗時，原有的價值也會減少。

集體行動問題

　　人類進步的一項基本阻礙是我們無法使大型團體協調一致的為集體利益採取行動。報平安之類的簡單功能顯示，涵蓋全民的自動通訊平台能促進這類行動協調。政治哲學家和社會學家數世紀來一直把集體行動當成更廣泛的誘因和訊號問題來討論。合作會讓大家更好，但如果有人合作，有人卻「搭便車」，情況就會更糟。要讓大家集體行動，需要大家對於如何合作進行溝通，並協調聯合行動。

　　集體行動問題是當今世界許多迫切性挑戰的核心所在。處理氣候變遷需要很多人（和公司）的合作才能減少碳足跡，儘管單一個人的行動產生不了影響。活躍的民主體制需要大量的人來投票，儘管單一個人的選票大體上產生不了什麼作用。對抗傳染病需要足夠的疫苗接種才能達成群體免疫，即便錯誤訊息已錯誤的讓某些父母相信接種疫苗的決定會傷害孩子。

　　我記得第一次與推特共同創辦人比茲・史東（Biz Stone）會面時討論過集體行動。在二〇一四年二月由牛津大學和UCLA共同舉辦的一場關於科技變化的活動上，我們被分在同一個討論小組。午餐在UCLA校園裡最美麗大樓的露台上舉行，當天風和日麗，陽光普照。史東邊吃沙拉邊說了一個我沒有預期會聽到的故事。那是他在何時知道推特會壯大起來的故事，也是這部宣傳機器能快速組織團體的故事。

比茲跟我說，某天他們剛完成推特的測試版，幾位創始人和早期工程師及朋友在結束一天辛苦工作後來到一家酒吧紓解一下。他們分散在整個場地，有些人坐在桌子旁，有些人三三兩兩聚在吧台，其他人則在酒吧外的入口處交談。比茲和兩個朋友想轉移陣地，到同一條街上另一個他們都知道的地方。但要引起大家的注意有點困難，尤其是要個別通知他們。你不能站到吧台椅子大聲宣布，也不能用大型電話會議的方式打給每個人。更重要的是，在喧囂的酒吧裡協調集體行動是近乎不可能的事。由於他們不是為了這個目的設計推特（它被設計來作為一種即時的訊息網路，而不是一種組織工具），卻在那一刻理解原來它在發送團體興趣訊號和協調集體行動上有著不可思議的效用。當時這個網路還很小，群組裡每個人都在推特彼此追蹤。所以，幾則推文（「嘿，讓我們一起去同一條街上的愛爾蘭酒吧！」、「現在？」、「對，現在」）後，整個團體就有了共識，他們不用開口說話就協調好一個集體行動。比茲告訴我：「我在那時知道推特會壯大起來。」

這部宣傳機器轉換集體行動的能力可以從社群媒體對抗議示威和社會運動的影響看出。我們看到這類結果不斷在埃及、俄國、烏克蘭、近期的香港重複出現。但社群媒體、抗議示威、社會運動之間的關係也同時充滿了希望和危險。

我是《查理週刊》

　　二〇一五年一月七日，蓋達組織武裝份子攻擊諷刺性報紙《查理週刊》（*Charlie Hebdo*）的巴黎辦公室，當場開槍射殺十二人，並造成十一人受傷。這起可怕的攻擊起因於該報兩個月前封面所刊登的一幅以先知默罕默德為嘲諷對象的政治漫畫，之後在世界各地引發以反恐怖主義和支持言論自由為號召的大規模示威活動。攻擊發生的當晚，全法國已有十萬人參與示威，其中三萬五千人在巴黎。「我是查理」這個標語在世界各地被普遍的採用，成為和示威運動團結在一起的象徵。標誌、網站、告示牌、T恤上都可以看到這個標語，而「#我是查理」則成為攻擊活動後推特上聲量最大的主題標記。接下來三天，示威活動持續在世界各地進行，一月十日全法國有七十萬人參加，一月十一日達到高峰，總共有兩百萬人在巴黎示威遊行。[3]攻擊行動後僅僅四天，就有近四百萬人上街示威，成為二戰後法國最大規模的公眾集會。

　　這類抗議活動需要訊號來讓團體投入合作並進行協調。這部宣傳機器能促進訊號的發送和行動的協調，方法是快速的散播訊息、支援、發揮同志情誼，且有效的傳播和抗議活動舉行時間、地點、方式有關的新聞。社群媒體充滿了團結的象徵，如按讚或喜歡、主題標記的重複轉推或分享、我們加在大頭照上用來表示支持某項活動的濾鏡顏色（所支持的對象或議題包

括巴塔克蘭（Bataclan）劇院或奧蘭多槍擊案受害者、LGBT
權利、勇敢的男女警察）。在這部宣傳機器出現之前，我們靠
電子郵件、電話、印刷傳單溝通。集體組織功能確實在社群
媒體之前就已存在。那麼，社群媒體真的有造成差異嗎？比
茲・史東所描述的酒吧逸聞趣事透露了一些訊息，但有證據
可以證明社群媒體克服了集體行動問題，並促成組織群眾時所
需的協調和溝通嗎？

　　珍妮佛・拉森（Jennifer Larson）、強納森・奈格勒、強
納森・羅南（Jonathan Ronen）、喬許・塔克這幾位政治科學
家想找出答案。所以，他們蒐集了《查理週刊》抗議活動期間
推特上一億三千萬個用戶的資料，以分析抗議活動的參與，是
否取決於和其他人交換過意見及透過推特與他人的溝通。[4]他
們研究的關鍵在於將一大群人的社群媒體詳細通訊資料和他們
抗議期間的地理位置做連結。地理位置顯示當事人是否參加抗
議。他們分析通訊網路和抗議活動參與間的相符之處，進而測
試社群媒體是否促成抗議活動。

　　抗議活動的參與要靠同儕影響。在推特上和參與抗議者有
著強烈連結的人比較可能也參與抗議。所以，研究人員將地理
位置出現在抗議現場的推特用戶和對抗議活動有興趣（從他
們使用《查理週刊》標記看出）、且有可能參與抗議（他們人
在巴黎，離抗議現場很近），但最後沒有參與抗議的用戶做比
較。他們分析抗議者和非抗議者的推特網路連結，靠的是從那

些人蒐集來的直接連結（在追蹤誰和被誰追蹤）和他們的連結所連結的資料。

　　他們的分析透露抗議者接觸到更多來自其他抗議者的社交訊號，並和抗議者有更強的連結：他們和抗議者有著更多的共同朋友，而且他們相互連結。他們跟隨其他抗議者的比例更高，其他抗議者跟隨他們的比例也更高。這暗示社群媒體有助於訊號的發送和協調的進行，也促成社會抗議活動的大規模動員。

　　但這無法完全證明社群媒體導致抗議活動的發生。只能說抗議的人選擇加入其他抗議者的網路，不能說他們的社群媒體連結驅使他們去抗議。在分析這部宣傳機器對我們這個世界的影響時，經常碰到的挑戰是因果關係：如果社群媒體不存在，哪些影響就不會發生？有關這部宣傳機器對埃及、俄國、烏克蘭、香港與其他各地社會運動和抗議活動的興起有多大的貢獻，真的就要測試一下如果沒有社群媒體，那些抗議活動是否還會發生且還能興起得如此之快？但為了了解社群媒體是否促成抗議運動，我們得先探究一個引人入勝、神祕離奇的故事：是關於一個比較少人知道、有「俄國的尼歐」之稱的社群媒體超級巨星。

俄國的「尼歐」

保羅・杜洛夫（Paul Durov）有許多稱號：「俄國的祖克柏」、「社群媒體之星」、「俄國的尼歐」（指的是科幻電影「駭客任務」（Matrix）中的主要角色）。[5]你如果沒聽過他，可能會對他的事蹟感到驚訝：他和哥哥尼古拉一起創立世界最大的兩個社群媒體平台，期間他過著偷偷摸摸的生活，飯店一間換過一間，從一個大陸跑到另一個大陸，只為了躲避普丁和認為權力受他威脅者的監視。

用「駭客任務」來做比喻是因為杜洛夫酷似電影裡神話人物般的主角尼歐：短黑頭髮、尖下巴、喜歡穿黑色西裝，並在外面披了一件長風衣、內心則崇尚自由主義的政治傾向（每次總能逃過政府的控制）。二〇〇六年，杜洛夫推出他的第一個主要社交網路VKontakte（簡稱VK，英文的意思是「接觸」），那年他剛從聖彼得堡大學畢業。這個網路在西方並不知名，但註冊用戶已超過四億人，成為世界最大的社群媒體網路之一。VK是俄國最受歡迎的社群媒體網路，超過臉書、推特與俄國其他競爭者。它的觸及指標（engagement metrics）相當驚人：用戶每次到訪平均待上二十七分鐘，瀏覽四十二頁內容（用戶每次到訪臉書平均待上十七分鐘，瀏覽十六頁內容，而推特的數據則是十分鐘和七頁內容）。[6]Simlarweb在排除中國的網站後，將VK評定為世界流量第四大的社群媒體網路，僅次於臉書、Instagram、推特，領先WhatsApp、LinkedIn、Pinterest、紅迪。

宣傳機器平台接觸

　　VK剛推出時，俄國政府採取不干預策略。設計抄襲臉書但內容政策更自由的VK，不但成為俄國年輕人的避風港，還成為俄國政治和文化生活的基石。但到了二〇一一年十一月，一切都變了。在廣泛傳出二〇一一年俄國國會選舉有舞弊情形後，俄國人走上街頭發動一九九〇年代以來俄國最大規模的抗議活動。這場被稱為「大雪革命」的抗議活動在VK、臉書、推特、LiveJournal上得到組織和支持，到了十二月，規模變得更大，擴及莫斯科、聖彼得堡、海參崴、加里寧格勒、托木斯克、鄂木斯克等許多俄國城市。

　　隨著抗議活動加劇，普丁對VK的放鬆管制轉變為鐵腕以對。俄國聯邦安全局要求VK刪掉七個團體的頁面，因為這些團體利用社交網路來刺激並協調抗議活動。杜洛夫拒絕。他還在傷口上灑鹽：他貼了一幅諷刺性圖畫，裡面畫的是一隻伸出舌頭、戴著兜帽的狗，旁邊有一份聯邦安全局請求信函的掃描版副本。[7]這個拒絕讓莫斯科當局感到不悅。之後沒多久，杜洛夫某日醒來發現全副武裝的俄國安全部隊威脅要闖入他位於聖彼得堡的公寓。[8]他拒絕讓他們進來，他們在外面走廊與他對峙了一小時後才離開。訊息很清楚。普丁不想讓一千多朵花同時在網路上綻開。聯邦安全局加大力道抑制VK對線上抗議活動的組織，要求杜洛夫關閉一個支持反對派領袖阿列克謝・納瓦爾尼（Alexi Navalny）的團體和一些組織基輔獨立廣場抗議活動的烏克蘭社運人士。杜洛夫繼續拒絕。

　　俄國政府最終精心安排一場惡意收購VK的戲碼（迫使杜洛夫出售），由VK最大競爭者Mail.ru以及與普丁有關係的投資基金聯合資本夥伴（United Capital Partners）出面。[9]聯邦安全局突襲VK辦公室和杜洛夫的家，但他不僅成功脫逃，還有時間在社群媒體上貼出長毛狗的照片，並給「Mail.ru和他們接收VK的企圖」比了一個中指。最終，聯合資本夥伴買下VK四八％股權，杜洛夫於二〇一四年一月被迫售出剩餘的一二％股權給Mail.ru所有者的盟友。Mail.ru接著買下聯合資本夥伴的股權，這樣就完全擁有了VK。

VK和大雪革命

　　VK對大雪革命發揮多大的作用？雖然戲劇性的社會抗議運動隨著社群媒體的興起開始出現，從大雪革命到占領華爾街運動，再從開羅解放廣場到香港街頭，但社群媒體和參與抗議活動之間的相關性證據並無法證明社群媒體引起或促成社會抗議活動。但VK的推出方式讓科學家有了他們需要用來釐清

VK影響力的資料。

　　回想一下之前本書對臉書如何擊敗MySpace的描述。透過在大學發行的策略，臉書開發出一個裡面成員彼此認識的網路。結果你加入臉書時認識的朋友可能比你加入MySpace時的還多。這種推出方式所促成的地方網路效應讓臉書對新用戶更有價值。

　　VK的推出方式很類似。杜洛夫一開始先向聖彼得堡國立大學一個學生線上論壇發出加入VK的邀請。學生陸續要求加入，杜洛夫親自核准這些新帳號。所以，第一批VK用戶是杜洛夫在聖彼得堡國立大學的同學。他們邀情家鄉的親朋好友加入，這種推出方式帶動VK在那些城市的採用率，但其他城市並沒有這種狀況。所以，相對於俄國其他城市，杜洛夫同學的家鄉出現VK滲透率持續增長的現象。這是科學家所稱的「自然實驗」。

　　自然實驗讓我們得以衡量VK對抗議活動參與程度的影響，在這個案例中，就是將VK滲透率高的城市的抗議活動參與程度，與VK滲透率低城市的抗議活動參與程度做比較。魯本・艾尼克洛帕夫（Ruben Enikolopov）、阿列西・麥克倫（Alexey Makarin）、瑪麗亞・佩卓娃（Maria Petrova）用這個方法估計大雪革命期間VK滲透率對抗議活動參與的影響。[10] 他們辛苦的蒐集資料：除了二〇一一年前加入VK的公開帳號用戶的居住城市外，還有根據新聞來源、警察報告、抗議組織

者正式公告所得出每個城市的抗議活動和抗議者數量、來自各
個城市年齡和杜洛夫相差在幾歲以內的聖彼得堡國立大學學生
人數（他們的資料涵蓋俄國六百二十五個城市）。

　　二〇一五年夏天，瑪麗亞就這項研究向美國國家經濟研究
局（U.S. National Bureau of Economic Research）提出報告，我
當時擔任與談人。「終於在社群媒體和集體行動之間找到因果
證據，」我想。美國國家經濟研究局的其他人也很感興趣。瑪
麗亞和她的同事證實社群媒體對社會抗議和社會運動有著很大
的影響。在城市規模與其他因素受到控制的情況下，一個城市
的 VK 用戶人數每增加一〇％，抗議者人數就增加一九％，抗
議發生的機會則增加四・六％。

　　這部宣傳機器是有史以來最能促成集體行動的工具。它即
時連結了數十億人，幫助大型團體發出他們致力進行事項的訊
號，並協調所要採取的行動。但發動抗議和成功創造社會運動
間還是有很大的差別。原來這部宣傳機器所促成的快速組織速
度和規模剛好也是當前抗議運動的致命弱點。

數位集體行動的力量和脆弱性*

　　雖然社群媒體幫助我們組織集體行動，不過從最近俄國、

---

* 　這是齊納普・圖菲齊（Zeynep Tufekci）的《推特和催淚瓦斯》的副書名。

烏克蘭、美國、香港所發生由社群媒體激起的抗議活動可以看出，社群媒體不見得能創造成功的社會運動。抗議活動有助於產生改變，但經常不足以達成有意義的勝利。兩個理由可以解釋這種現代組織方式所產生的「進一步退兩步」探戈舞步：靠科技促成的社會運動很脆弱，而對立的政府也能採納同樣的科技。

齊納普・圖菲齊（Zeynep Tufekei）在《推特與催淚瓦斯》書中全方位深入探討社群媒體如何改變社會運動。她的論點獲得許多研究的支持，其中有這樣的暗示：科技促成的抗議運動起來得很快，但經常到了高點就四散飛濺。就在他們有了進展引起世界注意的那一刻，就經歷圖費凱所稱的「策略上凍結」（tactical freeze），即無法調整策略、協商要求、推動有形的政策改變。[11]什麼原因導致「策略上凍結」？這部宣傳機器雖能促成快速的動員，但通常伴隨而來的是群龍無首、臨時的決策、未經太多提早規畫就發展出來的膚淺組織。

成功的社會運動，如馬丁路德・金恩博士（Martin Luther King Jr.）倡導的公民權利運動和甘地領導的印度獨立運動，都是經過多年的發展。它們具備很好的規畫、精細的組織、明確有形的政策要求。現代的網路組織方式靠著速度和規模迅速使抗議運動放大，不過這些抗議運動尚未有機會發展組織或建立真正的領導階層、決策結構、有效的戰術策略。

與此同時，促成抗議活動的科技也可以被與之對立的政府採用。例如，二〇一九年香港街頭抗議期間，中國政府用社群媒體上的不實訊息破壞抗議活動，並透過誇大旁觀者所受傷害的方式來改變國內和國際對抗議活動的看法。[12]中國政府被懷疑雇用兩百萬人在社群媒體上灌入宣傳內容。政治科學家暨統計學家蓋瑞・金恩和哈佛大學同事估計，為了達成前述目的，他們每年製造並張貼四億四千八百萬條評論。[13]俄國的普丁手下只是接收VK和壓制網路上的抗議者。從現代的抗議活動案例可以清楚看出，這個宣傳機器能促成社會動員，只不過是以一種脆弱的方式促成。

　　不過，這並不表示社群媒體促成的抗議活動無法發展為成功的社會運動。由於歷史上的社會運動通常會經過一段時間的累積，要透過持續的抗議（多年組織的結果），「給（現代社群媒體促成的）運動貼上失敗案例的標記是不正確的，」圖費凱寫道。「它們的軌道與過去的運動不符，我們不該用過去的標準衡量它們的成功或影響力……而是應將它視為運動爆發的初始時刻，它只是一個可能成為長期旅程的第一階段。」[14]那麼這部宣傳機器促成的社會運動會留下什麼遺產？在我們說話的當下，這個遺產正被記錄下來。它有時會促使和驅動進步的社會運動來對抗壓迫，有時也會庇護和支持暴力的極端主義。

Telegram

在打造出促成大雪革命的機器後，杜洛夫帶著一群開發者和他的瑞士銀行帳號逃離俄國，帳號裡有他賣VK賺來的三億美元。他成為聖克里斯多福（Saint Kitts）的公民，因為捐了二十五萬美元給這個加勒比海島國的製糖業。他因而可以不用簽證就到歐洲旅行。他過著一種隱匿的遊牧民族式生活：他的團隊從一個國家轉移到另一個國家，從一間飯店套房換到另一間飯店套房，都是為了開發下一個偉大的社交平台。有了龐大的銀行存款、聖克里斯多福護照、開發團隊的支持，他和哥哥尼古拉開始打造一個叫做Telegram的輕量型加密訊息收發應用程式。

Telegram擁抱杜洛夫的政治哲學：無條件的擁抱個人自由和不受政府監視的自由。這對兄弟打造Telegram是為了保護他們的個人通訊，免於落入俄國政府的手裡。現在他們想提供同樣免受監視的自由給其他國家。全世界以熱烈的參與來回應。Telegram以有史以來最快的速度成長，高於WhatsApp、臉書、推特在內的任何社群媒體平台，兩年內每月的活躍用戶數就達一百萬，[15]到了二〇二〇年更達到五百萬。[16]

雖然加密專家質疑Telegram的加密措施，Telegram還是以它對隱私的強調，加上杜洛夫堅持對抗政府入侵，成為私人通訊的堡壘。它提供簡單的加密功能，並將資料儲存於幾個不同的管轄區域，讓存取或傳訊變得困難。祕密聊天選項讓用戶得以在傳送訊息時設定好自我銷毀時間，公開管道則讓管理員得以發布訊息給數量不限的觀眾。杜洛夫打造 Telegram 時唯一主要考量是保護隱私和個人資料。他拒絕政府的要求：轉移資料或建立通往 Telegram 基礎設施的後門。

在愛德華・史諾登（Edward Snowden）和劍橋分析公司兩起事件爆發後，以及 Netflix《個資風暴》（*The Great Hack*）之類的電影上映後，Telegram 快速崛起的原因逐漸明朗。[17] 世界各地的個人用戶都吵著要有隱私性、安全性、免於被監視的自由。蘋果電腦執行長提姆・庫克（Tim Cook）因拒絕政府打開聖貝納迪諾郡（San Bernardino）槍擊案槍手蘋果手機資料的要求而得到讚揚。有些重要的價值和保護措施仍必須納入隱私權和資料安全中來維護。但如我們於二〇一五年十一月十三日所發現，不受限制的匿名私人通訊也可能協助和藏匿社群媒體的黑暗面。

我在美國國家經濟研究局針對瑪麗亞・佩卓娃那篇研究社群媒體在大雪革命中角色的論文做出討論的四個月後，死亡金屬之鷹樂團（Eagles of Death Metal）正在巴黎巴塔克蘭劇院夜總會開演唱會。開唱後一小時，槍手拿起四把自動步槍開始掃射。這些武裝槍手進入夜總會後就發射數百發子彈。他們在這場協同一致的攻擊中殺死九十人，加上法蘭西體育場所發生的自殺式爆炸攻擊和幾家巴黎咖啡店發生的槍擊事件，總共有一百三十人死於這場事件，這是自二〇〇四年西班牙火車爆炸攻擊事件後歐洲土地上最血腥的恐怖攻擊事件。伊斯蘭國（Islamic State）聲稱這場大屠殺是他們所為，目的是要報復法國對敘利亞和伊拉克的空襲行動。

　　這幾起攻擊都在敘利亞進行策畫，再由比利時一個恐怖份子網協調。大多數計畫都是面對面進行，並用回收使用的行動電話避開偵測。但這部宣傳機器也有它的角色。根據警察報告，恐怖份子在攻擊當天早上下載 Telegram 到他們的手機，就用這個私人安全通訊堡壘協調他們的行動。[18] 比利時境內恐怖份子和人在巴黎的攻擊者間有用行動電話通聯，他們的語音通話和文字簡訊都被詳細記錄下來，成為了解伊斯蘭國行動的情資，但 Telegram 通訊則沒有留下紀錄，因為平台的加密機制和設定好「自我銷毀」時間的訊息為這場協同一致的大屠殺提供了祕密掩護。

可以為善，也可以為惡的管道

　　社群媒體一方面在埃及、俄國與香港等地發展的反腐敗示威活動中扮演一角，另一方面也在巴黎恐怖攻擊行動的協調上扮演一角，這清楚顯示這部宣傳機器是一個同時可以為善和為惡的管道。善惡之間的衝突在反恐努力上尤其明顯。眾所皆知蓋達組織和伊斯蘭國用社群媒體散播恐怖主義文宣、目的是在散布恐懼的砍人頭影片和吸收新成員的招募影片。但同樣的科技也被用來破壞這部宣傳機器所促成的恐怖份子招募網,谷歌即為其中一例。

谷歌拼圖(Google Jigsaw)用科技來讓世界變得更安全,它的任務是要捍衛言論自由和對抗騷擾、不公不義、暴力極端主義。這方面最主要的一項努力是發展一套稱為「重新導向方法」(The Redirect Method)的反恐技術。[19]創造重新導向方法的目的是要阻止恐怖份子招募新成員,不讓他們有犯下暴行的機會。

這個方法用到以AdWords進行目標鎖定和用YouTube內容進行策展,以改變網路上的激進主義。伊斯蘭國影片招募新用戶的方式是在影片中描述他們偉大的治理、強大的軍事力量、宗教的合法性、聖戰的呼喚、世界各地穆斯林的受害情形。重新導向方法則是開發兩個YouTube頻道,一個用英語,另一個用阿拉伯語,來正面對抗前述伊斯蘭國的論述。

谷歌拼圖找到有說服力的影片來對抗伊斯蘭國五種已建立好的招募論述,這些影片包括策展的公民證詞、現場報導、反伊斯蘭國的宗教呼籲。例如,他們在策展的影片中記錄伊斯蘭國對平民的施暴和他們治理的失敗(包括為了食物大排長龍、無助年長居民遭伊斯蘭國戰士騷擾、伊斯蘭國醫療體系崩壞的影片)。影片也包括神職人員對暴力極端主義的駁斥和對伊斯蘭國宗教合法性的削弱,以及伊斯蘭國投誠者對他們團體毫無道理暴行的譴責。他們避免用西方媒體的影片，如BBC的影片，因為從伊斯蘭國投誠者的受訪內容中可以看出，可能成為恐怖份子的人通常排斥這些新聞來源。

　　策展的內容放入YouTube頻道後就設定成自動播放清單並反覆的播放。這個播放清單駁斥伊斯蘭國「治理得好」的論述，用影片讓大家看到食物短缺、伊斯蘭國控制地區缺乏教育、醫療照護匱乏的情形。也駁斥伊斯蘭國「軍事力量強大」的論述，影片中記錄伊斯蘭國在遭遇庫德族士兵、伊拉克軍隊、盟軍部隊時的挫敗。工作團隊將AdWords廣告的對象鎖定在那些搜尋如何加入伊斯蘭國訊息的個人上，再將他們重新導向至駁斥伊斯蘭國對外宣稱的策展影片。

　　這些文字、影像、影片廣告感覺且看起來像是伊斯蘭國策展的內容，內容中性，但具有驚人的影像，所問的問題可能是那些會加入伊斯蘭國的人在問的問題。這些廣告鎖定一些關鍵字，其中有伊斯蘭國支持者口號、伊斯蘭國官方媒體名稱、伊斯蘭國所提的聖戰或特定法特瓦（由認可的權威按伊斯蘭律法做出的判決）、甚至一些飯店的名稱（伊斯蘭國新招募成員在前往哈里發〔Caliphate〕途中停留的飯店）。

　　二〇一六年在一項為期八週的前導實驗期間，這個計畫觸及三十二萬個可能被伊斯蘭國招募的人，他們集體看了超過一百萬分鐘的反伊斯蘭國內容。活動的點擊率遠超過標竿廣告在前導實驗未開始前十二個月內用類似搜尋詞達成的點擊率，英語廣告的點擊率為三・一％（比標竿廣告的一・七％高出七六％），阿拉伯語廣告的點擊率為四・三％（比標竿廣告的二・四％高出七九％）。自前導計畫後，重新導向方法就被用來對抗自殺，[20]更在對付三K黨、極端主義、線上仇恨言論上提供對策。[21]

　　社群媒體被用來為善的例子很多。二〇一四年。冰桶挑戰兩個月內就為肌肉萎縮性脊髓側索硬化症（ALS）或稱盧・賈里格症（Lou Gehrig）募得兩億五千萬美元。[22]美國目前有十二萬人在等待器官捐贈，而且每日有二十人因等不到器官捐贈而死亡，但在二〇一二年前，每日只有六百名美國人登記為器官捐贈者。臉書在同一年推出器官捐贈計畫，第一天就有一萬三千個新註冊的器官捐贈者，是每日平均數的二十一倍。這個計畫將平均每日器官捐贈數增加到兩倍以上。[23]奈及利亞、賴比瑞亞、剛果分別在二〇一四、二〇一五、二〇一八年經歷致命的伊波拉（Ebola）病毒爆發，社群媒體不但改善疾病預測，還偵測疾病爆發後疾病的地理分布變化，更將公共衛生干預擴大到較廣的區域，頻率增加了，但成本只有原先的一部分。[24]但有福也有禍。社群媒體也在散播與伊波拉有關的錯誤訊息。例如，奈及利亞出現一個惡作劇迷因，宣稱大量喝鹹水可以治療疾病，結果導致數人因而死亡。[25]二〇二〇年初也出現類似的惡作劇治療方式，聲稱可以遏制新冠病毒在全世界的蔓延，這阻礙公共衛生在抑制病毒上所做的努力。

透明度悖論

　　在劍橋分析公司醜聞爆發後很短的時間內，我在接受馬丁・嘉尤士（Martin Giles）為《麻省理工科技評論》（*MIT Technology Review*）所做的訪問中預測，這部宣傳機器即將面對一個將它往相互競爭方向拉去的兩難局面。[26] 一方面，社群媒體平台的內部運作方式將面臨愈來愈開放和透明的壓力：趨勢形成和廣告目標鎖定演算法如何運作、錯誤訊息如何透過這些方式傳播、推薦引擎是否會增加兩極化。全世界想要臉書和推特公開透明，讓大家看到內部的運作方式，這樣就能明白如何使用和改善社群媒體。

　　另一方面，這部宣傳機器也將在催促下更加保護我們的隱私和安全、守護消費者的資料、停止與第三方分享私人訊息、保護我們不使我們受到劍橋分析之類資料外洩事件的影響。《歐洲一般資料保護指令》（European General Directive on Data Protection）和《加州的消費者隱私保護法》（Consumer Privacy Act，美國最嚴厲的州級資料隱私立法）對這部宣傳機器如何處理、保存、分享消費者資料訂出更嚴格的管制。所以，一方面這個世界要求更多的透明度，另一方面我們卻強調隱私和安全。這兩種要求相互衝突，導致透明度悖論（Transparency Paradox）的出現。

　　隱私是自由民主社會不可或缺的。但透明度也有必要，因為可以藉此了解和設計社群媒體，以達到駕馭希望、避免危險的目標。我們所有人（公民、立法機構、管理者）都想知道這些平台是如何運作，從裡到外的了解，才能知道如何抑制仇恨的散播、保護民主不受到操控、保護我們的小孩不受到霸凌和掠奪。但我們想讓私人資料維持隱私和安全性。在和《麻省理工科技評論》的訪談中，我預測鐘擺首先會大幅擺向隱私和安全。

訪談的一個月後，祖克柏在臉書年度開發者大會F8上發表主題演講，提出「未來是私人的」，他的解釋是「私人社交平台對我們生活的重要性將超過我們的數位市鎮廣場」。[27]他勾勒出一種改變：從「連結世界」轉換到「以隱私為重的社交網絡願景」。臉書宣布他們將統合WhatsApp、Messenger、Instagram等訊息服務，並採納私人的安全點到點加密。「到目前為止，臉書已經四次推出主要產品版本，現在是第五次，」祖克柏說。「所以，我們稱這個為臉書5.0。」臉書正在封鎖中，逐漸走向私人化。

兩項衝擊迫使這些改變發生。首先，劍橋分析事件凸顯自由分享這部宣傳機器上私人資料（為了行為鎖定、選舉操弄、更廣泛的危害民主）的危險性。但另一個威脅也促成這個改變：全世界想要這部宣傳機器為在它的平台上發生的所有有害內容負責，如紐西蘭基督城恐怖大屠殺事件的現場直播。

二〇一九年三月十五日，也就是卡洛爾・卡瓦拉德爾和

吹哨者克里斯多福‧魏利在英國《衛報》上揭發劍橋分析事
件的三天前，一個生病的種族主義槍手在臉書上現場直播他在
紐西蘭基督城一座清真寺裡進行的惡毒攻擊。全世界的人在影
片中看到他用第一手的方式將他的血腥恐怖犯行呈現出來，詭
異的讓人聯想起電動遊戲中的「第一人稱射手」。這起攻擊和
影片都是為了瘋狂轉傳而做。殺手貼出一則長達七十四頁、內
容充滿種族主義謾罵的宣言，內含社群媒體上即將直播的內容
連結。他隨後將影片貼上臉書頁面。[28]幾千人看了原始的直播
動態，另外有一百五十萬人嘗試在攻擊後數小時內將影片分享
在臉書上。臉書擋住一百二十萬次嘗試上傳的動作，但其中有
三十萬次逃過他們的內容審核（content moderation）。

　　二〇一九年秋天，伊莉莎白‧華倫（Elizabeth Warren）
和拜登都因臉書允許川普在政治廣告中用與拜登有關、但已被
證明為誤的訊息而嘲笑這個平台。臉書拒絕下架這些廣告，因
為它們「沒有違反臉書政策」。基督城大屠殺影片和二〇二〇
年總統大選期間出現的錯誤政治廣告凸顯一個在處理這部宣傳
機器時的關鍵性兩難處境。有人需要怪誕和煽動的內容。有兒
童色情圖片製造者，就有兒童色情圖片消費者。有暴力極端份
子，就有尋求暴力極端主義的人。有願意為了政治利益而讓謊
言永遠存在的人，就有被那些謊言吸引並願意分享的人。所以
我們要如何對付這個既能為善、又能為惡的新管道？臉書、推
特、Instagram、WhatsApp應該負起言論管理的責任？我們要

將這個責任委託給他們？

二〇一九年十月，美國司法部長威廉‧巴爾（William Barr）、英國內政大臣普莉提‧巴特爾（Priti Patel）、澳洲內政部部長彼得‧杜登（Peter Dutton）向祖克柏發了一封信，要求他停止點對點加密計畫，並允許政府透過後門掃除臉書上的罪犯。[29] 數天後，美國聯邦調查局局長克里斯多福‧雷譴責這項加密計畫，稱它讓「掠奪者和兒童色情圖片製造者的美夢成真」，並強調讓臉書的私人化和加密措施會產生「一個不是由美國人民或民意代表、而是由一家大公司老闆創造出來的法律所管不到的空間。」「我們將失去找出需要被解救的兒童的能力，」雷說，「我們將失去找出壞蛋的能力。」[30]

隱私擁護者和安全專家迴避這些弦外之音。電子前哨基金會（Electronic Frontier Foundation）主張政府提出的加密威脅公眾安全說法是誇大其詞，而且不用開社群媒體平台的後門，政府就有辦法取得罪犯的資料，再者，「加密能保護我們所有人，對最容易受到傷害的用戶來說，除了維護他們的數位安全外，也維護他們的實體安全。」這一場辯論直接指向杜洛夫的哲學：隱私和安全至上。

在羅伯特‧穆勒指控俄國干預美國二〇一六年總統大選後，數據科學界就動員起來尋找答案。他們在研究中將錯誤訊息和世界各地選舉操弄的廣度、規模、影響予以量化。科學家了解民主正遭到攻擊，而他們有資格出來協助捍衛民主。他們可以針對如何抑制這類效應做出衡量和建議。哈佛大學的蓋瑞・金恩和史丹佛大學的奈特・波瑟利（Nate Persily）攜手推出社會科學一號（Social Science One）這個新奇的產學合作計畫，設計的目的是要促進科學界取得社群媒體資料，有了這些資料，才能了解這部宣傳機器對民主和社會的影響。這是一個高尚的嘗試。在得到數個基金會的贊助、社會科學研究理事會（Social Science Research Council）的支持、臉書的直接合作後，他們著手進行一項頗具野心的計畫，即提供資料和資金來促成以這部宣傳機器對世界影響為主題的研究。

但這項倡議碰到困難，因為臉書退縮了，無法達到所需的透明度。[31]要求兼顧隱私和安全性，讓他們很難准予原先同意提供的資料。我的朋友暨同事所羅門・梅辛當時負責臉書的資料釋出。如他所描述，臉書想釋放資料，但在釋放時出現問題，因為要同時保護用戶的隱私和安全。臉書直接撞上透明度悖論。

一方面要保護公眾安全，一方面要確保我們私人安全通訊的權利，合適的分界線在哪裡？的確，答案不可能是社群媒體平台指稱合法的公眾安全利益並不存在，或政府應該被允許無需任何理由就能任意窺探任何對話。

或許有第三種方法。為了在這個透明度悖論中找到可穿過的縫隙，社群媒體平台必須同時達到更高的透明度和安全性，必須在保護隱私的同時允許透明度。如「差分隱私」

（differential privacy）的達成，這是一種讓個人資料匿名的標準，可以用檢視它的方式來了解選舉操弄和犯罪模式，同時還能確保個別消費者的匿名性。我將在第十二章重新討論這第三種方式，以及業界及政府該把隱私和安全間的界線畫在哪裡。

幸福的代價

除了促成（脆弱的）社會運動外，這部宣傳機器還是一個既為善又為惡、處在透明度和隱私之間刀鋒上的管道，也創造極大的經濟利益，不過這是有代價的。誠然，社群媒體的有害影響近年來成為媒體關注的焦點，但值得我們自我提醒的是，這部宣傳機器讓我們免費獲得新聞和知識、為我們和我們有可能建立商業關係的人協調關係、為我們連結經濟和社會機會、促成新技能的取得、為我們提供社交支持等。這部宣傳機器所創造的經濟價值可能非常大。但在可能的益處和壞處仍有待平衡的狀況下，我們要如何衡量社群媒體的淨利益或成本？

雖然一些常用來衡量經濟活動的標準，如國民生產總值（Gross National Product）和生產力，能讓我們對經濟的「表現」有很大的了解，卻無法讓我對公民的幸福有太多的認識。有些科學家嘗試用生活滿足感或快樂程度之類的主觀估算方式來衡量幸福。但這種衡量方式並不精準。最終，我們衡量一個國家經濟幸福的最佳方式是看經濟的「剩餘」（surplus）。

　　剩餘是交易產生的經濟價值，交易價格低於消費者願意支付價格為消費者剩餘（consumer surplus），高於生產者願意售出價格則為生產者剩餘（producer surplus）。由於消費者通常取得九八％創新所帶來的幸福收益（welfare gains），消費者剩餘就成為經濟幸福的主要組成。[32]如果我願意付八百美元買一支新的iPhone，但只需要付六百美元，我買下後就能獲得兩百美元消費者剩餘。在我們把消費者實際購買產品的價格和他們願意支付的價格間的差額加起來後，就能算出經濟的總消費者剩餘，即消費者從所有經濟交易取得的幸福收益。

　　但消費者願意為社群媒體付出多少錢，和他們願意以多少價碼把社群媒體賣出，卻是難以衡量，因為社群媒體是免費供人使用。我在第十章討論過這部宣傳機器的商業模式：就是賣目標鎖定的廣告給品牌公司和政治活動，並免費提供服務給消費者。而免費使用的情況也讓根據反壟斷（antitrust）原則來管理社群媒體變得複雜，我將在第十二章討論這一點。那麼我們要如何衡量免費商品的消費者剩餘？這是經濟學家在當今這個數位時代所面對的一個關鍵性問題，因為我們的經濟有愈來愈大比例由免費的數位產品構成，如Spotify、YouTube、維基百科、整個宣傳機器（包括臉書、推特、Instagram等）。

　　我的朋友暨導師、麻省理工同事艾瑞克・布林優夫森正與艾維・柯利斯（Avi Collis）和菲力克斯・艾格斯（Felix Eggers）共同研究這個問題。他現在對如何衡量這部宣傳機器的幸福效應有了頓悟。雖然我們無法直接衡量人們願意付給臉書的金額和實際付出金額間的差價（因為沒人付錢給臉書），我們還是能衡量臉書對幸福的貢獻，方法是看人們願意收多少錢來放棄使用臉書。而那就是艾瑞克、艾維、菲力克斯等人於二〇一六至二〇一八年間在線上所做的一系列選擇實驗：他們付錢給放棄臉書的人，並把這些願意放棄臉書的人所開的價碼加總起來。[33]

　　他們首先問實驗對象願意收多少錢來停止使用臉書一個月，只要確認他們臉書帳號在該段期間沒有活動（為了拿到錢，他們同意做到）就付錢。他們接著問實驗對象願意收多少錢來停止使用推特、Instagram、Snapchat、LindedIn、WhatsApp一個月。他們也問及其他免費數位服務，如網路搜尋、電子郵件、地圖、發送訊息、影音串流，還問到一些代價很高的非數位服務項目，如「一年不吃早餐麥片」、「一年不看電視」、「一年不使用家裡馬桶」（他們無從證實實驗對象是否像在停用宣傳機器這件事一樣，真的停止使用這些服務，但沒有研究是完美的）。這些實驗讓他們得以「用代表一個國家人口的數千個消費者資料估計任一產品的需求曲線」。

　　二〇一六至二〇一七年間，中間消費者願意停止使用臉書一個月來獲得四十八美元，意思是美國消費者一個月從臉書取得四十八美元消費者剩餘。這種估價和使用情形有關。消費者使用臉書的程度愈高，而且在上面更常貼出最新狀態、按讚、分享照片和新聞、玩遊戲、交朋友，他們對臉書的重視就會更高，也會收取更多的錢來放棄使用臉書。

杭特‧艾爾考特、魯卡‧布拉吉葉里（Luca Braghieri）、莎拉‧艾克邁爾（Sarah Eichmeyer）、馬修‧詹斯考等人用類似的選擇實驗證明臉書一個月約在美國產生三百一十億美元消費者剩餘，相當於一年光在美國就能從臉書取得三千七百億美元的經濟幸福收益。[34]現在把這個數字用全球的角度來想，不僅是臉書，還包括Instagram、推特、Snapchat、微信、WhatsApp、Telegram。這部宣傳機器明顯創造出巨大的經濟幸福收益，但代價為何？

社群媒體的「代價」不是用美元、盧布、里拉、歐元來衡量，而是用難以衡量和難以「算進去」的消費者受損來衡量。我相信你應該聽過這個說法：「如果你沒有付錢買一項產品，那麼你本身就是產品。」意思是免費產品通常會把取得消費者注意力的管道賣給廣告商。這種服務對消費者的「代價」不在於價格，而是他們在金錢以外要拿什麼東西來換取服務。以社群媒體為例，對消費者而言，這類媒體帶給他們的「代價」可能是有害的影響，從假新聞對民主的影響、對我們身心健康的負面影響、到劍橋分析醜聞後最常談到的代價：我們失去了隱私，而我們的消費者資料則很容易受到傷害。

在個人層次上，社群媒體的使用對幸福和心理健康的負面影響具有相關性。社群媒體和智慧型手機崛起的同時，也出現憂鬱症和自殺率大幅上升的狀況，雖然目前為止沒什麼直接證據可以證明兩者之間的因果關係。在社會層次上，假新聞會對民主產生影響，還出現同溫層效應和政治兩極化。

不幸的是，這些代價難以在計算經濟福利時予以納入。首先，消費者看不出個人的負面影響。例如，艾爾考特、詹斯考以及他們的同事估計，使用臉書減少人們面對面與朋友、家人交際的時間，幸福感也降低，用戶卻只有在實驗期間放棄臉書後才發現這些代價。離開平台一段時間後，用戶不像之前使用臉書時那麼重視臉書，或許是因為他們已把使用在臉書的時間，改用在其他更值得（或是他們發現自己更喜歡）的活動。

其次，我們不是那麼善於正確的把社會整體的損害從我們在消費產品的個人獲益中抽離。例如，我們通常不會因為臉書對民主的影響而希望付少一點錢給臉書，或因車子對環境的影響而在買車時少付一點錢（雖然有些人確實在某種程度上相當重視社會所受的傷害，願意付高價購買油電混合車或電動車）。

沒有任何研究曾以令人信服的方式衡量這部宣傳機器的淨利益，而未來也不可能有研究辦得到，因為幸福和心理健康受到社會層次負面影響的成本難以衡量。例如，你要如何為社群媒體破壞民主的代價定價？

（不均等的）機會

　　社交網路創造經濟機會和社交流動性，但對某些人的影響大於其他人。我們在第三章討論過，社群媒體網路會透過「弱連結的力量」（strength of weak ties）創造機會。[35]這項理論主張，經濟機會將透過弱連結找上我們，而且以弱連結而言，提供的機會卻相當豐富。這些弱連結來自我們最少聯絡的朋友，使我們的網絡變得多元，還會在其他人看不見的各種機會之間穿梭優游。它們是新機會的管道，例如新的工作機會。

　　奈森・伊格（Nathan Eagle）、麥可・梅西（Michael Macy）、羅布・克萊斯頓（Rob Claxton）將一整個國家作為實驗背景測試這套理論。[36]他們蒐集全英國的行動電話和市話資料，並將這些資料與全國社會和經濟發展統計數據連結在一起。他們蒐集九〇％的行動電話資料和九九％的住宅及商業用市話資料，據此分析六千八百萬人打電話的模式。他們測試通訊網路中連結弱卻使用多樣通訊網路的人是否有較高的社經地位。而他們的發現如下：通訊網路愈多樣的人，社經地位愈高（參閱圖表11.1）。

　　但如你們所知，我堅持區分相關性和因果關係。在這個案例中，這很重要，因為如果經濟機會愈多的人往往會發展更多樣性的網路，而不是更多樣性的網路提供更多經濟機會，那麼這部宣傳機器反映經濟機會的可能性就會大於創造經濟機會的

圖表11.1　社交網路多樣性與社經地位的關係

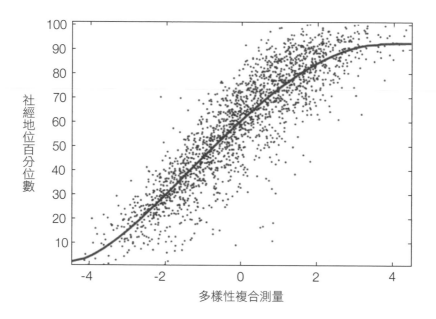

可能性。這部宣傳機器對這一切具有多大的重要性？我們只是將現存的社交網路複製在社群媒體上，或這部宣傳機器的推薦引擎為我們提供新的經濟機會？

我與艾瑞克・布林優夫森、LinkedIn的徐雅（Ya Xu，音譯）和吉雍・聖雅克（Guillaume Saint-Jacques）共同研究找出答案。吉雍在擔任LinkedIn數據科學主任工作前是我們麻省理工的博士生。這項共同研究讓我們得以測試弱連結和工作流動性間的因果關係。[37]我們用的資料來自LinkedIn的「您可能認識」演算法做出的六十個隨機實驗，這個演算法為LinkedIn用戶提供新的連結。這些實驗隨機改變八千萬人的網路弱連結數，增加或減少建議一些弱連結作為聯繫人。這讓我們測試弱連結對工作流動性的影響程度。結果首次證明弱連結能創造工作機會，而「您可能認識」演算法可能產生弱連結。取決於我們設計方式的這部宣傳機器，除了有創造工作流動性和經濟機會的能力外，還能影響經濟機會在用戶間的分布。

史丹佛大學經濟學博士生路易斯・阿諾馬（Luis Armona）做了一項研究，他分析一個自然實驗，以衡量接觸臉書對經濟機會和薪資的影響。[38]回想一下吉米・法倫和尚恩・帕克有關臉書進入市場策略的對話。臉書透過大學校園進入市場，但當時不是每間大學都加入。二○○四年二月至二○○五年五月，有七百六十間大學在不同時間加入臉書，意思是當某些大學的學生接觸臉書時，其他大學的學生卻還沒有。阿諾馬將接觸臉書者的薪資成長和沒有接觸臉書的人進行歷時比較,以便衡量與這部宣傳機器連結對工作機會和薪資的影響。他發現大學四年和臉書接觸的結果是平均收入增加近三%,這是一個有意義的影響。阿諾馬也透過對學生的LinkedIn和其他資料的分析證明臉書所引起的薪資成長是因為增加與以前同學的社交連結,這強化大學校友間的就業網。

華頓商學院的吳琳恩(Lynn Wu,音譯)之前是我們麻省理工的博士生,分析一個能證明這些結果的自然實驗。她研究企業社群媒體被引進公司的狀況並分析這對工作上的經濟機會有何影響。[39]這個社群媒體工具讓員工得以按專長在公司內尋找新的接觸對象。她的分析透露,這個工具的引進讓員工的社交網路連結變得更多元(她用電子郵件通訊量來衡量)、生產力增加,也減少被解雇的可能性。

最近,麻省理工經濟學博士班畢業生希德尼‧考德威爾(Sydnee Caldwell)把這套思維邏輯運用在分析丹麥的薪資和工作流動性上。考德威爾和尼可萊‧哈蒙(Nikolaj Harmon)分析了同事網路、薪資、工作流動性、前同事新東家的勞工需求等相關的詳細資料,藉此衡量前同事新東家的工作開缺是否和研究對象的薪資增加和工作機會的取得有相關性。[40]他們問的是:在生產力相同的工作者中,從交友網得到更多與其他公司機會有關的訊息的人,是否能在他們現在效力的公司談到較高的薪資?答案是絕對沒錯。擁有較靈敏的訊息網路的人不但可以談到較高的薪資，還有較高的工作流動性和收入。

　　但考德威爾和哈蒙在分析是否每個人都能從社群媒體訊息得到好處時發現不均等現象，而且對收入的影響集中在技術層次較高的工作者。在收入受影響程度上，擁有專業技能的工作者是中等技能工作者的兩倍，更是技能工作最低者的五倍。由於有技能工作者也擁有較高的基準薪資，這種影響就轉換成對總收入大幅顯著的影響。事實上，社交網路訊息對技能工作最低者（裝配工、體力勞動工作者、工匠）並沒有任何影響，而整體來說，女性的受益少於男性。由於這部宣傳機器透過更大的工作流動性、較高的薪資、更大的生產力、更多的工作安全性創造經濟機會，男性和教育程度或技術能力較高的人能從這種機會獲得不成比例的大量好處，意思是富者愈富。

　　在接觸這部宣傳機器所創造的機會時，三種力量產生接觸的不均等。首先，在接觸這部宣傳機器時，會因地理、社經地位、性別因素而出現不均等現象。開發中國家在網路網路、社群媒體、智慧型手機的取得上落後先進國家。但除了社群媒體接觸形成的數位鴻溝外，還有另一個數位鴻溝存在於我的朋友暨同事埃斯特・哈吉泰（Esther Hargittai）所稱的「能力強化」（capacity enhancing）[41]以及社群媒體的娛樂性使用之間。經濟上優勢者通常透過提供「向上移動機會」的方式來使用社群媒體，包括建立關係和名聲、尋求資訊、進行合作、動員，以及參與其他「可能增進豐富的政治參與、事業進展、財金和

醫療服務訊息的活動」。[42] 雖然研究人員發現讓背景較不具優
勢的人參與自我改進活動具有正向效應，哈吉泰卻發現他們通
常較不偏好參與這樣的活動，使得社群媒體的好處分布出現更
不均等的現象。

其次，這部宣傳機器的網路幫助富者愈富。人們在社群媒
體上建立連結時，他們連結的是和自己相似的其他人（即「同
類交往」）。所以，新的連結會強化現有的不均等。朋友推薦
演算法部分是以你的現有連結為基礎。由於社群媒體上許多
「您可能認識」的朋友推薦通常來自共同朋友，和自己相似的
人連結的傾向使社群媒體分隔群體，區分窮人和富人。

最後，這部宣傳機器為高技能工作者提供更高的回報，這
些工作者的工作比較需要取得並處理社群媒體所提供的訊息、
知識、技能，使不均等現象更為惡化。*[43]

宣傳機器有極大的成功希望與明顯的風險。它可以採取廣
泛、迅速的行動，但這樣的行動是脆弱的。它傳播正向和有害
的內容和行為。當針對隱私與安全性編寫程式時，就會減損透
明度。它支持廣泛增加的經濟福利和代價高昂的成本傷害。它

---

* 值得注意的是，路易斯・阿諾馬對臉書的研究中發現，對女學生和中下階層
出身的學生來說，臉書導致的薪資增加更大，這意味著宣傳機器減少性別差
距與所得差距的潛力更大。但是，阿諾馬的樣本受限於七百六十所四年制的
大學，而這些大學畢業生可能偏向擁有高端技術。考德威爾、哈蒙和哈吉泰
研究的低技術勞工大多被排除在阿諾馬的分析樣本之外。

創造社會與經濟機會，但是有不平等的機會。為了實現承諾並避免危險，我們需要的是手術刀的精細修正，而不是大刀闊斧的大動作。

手術刀和大刀

我在哈佛大學甘迺迪政府學院（Kennedy School of Government）學到的一課是，市場有時會失靈。我在那段時間分析市場如何、何時、為何失靈和如何糾正市場失靈。這些學問在我思考社群媒體時派上用場，因為這部宣傳機器的市場失靈時機已成熟。當科技加劇錯誤訊息的傳播、恐怖主義、選舉操弄、公共衛生的破壞、隱私的喪失，而這些傷害卻沒有被算進市場成本時，明智的政府管制就變得有必要。

但真正的危險是：思慮不周的立法將對創新、言論自由、生產力、成長、消費者剩餘、社交科技的社會和經濟利益形成束縛。在我們了解社群媒體是希望的來源同時也是禍害的來源後，就能清楚的明白，魯莽的嘗試規範可能終將失敗。社群媒體管理必須經過完整的思考才能在保持希望的同時，又能避免危險。最近幾個例子告訴我們管理社群媒體的錯誤方式，我們明顯需要手術刀，而不是大刀。

烏干達的經濟困境，促使烏干達人民和公司往網路上移動，跳過當地落伍的通訊基礎設施。但二〇一八年七月，約韋里‧穆塞維尼（Yoweri Museveni）在人民發動對他執政的抗議後，施行一天五分錢的社群媒體使用稅，並提高行動支付稅五％，以抑制反政府情緒並增加稅收。不幸的是，這種大刀闊斧的做法對烏干達產生毀滅性且意想不到的結果。

對許多烏干達人來說，社群媒體是網際網路的入口，臉書和WhatsApp之類的應用程式是公司、教育、新聞、社交支持、取得緊急服務不可或缺的。增加稅賦的六個月後，烏干達網路使用率下降二六％，而新稅法帶來的經濟負擔促使烏干達人往線下逃竄。[44]可負擔網際網路聯盟（Alliance for Affordable Internet）估計，此稅收對烏干達最有錢的人來說是增加一％網路連線成本，對該國最窮的人來說則是增加一〇％成本。[45]1G的資料量將花掉他們每月收入的四〇％。這對社群媒體產生降溫效應，成長率、就業率、經濟收益跟著減少。一項研究估計這種稅將使烏干達經濟承受七億五千萬美元的耗損，相當於國內生產毛額（gross domestic product）的三％，稅收也將減少一億零九百萬美元。[46]為了壓制反政府勢力，穆塞維尼大刀一揮就砍掉烏干達經濟的肌腱和肌肉，不讓人民接觸社群媒體的希望。

俄國規範Telegram的做法是另一個適得其反的例子。二〇一八年四月，Telegram在俄國遭到禁用，因為杜洛夫先前拒絕讓俄國政府取得加密訊息。二〇一六年，俄國利用俗稱「老大哥法」（Big Brother law）的《雅羅瓦雅法》（Yarovaya law）要求社群媒體和訊息應用程式開放通往基礎設施的後門，好讓聯邦安全局調查恐怖主義，並廣泛取得加密訊息。杜洛夫以該法「不符合Telegram隱私政策」為由拒絕，Telegram因而遭禁。[47]

然而，執行禁令終究比強加禁令還難。相當於美國聯邦通訊委員會（Federal Communications Commission）的俄國聯邦通訊審查局（Roskommadzor）採取行動將提供Telegram服務的IP位址予以封鎖，也要求谷歌和蘋果移除應用程式商店裡的Telegram。但杜洛夫已將Telegram的主機移至第三方雲端服務供應商，如亞馬遜和谷歌，好讓服務持續下去。蘋果和谷歌拒絕移除Telegram。俄國於是打壓蘋果和亞馬遜的雲端服務，封鎖至少一千九百萬個IP位址。

但Telegram依然持續存在。許多俄國人開始使用虛擬私人網路（Virtual Private Network，簡稱VPN）來取得這項服務，而Telegram的每日活躍用戶數從二〇一八年四月被禁時的三百七十萬增加到二〇一九年二月的四百四十萬。[48]它仍是俄國最受歡迎的訊息應用程式第三名，只在WhatApp和Viber之後。俄國掐滅Telegram的嘗試雖然失敗，卻成功的遏制國內許多「合法的」線上服務。[49]由於封鎖動作不夠精細，無法只鎖定Telegram一個，許多零售商、主要的線上銀行服務、電子商務網站、訊息應用程式（如Viber和國營媒體建議用來取代Telegram的TamTam）都被中斷。連儲存聯邦通訊審查局「黑名單」上的公司資料的網站都當掉。

　　這些例子都顯示，我們必須精細的設計宣傳機器的規範。即使烏干達與俄羅斯的法規都源於惡意控制，這些魯莽的政策揭露，針對社群媒體的規範可能助長獨裁，導致無法預期的後果。在某些層面上，這些例子顯然指出規範社群媒體的不當方法。然而，我們應該做出哪些審慎選擇卻不是那麼顯而易見。所以，在最後一章，我們將討論如何適應宣傳機器，屆時，我們應該做的選擇將會逐漸浮出水面。

第十二章

新社交世紀的
隱私、言論自由與反壟斷

明顯到令人吃驚的是，我們的科技已凌駕於我們的人性。

—— 愛因斯坦

　　今天，我們處在隱私與安全、自由言論與仇恨言論、真相與謊言、民主與專制、包容與兩極化之間的十字路口。雖然這些結果不能只怪這部宣傳機器，但它卻在每個結果扮演一定的角色。即便接受社群媒體對我們民主的影響，我們的經濟和公民社會的構造卻引向一個不可避免的問題：我們如何適應？我們如何將新社交科技的設計、管理與使用導向希望的境地，同時又能夠避開危險？這些問題很複雜，沒有簡單的答案。但我相信有途徑可以通往更光明的未來。

　　我在這一章探討的是創新和反壟斷、隱私和資料保護、錯誤訊息和假新聞、選舉誠實性、言論自由、建立更健康通訊生態系統的解決方法。為了達成目標，我要依靠這本書裡反覆提到的四種槓桿（金錢、程式、規範、法律），並處理三種主要

宣傳機器

的利害關係者（社群媒體平台、政策制定者、一般市民），他們集體控制我們的數位未來。面對社群媒體的法規，我首先要先問一個或許是現今最廣受關注的問題：應該拆分臉書和其他社群媒體嗎？

競爭、創新、反壟斷

　　二〇一九年三月，參議員暨總統候選人伊莉莎白・華倫向臉書宣戰。「今天的大型科技公司擁有過多權力，」她說，「這種權力太過凌駕於我們的經濟、我們的社會、我們的民主。他們剷除競爭、用我們的私人訊息來獲利、並使競爭環境朝其他人傾斜。」[1]當她呼籲拆分這家公司時，似乎真的很生氣。而她並不孤單。臉書共同創辦人克里斯・休斯（Chris Hughes）在《紐約時報》言論版上透露，他對臉書在全世界造成的混亂感到「生氣、覺得自己必須負起責任」。他又說：「馬克・祖克柏擁有前所未有、而且不符合美國精神的權力。是拆分臉書的時候了。」[2]他們的怒氣和世界各地數百萬臉書用戶的怒氣是可以理解的。我在這本書中用很多筆墨來描述這部宣傳機器如何在隱私、錯誤訊息、仇恨言論、選舉的誠實性上讓我們失望。我也很生氣，但生氣無法導向偉大的政策。為了了解如何把這部宣傳機器支配與駕馭得最好，我相信我們必須嚴謹又精密的規畫。

　　華倫和休斯說對一件事。競爭是迎向更光明的社交世紀的基礎，它能鞏固我們必須做的所有適應方法。競爭能制衡市場力量，並讓社會價值領導企業價值。社群媒體市場對競爭的壓制，產生一連串的市場失靈，使我們無法保護隱私、創新、真相、民主。「想像臉書和Instagram相互競爭，試圖保護你的隱私、不讓錯誤訊息進入你的動態消息，藉此超越對方，」華倫在一則推文中說：「而不是一起合作出售你的資料、讓你收到泛濫成災的錯誤訊息、破壞我們選舉的誠實性。這是我們需要『#拆分科技巨頭』（#BreakUpBigTech）的原因。」[3]

　　雖然華倫和休斯正確的診斷出問題，不過我認為他們算錯了解決方案。華倫的總統大選競選活動，漂亮的將他們對大型企業未受控制的權力的批評，以及他們針對祖克柏異常龐大的財富和臉書侵蝕民主和隱私的個人攻擊結合在一起。「壟斷者將賺到更少的壟斷錢，真可憐，」她在談論拆分大型科技公司計畫時說。但把破除壟斷吹捧為社群媒體兩難處境的解決方案是一種假承諾。當我們取下選舉旗幟，將競選活動的五彩紙屑清乾淨，最終還是得自己面對燙手山芋，動手整理這個新社交時代。拆分臉書解決不了社群媒體面臨的任何一項主要挑戰，而將挑戰包裹成漂亮的政治口號，只會讓這些挑戰變得更難以克服。

　　這個針對臉書的反壟斷案忽略把社群媒體市場推向集中化的經濟情況，而且沒有做出任何動作來直接保護隱私、區分自由言論和仇恨言論、確保選舉誠實性、減少假新聞。它處理的是症狀，而非成因。雖然競爭有助於迫使各平台用保護我們社會價值的設計去爭取我們的注意力，不過把新社交世紀推向壟斷的力量依舊存在，即便把臉書拆分也沒有用。我們需要更根本的解決方案。

關於臉書的壟斷市場和壟斷行為，相關證據仍很薄弱。但更重要的是，將注意力放在拆分臉書上會使我們分心，反而沒注意更能持久的解決方案。這些方案處理我們社會關切的事項，如全面的聯邦隱私改革、確保市場開放的資料可攜性立法、政治廣告的管理、社群媒體上的有害言論。我們最好直接攻向這些管理上的挑戰，而不是追著一個可能拖上十年的反臉書壟斷案，這案子可能終將失敗。

針對臉書的反壟斷案

臉書共同創辦人克里斯・休斯在那篇言論版的文章中認為：「一八九〇年的《休曼反壟斷法》（Sherman Antitrust Act）將壟斷視為非法。」這並不完全正確。按照美國反壟斷法，壟斷者本身並不違法。違法的是利用遏止競爭的反競爭手段，以成為壟斷者或以獨占鄰近市場為目的來操作壟斷力量。反壟斷的重點在於保護消費者，不讓消費者受到沒有競爭力的市場的傷害，而不是懲罰科技公司的巨大。如果一家公司靠著創新和競爭變大，他們帶來的傷害不是源於壟斷地位，而是來自這家公司的做法，這才值得我們監管關注。如果我們聚焦在拆分臉書，並將它視為「萬靈藥」，我們就會轉移焦點，忘了要針對這部宣傳機器所產生的傷害加以立法和管理，來根除根本的原因。

自一九七〇年代起，美國反壟斷法便由「消費者福利」（consumer welfare）的觀點在主導。定義這個觀點的是耶魯法學教授暨上訴法院的法官羅伯特・博克（Robert Bork），再由芝加哥經濟學派（Chicago School of Economics）加以推廣。這個學派狹隘的將消費者從無競爭力市場受到的傷害，詮釋為價格較高的結果（其次是受到限制生產和品質下降的影響）。但這個狹隘的觀點完全沒打到臉書。臉書是免費的。消費者不會因為臉書收費較高而受到傷害，因為臉書打從一開始就沒有要消費者付錢。然而，消費者會因為社群媒體競爭不足而受害，因為在沒有強大的替代選項下，臉書可以用嚴苛的個人資料使用政策將我們鎖在一個被假新聞、錯誤訊息、仇恨言論汙染的網路中。這就是缺乏競爭的真正副作用。

今天，博克對消費者傷害的狹隘看法正受到不斷演化的反壟斷觀點的挑戰。琳娜・汗在耶魯攻讀法律時寫過一篇文章〈亞馬遜的反壟斷悖論〉（Amazon's Antitrust Paradox），標題「致敬」博克的開創性著作《反壟斷悖論》（*The Antitrust Paradox*），她在文章中提出要為這個平台時代更新反壟斷管理的法律論點。[4] 她的重點在於，亞馬遜等掌控數位市場運作規則和演算法的平台，在這些市場銷售自己的產品時涉及利益衝突的問題。歐萊禮媒體（O'Reilly Media）創辦人提姆・歐萊禮（Tim O'Reilly）和華倫對亞馬遜和谷歌也發表過類似論點。[5] 由於亞馬遜藉由演算法掌控產品在自家平台上露出的規則，他們可以讓自己的產品比競爭者的產品曝光度更高。谷歌購物（Google Shopping）正因類似的利益衝突而遭到歐洲反壟斷當局的調查。如參議員華倫所言，「你不能既是裁判又參賽。」這個論點很重要。價格不是一切。儘管亞馬遜的產品經常比競爭者便宜，失去選擇會降低平台的創新誘因。而且當然，如果亞馬遜用較低的價格把競爭者趕出市場，接下來就會為了增加獲利而提高價格。

政治人物、權威人士與媒體針對谷歌、亞馬遜、蘋果、臉書提出的反壟斷論點經常被歸類在一起，統合在「拆分大型科技公司」這面大旗之下。但每個反壟斷訴求都有不同的考量。其中涉及的市場、反競爭做法，以及對消費者可能的傷害都不同。有些公司用自家平台賣自家產品，例如亞馬遜，這種做法觸及的反壟斷含意在某些方面較引人注目，相較之下，針對臉書所做的反壟斷議論就較為薄弱。雖然幾位卓越的思想家已經說出拆分臉書的理由，很難論定這些理由能在反壟斷訴訟中成立。

柯林頓時期曾任勞工部長、現任柏克萊大學公共政策教授的羅伯特・萊西（Robert Reich）主張，「臉書和推特在散播川普的謊言，所以我們必須拆分他們。」他認為，「四五％的美國人靠臉書獲得新聞訊息，以及川普推文能觸及六千六百萬（人）原因是這些平台幾乎等同於壟斷者。」[6]先不說把兩個競爭對手（臉書和推特）當成壟斷者擺在同一個句子裡的邏輯問題，推特其實只有三億用戶，在全球社交網路排名十二。萊西所指的四五％幾乎無法構成新聞上的壟斷，而這個數字描述的是從臉書獲得部分新聞的用戶，他們不是完全靠臉書吸收新聞。而且，川普的推文並沒有真的觸及六千六百萬人。雖然川普的追蹤者可能有六千六百萬人，推特演算法只會把他的推文分享給部分的追蹤者。用追蹤者人數來衡量觸及程度，就像把擁有電視的人都歸為福斯電視的觀眾一樣。更重要的是，散播新聞雖然不是好事，但本身並不具反競爭性。這個傷害值得立法來加以監督，但不是反壟斷行動的充分理由。

不過，這並不表示萊西關心政治謊言或臉書和推特上川流不息、未受規範內容對民主的影響是錯的。只是僅靠這個法律基礎來試圖拆分臉書，最終會在法院遭到挫敗，就算成功也會動搖反壟斷的管理。另一方面，用強力立法來管制社群媒體上的政治言論，將擴及到所有的社群媒體（臉書、推特、未來出現的任何大小社群媒體平台），不只會對反壟斷法設法拆分的公司產生影響。

另一個論點是由開放市場研究所（Open Markets Institute）

研究員麥特‧史多勒（Matt Stoller）提出：谷歌和臉書的廣告
壟斷一直在摧毀世界各地的報紙。[7]但報紙的沒落和報業就業
人數及報紙發行量的下降，是從一九八〇年代末期就開始；[8]
報紙廣告收入下降則始於世紀之交，[9]即網路興起之後；線上
新聞流量和數位廣告收入，則是在過去十年間有所增長。[10]而
實驗證據顯示，谷歌等社群媒體實際上使新聞閱讀人數增加，
而非減少。

　　二〇一四年，西班牙進行著作權改革，允許報紙向谷歌新
聞（Google News）收取連結新聞摘要的費用。谷歌以關掉谷
歌西班牙新聞服務作為回應，結果造成整體新聞消費量下降二
〇％，谷歌以外的新聞出版社網頁閱讀次數則下降一〇％，而
且主要集中在小型出版社。[11]雖然這忽略了不論歐洲或美國投
入新聞業的廣告預算，卻顯示谷歌這類新聞資訊整合公司和傳
統新聞出版社（尤其是小型出版社）是處於互補而非競爭的關
係。而且，谷歌和臉書所促成的目標式廣告，拉高了出版社的
收入。當用戶選擇退出目標式廣告時，將使他們損失每位消費
者約九美元的交易費用。[12]所以，雖然我也對家鄉報紙的停刊
感到難過，但谷歌和臉書並不是扼殺新聞的兇手，而報紙的沒
落不構成拆分谷歌或臉書的理由。

　　針對臉書所做的一個更慎重仔細的反壟斷論點，是迪
娜‧史尼瓦森（Dina Srinivasan）於二〇一九年尚在耶魯攻讀
法學院時提出。[13]她主張臉書靠保護用戶隱私的承諾獲得壟斷

力量，一旦取得市場主導地位後就違反承諾。史尼瓦森的論點直指一種特定的反競爭做法，即不誠實的提倡錯誤的隱私保護，是臉書取得壟斷的原因；她也指出壟斷帶來一種特定的傷害，即隱私的最終崩解，她認為競爭性的市場不可能有這樣的事情。

　　這個論點的問題在於，雖然有證據可以證明臉書隨著時間的前進，逐漸減少對隱私的保護，但沒有真正的證據可以證明，他們在保護隱私上所做的承諾促成用戶的成長。雖然消費者在意見調查中表示對隱私的關心，但有強烈證據顯示他們並沒有看過隱私政策，也不是基於隱私考量才購買產品和服務。比較可能的是，如我在第五章所描述，臉書的強大地方網路效應，加上從大學出發的策略，才促成他們的成長，並創造市場主導地位。

　　另一個主張拆分臉書的論點是，臉書收購 WhatsApp 和 Instagram 是一種反競爭性做法，導致壟斷力量的產生。但要在法庭上證明這項論點，需要為社群媒體市場做出一個既複雜且可能過廣的定義。臉書是以朋友和家人為關注焦點的社交網路，WhatsApp 是私人訊息服務，Instagram 則是分享照片的大眾應用程式。他們在各自不同的市場運作，面對眾多競爭者。一個能解開這兩個收購行動的成功論點，必須靠複雜的市場定義，也要看臉書是否有做出反競爭的壟斷行為，也就是吞併相近的照片分享和訊息發送市場（這類市場比範圍較狹窄的社交網路市場還更不集中）。這場官司將所費不貲，而且雖然有可能勝訴，但要很長一段時間才能達成，也不保證一定成功。

最後，有些人主張臉書擁有過大的政治影響力。但反壟斷法規不足以駕馭企業的政治影響力。休曼法案通過的目的部分是為了處理大公司的政治力量，不過反壟斷經濟學家暨前司法部（Department of Justice）和經濟顧問委員會（Council of Economic Advisers）專家卡爾‧夏皮羅（Carl Shapiro）表示，「反壟斷機構不太適合處理與大型企業的過度政治力量有關的問題。」[14]反壟斷當局和法院知道如何衡量壟斷的經濟影響，卻沒有可以衡量公司政治力量的可靠方式。將根據政治力量所做的反壟斷行動合法化，會讓整個過程政治化，並招致貪腐，因為「行政部門會趁機透過已提出的反壟斷案來處罰政敵，並獎勵政治盟友」。如夏皮羅所言：「要求法庭根據準備合併的公司的政治力量來決定是否准予合併，如此會破壞法治，不可避免的將司法部門深深捲入政治考量中。」如果我們想處理企業在政治中利用金錢所達到的力量，不管是用在臉書廣告，還是用在遊說政治人物上，最好還是先通過有意義的政治活動贊助法和反貪污法。因此，拆分臉書不是解決這個問題的辦法。

而且，拆分臉書無助於促進維持競爭所需的市場條件，因為存在於社群媒體的網路效應只會把下一個類似臉書的公司推向主導地位。這個市場的問題是互通性：提供一個讓不同社群

媒體服務公司公平爭取消費者的競賽場。社群媒體市場會走向
壟斷，是因為網路效應與高科技所構築的高牆花園相結合，限
制我們選擇社交科技的自由。拆分一家公司無法改變市場根本
的經濟情況。社群媒體的結構性改革，例如持續往資料和社交
圖譜可攜性的方向努力、讓消費者得以把自己的資料帶到競爭
對手的公司（如通訊業現在的做法），以及對合併案施加前瞻
性的監督，才能提供一個更全面的長期解決方案。

社交圖譜和資料可攜性

　　祖克柏二〇一八年在美國國會作證時，參議員約翰・甘
迺迪問：「你是否願意開放權利，讓我把我的臉書資料移到另
一個社群媒體平台？」參議員擔心的是不具資料可攜性的臉
書，會將用戶鎖在他們的網路中。如果用戶能把自己的資料帶
到其他服務平台，就可能促進競爭，並讓新的社交網路得以發
展。祖克柏這麼回應：「參議員，你現在就可以做到了。我們
有一個『下載資訊』工具，你在那裡可以取得一個檔案或所有
內容，然後按照自己想要的方式處理。」

　　這個回答聽起來像是符合資料可攜性，但任何了解內情的
人聽了都會發笑。在臉書和其他社群媒體上，「下載資訊」這
個工具和現存其他版本的資料可攜性，只能讓用戶取得簡單的
檔案，包括個人檔案欄裡的文字資料、貼文清單、按過讚的帳

號。用戶無法在其他服務平台使用這些資料。這就是臉書想要的，因為真正的互通性將威脅他們的競爭優勢，並逐漸侵蝕他們的網路效應力量。

當你嘗試從臉書下載你的社交圖譜時，得到的不是可以輕易與其他網路共用的可攜性聯絡人資料庫，而是朋友名字的文字檔和他們加入臉書的時間，這不是很有幫助。另一方面，真正的互通性是必要的條件，因為要確保新的網路能成長、有競爭力。如果希望維持社群媒體和社交網路的創新，就需要有能力把我們的社交網路移至另一個競爭平台（如果我們選擇這麼做的話）。我們應該被允許使用多種不同服務平台。我們如何能做到這件事？確保資料可攜性和競爭性的方法之一，就是藉由法律規定科技平台，讓他們的資料、特別是社交網路資料具備可攜性。

芝加哥大學的路易吉・津加萊斯（Luigi Zingales）和蓋伊・羅爾尼克（Guy Rolnik）於二〇一七年夏天提出一個解決方案。他們認為消費者應該擁有自己的社交圖譜（社群媒體聯絡網），而且不同平台的圖譜應該具有互通性，意思是來自某個網路的訊息應該可以立即更改路徑到其他網路。[15]這個主意相當於通訊業的「門號可攜性」。一九九六年，美國聯邦通訊委員會規定開放門號可攜性，以促進美國行動電話和固定市話通訊業者間的競爭。他們的構想是這樣：如果消費者擁有自己的門號，就能輕易的在通訊業者間轉移，同時還能保有自己的通訊網（用自己門號連結的人）、促進業者間競爭、降低費率。

回想一下一九九〇年代末的即時通訊軟體大戰。舉例來說，當時微軟和雅虎試圖讓AIM網路變得具有互通性，這樣用戶就能從AIM轉移到MSN即時通、把他們的連結帶著走、輕易的從自己的網路發送訊息給另一個網路的朋友。當某個網路的消費者能輕易的連結另一個網路的消費者時，網路效應的價值就會降低，競爭性跟著增強，新加入的競爭者將有更多的機會，現有的業者則將失去部分的權力。

社交圖譜可攜性背後的構想是要讓消費者擁有自己的社交圖譜。當他們轉移到一個新的社交網路服務時，他們的連結和朋友身分也可以一起轉移，以促成新網路上和網路間的交流。儘管如此，當你嘗試把電話號碼可攜性邏輯運用到社交圖譜可攜性上時，會碰到一些技術問題。

首先，社交圖譜和電話號碼不同。社交圖譜是一個複雜的相互連結網，很難分配財產權。要定義圖譜的財產權會讓圖譜變得難以管理，而且在一個社交圖譜連結不斷在改變的動態環境中，也難以維護。多倫多大學的約書亞・甘斯（Joshua Gans）提出另外一種版本的社交圖譜可攜性來處理這些複雜問題。他沒有把消費者的社交圖譜權返還，而是主張圖譜應該歸在身分之下，再開放許可，讓消費者決定如何讓自己的訊息在各網路間傳送。甘斯不用「社交圖譜可攜性」這個名稱，改用「身分可攜性」（identify portability）。[16]

　　他的構想是這樣：消費者將擁有自己的身分，並能在各網路間自由轉移，還能得到許可，設定能與誰跨網路交換訊息。他表示，如此一來，「為數位平台隔絕競爭壓力的網路效應將減少……個人可以根據品味和偏好，以及不同平台的創新，在平台之間轉移……重點是由於具有身分可攜性，平台利用用戶注意力來賺錢的能力將面臨愈來愈多的競爭。」[17]

　　其次，社群媒體服務和電話不同。簡訊和語音訊息的格式皆已標準化，因此比較容易達成互通性。但要臉書、Instagram、推特、Snapchat上的訊息達到跨平台的無縫交換比較難。Snapchat上的訊息可能會消失，而臉書上的訊息卻可以持續存在。推特上的文字訊息都是公開的，但限制在兩百八十個字元以內，而WhatsApp上的訊息則為私人訊息，長度不受限制。雖然可以針對不同類別的訊息發展特定的通訊協議，但要在這個環境中達到互通性，複雜度絕對遠遠超過行動電話上的語音和文字訊息。

　　這將我引向第三個問題。一但訊息標準化將減少差異性，而社交圖譜可攜性要保障的就是這種來自差異性的創新。如果每個新的社交網路都遵從現有業者的訊息格式，光是為了取得他們的網路效應，就會扼殺自己的創新和新的互動方式。

　　雖然網路互通性在技術層面仍存在許多挑戰，但這方面的競爭相當關鍵，因為這將在面對創新和反壟斷時扮演超重要的角色。如果各平台碰上強而有力的立法，他們就會用自我創新的方式來達成互通性，畢竟，他們過去曾經解決許多更困難的技術挑戰。我可以想像各平台接受不同格式的訊息，而且不讓任何一種格式壟斷的情形。如此一來，訊息和社群媒體的市場比較容易讓新的公司加入競爭。

這些解決方案是否下手重了點？或許讓你驚訝的是，這類政府干預早有前例。一九六八年，AT&T（美國電信公司）阻止競爭者製造和販賣電話的行為遭到禁止。二〇〇一年，微軟被禁止限制消費者只能透過IE瀏覽器進入網際網路。一九八〇至一九九〇年代，美國地方電信業者的管制獲得解禁，但被要求達成通訊網間的互通性，好讓消費者能在不同通訊網間通話。一九九〇年末期的即時通訊軟體大戰最後也在類似的干預下結束。美國通訊委員會於二〇〇二年核准美國線上和時代華納合併案，卻要求美國線上讓AIM和雅虎、MSN與其他業者達成互通性。結果，美國線上在即時訊息的市場占有率，從合併前的六五％降到一年後的五九％和三年後的五〇％。[18]二〇一八年，AIM將整個聊天市場分給新進業者，如蘋果、臉書、Snapchat、谷歌。了解這段歷史後，就會覺得這些新進業者還沒被要求具有互通性這件事，比建議他們應該要具有互通性更讓人驚訝。

最後，光靠資料和社交圖譜可攜性並不能確保競爭性。處理這種資料需要可以逐漸擴大的系統。不管哪一種解決方案，

在提供可擴大的替代選項給市場領導者的同時，還要能讓資料
具有可取得性，也要讓處理這些資料的系統具有可取得性。
這樣的取得管道不是沒有前例。美國一九九六年的《電信法》
（Telecommunications Act）讓新進業者以分開計價的方式使用
通訊基礎設施的不同元件，如電話線或交換器，他們按規範的
費率使用這些現有通訊公司擁有和操作的設施。雖然這為新進
業者創造一個可以和現有業者競爭的公平環境，但也可能降低
現有業者投資基礎建設的誘因。拿臉書來比喻會更容易理解：
為了給新進業者一個公平競爭的環境，要求臉書這類現有業者
提供以分開計價方式使用他們資料處理基礎設施的管道，或許
會有幫助。事實上，臉書已讓部分基礎設施透過開放原始碼
（open-source code）方式供人使用。

　　政策制定者正一步步緩慢的往資料和社交圖譜可攜性的
方向前進。例如，由民主黨馬克・華納（Mark Warner）和理
查・布魯蒙索（Richard Blumenthal）及共和黨喬許・霍利
（Josh Hawley）共同推出並獲得兩黨支持的《藉由切換服務加
強競爭與相容性法案》（ACCESS Act），就試圖讓社群媒體網
路具有互通性。[19]這個法案將強迫有一百萬以上用戶的平台，
如臉書、推特、Pinterest，讓他們的社交網路具有互通性，並
使消費者擁有輸出自己資料的權利。

　　各平台也在往資料和社交圖譜可攜性的目標前進。自從參
議員甘迺迪問了祖克柏有關資料可攜性的問題後，臉書就加

入谷歌、推特、微軟、蘋果的行列，共同支持資料轉移計畫
（Data Transfer Project），這個產業合作計畫的目的是「建立一
個具有開放原始碼的共同框架，線上任兩個服務供應商能透過
這個框架相互連結，由用戶啟動平台之間無縫、直接的資料可
攜性。」[20]二〇一九年十二月，推特執行長傑克・多西（Jack
Dorsey）宣布成立「藍天」（Bluesky）研究團隊，他們將致力
於為社群媒體平台創造用來分享和管理內容的開放、去中心化
技術標準。[21]

　　這些由產業主導的努力對達成互通性能有多大功效，仍有
待觀察。如果業界的努力又重新回到「標準戰」，也就是爭奪
定義互通性的權力，那麼政策制定者有必要訂出嚴格公開的互
通性標準，來強制保障市場的可競爭性和確保消費者得以掌控
自己的資料。如同我在前一章提及，部分問題在於互通性需要
各平台允許第三方取得他們的消費者資料。但這種取得管道威
脅到隱私，並造成二〇一八年的劍橋分析公司醜聞。所以政策
制定者和各平台需要合力突破透明度悖論，並解決同時面臨開
放性和安全性的壓力。解決方案需要涵蓋資料分享的隱私保護
技術、安全的互通性協定、對促成互通性的監護第三方的嚴格
監督，如同《藉由切換服務加強競爭與相容性法案》的規定。

　　在沒有確保互通性的情況下拆分社群媒體，或許可能是最
糟糕的處理方法。就像第十一章描述，社群媒體創造大量的消
費者福利，這些福利多半來自於地方網路效應所創造的價值，

也就是我們與重要的人的聯繫，不管那些人是個人社交上還是
職場上重要的人。我們在第五章討論到，網路規模愈大，在地
的直接網路效應就愈大。因此如果將社群媒體分解成愈來愈小
的網路，無法確保消費者可以輕鬆透過這些網路相互聯繫，反
而破壞社群媒體所創造的許多經濟和社會價值，卻無法解決社
群媒體可能產生的任何問題。

　　管理社群媒體的競爭時必須向前看。市場的移動速度很
快，每天都有新的創新冒出。Telegram 在訊息傳送和抖音在影
片分享領域的崛起，證明創新速度有多快。人類不善於預測非
線性創新，社群媒體市場可能以我們現在看不出來的方式逐步
演化。影片已經排擠了照片，擴增實境可能會取代影片，而虛
擬實境和自動虛擬生物（automated virtual being）則又可能取
代影片和擴增實境。很難說創新會從哪裡來，又會往哪裡去。
與其往回看，把已經存在的企業拆分，我認為我們應該專注在
更有前瞻性的競爭監控上，例如在合併案和購併案發生前先行
評估競爭效果。透過法庭拆分臉書可能會花上十年時間。等到
那一天來臨時，臉書和整個社群媒體環境已經和現在不同了。
前瞻的立法能確保競爭、開放的市場、公平的競爭環境，而且
比回頭拆解已經存在的網路和公司，更能導向具有生產力的路
途。

隱私和資料保護

　　個人資料會怎麼遭到濫用，從劍橋分析醜聞、鎖定低收入少數族群的掠奪式貸款、就業廣告中的性別歧視、外國對美國選舉的干預就可以看得出來。現在明顯擺在眼前的是，我們需要立法來全面保護隱私和資料。但盲目的堅持隱私至上會危及調查性報導、糖尿病和阿滋海默症研究、從機器學習獲得的競爭優勢、對選舉誠實性的查核，以及廣告經濟產生的經濟剩餘（economic surplus）。我們能創造可執行的隱私法規來保護我們的權利，並盡量減少劍橋分析事件之類的資料外洩。但既要做到這樣，又要平衡其他利益，就需要深思熟慮和精密的計畫。因為魔鬼就藏在細節裡。

　　過去十年間全球出現三種處理隱私的方式。中國已建立起一個監控型國家：政府透過不受限制的管道，能鉅細彌遺的取得所有中國公民資料，私人公司也有蒐集這些資料的權力，而且也幾乎沒有受到任何限制。幾乎每樣東西都遭到數位監控，公民對他們的個人訊息只擁有很少的權利，或者根本沒有權利，也無法保護這些訊息免於遭到政府或私人單位使用。光譜上的另一端是歐洲的做法，也就是《一般資料保護規定》的規範。這個規定嚴格要求保護消費者資料、明白說明公民的資料使用權利、嚴懲違反這些權利的人。所有歐盟國家都各自修法來施行《一般資料保護規定》，而歐盟以外的幾個國家，如澳洲、紐西蘭、日本，都在隱私和資料保護上採用較寬鬆的《一般資料保護規定》。美國則落在光譜的中間，州政府和聯邦政府仍在隱私和資料保護方面塑造自己的定位。雖然全面的隱私改革仍有待聯邦政府通過，但在加州消費者隱私保護法的引領下，各州開始將全國各地的隱私立法補綴起來。

美國用自由放任的方式處理隱私，造成前所未有的創新，也促成以資料為驅動力的公司（如谷歌和臉書）的成長。但這也對美國民主和公民權利造成很大的傷害。為了建立最有效益的隱私法處理方法，美國需要明智的向世界其他國家的隱私法學習，並思考這些法規對公民的影響。

基於道德、實用、功利主義的理由，隱私是不可或缺的權利。私人空間、私人對話、私人行為權利是對抗壓迫的堡壘。有能力掃蕩個人信仰和行為的政府也能辨識和處罰異議者。壓迫性政權在軟弱隱私法的掩護下得以監控反對派。公司可以用私人資料做出以個人行為、信仰、經濟狀況、社會狀況為根據的歧視。保護個人的政治信仰和健康狀況隱私有助於預防歧視。隱私也是言論自由的基礎之一，不僅是在免於受到報復的自由方面，也因為受到監控的可能性會帶來一種寒蟬效應。如麥可・傅柯（Michael Foucault）以十八世紀英國哲學家傑瑞米・邊沁（Jeremy Benthan）的全景監獄隱喻所做的描述，一個可以隨時監視我們的全景系統，將系統性的在任一時刻改變我們的行為和說話方式。[22]如哥倫比亞大學法學教授暨作家吳修銘所言,「大眾隱私是免受監控的行動自由,因此某種意義上就是做我們真正的自己,而不是我們想讓他人認為的樣子。否則,危在旦夕的將是某種接近靈魂的事情。」[23]

雖然全面的隱私改革是必要的,隱私至上心態卻會阻礙其他的社會利益。例如,《一般資料保護規定》目前正造成一些國際醫療研究的停擺。自二○一八年五月起,幾個歐洲國家停止分享糖尿病和阿茲海默症研究所需的重要資料給美國國家衛生院(U.S. National Institutes of Health),原因是在隱私保護上無法達成一致。[24]由於研究需要採集美國和歐洲研究主體的DNA樣本,許多歐洲國家現在受到法律的有效禁止,無法從事這樣的研究。

雖然我們可以主張醫學研究是快速將美國隱私標準與歐盟達成一致的理由之一,《一般資料保護規定》對資料保存和使用的禁止,也可能使我們無法查核選舉和研究這部宣傳機器對社會的影響。如我和迪恩·艾科斯在《科學》期刊中所言,「立意良好的隱私規定雖然重要,卻可能阻礙評估。」[25]我們所指的評估是指選舉受到的干預,而構成阻礙的原因在於,為了查核選舉操弄所做的例行資料保存難以執行,甚至遭到取締。我擁護隱私法。但法規範圍訂得過廣,就會讓資料保存變成違法行為,使查核社交平台的工作變得困難。我們在管理隱私的同時,不得限制我們查核、研究、了解這部宣傳機器在社會所扮演角色的能力。有些方法可以同時保護我們的資料和選舉隱私，我們在本章稍後會有更多討論。為了善加利用這些方法，國會必須同時認可這些目標，並請教專家，以避免任何形式的權衡取捨。

隱私改革也可能和大眾知道的權利產生衝突。二〇一八年，羅馬尼亞一個調查性新聞報導計畫收到證據，指控一名叫做利維烏・德拉戈尼亞（Liviu Dragnea）的資深羅馬尼亞官員涉嫌大規模舞弊。他們將整起事件連同證據公諸於世，裡面有電子郵件、照片、影片、螢幕截圖，都是由一名匿名密報者提供。羅馬尼亞資料保護局（Romanian Data Protection Authority）找上這群記者，聲稱他們因透露德拉戈尼亞的私人訊息而違反羅馬尼亞資料保護法。[26]羅馬尼亞當局要求記者透露密報者的身分、收取訊息的管道、儲存資料的方法，以及是否有更多與德拉戈尼亞或其他羅馬尼亞政治人物有關的個人資料。換句話說，《一般資料保護規定》被用來當成政治報復和壓制媒體的武器。他們遭到威脅必須支付兩千萬歐元的罰款，這無疑對他們未來的調查報導和羅馬尼亞其他記者形成一種「寒蟬效應」。

隱私立法也可能干預機器學習和資料處理的商用化進展，而這兩項發展在美國、歐洲與全球經濟中所占的比例愈來愈大。例如，《一般資料保護規定》第二十二條規定指出，技術上禁止在沒有相關人員監視機器的狀況下，讓機器自動做出決定（因此也包含機器學習模式）。這項條款似乎完全禁止機器學習在許多方面的應用，範圍廣及推薦系統（如亞馬遜的「喜歡某項產品的人，也喜歡這項產品」功能）、廣告系統、社交網路、評分和評估模式。但一些例外狀況讓機器學習得以在歐洲施行，例如，因合約原因而有必要做資料處理，或是已得到其他法律授權，或者當事人明確同意提供資料，不過為符合法令，成本因此增加不少。而且，引發議論的還有《一般資料保護規定》是否要讓機器學習決定提供解釋給當事人。如果這個要求付諸實現，許多機器學習模式，如深度學習（deep learning）、支援向量機（support vector machine）與隨機森林（random forest）等本來就很難解釋，因此將會變得更難使用。

　　資料隱私問題會產生意外的結果，我所聽過最荒謬的例子是美國雞肉價格聯合壟斷案。二〇〇八至二〇一六年間，美國的雞肉價格上漲達五〇％，而同一時間的主要雞肉飼養成本、豬肉和牛肉價格卻大幅下跌。一件向泰森食品（Tyson Foods）和朝聖者的驕傲（Pilgrim's Pride）等「大雞肉」公司提出的集體訴訟指稱，這些公司聯手透過消滅下蛋育種用的母雞來操控雞肉價格。訴狀中說，這些公司是在一個來路不明的應用程式 Agri Stats 掩護下合謀，這個應用程式讓他們祕密分享與營運利潤和育種用母雞群大小、年齡有關的詳細訊息，因此「業界領導者得以推斷競爭者正在孵化多少小雞，據此降低自己的生產率。」[27] 這款來路不明的應用程式，促成一種本來不可能發生的資料分享形式公開進行，為大雞肉公司的共謀提供掩護。

　　最後，《一般資料保護規定》對歐洲的廣告經濟產生負面影響，使發行商和廣告公司承受顯著的收入和工作損失。在《一般資料保護規定》施行前若干天和實行後很短的時間內，歐洲廣告交易平台的廣告需求量下降二五％至四〇％。[28] 隱私立法增加蒐集消費者資料的成本，也阻礙目標式廣告，更難達成個人化的網站體驗。蓋瑞特・強森與同事及史考特・施萊弗（Scott Shriver）估計，發行商的讀者人數和廣告收入因《一般資料保護規定》施行而在歐盟出現一〇％的降幅。[29] 強森與施萊弗以及杜韶音（Shaoyin Du，音譯）所做的進一步研究顯示，發行商和廣告交易平台因用戶選擇退出而無法進行目標式廣告，收入因此相比同類、有進行行為鎖定的廣告少五二％。[30] 由迪帕克拉維尚德蘭（Deepak Ravichandran）和尼提希・克魯拉（Nitish Korula）在谷歌上做的一場大規模隨機實驗，也同樣發現減少五二％的廣告收入；這場實驗是從排名前五百名的發行商隨機選出一組，然後針對這些廣告關閉cookie功能，結果顯示這部宣傳機器所促成的目標式廣告，對發行商和品牌的收入提升有著顯著的貢獻。[31]* 而且，隱私

---

* 對目標式廣告的批評[32]往往會提到我的朋友與同事亞歷山卓・阿吉斯（Alessandro Acquisti）和他同事的論文，這篇論文發現發行商的收入只減少四％，而不是一般認為將減少近五〇％的情況。然而，因為公司的數據品質與目標式廣告的廣告技能等公司層面的變化，掩蓋很多真正的影響因素，導致這篇論文受到批評。

法會影響就業。由賈健（Jian Jia）、利亞德・魏格曼（Liad Wagman）、金哲（Ginger Zhe Jin）所做的研究顯示，《一般資料保護規定》施行後，前四個月內光是科技新創公司這個領域，歐洲就損失四萬多個工作。[33]

這些理由都不足以反對美國制定聯邦隱私法，卻足以促成新法的訂定，這些新法除了保護隱私以及與歐洲協同一致外，也在全面性隱私改革的施行上盡量減少內在的社會、經濟、民主層面間的讓步取捨。

隱私權是由最高法院透過「格里斯沃爾德訴康乃狄克案」（Grisworld v. Connecticut）建立的：法官威廉・道格拉斯（William Douglas）為多數人道出，這個權利在含意上源自憲法中明確保護其他權利的「隱藏地帶」（penumbra）。美國沒有保護數位隱私的聯邦法，第一個州政府訂定的相關法律，即加州的消費者隱私保護法，於二〇二〇年一月一日生效，當時我正在撰寫此書。

雖然加州消費者隱私保護法類似《一般資料保護規定》，但許多方面沒那麼嚴格，不過對個人資料有著較寬的定義，把家庭訊息也包括進去。《一般資料保護規定》讓歐盟公民有權知道哪家公司蒐集他們哪些資料、要求他們解釋資料是如何被用來做成自動決定（如廣告目標鎖定和推薦）、反對針對他們所做的心理剖繪、主張「被忘記」的權利（資料蒐集者必須在用戶要求下刪除某些訊息）。《一般資料保護規定》也要求每個歐盟國家成立資料保護單位來告知公民的權利、保護他們的隱私、處理申訴。

另一方面，加州消費者保護法允許消費者選擇不讓他們的資料分享或售予第三方，也讓公司提供折扣給願意分享或售出個人資料的人。這套加州法規讓消費者有權調查公司正在蒐集他們哪方面的訊息。收到請求後，公司要在四十五天內針對所擁有的訊息提供完整的報告，包括過去十二個月內把消息賣給哪些第三方。

聯邦隱私法的確切條款仍有需要辯論和考慮的地方，但難以想像的是，這樣的法律居然沒有聯邦機構來加以管理和執行。這個機構的成立，將很有可能戲劇性的改變美國的資料蒐集和處理生態。

假新聞和錯誤訊息

俄國併吞克里米亞、選舉和股市操弄，以及近期的麻疹捲土重來，都凸顯假新聞在線上擴散可能帶來的後果。但假新聞是個複雜的問題，沒有簡單的解決方法。競爭和隱私固然應該受到規範，錯誤訊息卻構成一種獨特的挑戰，因為我們需要選出真相仲裁者賦予他們定義真假的權利，政府通常不適合擔任這樣的角色。基於這個理由，對抗錯誤訊息的戰爭不會、也不該由政策制定者贏得，而是由平台和人民贏得。雖然沒有靈丹妙藥，但組合不同的方法可以抑制假新聞的擴散，並減輕這類新聞對社會的影響。

第一個方法是加上標記。我們可以這麼想：在超市買東西時，產品上普遍都有標示。我們因此知道產品有多少卡路里、脂肪，以及製作過程是否會經過處理小麥或花生的設備（針對會過敏的消費者）。這種營養表上的標示是法律規定的。但當我們閱讀線上新聞時，沒有任何標記可以顯示我們付費閱聽消息的來源和真實性。消息中有什麼？消息來源可靠嗎？消息是如何蒐集的？這個期刊的編輯政策為何？需要多少個獨立消息來源來證實才能發表聲明？這個消息來源有多常發表經過事實查核的消息？我們對所吃的食物可以得到廣泛的訊息，可是對我們付費閱聽的新聞卻幾乎沒有任何資料。

研究顯示，加上標記可以抑制錯誤訊息的散播。例如，我的同事大衛・蘭德和葛登・潘尼庫克發現，在碰到假新聞時，消費者是「懶惰而不是有偏見」。[34] 他們如果用分析的角度來看新聞，就比較能夠區分真假。「人們看了假新聞會上當，是因為他們沒有思考，而不是因為他們帶著動機或以保護身分的方式去思考。」鼓勵人們思考付費閱聽的新聞，能改變他們對新聞的信任程度和分享意願。這個發現證實迪恩・艾科斯、艾德里安・弗利蓋利（Adrien Friggeri）、拉達・亞當米克、賈斯丁・鄭（Justin Cheng）的研究，即拆穿假的社群媒體謠言會激發人們刪去他們在臉書上分享的假訊息。[35]

　　蘭德、潘尼庫克、迪恩‧艾科斯最近和齊弗‧艾普施坦（Ziv Epstein）、莫三‧馬斯拉（Mohsen Mosleh）、安東尼歐‧艾瑞卡（Antonio Arechar）共同合作，將這個方法用在一系列減少線上錯誤訊息傳播的實驗測試。[36]他們發現巧妙的輕推人們一下，要他們思考閱讀內容的正確性，能增加人們分享訊息的品質。另一個由布蘭登‧奈漢和同事做的不同實驗顯示，假新聞標記能降低假新聞標題在人們眼中的正確性。[37]整體來說，這些結果顯示，巧妙的輕推人們一下，要他們思考正確性和真實性，能抑制沒有價值的訊息在社群媒體上散播。這是好消息，因為貼標記和輕推人們、促使他們思考正確性，都不算冒犯，而是能逐步擴大的解決方案。但這些解決方案並不完美。在奈漢和同事所做的研究中，假新聞標記也降低人們對真新聞的信任，這意味著標記造成人們對新聞的普遍不信任，剛好呼應美國證券交易委員會所做的事情：排除股市新聞網站上流傳的假新聞（第二章討論過）。此外，假新聞的標記可以創造一種「暗示真實效應」（implied truth effect），只是因為假新聞沒有被揭穿，所以消費者認為沒有標記的新聞必然是正確的。[38]在為假新聞貼上標記的同時，我們必須確保能有效辨別假新聞，同時避免執行上已知的困難。

　　二〇一八年，我在日內瓦歐洲核子研究組織（CERN）的TEDx演講上大力提倡為假新聞加上標記。[39]從那時開始，主要平台都採用標記的方式，主動去除假資訊。推特在二〇二〇年三月開始對「被操縱的媒體」（manipulated media）加上標記，包括利用複雜的「深度偽造技術」（deepfakes）*和簡單、經過編輯變造後的影片與錄音，這些內容不是經過偽造，就是扭曲觀點，進而改變內容原本的意思。儘管臉書在二〇一九年十月更明確的標記造假的貼文，截至本書出版為止，他們還是拒絕對政治廣告或內容做出標記。當推特將經過編輯、使拜登看起來像承認無法贏得總統大選的影片標記為「被操縱的媒體」時，臉書因為沒有將其標記為被操縱的影片，而受到拜登的競選團隊抨擊。這些判斷要求與錯誤資訊的標記政策細節，將成為明顯區分真假的前線。重要的是，我們應該使這些政策盡可能有效，同時避免一些文字紀錄上的缺點。

其次，我們必須處理製造和散播假訊息背後所蘊含的經濟誘因。二〇一六年美國總統大選期間，馬其頓冒出一波錯誤訊息，並且從出現在假內容旁的廣告賺到錢。這裡面並沒有政治動機。由於假新聞比真相傳播得更遠、更快、更深、更廣，根據我們的研究，再分享的機率多出七〇％。我們首先需要切斷散播錯誤訊息的經濟誘因，並減少製造錯誤訊息的經濟誘因。

YouTube也採用這個方法來對抗反接種疫苗錯誤訊息的散播。二〇一九年二月，他們移除反接種疫苗影片上的廣告，並停止讓反接種疫苗帳號從影片得到收入，讓他們完全賺不到廣

---

* 譯注：透過電腦運算複製出人臉與說話表情的技術。

告收入。他們的群體指導原則現在是這樣：「有可能引發有害或危險行為（會造成嚴重的身體、情緒、心理傷害）的內容不適合刊登廣告。」這包含「促進或提倡有害的健康或醫療主張或做法」，如「反接種疫苗或愛滋病否認運動……暗示嚴重病況並不存在或只是刻意捏造的騙局」。Pinterest攔截所有針對反接種疫苗內容的搜尋。Pinterest和YouTube這類社群媒體同時在這做這兩樣事：在停止為錯誤訊息提供廣告收入的同時，還攔截相關搜尋並禁止有害內容。他們比較可能成功斷絕錯誤訊息市場的經濟收入。

第三，雖然有關人們的媒體識讀能力（media literacy）能否有效對抗假新聞，相關研究仍處於初始階段，這種認識卻可以成為預防偏見和謊言的重要管道。對媒體的認識是設計來教導人們（透過初等和中等教育）以批判角度來思考付費閱聽和分享的訊息。這包括教他們如何分辨事實和意見、發現假新聞、了解媒體如何被用來說服大眾。

目前有幾個正在開發和測試的計畫，如谷歌的「成為厲害的網路使用者」（Be Internet Awesome），內容是在教導孩子「如何避開釣魚攻擊、了解什麼是機器人、如何確認訊息的可信度、如何評量訊息來源、如何辨識線上的不實訊息、發現假的網址」。[40]劍橋大學二〇一八年推出一個名為「壞消息」（Bad News）的遊戲來教導網路使用者，如何用自己創造假新聞的方式來發現假新聞。[41]在這個網頁遊戲中，玩家用推特機器人、photoshop證據、散播開來的陰謀論吸引追蹤者，還要同時保持高「可信度分數」以維持自己的說服力。劍橋大學社交決策實驗室主任桑德・范德・林登（Sander van der Linden）說，「我們的遊戲有類似心理上打預防針的效果。」即讓用戶接觸小劑量的謊言來達成預防效果。一項有一萬五千個參與者的研究發現，這個遊戲讓假新聞的可信度平均下降二一％，還不影響用戶對真實新聞的認知。[42]而且，那些一開始被評估為較容易受到假新聞標題影響的人，從這個遊戲獲益更多。

　　第四，我們應該採用科技解決方案來對抗錯誤訊息的散播。機器學習雖然不是靈丹妙藥，卻可以趕走線上的假訊息。最好的演算法會利用內容的特徵，如假訊息的語言、結構及主張，也會考量訊息以虛假訊號方式傳播時的特徵。例如，我們以前的學生、現在在達特茅斯擔任教授的賽洛希・烏蘇吉於二〇一五年建立一個謊言預測器，它能正確的預測推特上七五％謠言的真實性，速度比任何一種公眾消息來源都還要快，包括來自記者和執法官員的消息。[43]科技進展得很快，而現在主要平台所用的高科技演算法可能更有效。用來訓練新演算法的資料庫已經可供取用，例如數據科學競爭網站Kaggle上的資料。但科技不是靈丹妙藥，人類必須待在這個科技迴路中。這個問題大到不是人類能單獨解決的，但我們不能放棄判斷訊息合法性的責任。為了訓練機器學習演算法，以及確保人類判斷可以引領演算法對定義真假的判斷，人工標記是不可或缺的。

　　第五，平台政策也有幫助。所有社群媒體平台都用演算法來策畫、展示我們見到的訊息。把可靠性指標納入演算法，有助於減少線上低品質訊息和假訊息的傳播。我們知道不斷重複能讓人們更加相信假新聞，所以抑制訊息傳播的政策能打破平衡局面，朝真相靠攏。二〇一九年，WhatsApp將用戶轉傳訊息的次數限制為五次，而且在全世界皆是如此。由於WhatsApp聊天群組最多能容納兩百五十六人，五次的分享限制，有效讓單一用戶的任一內容所能觸及的人數限定在一千兩百八十人（五乘以兩百五十六）。WhatsApp宣布分享次數限制，是為了打擊「錯誤訊息和謠言」所做的努力之一，希望能減緩訊息的傳播速度，讓真的訊息跟得上假新聞。[44]二〇二〇年四月，它藉由限制分享數的訊息只能轉發一次，來加強這樣的限制，希望能消除疫情期間的錯誤新冠病毒資訊，將病毒訊息轉發數量減少七〇％。[45]

　　儘管談了那麼多規範和科技解決方案，我們在處理假新聞時無法避開一件事，即定義真相和虛假這個核心問題。我們社會整體如何決定什麼是真的和什麼是假的？由誰來決定？科技不是解決這個問題的方法。倫理和哲學才能提供解決方案。在我們決定管理這個事實扭曲年代的虛假的同時，應該提升倫理和哲學對引導我們做決定上的重要性。而如同我們即將在後文中對與言論自由有關的討論中所見，這些問題處在倫理和政策的交會點，哲學和實務考量在這裡交會並做出決定，例如，我們該如何畫出真與假之間、自由與有害言論之間的界線，以及該由誰來畫線。

選舉誠實性

以二〇二〇年美國總統大選為例，美國必須察覺選舉的操弄，而且不僅俄國企圖操弄美國選舉，中國和伊朗等其他國家也在這麼做。全世界自由民主政體都受到威脅，因為至今仍無法解釋錯誤訊息在一些選舉中扮演的角色，包括在英國、瑞典、德國、巴西、印度舉行的選舉。如果我們的選舉缺乏誠實性，再多的言論自由或包容性都救不了我們的民主，因為選舉能保護其他所有權利。不幸的是，美國做得太少了。設計來保護選舉的立法大多在參議院被擋下，而社群媒體平台也拒絕有關選舉干預的研究。

我們知道俄國針對二〇一六年美國總統大選精心安排一場「影響廣泛且系統性的」攻擊：傳播錯誤訊息給臉書上至少一億兩千六百萬人和Instagram上的兩千萬人，更從推特上擁有六百萬以上追蹤者的帳號發出一千萬條推文。我們知道至少四四％達投票年紀的美國人在選前一週造訪過假新聞來源網站。我們也知道俄國將錯誤訊息的目標鎖定在搖擺州，並對美國五十個州的投票系統發動攻擊。我們不知道俄國做的這些努力，是否真的影響二〇一六年選舉的結果，或正在影響二〇二〇年大選。我們不知道是因為我們沒有衡量。為了強化民主，對抗數位操弄的威脅，我們需要研究和立法。研究的目的是要了解威脅，而立法的目的則是要化解威脅。目前威脅仍未受到抑制。

　　如同我和艾科斯於二〇一九年八月在《科學》期刊所寫，有關選舉干預的研究不但稀少且發展不足，因此出現真空狀態，只能用臆測來填滿。[46]因此我和迪恩概略描述一個四步驟的研究議程，目的是要了解線上錯誤訊息如何、何時會影響選舉，影響力又有多大，方法則是將用戶與操弄性媒體的接觸記載下來，再把接觸資料和投票行為資料結合在一起，以估算操弄性訊息對選舉因果的影響，和投票行為改變對選舉結果的影響。我相信透過這個研究議程和針對投票系統遭駭所做的平行研究，我們將學會如何保護民主。如果沒有這樣的學習，世界各地的民主體制仍將容易受到來自國外內的攻擊。

　　社群媒體平台必須以更公開的方式與獨立研究者合作，以了解這種威脅。傑克・多西令人欽佩，他投入我們針對推特上假新聞傳播所做的十年研究。他的出發點是為了大眾，且一直持續努力著，儘管招致負面報導也沒有退縮。同樣的，臉書有時會促成針對政治溝通和錯誤訊息所做的重要研究。不幸的是，這些通常是一次性的努力。即便最具系統性的自發研究，如社會科學一號計畫（social science one），也會在試圖取得選舉操弄資料時遭到社交平台阻止。

　　社會科學一號是個產學合作計畫，由哈佛的蓋瑞・金恩和史丹佛的奈特・波瑟利（Nate Persily）創立，目的是提供資金和資料，促成以社群媒體對民主的影響為主題的研究。臉書加入這個合作計畫，試圖讓他們在民主中的角色變得更為透明。但在承諾給研究人員提供資料後，臉書卻延緩公布資料，社會科學一號計畫的贊助者因而提出威脅，如果臉書違背承諾，就要退出贊助。[47]臉書則聲稱他們正試圖以同時能確保隱私和安全的方式釋放資料。

　　我認識臉書負責這項合作計畫的研究人員，他們似乎真的盡心盡力想要做這件事。所以我當時在電視上為他們的公開聲明辯護，以解決透明度悖論為例描述其中的困難。但是五個月後，他們還是沒有交出資料，社會科學一號計畫的贊助者開始撤出。這種「永久性的拖延和來自（臉書）內部和外部的障礙」促使社會科學一號計畫領導者宣布，「目前的狀況維持不下去……我們大多被蒙在鼓裡，缺乏適當的資料來估量可能的風險和利益。這種狀況讓人無法接受……（再次）失敗的後果，尤其是對科學知識與較廣泛的民主社會而言太過可怕。」[48]

　　接著在二〇二〇年二月，我的同事所羅門・梅辛證明我對臉書的信心並不是沒有根據的。除了資料匿名性方面的工作外，他也負責釋放臉書資料給社會科學一號計畫。他宣布釋出「到目前為止人類所建構的最大規模社會科學資料，即近一艾位元組（exabyte）資料的簡要摘要……目的是要促成對臉書上來自整個網路的錯誤訊息的研究。[49] 社會科學一號宣布這些資料概括說明「三千八百萬個網址……（還包括）看過、分享、按讚、回應、沒看就分享、用其他方式與這些連結互動的人的種類」。[50] 社會科學一號剛創立時以為取得這些資料將花「約兩個月時間」，實際上卻花費近兩年時間。用保護隱私的方式釋出這樣規模和範圍的資料是一項挑戰。所以，雖然這次資料釋放具有正面意義，我們卻還有工作要做。

　　我相信採取幾個步驟就可以為這個以宣傳機器對選舉和民主影響為主題的科學研究注入新活力。首先，我們需要能處理透明度悖論的技術性解決方案，來讓平台變得更透明，同時也更安全。在釋出資料前將資料做匿名處理有助於確保隱私，又能使我們所需的科學保有強化我們民主的可能。促成臉書做出前所未有資料釋出動作的部分原因是，臉書致力於推動的行動標準差分隱私，那是一種可以保障隱私的資料模糊技術。但若以匿名方式釋放資料，你必須加一些雜訊。而加入的雜訊愈多，離基準真相（ground truth）就愈遠。為了管理好這種此消彼長，索羅門和電腦科學家暨《合乎倫理的演算法》（*The Ethical Algorithm*）* 共同作者艾倫・羅斯（Aaron Roth）的團隊合作開發差分隱私實施系統，目標是「將資料對研究的效用

---

* 　編注：另一位作者為麥可・基恩斯（Michael Kearns）。

最大化，同時還能保護隱私」。[51]要在科學界和臉書、谷歌、推特這類公司施行差分隱私，就需要更多的研究來讓方法變得更有效、安全、可擴大，尤其是現在，差分隱私可以應用在數據上，例如應用在美國人口普查的數據，在表決權、資金分配和政治職務分派等相應的政策決定上。

有個風險是，民間普查數據的差異性可能會對少數族群有不公平的影響，而且藉著加入雜訊來混淆少數群體代表的需求，會使不平等的現象加劇。舉例來說，如果數據來自一個有足夠少數群體的社區，這個社區人數夠多可以獲得雙語社區服務的資金或資格，而這個數據卻被掩蓋或模糊，導致條件上的差異消失，那麼隱私權造成的損失就會超過利益。需要做更多工作來確保得到隱私權差異好處，同時避免隱私權差異的陷阱。

其次，我認為政策制定者和社群媒體平台應該支持和建立研究用的「安全港」（safe harbor），來讓科學家取得和分析敏感資料。這種安全港通常被用來研究敏感的公共行政、健康、醫療資料，會限制可取得和分析資料的類型和數量，以及可做分析的類型。美國普查局（U.S. Census Bureau）也使用類似的模型，即「指定」通過背景查核的科學家分析普查局內的資料，但這些科學家沒有讓資料脫離普查局控制的能力。

第三，社群媒體平台必須做出一個堅定、可核實、可施行的承諾來「讓正確和代表性資料可以被科學研究取得，作為研究公眾關心的最迫切議題之用」。這些公司必須包括臉書、推特、YouTube等。或許只有來自立法機構和大眾的漸漸增大壓力，才能確保專家在做必要工作時能得到所需的管道。與社群媒體平台的研究合作，如社會科學一號正在做的事，能促成重要資料的取得，以了解民主有多容易受到社群媒體的操弄。我希望大家能理解研究工作對保護世界各地的民主的必要性，最終克服黨派偏見和短視近利，讓必要的資料能以保護隱私的方式取得。目前，研究這些重要問題的科學還不存在。所以我們還在黑暗中摸索。如果社群媒體平台無法主動支援科學和保護民主，國會必須介入，並以國家利益的名義強制要求服從。

　　不幸的是，保護民主不使選舉受到操弄的法律也幾乎不存在。參議院多數黨領袖米契・麥唐諾（Mitch McConnell）於二〇一九年同意提供兩億五千萬美元的選舉經費，來「幫助各州改善提升投票系統的保衛機制」。[52]但這個措施的經費還不到《保護美國聯邦選舉法》（Secure America's Federal Elections Act）所要求的一半，而且不含任何對保護選舉有意義的立法改革。如少數黨領袖查克・舒默（Chuck Schumer）所說，「多項兩黨共同支持的法案仍有待院會通過，這些法案能對抗外國針對我們民主所做的影響力操作、保護我們的選舉、遏止外國敵人的干預企圖。」他又說，如果我們不多做一點，「工作就不會完成，而我們的民主將很容易受到攻擊。」[53]國會必須快速和謹慎行動。如果「眾議院第一號決議」（H.R.1）這類範圍廣泛的選舉改革法案爭議性過大，我們當然可以達成一個兩黨都同意的承諾來做出更多針對性的立法，如《境外勢力對選舉影響法案》（FIRE Act）、《保護我們的民主法案》（SECURE Our Democracy Act）、《投票系統網路安全法案》（Voting System Cybersecurity Act）。額外釋出聯邦資金將有助於各州捍衛選舉與投票制度，而且風險限制審計（risk-limiting audit）*可以保持投票本身的誠實性。

　　不幸的是，錯誤訊息也變得更為隱匿。我們已經見到被動過手腳的影像和影片所扮演的角色愈來愈重要。如我在第二章描述的，生成對抗網路的快速創新，讓深度偽造變得更有說服力，而且也更難察覺。如果外國政府能成功或看似順利的操弄選舉，我們政府體系的基礎幾乎一定會受到侵蝕。只有協同一致的在立法、商業、科學上做出共同的努力，才能強化我們的選舉並保護民主。我相信抗拒這方面努力的立法者（不管是共和黨還是民主黨）、平台或科學家，會發現他們站在歷史的錯誤一方。

自由言論和有害言論

　　另一個使這部宣傳機器的社會角色變複雜的極為重要的兩難處境是，自由言論和有害言論間的緊張關係。一方面，言論

---

* 譯注：指在候選人票數差距相近時進行重新點票的政策。

自由是自由民主體制和自由社會的基石。另一方面，我們明顯的想防止大規模屠殺和恐怖攻擊在臉書上直播。我們要如何抑制一方卻又不會扼殺另一方？

　　言論自由和有害言論之間的緊張關係，在這部宣傳機器出現之前早就存在。自美國創立起，我們就一直在與之角力。美國憲法第一修正案禁止國會通過任何限制言論自由的法律，但第十四條修正案卻保證所有公民在法律之前享有相等的權利。這些理想處於緊張關係，因為某些人的言論會限制他人的權利。這些理想也會陷於衝突，因為種族主義威脅會讓少數族裔噤聲，盲從會引起暴力，性別歧視的言語和行為則威脅到職場婦女。自由言論和有害言論間的緊張關係引出這個問題：我們要把界線畫在哪裡？言論自由和免於受傷害的自由要如何從網路上開始？

　　言論自由絕對論站不住腳。我們都同意恐怖攻擊和大規模屠殺不屬於言論自由的範疇。連最高法院也同意，不是所有言論都該受到第一修正案的保護。我們對兒童色情圖片、煽動暴力、誹謗、中傷加以規範。有些案例明顯的告訴我們，限制言論應該受到限制才能保護他人的安全和權利。但是如果是這個光譜的另一端，也一樣有問題。全面的言論審查會讓自由開放的社會消失，且順著滑坡向下會把我們引向箝制言論和專制主義。中國對社群媒體的監控並不是唯一的極端案例。

　　印度總理納倫德拉·莫迪（Narendra Modi）所領導的政

府正在訂定涵蓋面廣的法律，強迫社群媒體平台移除他們認為是誹謗、仇恨、錯誤的內容。[54]新加坡施行反假新聞法來強迫搜尋引擎、社群媒體公司、訊息應用程式記錄用戶觀看的內容，並將政府認定為錯誤或誤導的內容下架或加上標記。[55]俄國已宣告假新聞為非法行為。發行商若是散播俄國政府所認定的「對社會、政府、國家象徵、憲法、政府機構不敬」的內容，可以被處以罰鍰或監禁。[56]這些政府規範行為的例子與自由民主體制的原則相對立。那麼該如何畫出界線？

　　二〇一七年，德國《網路執行法》（Network Enforcement Act）要求社群媒體公司刪除違反德國言論法的貼文，包括法律禁止的仇恨、兒童色情、褻瀆，以及許多其他形式的規範言論。這是第一套要社群媒體公司為平台上的言論負責的大型法律。這個法律通過後，記者暨作家維吉尼亞・海弗南（Virginia Heffernan）在一篇推文上說，「對於因為納粹言論和棕色襯衫機器人*而感到困擾的人來說，我在一個精明朋友的建議下，把推特位址改到德國，那些人就隨之消失了。德國擁有比較嚴格的仇恨言論法。」事實查核網站Snopes判定這個說法「多半屬實」，因為「如果觀看的推特用戶將國家設定為德國，某些民粹社會主義者、白種民粹主義者、推特上的納粹個人檔案會『被阻擋』。」[57]一旦政府開始規範言論，酸民就

———————

* 編注：指發表納粹言論的機器人。因納粹軍服襯衫為棕色而以此命名。

會被逼回他們的巢穴。

但社群媒體平台開始節制言論後，同樣的事情似乎會跟著發生。二〇一五年，紅迪因用戶違反他們的反騷擾政策而關閉好幾個次紅迪帳號。我的同事艾瑞克‧吉伯特（Eric Gilbert）和團隊發現，這個禁令實施後，紅迪上來自經常拜訪那些遭禁次紅迪用戶的仇恨言論少了八〇％。[58]而雖然遭禁的次紅迪用戶改跑到其他次紅迪，「這些用戶並沒有把他們的仇恨言論帶到新群組，那些（新群組）的長期用戶也沒有從這些新加入的用戶接收到仇恨言論。紅迪並沒有『散播傳染病』。」[59]

立法和平台的內容節制似乎都有效。那麼我們如何能激勵合適的行為者採取行動？

美國的討論大多集中在《通訊規範法案》（Communications Decency Act）第兩百三十條。這個條款為社群媒體平台和其他「互動式電腦服務」提供廣泛的豁免權，讓他們不會因用戶的貼文而遭到民事起訴。部分擁護者錯誤的將這條法規解釋為：免除社群媒體平台在「節制用戶製造的內容」方面的責任。但正好相反的是，這條法規的設立是為了相反的目的。在網際網路的初期，法院讓一個名叫CompuServe的社區型通訊平台免於被起訴，正是因為他們沒有節制平台的內容。同時，法院卻認為CompuServe的競爭者Prodigy該為他們決定節制內容而負責。這產生一個反向的誘因，各平台盡量避免節制內容，以避免因為節制內容的決定而要擔上責任。鑑於有為平台提供節制內容誘因的必要，第兩百三十條讓他們得到做出節制內容的艱難決定時所需要的保護，不用害怕遭到民事起訴。[60]

了解這段歷史後，我們就能明白第兩百三十條是如何維持言論自由和通訊生態系統的品質。如果平台要為三十億用戶每天所發的數兆條訊息負責，社群媒體、維基百科在內的其他網路服務、許多報紙的評論版可能會在一夜間變得無法運作。在這個意義上，第兩百三十條讓社群媒體平台、線上報紙的評論，甚至維基百科變得可以運作。

目前人們對第兩百三十條的看法不一，有人認為平台過度節制內容，顯露對保守聲音的偏見。也有人認為平台在面對假新聞、宣傳內容、假政治廣告時的節制太少。然而，如果把注意力集中在辯論該把線畫在哪裡，反而會模糊一個更重要的問題：一開始該由誰來畫線？

為了處理社群媒體上可察覺、對保守聲音的偏見，密蘇里州共和黨參議員喬許・霍利（Josh Hawley）已向美國參議院提案，要求聯邦貿易委員會（Federal Trade Commission）這個由總統提名的五人委員會必須先確認平台的政治中立立場，才能讓他們享有《通訊規範法案》第兩百三十條的保護。[61]這個措施將使政府得以監督社群媒體的內容節制，因為平台需要滿足委員會的言論要求，才能受到第兩百三十條的保護而不會遭受民事訴訟。如果國會不採取行動，對第兩百三十條進行改革以保護保守的聲音，川普總統表示將發布行政命令，要求聯邦通訊委員會說明第兩百三十條何時適用，這是在試圖監督社群媒體的內容節制，和遏止這種可察覺的反保守派偏見。[62]這些做法是直接把行政部門和相關委員會納入線上言論的規範工作。

　　一種替代性做法是為第兩百三十條設定不同的限制，由國會根據不同案件立法，如已施行的《打擊線上性販運》（Fight Online Sex Trafficking）和《停止性販運法》（Stop Enabling Sex Traffickers Act），與前者合稱Fosta-Sesta）規定，不為「提倡和促成賣淫」的服務提供第兩百三十條保護。某些特定的限制是否合宜，仍有辯論的空間（Fosta-Sesta引發爭議，因為有些性工作者說這項法令讓他們的生活變得更危險，而不是較安全）。這就是採取立法途徑的重點：必須慎重審議。

　　能說明慎重審議必要性的一個完美例子是，社群媒體上對政治言論的規範。俄國在二〇一六年美國總統大選期間，使用目標式社群媒體廣告；亞歷山德里婭・奧卡西奧－寇蒂斯（Alexandria Ocasio-Cortez）則在美國國會向祖克柏提問時，強烈凸顯假政治廣告幽靈般的存在。這兩件事強調未受規範的政治言論可能會破壞自由公平的選舉。針對俄國的操弄，參議員馬克・華納（Mark Warner）、艾米・克洛布徹（Amy Klobuchar）、約翰・馬侃（John McCain）推出《誠實廣告法》（Honest Ads Act），要求社群媒體平台透露誰買了政治廣告、花了多少錢、如何鎖定廣告目標，也做「合理的努力」來確保廣告沒有被外國參與者買走。[63]也有人呼籲強制社群媒體平台針對政治廣告做事實查核，以維護競選期間和特定議題活動的真相。臉書拒絕為政治廣告進行事實查核，而推特則完全禁止政治廣告。

但言論自由擁護者暗示，《誠實廣告法》這類法律將不當增加政治言論的負擔。事實上，在馬里蘭州和華盛頓州實施類似的限制時，谷歌已經完全停止在這兩個州推出政治廣告，臉書則停止華盛頓州的政治廣告。某地方法院以第一修正案為由判定馬里蘭州的法律違憲。如果政治言論監督所帶來的負擔，促使社群媒體平台為了迴避責任而完全消除付費的政治言論，可能反而會壓制言論，甚至超過可接受的程度。但奧卡西奧－寇蒂斯質問祖克柏的重點是在暗示臉書應自我規範。如果臉書自行事實查核並限制外國的政治廣告，就可能比較不需要規範。但這只是將言論規範的負擔轉移到各平台，這就是祖克柏竭盡全力在避免的事情。

當我們思考如何在這部宣傳機器上平衡自由言論和有害言論時，應該先考慮過程，再考慮結果。限制言論自由會引發重要的倫理和憲法問題。針對言論所做的決定，本質上會因案子不同而有異，社會的規範和狀況可能會隨著科技的變化而改變，這兩點暗示過程審慎的重要性：原始設定是要廣泛保護言論自由，言論自由的定義則由法庭來負責，立法機構則負責限制保護，使有害言論不遭致民事訴訟。當言論限制因特定狀況下某些言論可能造成的傷害而變得有理時，決定做哪些限制的過程應要審慎且具代表性，而不是很快的由少數幾個人決定。過程慎重會讓改變變得從容，對言論自由施加限制也應如此。

全國科技和民主委員會

我為這本書做研究時，花了數小時看科技公司主管在國會作證的影片，裡面有祖克柏、傑克・多西、桑達・皮蔡（Sundar Pichai）、蘇珊・沃西基（Susan Wojcicki）。我看到他們針對隱私、反壟斷、選舉操弄、資料保護、演算法偏見、社群媒體在「疫苗猶豫」（vaccine hesitancy）＊上的角色、言論自由、政治偏見、同溫層、假新聞等議題做出證詞。我從國會議員質問科技公司主管的影片中，得到最重要的感想是：我們需要更多的專家來帶路。為科技未來規畫路線將是一個複雜、技術性、且必須審慎的過程。我們處理言論自由的方式將影響資料的保護。隱私法將影響選舉的誠實性。反壟斷政策將影響隱私和民主。

我們需要不同的專家引領我們走出深陷其中的社群媒體泥沼。我們需要一個得到兩黨支持，並且由科學家、產業代表、政策制定者組成的全國科技和民主委員會，他們了解這些議題

＊　編注：指雖然有疫苗可用，但民眾一直不願意或拒絕接種疫苗的情況。

和議題之間是如何相互連結。這類全國委員會有時在度過複雜
的危機時能扮演有價值的角色。這種構想並不新穎。事實上，
其他人已為這場危機率先提出構想。[64] 現在是為最重要和最相
關的專業人士提供權力，來建立更健康的社交生態系統的時
候。

建立更健康的社交生態系統

那麼我們如何建立更健康的社交生態系統？我在這本書中
不斷提出這個關鍵問題。要找出答案就要回到宣傳迴路：機器
智慧和人類主體動力的回饋迴路。專注於迴路的一邊只能知道
一半的答案。有些人視設計和工程為數位未來的主要推動力。
但缺乏人類選擇的機器設計什麼都不是。而當其他人以為我們
的選擇讓我們陷入現在的困境時，他們低估科技建構這個世界
的力量。為了成功達成目標，我們需要處理兩者，以及社交、
經濟、規範的環境，這是指我們做出設計選擇並使用社群媒體
的環境。

網路效應會使社群媒體傾向集中，集中會扼殺選擇，而缺
乏選擇則使平台只追求經濟目標。當消費者沒有選擇時，商業
模式就會專注於傳送終身價值（Lifetime Value）給平台。只有
當平台為了我們的生意和注意力必須做出競爭時，才會聚焦在
所傳送給我們的價值。透過鼓勵競爭，我們能試著轉移引導這

部宣傳機器設計的經濟誘因，原先的重點是平台能從消費者取得的價值，以後可以轉移到平台應傳送給消費者的價值。鼓勵社群媒體競爭的最佳方式是實施互通性、資料和社交圖譜可攜性，以及確保消費者在服務平台間的無縫轉移。

　　但這一切只是在為改變鋪路。恢復競爭後，消費者將需要定義他們想要平台給予什麼價值，並只與提供那些價值的平台做生意，以實現他們的價值。在競爭的市場裡，平台將迫於壓力提供我們最想要的社群媒體經驗：這些經驗不會讓我們焦慮、沮喪、生氣、後悔，而是讓我們對所讀到的東西有信心、教導我們一些新知、介紹我們認識可以擴展思考和增加職業及社交生活價值的人。按讚鍵就是一例。從帕夫洛夫（Pavlovian）實驗的意義來看，按讚是我們表達對社交內容反應最基本的形式。按讚可以告訴平台我們喜歡什麼，好讓平台提供更多我們喜歡的內容，並標明受歡迎的程度來吸引群眾消費。

　　但可以用更有創意的方式來標記內容，幫助我們從社群媒體的經驗中得到更多東西，並以更具細微差異的方式讓臉書、Instagram、推特知道如何為我們提供有價值的內容。如果有「真相」鍵、「信任」鍵、「知識」鍵，又會如何？如果用戶名聲上的加分不是來自受歡迎程度，而是因為自己是意見領袖，能將我們連結到最有價值的新想法和人、教導我們新東西、為我們提供最多的社交支持、糾正我們的錯誤、把我們從壞習慣拯救出來，這又會如何？

如果這部宣傳機器的設計，不是偏向用按讚的設計來給我們稍縱即逝的多巴胺刺激，使我們產出更多最受歡迎的內容，而是為我們提供誘因，讓我們產出最有價值、最令人振奮、最能激發人心並引發思考的內容，情況又會如何？在競爭的市場裡，平台比較有可能從訊息貧瘠的設計轉移到訊息豐富的設計，還有後設資料可以告知他們提供內容的來源、內容來源的真實性、內容產生的環境。這種訊息很有幫助，因為可以讓我們在選擇時，知道哪些訊息可以相信和分享。

這個例子只是假設，但能強調我們想在這個世界推廣的思維的重要性。我們真的想要一個由受歡迎程度所主宰的世界？或寧願宣揚一些能提升我們精神和知識並加深我們情緒穩定度的人？

「善用時間」運動值得讚賞。但光靠設計無法達到目標。的確，我們需要用社交軟體的設計來支援想要推廣的價值。但我們也要透過集體行為來提倡那些價值。「#刪除臉書運動」（#deletefacebook）表達出這種渴望。即便沒有真的替代選項可選，社會還是在向這部宣傳機器的現行設計說不。我們需要重視這種感覺，並用行動來支持它。軟體程式設計只是我們手上可用的四種槓桿之一。

如果管理者能透過法律，在隱私和言論上既創造、維持競爭，同時又減少市場失靈，整個環境將催生實際可行的選擇，而這些選擇能引領我們脫離這部宣傳機器的現行設計。如果設計者能仔細思考怎樣的軟體程式設計能支持我們擁護的價值，而不是支持我們現在被迫接受的價值，我們才真的有替代選項可以選擇。如果我們發展和執行可以將人類主體動力轉換成集體行動的規範，就能將那些選擇變成社會層次的現實。如果同時用上所有的槓桿來創造我們想要的未來，目前社群媒體經濟引導金錢流動的商業模式就會被迫改變，因為金錢跟著我們的注意力走。我們可以用這個方式成為自己未來的建築師。我們掌控了這部宣傳機器的命運，因為它靠我們才能活下來。

社群媒體不會因為一個簡單口號或三步驟行動方案就被清除乾淨。改善這些媒體需要一套協同的方法。而且由於這些媒體還很新，所牽涉的不確定性很大。某條路徑看似正確，可是反而產生我們想要避免的反效果。但行動時若能在金錢、程式、規範、法律上協同合作，我相信我們能成功的調整這部宣傳機器，迎向更光明的未來。不但實現令人振奮的希望，還能避開危險。

當我們嘗試將社群媒體帶往正確的方向時，需要藉由理論和實驗驗證來測試不同的方法。社群媒體平台、政策制定者，以及大眾都需要一起努力，運用科學家研究的社群媒體資料和分析。有了正確的目標、試驗和一點點決心，我們就能開始往正面的方向前進，創造逐步增加的勝利，建立能推廣人類文明最佳價值的東西。我則期望和既優秀又有良心的工程師、公司主管、政策制定者、科學家一起努力改變這部宣傳機器的命運。我們通往更光明社交時代的路途，就從這裡開始。

致謝

　　沒有任何知識上的努力成果能由一人單獨完成。我們是社交思想家。那是本書的重點之一，也是這部宣傳機器對人類如此重要的一個原因。我們因周遭的人灌輸給我們的東西而受到影響，不管是在知識、情感、還是精神上得到教導、改善或被往前推進。而我真的就是如此。我做的每件事都是以團隊合作方式完成。這本書得以發行，要歸功於許多人的貢獻。我要在這裡感謝其中一部分人。由於族繁不及備載，本文無法將全部需要感謝的對象全都列出來。我要感謝的人實在很多，在此獻上滿滿的感謝。

　　首先要謝謝我的父母，謝謝你們給我的每一次對話、每一個機會、每一個擁抱。你們是我最好的兩位朋友，成就了現在的我（抱歉，你們的責任重大）。我衷心感謝你們做的每件事和為我做的一切，你們灌輸給我的原則，至今仍每天指引著我。我愛你們。卡亞（Kaya），感謝你為我帶來靈感和成為我生命中最重要的人。我做的每件事都是為了你。能成為你的父親，我感到幸福。我迫不及待想看到你的成長和蛻變。我很榮幸能像傻孩子一樣，從你那裡學到東西，並與你一起思考、一起笑。梅莎（Meissa），感謝妳幫我養育這個世上最好的小孩。感謝邁爾斯・丹尼爾（Miles Daniel）和保羅・法佐尼（Paul Falzone）給我的終身信任和友誼。你們給予的精神和知識指引對我而言一直是不可或缺，對我起了安撫和啟迪作用。

感謝艾瑞克・布林優夫森（Erik Brynjolfsson）幫助我了解，剖析一個謎題直到揭露謎題的本質，這意味著什麼。你教我知識上的優先排序、如何找到問題的核心，並且不讓它被其他部分打亂。你也教導我面對知識的責任。我非常感謝。還要感謝彼得・衛爾（Peter Weill）和馬歇爾・范・奧斯坦（Marshall Van Alstyne）幫助我塑造思維過程，也感謝你們強調精確和溝通，讓我理解如果沒有其他人幫助，一個人會是多麼無用。

這本書是我二十年研究的成果。有些人是我在科學研究上的共同籌畫者。其他人則直接為本書的文字做出一些貢獻。還有些人在這兩方面皆有貢獻。我最先感謝的是那些對本書原稿有直接貢獻的人，你們幫助我確定自己沒有在寫作過程犯下嚴重錯誤。首先是鄧肯・瓦茲（Duncan Watts），我對你是如此敬重，你教我的東西實在太多，我沒有不同意的地方，不過我們意見不一致之處本來就很少。特別感謝你讓我在群眾智慧和集體智慧方面持續提出嚴謹和有說服力的論點。感謝迪恩・艾柯斯（Dean Eckles）和布蘭登・奈漢（Brendan Nyhan）幫助我思索謊言何以興起，迪恩還與我一起思考因果推論，也幫助我指導麻省理工學院社交分析實驗室。感謝艾蜜莉・法克（Emily Falk）在我研究社群媒體神經科學的過程中擔任嚮導，確保我下筆之前有正確的理解。感謝阿布杜拉・阿米圖克（Abdullah Almaatouq）幫助我確定自己的群眾智慧論點符合當前情況，而且有說服力，並符合理論的各個方面。感謝亞當・葛蘭特（Adam Grant）撥出時間看這本書，並提供最具有見地的評論，不只是針對本文，還以這本書來進行更廣泛的溝通藝術。

《宣傳機器》經過許多人的檢查和再檢查。我很高興有你們的督促和影響。感謝布朗溫・富萊爾（Bronwyn Fryer）早期與我的對話。感謝羅傑・史柯爾（Roger Scholl）和凱文・道頓（Kevin Doughten）精湛的編輯功夫。你們兩人不但把原稿調整得很好，也讓我的寫作功力變得更好。你們都很聰明。感謝喬安娜・寇斯米德斯・愛德華茲（Joanna Kosmides Edwards）為本書畫的所有插圖，妳的插圖結合藝術才華和高度精確性。妳的才能無人能比，我有幸與妳共事。

感謝過去二十年我有幸合作過的所有學生和博士後研究

員。我盡可能正確和有效的把我們的科學研究表達出來。這本書也是你們的書，因為裡面的內容都是根據我們過去二十年一起做的研究和未來二十年或更久時間裡，我們可望共同做出的研究。感謝尚恩・泰勒（Sean Taylor）、雷夫・馬克尼克（Lev Muchnik）、迪倫・沃克（Dylan Walker）組成早期的研究核心團隊，我在書中不斷提到你們。你們三人都很棒，讓我在與你們一起學習時學到東西。感謝帕拉米爾・迪倫（Paramveer Dhillon）、克里斯多斯・尼古拉雷德斯（Christos Nicolaides）、納格梅・莫梅尼（Naghmeh Momeni）、琳恩・吳（Lynn Wu，音譯）、黃山（Shan Huang，音譯）、麥可・趙（Michael Zhao，音譯）、傑里米・楊（Jeremy Yang，音譯）、戴夫・霍茲（Dave Holtz）、馬德侯夫・庫馬（Madhav Kumar）、凱西・曹（Cathy Cao，音譯）、丹・洛克（Dan Rock）、基勇・聖雅克（Guillaume Saint-Jacques）、賽洛希・烏蘇吉（Soroush Vosoughi），你們與我一起面對困難並往深處探尋，為的是確保每一個步驟都是嚴謹和有意義的。我知道你們未來都將綻放光芒。我迫不及待想看到那一天，屆時我將開懷大笑。

感謝湯姆・馬龍（Tom Malone）、汪達・奧利考斯基（Wanda Olikowski）、以斯拉・祖克曼（Ezra Zuckerman）教我如何做這個工作，你們對我有足夠的信心，才會歡迎我回來再多做一些事。感謝戴夫・史密特蘭（Dave Schmittlein）持續對我有信心。感謝福斯特・普諾沃斯特（Foster Provost）給予我無價的友情、知識上的指導、對我的引導和支持，你帶給我的歡笑更讓一切都值得。感謝阿倫・桑德拉江（Arun Sundarajan）、阿寧迪亞・葛許（Anindya Ghose）、娜塔莉亞・列維娜（Natalia Levina）、潘諾斯・伊派羅德斯（Panos Ipeirotis）、羅伊・雷德納（Roy Radner），你們是當年我以一個年輕助理教授身份所能找到最好的同事。感謝約翰・霍頓（John Horton）、凱瑟琳・塔克（Catherine Tucker）、德雷森・普萊克（Drazen Prelec）、張娟娟（Juanjuan Zhang，音譯）、鄧肯・賽默斯特（Duncan Simester）、戴夫・蘭德（Dave Rand）、伯格・溫勒費爾特（Birger Wernerfelt）、約翰・李特（John Little）、葛蘭・厄本（Glen Urban），你們是一名老手所能得到最好的同事。感謝榮・伯特（Ron Burt）、馬修・傑克遜（Matthew Jackson）、喬恩・克萊因伯格（Jon Kleinberg）、桑吉夫・戈耶爾（Sanjeev Goyal）、麥可・基恩斯（Michael Kearns）、余彬（Bin Yu，音譯）、尼古拉斯・克里斯塔吉斯（Nicholas Christakis）、拉索羅・巴拉巴西（László Barabási）、大衛・賴瑟（David Lazer）、艾力克斯・維斯畢亞尼（Alex Vespignani）、雷・雷根斯（Ray Reagans）、納希爾・肯崔科特（Noshir Contractor）、布萊恩・烏立（Brian Uzzi），你們在我的學術生涯中給予我指導和友誼。我有幸能與你們共事。感謝克勞蒂亞・佩利奇（Claudia Perlich）、希拉蕊‧梅森（Hillary Mason）、提娜‧艾莉阿希-拉德（Tina Eliassi-Rad）、布蘭登‧費多森（Branden Fitelson），與你們互動很有意義，能讓我激發出許多點子。

感謝CISR的每個人，包括珍妮‧羅斯（Jeanne Ross）、克里斯‧佛格利亞（Chris Foglia）、史蒂芬妮‧華納（Stephanie Warner）、尼爾斯‧方史戴德（Nils Fonstad）、喬治‧魏斯特曼（George Westerman），你們在我的成長過程中拉了我一把。感謝麻省理工學院數位經濟行動計畫的每位成員，你們在我學生時期給予我支持，現在又要忍受我當計畫主持人。感謝大衛‧魏利爾（David Verrill）從以前到現在為我做的一切。感謝克莉絲蒂‧高（Christie Ko，音譯）、蘇珊‧楊（Susan Young，音譯）、夏儂‧法爾利（Shannon Farrelly）、湯米‧布內爾（Tammy Buzzell）、寶拉‧克萊恩（Paula Klein）、戴文‧庫克（Devin Cook）、喬維‧庫納（Jovi Koene）、凱莉‧雷諾茲（Carrie Reynolds）、喬安‧巴特齊歐特格斯（Joanne Batziotegos），你們讓我們以專業和優雅的方式往正確方向前進。感謝IDE的共同主持人安迪‧麥可費（Andy McAfee），你是那麼有創造力和洞見，很高興與你共事，期待共同打造下一個計畫。

業界有許多人給了我許多教導。感謝泰迪‧米羅斯（Teddy Milos）讓我和保羅沒有越界。感謝艾力克斯‧柯莫（Alex Collmer）、傑森・唐奈爾（Jason Donnell）、喬琳・麥高德卓克（Joline McGoldrick）、湯姆・柯本（Tom Coburn）、強納森・拉寇斯特（Jonathan Lacoste）、雅阿爾・艾維丹（Yael Avidan）、艾利克斯・張（Alex Chang）、麥特・桑布利（Matt Sunbulli）、安庫爾・簡（Ankur Jain）、古斯塔夫・普利凱爾特（Gustav Praekelt）、莉莎・費德曼（Leetha Fiderman）、莫蘭・賽夫（Moran Cerf）、安德魯・左利（Andrew Zolli）、麥特・梅森（Matt Mason）、馬修・威廉斯（Matthew Williams），你們給予我友情和洞見。

感謝拉非・薩格林（Rafe Sagalyn）為我的點子所做的專業管理。你真的是這方面的大師。最後同樣重要的是，要感謝布魯克林區威廉斯堡的黑磚咖啡，我在那裡完成本書的大半部分，咖啡因讓我熬過一個又一個漫漫長日。也感謝隔壁的Maison Premiere餐館，讓我喝完咖啡後很快就有食物可以吃。

我很遺憾沒有提及某些人，我要你們知道我真的感謝你們，但凱文不讓我再多寫任何一字。

注釋

前言　疫情、希望、危險

1. Mike Isaac and Sheera Frenkel, "Facebook Is 'Just Trying to Keep the Lights On' as Traffic Soars in Pandemic," *New York Times,* March 24, 2020.

2. Daisuke Wakabayashi, Jack Nicas, Steve Lohr, and Mike Isaac, "Big Tech Could Emerge from Coronavirus Crisis Stronger Than Ever," *New York Times,* March 23, 2020.

3. Stewart Butterfield, tweet, March 25, 2020, https://twitter.com/stewart/status/1243000497566441472.

4. Alex Schultz and Jay Parikh, "Keeping Our Services Stable and Reliable During the COVID-19 Outbreak," Facebook About blog, March 24, 2020, https://about.fb.com/news/2020/03/keeping-our-apps-stable-during-covid-19/.

5. Isaac and Frenkel, "Facebook Is 'Just Trying to Keep the Lights On.' "

6. Tony Romm, Elizabeth Dwoskin, and Craig Timberg, "U.S. Government, Tech Industry Dis-cussing Ways to Use Smartphone Location Data to Combat Coronavirus," *Washington Post,* March 17, 2020; Issie Lapowsky, "Facebook Data Can Help Measure Social Distancing in California," *Protocol,* March 17, 2020.

7. Antony Sguazzin, "WhatsApp Service in S. Africa Goes Global in WHO Virus Fight," Bloomberg, March 25, 2020.

8. Thomas Koulopoulos, "Facebook Is Giving Out $100 Million in Small-Business Grants. Here's What to Know— and What the Rest of Big Tech

Should Learn," Inc.com, March 19, 2020.

9. Sacha Baron Cohen, "Read Sacha Baron Cohen's Scathing Attack on Facebook in Full: 'Greatest Propaganda Machine in History,' " *Guardian,* November 22, 2019.

10. Soroush Vosoughi, Deb Roy, and Sinan Aral, "The Spread of True and False News Online," *Science* 359, no. 6380（2018）: 1146– 51.

11. Zeke Miller and Colleen Long, "US Officials: Foreign Disinformation Is Stoking Virus Fears," *US News,* March 16, 2020; Brooke Singman and Gillian Turner, "Foreign Disinformation Campaign on Fake National Quarantine Trying to Cause Panic, Trump Admin. Officials Say," Fox News, March 16, 2020.

12. Mark Gurman, "Apple, Google Bring Covid-19 Contact-Tracing to 3 Billion People," Bloomberg, April 10, 2020; Kylie Foy, "Bluetooth Signals from Your Smartphone Could Automate Covid-19 Contact Tracing While Preserving Privacy," MIT News, April 8, 2020, https://news.mit.edu/2020/bluetooth-covid-19-contact-tracing-0409.

13. Thomas Seal and Stephanie Bodoni, "How Europe Is Bumping Against Privacy Laws in Coronavirus Battle," Bloomberg, April 4, 2020.

第一章　新社交時代

1. Madeleine Albright, former U.S. Secretary of State, testimony at hearing before the U.S. Senate Armed Services Committee, January 29, 2015, https://www.armed- services. senate.gov/imo/media/doc/Albright_01-29-15.pdf.

2. Soroush Vosoughi, Deb Roy, and Sinan Aral, "The Spread of True and False News Online," *Science* 359, no. 6380（2018）: 1146– 51.

3. You can watch the Town Hall here: https://www.facebook.com/qawithmark/videos/929895810401528/.

4. Adrian Chen, "The Agency," *New York Times Magazine,* June 7, 2005.

5. *United States of America v. Internet Re-search Agency LLC,* 18 U.S.C. § § 2, 371, 1349, 1028A, https://www.justice.gov/ file/1035477/download.

6. "Analysis of Russia's Information Campaign Against Ukraine," *NATO StratCom Centre of Excellence Report,* https://www.act.nato.int/images/stories/events/2015/sfpdpe/sfpdpe15_rr03.pdf.

7. Sergey Lavrov, Russian foreign minister, speech during the high- level

segment of the twenty- fifth session of the UN Human Rights Council, Geneva, March 3, 2014, https://www.mid.ru/en/web/guest/vistupleniya_ministra/-/asset_publisher/MCZ7HQuMdqBY/content/id/72642.

8. State Statistics Committee of Ukraine, 2001 Census, http://2001.ukrcensus. gov.ua/eng/results/. 有爭議的是俄國在二〇一四年併吞克里米亞後進行的人口普查。

9. Carole Cadwalladr, " 'I Made Steve Bannon's Psychological Warfare Tool': Meet the Data War Whistleblower," *Guardian,* March 18, 2018.

10. Mark Zuckerberg, chairman and chief executive officer of Facebook, testimony at hearing before the U.S. Senate Committee on the Judiciary and Committee on Commerce, Science, and Transportation, April 10, 2018, https://en.wikisource.org/wiki/Zuckerberg_Senate_Transcript_2018; Mark Zuckerberg, testimony at hearing before the U.S. House of Representatives Committee on Energy and Commerce, April 11, 2018, https://docs.house. gov/meetings/IF/IF00/20180411/108090/HHRG-115-IF00-Transcript 20180411. pdf; Mark Zuckerberg, testimony at meeting of the Conference of Presidents of the European Parliament, Brussels, May 22, 2018, https:// www.c-span.org/video/?446000-1/facebook-ceo-mark-zuckerberg-testifies-eu-lawmakers.

11. Marc Pritchard, chief brand officer of Procter & Gamble, "Better Advertising Enabled by Media Transparency," speech at the Internet Advertising Bureau's Annual Leadership Meeting, January 29, 2017, https:// www.youtube.com/watch?v=NEUCOsphoI0.

12. Jack Neff, "Procter & Gamble's Best Sales in a Decade Come Despite Drop in Ad Spending," *AdAge,* July 30, 2019.

13. Gurjit Degun, "Unilever and Sky Adspend Dropped 30% in 2018," *Campaign US,* February 12, 2019, https://www.campaignlive .com/article/ unilever-sky-adspend-dropped-30-2018/1525590.

14. Ellen Hammett, "P&G Puts Focus on Reach: It's a More Important Measure Than Spend," *MarketingWeek,* June 17, 2019; Neff, "Procter & Gamble's Best Sales"; Dianna Christe, "P&G's Sales Jump as Ad Spending Shrinks, Data- Driven Marketing Ramps Up," *Marketing Dive,* July 31, 2019.

15. "Third Quarter Results Show Improved Growth Across All Our Divisions," Unilever press release, October 10, 2018, https://www.unilever.com/news/ press-releases/2018/third-quarter-results-show-improved-growth-across-all-

our-divisions.html.

第二章　現實的盡頭

1. Tero Karppi and Kate Crawford, "Social Media, Financial Algorithms and the Hack Crash," *Theory, Culture and Society* 33, no. 1（2016）: 73–92.

2. "White House Security Breaches Fast Facts," CNN, updated March 25, 2020, https://www.cnn.com/2017/06/14/us/white-house-security-breaches-fast-facts/index.html.

3. Karppi and Crawford, "Social Media, Financial Algorithms," 73– 92.

4. Patti Domm, "Gasoline Prices at Pump Spike on Fears of Spot Shortages, as Biggest U.S. Refinery Shuts," CNBC, August 31, 2017.

5. David Schechter and Marjorie Owens, "Railroad Commissioner: There's No Fuel Crisis in Texas," WFAA, Dallas, August 31, 2017, https://www.wfaa.com/article/news/local/texas-news/railroad-commissioner-theres-no-fuel-crisis-in-texas/287-469658632.

6. Sinan Aral, "Truth, Disrupted," *Harvard Business Review,* July 2018.

7. *Securities and Exchange Commission v. Lidingo Holdings, LLC, Kamilla Bjorlin, Andrew Hodge, Brian Nichols, and Vincent Cassano,* Case no. 17-2540, filed April 10, 2017, U.S. District Court, Southern District of New York.

8. "Order Instituting Cease-and-Desist Proceedings . . . ," *In the Matter of Michael A. McCarthy, The Dreamteam Group, LLC, Mission Investor Relations, LLC, and Qualitystocks, LLC,* Administrative Proceeding File no. 3- 17917, April 10, 2017, https://www.sec.gov/litigation/admin/2017/33-10343.pdf.

9. 同前注。

10. Shimon Kogan, Tobias J. Moskowitz, and Marina Niessner, "Fake News: Evidence from Financial Markets," April 22, 2019, https://ssrn.com/abstract=3237763.

11. 這些結果表明，假新聞改變市場，特別是散戶投資人比例較高的小型公司。但是他們也不應該完全相信這個訊息。這不是隨機實驗，雖然價格變動的時機引人聯想，但從各則數據來看，並不清楚價格是否只是隨著假新聞而變動。 柯根等人（Kogan et al.）的〈假新聞〉（Fake News）分析美國證券交易委員會認定有表達出操縱股價明確目的的造假新聞樣本。由他們的語言風格（而非美國證券交易委員會驗證）所認定的更大、雜訊更多的假新聞文章樣本中，研究人員發現對有更多散戶的小型公司股票的交易量有明顯的影響，但在股價波動上沒有察覺到影響。這可能是因為美國證券交易委員會的數據是選定的樣本，或是因為認定為假新聞的語言方法不可靠。我的朋友與合作者傑佛瑞‧胡（Jeffrey Hu）和他的同事強納森‧克拉克（Jonathan Clarke）、陳海良（Hailiang Chen，音譯）和杜丁（Ding Du，音譯）共同對「尋找Alpha」網站進行一項造假財經新聞的歷時性研究，證實假新聞比真實的新聞吸引更多點擊，但是發現假新聞對交易量或股價波動，相較於真實新聞的配對樣本並沒有什麼影響。他們做出的結論與柯根等人的研究相反，認為「股票市場顯然會正確對假新聞訂出價格」。Jonathan Clarke et al., "Fake News, Investor Attention, and Market Reaction," Georgia Tech Scheller College of Business Research Paper no. 18– 29（2019）, https://ssrn.com/abstract=3213024.

12. Special Counsel Robert S. Mueller III, *Report on the Investigation into Russian Interference in the 2016 Presidential Election,* Submitted Pursuant to 28 C.F.R. § 600.8（c）, Washington, D.C., March 2019, https://www.justice.gov/storage/report.pdf.

13. Renee DiResta et al., *The Tactics and Tropes of the Internet Research Agency,* Investigation of Russian Interference prepared for the U.S. Senate Select Committee on Intelligence（New Knowledge, 2019）, https://int.nyt.com/data/documenthelper/533-read-report-internet-research-agency/7871ea6d5b7bedafbf19/optimized/full.pdf.

14. Philip N. Howard et al., *The IRA, Social Media and Political Polarization in the United States, 2012– 2018,* Investigation of Russian Interference prepared for the U.S. Senate Select Committee on Intelligence（Graphika, 2019）, https://int.nyt.com/data/documenthelper/534-oxford-russia-internet-research-agency/c6588b4a7b940c551c38/optimized/full.pdf.

15. Gillian Cleary, "Twitterbots: Anatomy of a Propaganda Campaign," *Symantec Threat Intelligence Blog,* June 5, 2019, https://symantec-blogs.broadcom.com/blogs/threat-intelligence/twitterbots-propaganda-disinformation.

16. Craig Silverman, "This Analysis Shows How Viral Fake Election News Stories Outperformed Real News on Face-book," *BuzzFeed,* November 16, 2016

17. Hunt Allcott and Matthew Gentzkow, "Social Media and Fake News in the

2016 Election," *Journal of Economic Perspectives* 31, no. 2（2017）: 211–36.

18. Andrew Guess, Brendan Nyhan, and Jason Reifler, "Selective Exposure to Misinformation: Evidence from the Consumption of Fake News During the 2016 US Presidential Campaign," *European Research Council*（2018）, 9.

19. Nir Grinberg et al., "Fake News on Twitter During the 2016 US Presidential Election," *Science* 363, no. 6425（2019）: 374–78.

20. Allcott and Gentzkow, "Social Media and Fake News."

21. Calculated as 44 percent of approximately 250 million voting-age Americans in 2016. "Estimates of the Voting Age Population for 2016," *Federal Register,* n.d., https://www.federalregister.gov/documents/2017/01/30/2017-01890/estimates-of-the-voting-age-population-for-2016.

22. Guess, Nyhan, and Reifler, "Selective Exposure to Misinformation."

23. Chengsheng Shao et al., "The Spread of Low-Credibility Content by Social Bots," *Nature Communications* 9, no. 1（2018）: 4787; Emilio Ferrara et al., "The Rise of Social Bots," *Communications of the ACM* 59, no. 7（2016）: 96–104.

24. Philip N. Howard et al., "Social Media, News and Political Information During the US Election: Was Polarizing Content Concentrated in Swing States?," *arXiv:1802.03573*（2018）.

25. 雖然愛荷華州、威斯康辛州、明尼蘇達州和緬因州是搖擺州，來自俄國、危機解密和垃圾新聞來源的兩極化假新聞量低於全國平均，科羅拉多州、俄亥俄州、密西根州、喬治亞州、新罕布爾周、賓州、北卡羅萊納州、維吉尼亞州、佛羅里達州、內華達州、密蘇里州和亞利桑那州的情況都在它們之上。這些州在二〇一六年十一月都被國家憲法中心（National Constitution Center）列為搖擺州。

26. Ed Kilgore, "The Final, Final, Final Results for the Presidential Popular Vote Are In," *New York,* December 20, 2016.

27. DiResta et al., *The Tactics and Tropes of the Internet Research Agency.*

28. Jon Swaine, "Manafort Shared Polling Data on 2016 Election with Elusive Russian—Mueller," *Guardian,* January 8, 2019; Mueller, *Report on the Investigation Into Russian Interference in the 2016 Presidential Election.*

29. Robert M. Bond et al., "A 61-Million Person Experiment in Social Influence and Political Mobilization," *Nature* 489, no. 7415（2012）: 295

30. Jason J. Jones et al., "Social Influence and Political Mobilization: Further Evidence from a Randomized Experiment in the 2012 US Presidential Election," *PloS One* 12, no. 4（2017）: e0173851.

31. 在本書付梓的時候，還有兩項與社群媒體對選票影響的研究尚未出版。第一項研究依賴選舉後的調查，而不是核實後的投票數據，因為這些數據往往會有回憶錯誤或自陳報告偏差（self-reporting bias）。Richard Gunther, Paul A. Beck, and Erik C. Nisbet, "Fake News Did Have a Significant Impact on the Vote in the 2016 Election: Original Full-Length Version with Methodological Appendix"（Ohio State University, 2018）, https://cpb-us-w2.wpmucdn.com/u.osu.edu/dist/d/12059/files/2015/03/Fake-News-Piece-for-The-Conversation-with-methodological-appendix-11d0ni9.pdf. 第二項研究使用經過驗證過的選民投票和投票選擇數據，並利用過去投票和投票選擇的時間變化和條件，但還沒有定論。Guess, Nyhan, and Reifler, "Selective Exposure to Misinformation." Both studies lack any good-as random variation or other formal method of causal inference.

32. Christopher A. Bail, Brian Guay, Emily Maloney, Aidan Combs, D. Sunshine Hillygus, Friedolin Merhout, Deen Freelon, and Alexander Volfovsky, "Assessing the Russian Internet Research Agency's Impact on the Political Attitudes and Behaviors of American Twitter Users in Late 2017," *Proceedings of the National Academy of Sciences* 117, no. 1（2020）: 243– 50.

33. Joshua L. Kalla and David E. Broockman, "The Minimal Persuasive Effects of Campaign Contact in General Elections: Evidence from 49 Field Experiments," *American Political Science Review* 112, no. 1（2018）: 148– 66.

34. Todd Rogers and David Nickerson, "Can Inaccurate Beliefs About Incumbents Be Changed? And Can Reframing Change Votes?," Harvard Kennedy School, Working Paper no. RWP13-018, 2013, https://scholar.harvard.edu/files/todd_rogers/files/can_inaccurate_beliefs_about_incumbents_be_changed_ssrn.pdf.

35. Katherine Haenschen and Jay Jennings, "Mobilizing Millennial Voters with Targeted Internet Advertisements: A Field Experiment," *Political Communication* 36, no. 3（2019）: 357– 75.

36. Andrew M. Guess, Dominique Lockett, Benjamin Lyons, Jacob M.

Montgomery, Brendan Nyhan, and Jason Reifler, " 'Fake News' May Have Limited Effects Beyond Increasing Beliefs in False Claims," *Harvard Kennedy School Misinformation Review* 1, no. 1（2020）.

37. Donald P. Green, Mary C. McGrath, and Peter M. Aronow, "Field Experiments and the Study of Voter Turnout," *Journal of Elections, Public Opinion and Parties* 23, no. 1（2013）: 27– 48.

38. Allison Dale and Aaron Strauss, "Don't Forget to Vote: Text Message Reminders as a Mobilization Tool," *American Journal of Political Science* 53, no. 4（2009）: 787– 804.

39. N. Malhotra, M. R. Michelson, and A. A. Valenzuela, "Emails from Official Sources Can Increase Turnout," *Quarterly Journal of Political Science* 7（2012）: 321– 32; T. C. Davenport, "Unsubscribe: The Effects of Peer-to Peer Email on Voter Turnout— Results from a Field Experiment in the June 6, 2006, California Primary Election," unpublished manuscript（Yale University, 2012）.

40. Dan Mangan, "Read Robert Mueller's Opening Statement: Russian Interference Among 'Most Serious' Challenges to American Democracy," CNBC, July 24, 2019.

41. Todd Ruger, "FBI Director Wants to 'Up Our Game' on Election Interference," *Roll Call,* May 7, 2019.

42. Adam Goldman, Julian E. Barnes, Maggie Haberman, and Nicholas Fandos, "Lawmakers Are Warned That Russia Is Meddling to Re-elect Trump," *New York Times,* February 20, 2020.

43. Nicole Perlroth and Matthew Rosenberg, "Russians Hacked Ukrainian Gas Company at Center of Impeachment," *New York Times,* January 13, 2020.

44. Donald L. Horowitz, *The Deadly Ethnic Riot*（Berkeley: University of California Press, 2001）, 74– 75.

45. Freja Hedman et al., "News and Political Information Consumption in Sweden: Mapping the 2018 Swedish General Election on Twitter," Comprop Data Memo no. 2018.3, September 6, 2018.

46. Cristina Tardáguila, Fabrício Benevenuto, and Pablo Ortellado, "Fake News Is Poisoning Brazilian Politics. WhatsApp Can Stop It," *New York Times,* October 17, 2018.

47. Samir Patil, "India Has a Public Health Crisis. It's Called Fake News," *New York Times,* April 29, 2019.

48. Zeenab Aneez et al., *Reuters Institute India Digital News Report* (Oxford University, 2019), https://reutersinstitute.politics.ox.ac.uk/our-research/india-digital-news-report.

49. "National Update on Measles Cases and Outbreaks— United States, January 1– October 1, 2019," *Morbidity and Mortality Weekly Report,* U.S. Centers for Disease Control and Prevention, October 11, 2019, https://www.cdc.gov/mmwr/volumes/68/wr/pdfs/mm6840e2-H.pdf.

50. Peter J. Hotez, "You Are Unvaccinated and Got Sick. These Are Your Odds," *New York Times,* January 9, 2020.

51. Deborah Balzer interview with Dr. Nipunie Rajapsakse, "Infectious Diseases A– Z: Why the Measles Virus Is So Contagious," Mayo Clinic, April 9, 2019, https://newsnetwork.mayoclinic.org/discussion/infectious-diseases-a-z-why-the-measles-virus-is-so-contagious/.

52. Fiona M. Guerra, "The Basic Reproduction Number (R0) of Measles: A Systematic Review," *Lancet Infectious Diseases* 17, no. 12 (2017): e420–28; Ed Yong, "The Deceptively Simple Number Sparking Coronavirus Fears," *Atlantic,* January 28, 2020.

53. Manish Sadarangani, "Herd Immunity: How Does it Work?," Oxford Vaccine Group, Oxford University, April 26, 2016, https://www.ovg.ox.ac.uk/news/herd-immunity-how-does-it-work.

54. Gardiner Harris, "Journal Retracts 1998 Paper Linking Autism to Vaccines," *New York Times,* February 2, 2010.

55. "Senate Hearing on Vaccines and Public Health," U.S. Senate Committee on Health, Education, Labor and Pensions, March 5, 2019, https://www.c-span.org/video/?458472-1/physicians-advocates-warn-senate-committee-vaccine-hesitancy-implications.

56. Julia Arciga, "Anti-vaxxer Larry Cook Has Weaponized Facebook Ads in War Against Science," *Daily Beast,* February 19, 2019.

57. Amelia M. Jamison, "Vaccine-Related Advertising in the Facebook Ad Archive," *Vaccine* 38, no. 3 (2020): 512– 20; Lena Sun, "Majority of Anti-vaccine Ads on Facebook Were Funded by Two Groups," *Washington Post,* November 15, 2019.

58. Arciga, "Anti-vaxxer Larry Cook."

59. Julia Carrie Wong, "How Facebook and YouTube Help Spread Anti-vaxxer Propaganda," *Guardian,* February 1, 2019.

60. Nat Gyenes and An Xiao Mina, "How Misinfodemics Spread Disease," *Atlantic,* August 30, 2018.

61. David A. Broniatowski et al., "Weaponized Health Communication: Twitter Bots and Russian Trolls Amplify the Vaccine Debate," *American Journal of Public Health* 108, no. 10（2018）: 1378– 84.

62. Alexis Madrigal, "The Small, Small World of Facebook's Anti-vaxxers," *Atlantic,* February 27, 2019.

63. Ana Lucía Schmidt et al., "Polarization of the Vaccination Debate on Facebook," *Vaccine* 36, no. 25（2018）: 3606– 12.

64. Soroush Vosoughi, Deb Roy, and Sinan Aral, "The Spread of True and False News Online," *Science* 359, no. 6380（2018）: 1146– 51.

65. Chengsheng Shao et al., "The Spread of Low- Credibility Content by Social Bots," *Nature Communications* 9, no. 1（2018）: 4787.

66. Laurent Itti and Pierre Baldi, "Bayesian Surprise Attracts Human Attention," *Vision Research* 49, no. 10（2009）: 1295– 306.

67. Sinan Aral and Marshall Van Alstyne, "The Diversity-Bandwidth Trade-Off," *American Journal of Sociology* 117, no. 1（2011）: 90– 171.

68. Jonah Berger and K. L. Milkman, "What Makes Online Content Viral?," *Journal of Marketing Research* 49, no. 2（2012）: 192– 205.

69. Fang Wu and Bernardo A. Huber-man, "Novelty and Collective Attention," *Proceedings of the National Academy of Sciences* 104, no. 45（2007）: 17599– 601.

70. 雖然我們發現假新聞更新奇，而且新奇訊息更有可能被轉發，但我們不知道是否因為新奇性才導致轉發，還是那是假新聞比事實更容易被轉發的唯一理由。

71. Gordon Pennycook and David G. Rand, "Lazy, Not Biased: Susceptibility to Partisan Fake News Is Better Explained by Lack of Reasoning Than by Motivated Reasoning," *Cognition* 188（2019）: 39– 50.

72. Raymond S. Nickerson, "Confirmation Bias: A Ubiquitous Phenomenon in Many Guises," *Review of General Psychology* 2, no. 2（1998）: 175– 220.

73. Lynn Hasher, David Goldstein, and Thomas Toppino, "Frequency and the Conference of Referential Validity," *Journal of Verbal Learning and Verbal Behavior* 16, no. 1（1977）: 107– 12.

74. Andrew Guess and Alexander Coppock, "Does Counter- Attitudinal Information Cause Backlash? Results from Three Large Survey

Experiments," *British Journal of Political Science*（2018）: 1– 19.

75. Samanth Subramanian, "Inside the Macedonian Fake- News Complex," *Wired,* February 15, 2017.

76. Global Disinformation Index, *The Quarter Bil-lion Dollar Question: How Is Disinformation Gaming Ad Tech?,* September 2019, https://disinformationindex.org/wp-content/uploads/2019/09/GDI_Ad-tech_Report_Screen_AW16.pdf.

77. Franklin Foer, "The Era of Fake Video Begins," *Atlantic,* May 2018.

78. David Mack, "This PSA About Fake News from Barack Obama Is Not What It Appears," *BuzzFeed,* April 17, 2018. Video: "You Won't Believe What Obama Says in This Video!," *BuzzFeed-Video,* April 17, 2018, https://youtu.be/cQ54GDm1eL0.

79. Cade Metz, "Google's Dueling Neural Networks Spar to Get Smarter, No Humans Required," *Wired,* April 11, 2017.

80. 同前注。

81. Daniel Benjamin and Steven Simon, "How Fake News Could Lead to Real War," *Politico,* July 5, 2019.

82. Hugh Thompson, "Symantec Discusses the Financial Implications of Deepfakes," CNBC, July 18, 2019.

第三章　宣傳機器

1. Nick Bilton, "Facebook Graffiti Artist Could Be Worth $500 Million," *New York Times,* February 7, 2012.

2. Cade Metz, "The Amazing Murals Created by Facebook's Artists- in Residence," *Wired,* November 24, 2014.

3. Andrew Perrin, "Social Net-working Usage: 2005– 2015," Pew Research Center, October 2015, http://www.pewinternet.org/2015/10/08/2015/Social-Networking-Usage-2005-2015/.

4. Original illustration by Paul Butler; re-creation by Joanna Kosmides Edwards, https://paulbutler.org/2010/visualizing-facebook-friends/.

5. 科學很多絕佳著作都在探索人類網路的結構和威力。請見Duncan J. Watts, *Six Degrees: The Science of a Connected Age*（New York: W. W. Norton, 2004）; Albert-László Barabási, *Linked: The New Science of Networks*（Cambridge, Mass.: Perseus, 2002）, esp. 409– 10; Nicholas A. Christakis and James H. Fowler, *Connected: The Surprising Power*

of Our Social Networks and How They Shape Our Lives（Boston: Little, Brown Spark, 2009）; Sanjeev Goyal, *Connections: An Introduction to the Economics of Networks*（Princeton: Princeton University Press, 2012）; and Matthew O. Jackson, *The Human Network: How Your Social Position Determines Your Power, Beliefs, and Behaviors*（New York: Pantheon, 2019）.

6. Scott L. Feld, "Why Your Friends Have More Friends Than You Do," *American Journal of Sociology* 96, no. 6（1991）: 1464– 77.

7. Mark Granovetter, "The Strength of Weak Ties," *American Journal of Sociology* 78（1973）: 1360– 80.

8. Duncan J. Watts and Steven H. Strogatz, "Collective Dynamics of 'Small-World' Networks," *Nature* 393, no. 6684（1998）: 440.

9. J. Travers and Stanley Milgram, "An Experimental Study of the Small World Problem," *Sociometry* 32（1969）; Duncan J. Watts, "Networks, Dynamics, and the Small World Phenomenon," *American Journal of Sociology* 105, no. 2（1999）: 493– 527.

10. 順道一提，這種「群組為主的定位」（group-based targeting）與傑佛瑞‧羅夫斯在一九七四年針對網路效應發表的開創性論文中所倡導的市場策略相同，而且與尚恩‧帕克和吉米‧法倫在二〇一一年在NextWork年度大會的舞台上反覆重申臉書的進入市場策略相同（見第五章注解）。

11. Ronald Burt, *Structural Holes: The Social Structure of Competition*（Cambridge, Mass.: Harvard University Press, 1992）; Ronald Burt, "Structural Holes and Good Ideas," *American Journal of Sociology* 110（2004）: 349– 99; A. Hargadon and R. Sutton, "Technology Brokering and Innovation in a Product Development Firm," *Administrative Science Quarterly* 42（1997）: 716– 49; R. Reagans and E. Zuckerman, "Networks, Diversity, and Productivity: The Social Capital of Corporate R&D Teams," *Organization Science* 12, no. 4（2001）: 502– 17; Sinan Aral and Marshall Van Alstyne, "The Diversity-Bandwidth Trade-Off," *American Journal of Sociology* 117, no. 1（2011）: 90– 171.

12. Miller McPherson, Lynn Smith-Lovin, and James M. Cook, "Birds of a Feather: Homophily in Social Networks," *Annual Review of Sociology* 27, no. 1（2001）: 415– 44.

13. Gueorgi Kossinets and Duncan J. Watts, "Origins of Homophily in an

Evolving Social Network," *American Journal of Sociology* 115, no. 2（2009）: 405– 450.

14. Sergio Currarini, Matthew O. Jackson, and Paolo Pin, "Identifying the Roles of Race-Based Choice and Chance in High School Friendship Network Formation," *Proceedings of the National Academy of Sciences* 107, no. 11（2010）: 4857– 61.

15. Kossinets and Watts, "Origins of Homophily."

16. Michael J. Rosenfeld, Reuben J. Thomas, and Sonia Hausen, "Disintermediating Your Friends: How Online Dating in the United States Displaces Other Ways of Meeting," *Proceedings of the National Academy of Sciences* 116, no. 36（2019）: 17753– 58.

17. Johan Ugander et al., "The Anatomy of the Facebook Social Graph," *arXiv:1111.4503*（2011）.

18. 有關的文獻評論與更主要的證據請見 Andreas Wimmer and Kevin Lewis, "Beyond and Below Racial Homophily: ERG Models of a Friendship Network Documented on Facebook," *American Journal of Sociology* 116, no. 2（2010）: 583– 642.

19. Seth A. Myers et al., "Information Network or Social Network? The Structure of the Twitter Follow Graph," in *Proceedings of the 23rd International Conference on World Wide Web*（New York: ACM, 2014）, 493– 98.

20. 匯總與比較的數據見 Ugander et al., "Anatomy of Facebook Social Graph," and Myers et al., "Information Network or Social Network?"

21. "Elon Musk Talks Cars— and Humanity's Fate— with Governors," CNBC, July 17, 2017.

22. Clint Watts, testimony before U.S. Senate Select Committee on Intelligence, March 30, 2017, https://www.intelligence .senate.gov/sites/default/files/documents/os-cwatts033017.pdf.

23. Wanda J. Orlikowski, "The Duality of Technology: Rethinking the Concept of Technology in Organizations," *Organization Science* 3, no. 3（1992）: 398– 427; Anthony Giddens, *The Constitution of Society: Outline of the Theory of Structuration*（Berkeley: University of California Press, 1984）.

24. Herbert A. Simon, "Designing Organizations for an Information-Rich World," in *Computers, Communication, and the Public Interest,* ed. Martin Greenberger（Baltimore: Johns Hopkins University Press, 1971）, 40– 41.

25. "Norman: World's First Psychopath AI," n.d., http://norman-ai.mit.edu/.

26. James Vincent, "Twitter Taught Microsoft's AI Chatbot to Be a Racist Asshole in Less Than a Day," *Guardian,* March 24, 2016; Elle Hunt, "Tay, Microsoft's AI Chatbot, Gets a Crash Course in Racism from Twitter," *Guardian,* March 24, 2016.

27. Peter Bright, "Tay, the Neo-Nazi Millennial Chatbot, Gets Autopsied," *Ars Technica,* March 25, 2016, https://arstechnica.com/information-technology/2016/03/tay-the-neo-nazi-millennial-chatbot-gets-autopsied.

28. Yann LeCun speaking with Bloomberg's Jeremy Kahn at Bloomberg's "Sooner Than You Think" conference in Paris, May 29, 2018, https://www.youtube.com/watch?v=dzQRCZyE4v0.

29. Jenn Chen, "15 Facebook Stats Every Marketer Should Know for 2019," *Sprout Social*（2019）, https://sproutsocial.com/insights/facebook-stats for marketers/.

30. Mary Lister, "37 Staggering Video Marketing Statistics for 2018," *Wordstream Blog,* June 9, 2019, https://www.wordstream.com/blog/ws/2017/03/08/video-marketing-statistics.

31. Manohar Paluri, manager of Facebook's Computer Vision Group, speaking at the LDV Capital "Vision Summit" in 2017, https://www.ldv.co/blog/2018/4/4/facebook-is-building-a-visual-cortex-to-better-understand-content-and-people.

32. Joaquin Quiñonero Candela, "Building Scalable Systems to Understand Content," *Facebook Engineering Blog,* February 2, 2017, https://engineering.fb.com/ml- applications/building-scalable-systems-to-understand-content/.

33. Elise Thomas, "A Creepy Facebook Idea Suggests Friends by Sensing Other People's Phones," *Wired UK,* November 4, 2018, https://www.wired.co.uk/article/facebook-phone-tracking-patent.

34. Kashmir Hill, " 'People You May Know': A Controversial Facebook Feature's 10-Year History," *Gizmodo,* August 8, 2018, https://gizmodo.com/people-you-may-know-a-controversial-facebook-features-1827981959.

35. Kurt Wagner, "Digital Advertising in the US Is Finally Bigger Than Print and Television," *Vox Recode,* February 20, 2019, https://www.vox.com/2019/2/20/18232433/digital-advertising-facebook-google-growth-tv-print-emarketer-2019; "Digital Advertising Stats You Need for 2018,"

AppNexus White Paper, https://www.appnexus.com/sites/default/files/whitepapers/guide-2018stats_2.pdf.

36. Lars Backstrom, VP of engineering, "People You May Know," slides, presented by Facebook, July 12, 2010.

37. 見 Jure Leskovec, "Dynamics of Large Networks," PhD diss., Carnegie Mellon University, School of Computer Science, Machine Learning Department, 2008, particularly the sections on "triangle closing models" and "the locality of edge attachment."

38. Backstrom, "People You May Know."

39. PYMK algorithms don't necessarily restrict their suggestions to two-hop connections, but they dramatically favor them.

40. 有趣的是，傑克・多西面對國會聽證會的壓力，在被指責「隱蔽」或「禁止」將近一百萬名用戶、因為這些用戶和追蹤者張貼的推文列為有害內容幾周之後，推特允許用戶退出演算法篩選機制（algorithmic curation）。Stan Horaczek, "Twitter Will Let You See Your Feed in Chronological Order Again— Here's How and Why," *Popular Science,* September 18, 2019, https://www.popsci.com/twitter-chronological-feed/.

41. Will Oremus, "Who Controls Your Facebook Feed," *Slate,* January 3, 2016.

42. Casey Newton, " 'Time Well Spent' Is Shaping Up to Be Tech's Next Big Debate," *Verge,* January 17, 2018; Laura Hazard Owen, "Facebook Drastically Changes News Feed to Make It 'Good for People'（and Bad for Most Publishers）," *NiemanLab,* January 11, 2018, https://www.niemanlab.org/2018/01/facebook-drastically-changes-news-feed-to-make-it-good-for-people-and-bad-for-most-publishers/.

43. Laura Hazard Owen, "One Year In, Facebook's Big Algorithm Change Has Spurred an Angry, Fox News– Dominated— and Very Engaged!— News Feed," *NiemanLab,* March 15, 2019, https://www.niemanlab.org/2019/03/one-year-in-facebooks-big-algorithm-change-has-spurred-an-angry-fox-news-dominated-and-very-engaged-news-feed/.

44. J. Nathan Matias, "Preventing Harassment and In-creasing Group Participation Through Social Norms in 2,190 Online Science Discussions," *Proceedings of the National Academy of Sciences* 116, no. 20（2019）: 9785– 89.

45. Vasant Dhar, "When to Trust Robots with Decisions, and When Not To," *Harvard Business Review,* May 17, 2016, https://hbr.org/2016/05/when-to-

trust-robots-with-decisions-and-when-not-to.

46. Renee Gosline and Heather Yang, "Consider the Source: How Cognitive Style Predisposes Preferences for Algorithmic or Human Input," MIT Initiative on the Digital Economy Working Paper, 2020.

47. Kurt Wagner, "Facebook Almost Missed the Mobile Revolution. It Can't Afford to Miss the Next Big Thing," *Vox,* April 29, 2019.

48. Stuart Thompson and Charlie Warzel, "Smartphones Are Spies. Here's Whom They Report To," *New York Times,* December 20, 2019.

49. Josh Constine, "Facebook Is Building an Operating System So It Can Ditch Android," *TechCrunch,* December 19, 2019, https://techcrunch.com/2019/12/19/facebook-operating-system/.

50. Olivia Solon, "Facebook Has 60 People Working on How to Read Your Mind," *Guardian,* April 19, 2017.

第四章　你的社群媒體頭腦

1. Gillian A. Matthews et al., "Dorsal Raphe Dopamine Neurons Represent the Experience of Social Isolation," *Cell* 164, no. 4（2016）: 617–31.

2. John T. Cacioppo, Stephanie Cacioppo, and Dorret I. Boomsma, "Evolutionary Mechanisms for Loneliness," *Cognition and Emotion* 28, no. 1（2014）: 3–21.

3. Hongyu Ruan and Chun-Fang Wu, "Social Interaction–Mediated Lifespan Extension of *Drosophila* Cu/Zn Su-peroxide Dismutase Mutants," *Proceedings of the National Academy of Sciences* 105, no. 21（2008）: 7506–10.

4. Katsunori Nonogaki, Kana Nozue, and Yoshitomo Oka, "Social Isolation Affects the Development of Obesity and Type 2 Diabetes in Mice," *Endocrinology* 148, no. 10（2007）: 4658–66.

5. Alexis M. Stranahan, David Khalil, and Elizabeth Gould, "Social Isolation Delays the Positive Effects of Running on Adult Neurogenesis," *Nature Neuroscience* 9, no. 4（2006）: 526–33.

6. David M. Lyons, Chae M. G. Ha, and Seymour Levine, "Social Effects and Circadian Rhythms in Squirrel Monkey Pituitary-Adrenal Activity," *Hormones and Behavior* 29, no. 2（1995）: 177–90.

7. Daniel A. Nation et al., "The Effect of Social Environment on Markers of Vascular Oxidative Stress and Inflammation in the Watanabe Heritable

Hyperlipidemic Rabbit," *Psychosomatic Medicine* 70, no. 3（2008）: 269–75.

8. John T. Cacioppo and William Patrick, *Loneliness: Human Nature and the Need for Social Connection*（New York: W. W. Norton, 2008）.

9. R. S. Weiss, *Loneliness: The Experience of Emotional and Social Isolation*（Cambridge, Mass.: MIT Press, 1973）.

10. John T. Cacioppo and Stephanie Cacioppo, "The Phenotype of Loneliness," *European Journal of Developmental Psychology* 9, no. 4（2012）: 446–52.

11. Naomi I. Eisenberger, Matthew D. Lieberman, and Kipling D. Williams, "Does Rejection Hurt? An fMRI Study of Social Exclusion," *Science* 302, no. 5643（2003）: 290–92.

12. Naomi I. Eisenberger, "The Pain of Social Disconnection: Examining the Shared Neural Underpinnings of Physical and Social Pain," *Nature Reviews Neuroscience* 13, no. 6（2012）: 421–34.

13. Arthur Aron et al., "Reward, Motivation, and Emotion Systems Associated with Early-Stage Intense Romantic Love," *Journal of Neurophysiology* 94, no. 1（2005）: 327–37.

14. James K. Rilling et al., "A Neural Basis for Social Cooperation," *Neuron* 35, no. 2（2002）: 395–405.

15. Klaus Fliessbach et al., "Social Comparison Affects Reward-Related Brain Activity in the Human Ventral Striatum," *Science* 318, no. 5854（2007）: 1305–8.

16. Dominique J. F. De Quervain et al., "The Neural Basis of Altruistic Punishment," *Science* 305, no. 5688（2004）: 1254.

17. Aaron Smith and Monica Anderson, "Social Media Use in 2018," Pew Research Center Survey, March 1, 2018, https://www.pewresearch.org/internet/2018/03/01/social-media-use-in-2018/.

18. Laura Dolan, "55 Social Media Engagement Statistics for 2020," *Keap Business Success Blog,* February 10, 2020, https://keap.com/business-success-blog/marketing/social-media/best-social-media-marketing-stats-and-facts.

19. Rachael Rettner, "Why Are Human Brains So Big?," *Live Science,* July 13, 2009: https://www.livescience.com/5540-human-brains-big.html.

20. Alison Jolly, "Lemur Social Behavior and Primate Intelligence," *Science* 153, no. 3735（1966）: 501–6.

21. 同前注。

22. Robin I. M. Dunbar, "The Social Brain Hypothesis," *Evolutionary Anthropology: Issues, News, and Reviews* 6, no. 5（1998）: 178–90.

23. Robin I. M. Dunbar, "The Social Brain Hypothesis and Human Evolution," in *Oxford Research Encyclopedia of Psychology*（2016）, 1,https://doi.org/10.1093/acrefore/9780190236557.013.44.

24. Robin I. M. Dunbar, "Neocortex Size as a Constraint on Group Size in Primates," *Journal of Human Evolution* 22, no. 6（1992）: 469–93; Robin I. M. Dunbar, "Evolutionary Basis of the Social Brain," *Oxford Handbook of Social Neuroscience*（2011）: 28–38.

25. Matthew D. Lieberman, *Social: Why Our Brains Are Wired to Connect*（New York: Oxford University Press, 2013）.

26. Daniel C. Dennett, *Brainstorms: Philosophical Essay on Mind and Psychology*（Montgomery, Ala.: Harvester Press, 1978）.

27. Simon Baron-Cohen, Alan M. Leslie, and Uta Frith, "Does the Autistic Child Have a 'Theory of Mind'?," *Cognition* 21, no. 1（1985）: 37–46.

28. Penelope A. Lewis et al., "Ventromedial Prefrontal Volume Predicts Understanding of Others and Social Network Size," *Neuroimage* 57, no. 4（2011）: 1624–29.

29. Lauren E. Sherman et al., "The Power of the Like in Adolescence: Effects of Peer Influence on Neural and Behavioral Responses to Social Media," *Psychological Science* 27, no. 7（2016）: 1027–35.

30. Lauren E. Sherman et al., "Peer Influence via Instagram: Effects on Brain and Behavior in Adolescence and Young Adulthood," *Child Development* 89, no. 1（2018）: 37–47.

31. Lauren E. Sherman et al., "What the Brain 'Likes': Neural Correlates of Providing Feedback on Social Media," *Social Cognitive and Affective Neuroscience* 13, no. 7（2018）: 699–707.

32. James Olds and Peter Milner, "Positive Reinforcement Produced by Electrical Stimulation of Septal Area and Other Regions of Rat Brain," *Journal of Comparative and Physiological Psychology* 47, no. 6（1954）: 419.

33. Ivan P. Pavlov, *Conditioned Reflexes: An Investigation of the Physiological Activity of the Cerebral Cortex,* trans. and ed. G. V. Anrep（Oxford: Oxford University Press, 1927）, 1960.

34. Mike Allen, "Sean Parker Unloads on Facebook: 'God Only Knows What It's Doing to Our Children's Brains,' " *Axios,* November 9, 2017; Erica Pandey, "Sean Parker: Facebook Was Designed to Exploit Human 'Vulnerability,' " *Axios,* November 9, 2017.

35. Dar Meshi, Carmen Morawetz, and Hauke R. Heekeren, "Nucleus Accumbens Response to Gains in Reputation for the Self Relative to Gains for Others Predicts Social Media Use," *Frontiers in Human Neuroscience* 7 （2013）: 439.

36. D. Eckles, C. Nicolaides, and S. Aral, "Social Influence, Habits, and Disrupted Performance Environments," Advances in Consumer Research Abstracts, Association for Consumer Research, 2017.

37. Emily B. Falk et al., "Predicting Persuasion-Induced Behavior Change from the Brain," *Journal of Neuroscience* 30, no. 25（2010）: 8421– 24.

38. Emily B. Falk et al., "Neural Activity During Health Messaging Predicts Reductions in Smoking Above and Beyond Self-Report," *Health Psychology* 30, no. 2（2011）: 177.

39. Emily B. Falk, Elliot T. Berkman, and Matthew D. Lieberman, "From Neural Responses to Population Behavior: Neural Focus Group Predicts Population-Level Media Effects," *Psychological Science* 23, no. 5（2012）: 439– 45.

40. Emily B. Falk et al., "Creating Buzz: The Neural Correlates of Effective Message Propagation," *Psychological Science* 24, no. 7（2013）: 1234– 42.

41. Lieberman, *Social,* 125.

42. Christin Scholz et al., "A Neural Model of Valuation and Information Virality," *Proceedings of the National Academy of Sciences* 114, no. 11 （2017）: 2881– 86.

43. Gregory S. Berns et al., "Neural Mechanisms of the Influence of Popularity on Adolescent Ratings of Music," *Neuroimage* 49, no. 3（2010）: 2687– 96. 110

44. Jorien van Hoorn et al., "Peer Influence on Prosocial Behavior in Adolescence," *Journal of Research on Adolescence* 26, no. 1（2016）: 90– 100.

第五章　網路引力與網路質量成正比

1. Mark Zuckerberg, United States Securities and Exchange Commission, Form S-1 Registration Statement Under The Securities Act of 1933, Facebook, Inc., February 1, 2012.

2. *Annual Report of the Directors of the American Telephone and Telegraph Company to the Stock Holders, for the Year Ending December 31, 1908* （Boston: Geo. H. Ellis Co., 1909）, https://beatriceco.com/bti/porticus/bell/pdf/1908ATTar_Complete.pdf.

3. 這個案例來自我與紐約大學史登商學院教授阿倫・桑德拉江，阿寧迪亞・葛許，潘諾斯・伊派羅德斯和其他人共同開發和共同授課的課程。這個案例的證據在同事當中廣為分享，尤其是在二〇〇〇年代中期負責改組該課程的授阿倫・桑德拉江。

4. Casey Johnston, "Microsoft Pays '$100,000 or More' to Get Devs Coding for Windows Phone," *Ars Technica,* June 14, 2013, https://arstechnica.com/information-technology/2013/06/microsoft-pays-100000-or-more-to-get-devs-coding-for-windows-phone/.

5. S. O'Dea, "Subscriber Share Held by Smartphone Operating Systems in the United States from 2012 to 2019," *Statistica,* February 28, 2020, https://www.statista.com/statistics/266572/market-share-held-by-smartphone-platforms-in-the-united-states/.

6. "Mobile Operating System Market Share Worldwide, February 2019–February 2020," *Statcounter,* n.d., https://gs.statcounter.com/os-market-share/mobile/worldwide.

7. 你可以從以下連結看到吉米・法倫與尚恩・帕克的訪談：https://www.youtube.com/watch?v=yCyMz-u-HcQ. 他們對於網路效應的討論和臉書的進入市場策略大約從第二十分鐘開始。你可以在這裡看到我在NextWork年度大會上的演講：https://www.youtube.com/watch?v=0GjgFHrXHAc&t=819s.

8. Jeffrey Rohlfs, "A Theory of Interdependent Demand for a Communications Service," *Bell Journal of Economics and Management Science* 5, no. 1 （1974）: 16–37.

9. Richard Schmalensee, "Jeffrey Rohlfs' 1974 Model of Facebook: An Introduction," *Competition and Policy International* 7, no. 1 （2011）. My friend and colleague Arun Sundararajan extended this thinking in 2007 to the case of a group of consumers connected in a complex social network

like Facebook, Twitter, and all the other social networks in the market today. Arun Sundararajan, "Local Network Effects and Complex Network Structure," *BE Journal of Theoretical Economics* 7, no. 1（2007）.

10. 最新的研究證實臉書的價值相當大一部分來自地方網路效應：我們當地連接的特定人士的經濟價值。當賽斯・班哲爾（Seth Benzell）和艾維・柯利斯（Avi Collis）問人們願意以多少錢的代價來「刪除」他們的特定臉書朋友時，他們發現我們對社群媒體上不同人的重視有著很大的變異。例如，他們發現六十五歲以上的人對所連結較年輕用戶的重視大於後者對他們的重視，四十五至五十四歲男性對二十五至五十四歲女性的重視大於後者對他們的重視，二十五至三十四歲男子幾乎受到所有人的重視，程度大於他們對其他人的重視。Seth G. Benzell and Avinash Collis, "Multi-sided Platform Strategy, Taxation, and Regulation: A Quantitative Model and Application to Facebook," MIT Working Paper, 2019, https://pdfs.semanticscholar.org/9d69/1d88bd56c090 06d903255129f858d0109ec6.pdf.

11. Yong-Yeol Ahn et al., "Analysis of Topological Characteristics of Huge Online Social Networking Services," in *Proceedings of the 16th International Conference on World Wide Web*（New York: ACM, 2007）, 835–44.

12. Rohlfs, "Theory of Interdependent Demand," section 5.

13. Aja Romano, "Saying Goodbye to AIM, the Instant Messenger That Changed How We Communicate," *Vox,* December 15, 2017.

14. Saul Hansell, "In Cyberspace, Rivals Skirmish over Messaging," *New York Times,* July 24, 1999.

15. Matthew Nelson, "AOL's AIM Gets Bugged," CNN, August 20, 1999.

第六章　個人化群眾說服力

1. *United States of America v. Internet Research Agency LLC,* 18 U.S.C. §§ 2, 371, 1349, 1028A, https://www.justice.gov/file/1035477/download.

2. Philip N. Howard et al., "Social Media, News and Political Information During the US Election: Was Polarizing Content Concentrated in Swing States?," *arXiv:1802.03573*（2018）.

3. Renee DiResta et al., *The Tactics and Tropes of the Internet Research Agency,* Investigation of Russian Interference prepared for the U.S. Senate Select Committee on Intelligence（New Knowledge, 2019）, https://

int.nyt.com/data/documenthelper/533-read-report-internet-research-agency/7871ea6d5b7bedafbf19/optimized/full.pdf.

4. Catherine Shu, "Online Coupon Site RetailMeNot Acquired for $630 Million," *TechCrunch,* April 11, 2017, https://techcrunch.com/2017/04/10/online-coupon-site-retailmenot-acquired-for-630-million/.

5. DiResta et al., *Tactics and Tropes of the Internet Research Agency;* Philip N. Howard et al., *The IRA, Social Media and Political Polarization in the United States, 2012– 2018,* Investigation of Russian Interference prepared for the U.S. Senate Select Committee on Intelligence（Graphika, 2019）, https://int.nyt.com/data/documenthelper/534-oxford-russia-internet-research-agency/c6588b4a7b940c551c38/optimized/full.pdf.

6. Nate Silver, tweet, December 17, 2018, https://twitter.com/natesilver538/status/107483371493 1224582?lang=en.

7. John Sides, Michael Tesler, and Lynn Vavreck, *Identity Crisis: The 2016 Presidential Campaign and the Battle for the Meaning of America* （Princeton: Princeton University Press, 2018）.

8. Hunt Allcott and Matthew Gentzkow, "Social Media and Fake News in the 2016 Election," *Journal of Economic Perspectives* 31, no. 2（2017）: 211– 36; Andrew Guess, Brendan Nyhan, and Jason Reifler, "Selective Exposure to Misinformation: Evidence from the Consumption of Fake News During the 2016 US Presidential Campaign," *European Research Council* （2018）, 9; N. Grinberg et al., "Fake News on Twitter During the 2016 US Presidential Election," *Science* 363, no. 6425（2019）: 374– 78.

9. Kathleen Hall Jamieson, *Cyberwar: How Russian Hackers and Trolls Helped Elect a President*（New York: Oxford University Press, 2018）.

10. Brett R. Gordon et al., "A Comparison of Approaches to Advertising Measurement: Evidence from Big Field Experiments at Facebook," *Marketing Science* 38, no. 2（2019）: 193– 225.

11. Sinan Aral, Lev Muchnik, and Arun Sundararajan, "Distinguishing Influence- Based Contagion from Homophily-Driven Diffusion in Dynamic Networks," *Proceedings of the National Academy of Sciences* 106, no. 51 （2009）: 21544– 49; Dean Eckles and Eytan Bakshy, "Bias and High-Dimensional Adjustment in Observational Studies of Peer Effects," *arXiv:1706.04692*（2017）.

12. Sandra C. Matz et al., "Psychological Targeting as an Effective Approach to

Digital Mass Persuasion," *Proceedings of the National Academy of Sciences* 114, no. 48（2017）: 12714– 19.

13. Dean Eckles, Brett R. Gordon, and Garrett A. Johnson, "Field Studies of Psychologically Targeted Ads Face Threats to Internal Validity," *Proceedings of the National Academy of Sciences* 115, no. 23（2018）: E5254– 55.

14. Joshua D. Angrist, "Lifetime Earnings and the Vietnam Era Draft Lottery: Evidence from Social Security Administrative Records," *American Economic Review* 80, no. 3（1990）: 313– 36.

15. Panagiotis Papadimitriou et al., "Display Advertising Impact: Search Lift and Social Influence," in *Proceedings of the 17th ACM SIGKDD International Conference on Knowledge Discovery and Data Mining*（New York: ACM, 2011）, 1019– 27.

16. Pavel Kireyev, Koen Pauwels, and Sunil Gupta, "Do Display Ads Influence Search? Attribution and Dynamics in Online Advertising," *International Journal of Research in Marketing* 33, no. 3（2016）: 475– 90.

17. Rob Cain, framework slide shared with Ravi Bapna as part of his executive teaching at the Carlson School of Management at the University of Minnesota.

18. Thomas Blake, Chris Nosko, and Steven Tadelis, "Consumer Heterogeneity and Paid Search Effectiveness: A Large-Scale Field Experiment," *Econometrica* 83, no. 1（2015）: 155– 74.

19. 同前注。

20. Randall A. Lewis and David H. Reiley, "Online Ads and Offline Sales: Measuring the Effect of Retail Advertising via a Controlled Experiment on Yahoo!," *Quantitative Marketing and Economics* 12, no. 3（2014）: 235– 66.

21. Garrett A. Johnson, Randall A. Lewis, and Elmar I. Nubbemeyer, "Ghost Ads: Improving the Economics of Measuring Online Ad Effectiveness," *Journal of Marketing Research* 54, no. 6（2017）: 867– 84.

22. Gordon et al., "A Comparison of Approaches to Advertising Measurement: Evidence from Big Field Experiments at Facebook," 193– 225.

23. Randall A. Lewis and Justin M. Rao, "The Unfavorable Economics of Measuring the Returns to Advertising," *Quarterly Journal of Economics* 130, no. 4（2015）: 1941–73.

24. Lewis and Reiley, "Online Ads and Offline Sales," 244.

25. Blake et al., "Consumer Heterogeneity and Paid Search Effectiveness," 159.

26. Marc Pritchard, chief brand officer, Procter & Gamble, "Better Advertising Enabled by Media Transparency," speech at the Internet Advertising Bureau's annual leadership meeting, January 29, 2017, https://www.youtube.com/watch?v=NEUCOsphoI0.

27. J. Neff, "Procter & Gamble's Best Sales in a Decade Come Despite Drop in Ad Spending," *AdAge,* July 2019.

28. D. Christe, "P&G's Sales Jump as Ad Spending Shrinks, Data-Driven Marketing Ramps Up," *Marketing Dive,* July 2019.

29. E. Hammett, "P&G Puts Focus on Reach: It's a More Important Measure Than Spend," *MarketingWeek,* June 2019.

30. Neff, "Procter & Gamble's Best Sales in a Decade."

31. Erica Sweeney, "P&G Tweaks Media Model as In-Housing Shift Continues Apace," *Marketing Dive,* January 17, 2019, https://www.marketingdive.com/news/pg-tweaks-media-model-as-in-housing-shift-continues-apace/546265/.

32. Sarah Vizard and Molly Fleming, "P&G 'Doubles Down' on Marketing as Demand Soars," *MarketingWeek,* April 17, 2020.

第七章　超社交化

1. Mark Zuckerberg, "Historic Facebook Campaign Will Boost Voter Registration, Turnout and Voices," *USA Today,* June 16, 2020.

2. Robert M. Bond et al., "A 61-Million Person Experiment in Social Influence and Political Mobilization," *Nature* 489, no. 7415（2012）: 295.

3. Jason J. Jones et al., "Social Influence and Political Mobilization: Further Evidence from a Randomized Experiment in the 2012 US Presidential Election," *PloS One* 12, no. 4（2017）: e0173851.

4. Jen See, "This Is What a Gold Medal Strava File Looks Like," *Men's Journal,* n.d., https://www.mensjournal.com/sports/this-is-what-a-gold-medal-strava-file-looks-like-w433826/.

5. Strava, "Year in Sport 2018," November 28, 2018, https://blog.strava.com/press/2018-year-in-sport/.

6. Sinan Aral and Christos Nicolaides, "Exercise Contagion in a Global Social Network," *Nature Communications* 8（2017）: 14753.

7. Sinan Aral and Michael Zhao, "Social Media Sharing and Online News Consumption," February 4, 2019, https://ssrn.com/abstract=3328864.

8. Michael J. Rosenfeld, Reuben J. Thomas, and Sonia Hausen, "Disintermediating Your Friends: How Online Dating in the United States Displaces Other Ways of Meeting," *Proceedings of the National Academy of Sciences* 116, no. 36（2019）: 17753– 58.

9. Ravi Bapna et al., "One-Way Mirrors in Online Dating: A Randomized Field Experiment," *Management Science* 62, no. 11（2016）: 3100– 122.

10. Yuan Yuan et al., "Social Contagion of Gift Exchange in Online Groups," *arXiv:1906.09698v2*（2019）.

11. Adam D. I. Kramer, Jamie E. Guillory, and Jeffrey T. Hancock, "Experimental Evidence of Massive-Scale Emotional Contagion Through Social Networks," *Proceedings of the National Academy of Sciences* 111, no. 24（2014）: 8788– 90.

第八章　面對超社交化世界的策略

1. Shawndra Hill, Foster Provost, and Chris Volinsky, "Network-Based Marketing: Identifying Likely Adopters via Consumer Networks," *Statistical Science* 21, no. 2（2006）: 256– 76.

2. "Global Trust in Advertising Report," Nielsen, September 2015, https://www.nielsen.com/wp-content/uploads/sites/3/2019/04/global-trust-in-advertising-report-sept-2015-1.pdf.

3. "Joseph Ziyaee: 5 Fast Facts You Need to Know," https://heavy.com/news/2016/02/joseph-ziyaee-king-of-uber-90k-how-to-make-money-uber-driver-referral-code-rules-photos-reddit/.

4. Sinan Aral and Sean Taylor, "Viral Incentive Systems: A Randomized Field Experiment," Workshop on Information Systems Economics, Shanghai, China, 2011.

5. 你可以在以下連結看到我提到的DirecTV廣告：http://www.directv.com/DTVAPP/referral/referralProgram.jsp.

6. Sinan Aral, Lev Muchnik, and Arun Sundararajan, "Distinguishing Influence-Based Contagion from Homophily-Driven Diffusion in Dynamic Networks," *Proceedings of the National Academy of Sciences* 106, no. 51（2009）: 21544– 49.

7. Paul R. Rosenbaum and Donald B. Rubin, "Constructing a Control Group Using Multivariate Matched Sampling Methods That Incorporate the Propensity Score," *American Statistician* 39, no. 1（1985）: 33– 38; Dean

Eckles and Eytan Bakshy, "Bias and High-Dimensional Adjustment in Observational Studies of Peer Effects," *arXiv:1706.04692*（2017）.

8. Eytan Bakshy et al., "Social Influence in Social Advertising: Evidence from Field Experiments," in *Proceedings of the 13th ACM Conference on Electronic Commerce*（New York: ACM, 2012）, 146– 61.

9. Shan Huang et al., "Social Advertising Effectiveness Across Products: A Large- Scale Field Experiment," *Marketing Science,* forthcoming.

10. Jonah Berger, *Contagious: Why Things Catch On*（New York: Simon & Schuster, 2013）.

11. Jonah Berger and Katherine L. Milkman, "What Makes Online Content Viral?," *Journal of Marketing Research* 49, no. 2（2012）: 192– 205.

12. Steve Jurvetson, "What Exactly Is Viral Marketing?," *Red Herring* 78（2000）: 110– 12.

13. Sinan Aral and Dylan Walker, "Creating Social Contagion Through Viral Product Design: A Randomized Trial of Peer Influence in Networks," *Management Science* 57, no. 9（2011）: 1623– 39.

14. Rachel Strugatz, "Bloggers and Digital Influencers Are Reshaping the Fashion and Beauty Landscape," *Los Angeles Times,* August 10, 2016.

15. Lisa Lockwood, "Something Navy Crashes Site, Beats Expectations at Nordstrom," *WWD,* September 25, 2018, https://wwd.com/fashion-news/fashion- scoops/something-navy-crashes-site-beats-expectations-nordstrom-1202845078/; Merin Curotto, "Something Navy's Arielle Charnas Is More Successful Than Ever— but at What Price?," *Observer,* December 12, 2018, https://observer.com/2018/12/something-navy-star-arielle-charnas-launching-nordstrom-holiday-line/.

16. Tyler McCall, "How Arielle Charnas Turned Her Blog, 'Something Navy,' Into a Lifestyle Brand," *Fashionista,* September 24, 2018, https://fashionista.com/2018/09/something-navy-arielle-charnas-career.

17. Elihu Katz and Paul F. Lazarsfeld, *Personal Influence: The Part Played by People in the Flow of Mass Communications*（New York: Free Press, 1955）.

18. Malcolm Gladwell, *The Tipping Point: How Little Things Can Make a Big Difference*（Boston: Little, Brown, 2000）.

19. "Influencing Set to Become $10B Industry by 2020," *Yahoo! Finance,* September 27, 2019, https://www.msn.com/en-us/money/topstocks/

influencing-set-to-become-dollar10b-industry-by-2020/vi-AAHWrRc.

20. Gregory Ferenstein, "Dear Klout, This Is How You Measure Influence," *TechCrunch,* June 6, 2012, http://techcrunch.com/2012/06/21/science-social-contagion-klout/.

21. Sinan Aral, "Commentary— Identifying Social Influence: A Comment on Opinion Leadership and Social Contagion in New Product Diffusion," *Marketing Science* 30, no. 2（2011）: 217– 23, http://mktsci.journal.informs.org/content/30/2/217.abstract.

22. Sinan Aral and Dylan Walker, "Identifying Influential and Susceptible Members of Social Networks," *Science* 337, no. 6092（2012）: 337– 41, http://www.sciencemag.org/content/337/6092/337.

23. Sinan Aral and Dylan Walker, "Tie Strength, Embeddedness, and Social Influence: A Large-Scale Networked Experiment," *Management Science* 60, no. 6（2014）: 1352– 70.

24. Pedro Domingos and Matt Richardson, "Mining the Network Value of Customers," in *Proceedings of the Seventh ACM SIGKDD International Conference on Knowledge Discovery and Data Mining*（New York: ACM, 2001）, 57– 66.

25. Kate Taylor, "Kim Kardashian Revealed in a Lawsuit That She Demands up to Half a Million Dollars for a Single Instagram Post and Other Details About How Much She Charges for Endorsement Deals," *Business Insider,* May 9, 2019.

26. Scott L. Feld, "Why Your Friends Have More Friends Than You Do," *American Journal of Sociology* 96, no. 6（1991）: 1464– 77.

27. David A. Kim et al., "Social Network Targeting to Maximise Population Behaviour Change: A Cluster Randomised Controlled Trial," *Lancet* 386, no. 9989（2015）: 145– 53.

28. "Influencer Marketing Benchmarks Report," *InfluencerDB,* 2019, https://cdn2.hubspot.net/hubfs/4030790/MARKETING/Resources/Education/E-Books/Influencer%20Marketing%20Benchmarks%20Report%202019/InfluencerDB_Influencer-Marketing-Benchmarks-Report-2019.pdf.

29. Eytan Bakshy et al., "Everyone's an Influencer: Quantifying Influence on Twitter," in *Proceedings of the Fourth ACM International Conference on Web Search and Data Mining*（New York: ACM, 2011）, 65– 74.

30. Sinan Aral and Paramveer S. Dhillon, "Social Influence Maximization

Under Empirical Influence Models," *Nature Human Behaviour* 2, no. 6（2018）: 375– 82.

第九章　注意力經濟與趨勢專制

1. Alexander Nix, "Cambridge Analytica—the Power of Big Data and Psychographics," Concordia Annual Summit, New York, 2016, https://www.youtube.com/watch?v=n8Dd5aVXLCc.
2. "Exposed: Undercover Secrets of Trump's Data Firm," Channel 4 News, March 20, 2018, https://www.channel4.com/news/exposed-undercover-secrets-of-donald-trump-data-firm-cambridge-analytica.
3. Avi Goldfarb and Catherine E. Tucker, "Privacy Regulation and Online Advertising," *Management Science* 57, no. 1（2011）: 57– 71.
4. Claudia Perlich et al., "Machine Learning for Targeted Display Advertising: Transfer Learning in Action," *Machine Learning* 95, no. 1（2014）: 103– 27.
5. Alexander Bleier and Maik Eisenbeiss, "Personalized Online Advertising Effectiveness: The Interplay of What, When, and Where," *Marketing Science* 34, no. 5（2015）: 669– 88.
6. Christopher A. Summers, Robert W. Smith, and Rebecca Walker Reczek, "An Audience of One: Behaviorally Targeted Ads as Implied Social Labels," *Journal of Consumer Research* 43, no. 1（2016）: 156– 78.
7. Nico Neumann, Catherine E. Tucker, and Timothy Whitfield, "Frontiers: How Effective Is Third-Party Consumer Profiling? Evidence from Field Studies," *Marketing Science* 38, no. 6（2019）: 918– 26.
8. "The State of Data," Interactive Advertising Bureau and Winterberry Group, 2018, https://www.iab.com/insights/the-state-of-data-2018/.
9. Sandra C. Matz et al., "Psychological Targeting as an Effective Approach to Digital Mass Persuasion," *Proceedings of the National Academy of Sciences* 114, no. 48（2017）: 12714– 19.
10. Hannes Grassegger and Mikael Krogerus, "The Data That Turned the World Upside Down," Motherboard, Vice.com, January 28, 2017, https://www.vice.com/en_us/article/mg9vvn/how-our-likes-helped-trump-win.
11. John Morgan, "Michal Kosinski: Enemy of Privacy or Just a Whistleblower?," *Times Higher Education,* March 22, 2018, https://www.timeshighereducation.com/features/michal-kosinski-enemy-privacy-or-just-

whistleblower.

12. Dean Eckles, Brett R. Gordon, and Garrett A. Johnson, "Field Studies of Psychologically Targeted Ads Face Threats to Internal Validity," *Proceedings of the National Academy of Sciences* 115, no. 23（2018）: E5254– 55.
13. "Trending on Instagram," *Instagram Engineering*, July 6, 2015, https://instagram-engineering.com/trending-on-instagram-b749450e6d93.
14. Seth Fiegerman, "Report: Twitter Now Charges $200,000 for Promoted Trends," *TechCrunch,* February 11, 2013: https://mashable.com/2013/02/11/report-twitter-now-charges-200000-for-promoted-trends/.
15. Molly McKew, "How Twitter Bots and Trump Fans Made #ReleaseTheMemo Go Viral," *Politico,* February 4, 2018.
16. Albert-László Barabási and Réka Albert, "Emergence of Scaling in Random Networks," *Science* 286, no. 5439（1999）: 509– 12.
17. Linhong Zhu and Kristina Lerman, "Attention Inequality in Social Media," *arXiv:1601.07200*（2016）.
18. Sinan Aral and Marshall Van Alstyne, "The Diversity-Bandwidth Trade-Off," *American Journal of Sociology* 117, no. 1（2011）: 90– 171.
19. Sinan Aral and Paramveer S. Dhillon, "Social Influence Maximization Under Empirical Influence Models," *Nature Human Behaviour* 2, no. 6（2018）: 375– 82.
20. Lynn Wu et al., "Mining Face-to-Face Interaction Networks Using Sociometric Badges: Predicting Productivity in an IT Configuration Task," in *Proceedings of the 29th Annual International Conference on Information Systems*（Paris, 2008）.
21. Sean J. Taylor, Lev Muchnik, and Sinan Aral, "What's in a Username? Identity Cue Effects in Social Media," MIT Working Paper, July 23, 2019, http://dx.doi.org/10.2139/ssrn.2538130.
22. Sinan Aral and Christos Nicolaides, "Exercise Contagion in a Global Social Network," *Nature Communications* 8, no. 1（2017）: 1– 8.
23. Leon Festinger, "A Theory of Social Comparison Processes," *Human Relations* 7, no. 2（1954）: 117– 40.
24. Tesser, "Toward a Self-Evaluation Maintenance Model of Human Behavior," *Advances in Experimental Social Psychology* 21（1988）.
25. Stephen M. Garcia, Avishalom Tor, and Richard Gonzalez, "Ranks and Rivals: A Theory of Competition," *Personality and Social Psychology*

Bulletin 32, no. 7（2006）: 970– 82.

26. Festinger, "A Theory of Social Comparison Processes," 126.

27. Nelli Hankonen et al., "Gender Differences in Social Cognitive Determinants of Exercise Adoption," *Psychology and Health* 25, no. 1（2010）: 55– 69.

28. Shan Huang et al., "Social Advertising Effectiveness Across Products: A Large-Scale Field Experiment," *Marketing Science,* forthcoming.

29. Robert M. Bond et al., "A 61-Million Person Experiment in Social Influence and Political Mobilization," *Nature* 489, no. 7415（2012）: 295.

第十章　群眾的智慧和瘋狂

1. James Surowiecki, *The Wisdom of Crowds*（New York: Anchor, 2005）.

2. Francis Galton, "Vox Populi," *Nature* 75, no. 7（1907）: 450– 51.

3. "Through the Eyes of the Consumer," Consumer Shopping Habits Survey, Channel Advisor, 2010, http://docplayer.net/18410379-Channeladvisor-white-paper-through-the-eyes-of-the-consumer-2010-consumer-shopping-habits-survey.html; "Study Shows 97% of People Buy from Local Businesses They Discover on Yelp," Nielsen Survey Commissioned by Yelp, October 11, 2019, https://blog.yelp.com/2019/10/study-shows-97-of-people-buy-from-local-businesses-they-discover-on-yelp.

4. Lev Muchnik, Sinan Aral, and Sean J. Taylor, "Social Influence Bias: A Randomized Experiment," *Science* 341, no. 6146（2013）: 647– 51; Sinan Aral, "The Problem with Online Ratings," *MIT Sloan Management Review* 55, no. 2（2014）: 47.

5. Jamil Zaki, Jessica Schirmer, and Jason P. Mitchell, "Social Influence Modulates the Neural Computation of Value," *Psychological Science* 22, no. 7（2011）: 894– 900.

6. Daniel K. Campbell-Meiklejohn et al., "How the Opinion of Others Affects Our Valuation of Objects," *Current Biology* 20, no. 13（2010）: 1165.

7. Matthew J. Salganik, Peter Sheridan Dodds, and Duncan J. Watts, "Experimental Study of Inequality and Unpredictability in an Artificial Cultural Market," *Science* 311, no. 5762（2006）: 854– 56; Duncan J. Watts, *Everything Is Obvious**（*Once You Know the Answer*）（New York: Crown Business, 2011）.

8. Stanley Milgram, Leonard Bickman, and Lawrence Berkowitz, "Note on the

Drawing Power of Crowds of Different Size," *Journal of Personality and Social Psychology* 13, no. 2（1969）: 79.

9. Nan Hu, Paul A. Pavlou, and Jie Jennifer Zhang, "Why Do Online Product Reviews Have a J-Shaped Distribution? Overcoming Biases in Online Word-of-Mouth Communication," *Communications of the ACM* 52, no. 10（2009）: 144–47; Nan Hu, Paul A. Pavlou, and Jennifer Zhang, "Can Online Reviews Reveal a Product's True Quality? Empirical Findings and Analytical Modeling of Online Word-of-Mouth Communication," in *Proceedings of the 7th ACM Conference on Electronic Commerce*（New York: ACM, 2006）, 324–30.

10. Jeremy Ginsberg et al., "Detecting Influenza Epidemics Using Search Engine Query Data," *Nature* 457, no. 7232（2009）: 1012.

11. David Lazer et al., "The Parable of Google Flu: Traps in Big Data Analysis," *Science* 343, no. 6176（2014）: 1203–5.

12. Surowiecki, *Wisdom of Crowds*, 55.

13. Lu Hong and Scott E. Page, "Groups of Diverse Problem Solvers Can Outperform Groups of High-Ability Problem Solvers," *Proceedings of the National Academy of Sciences* 101, no. 46（2004）: 16385–89; Scott E. Page, *The Difference: How the Power of Diversity Creates Better Groups, Firms, Schools, and Societies,* rev. ed.（Princeton: Princeton University Press, 2008）.

14. "Political Polarization, 1994–2017," Pew Research Center, October 20, 2017, https://www.people-press.org/interactives/political-polarization-1994-2017/.

15. Matthew Gentzkow, "Polarization in 2016," Toulouse Network for Information Technology white paper（2016）, http://web.stanford.edu/~gentzkow/research/PolarizationIn2016.pdf.

16. Bill Bishop, *The Big Sort: Why the Clustering of Like-Minded America Is Tearing Us Apart*（New York: Houghton Mifflin, 2008）; Bill Bishop, "Caught in a Landslide—County Level Voting Shows Increased 'Sorting,' " *Daily Yonder,* November 21, 2016, https://www.dailyyonder.com/caught-in-a-landslide-county-level-voting-shows-increased-sorting/2016/11/21/16361/.

17. Marc J. Hetherington, "Resurgent Mass Partisanship: The Role of Elite Polarization," *American Political Science Review* 95, no. 3（2001）: 619–

31; William G. Mayer, "Mass Partisanship, 1946– 1996," in *Partisan Approaches to Postwar American Politics,* ed. Byron E. Shafer（New York: Chatham House, 1998）.

18. Larry Bartels, "Electoral Continuity and Change, 1868– 1996," *Electoral Studies* 17, no. 3（1998）: 301– 26.

19. Richard Fleisher and John R. Bond, "The Shrinking Middle in the US Congress," *British Journal of Political Science* 34, no. 3（2004）: 429– 51; Gary C. Jacobson, "Partisan Polarization in Presidential Support: The Electoral Connection," *Congress and the Presidency* 30, no. 1（2003）: 1– 36.

20. Gentzkow, "Polarization in 2016."

21. 同前注。

22. Suzanne Kapner and Dante Chinni, "Are Your Jeans Red or Blue? Shopping America's Partisan Divide," *Wall Street Journal,* November 19, 2019.

23. Shanto Iyengar et al., "The Origins and Consequences of Affective Polarization in the United States," *Annual Review of Political Science* 22（2019）: 129– 46.

24. Mark Muro and Jacob Whiton, "America Has Two Economies— and They're Diverging Fast," Brookings Institution, September 19, 2019, https://www.brookings.edu/blog/the-avenue/2019/09/10/america-has-two-economies-and-theyre-diverging-fast/?mod=article_inline; Aaron Zitner and Dante Chinni, "Demo-crats and Republicans Live in Different Worlds," *Wall Street Journal,* September 20, 2019.

25. Kevin Arceneaux and Martin Johnson, *Changing Minds or Changing Channels? Partisan News in an Age of Choice*（Chicago: University of Chicago Press, 2013）.

26. Cass R. Sunstein, *Republic.com*（Princeton: Princeton University Press, 2001）; Eli Pariser, *The Filter Bubble: What the Internet Is Hiding from You*（London: Penguin UK, 2011）.

27. Yphtach Lelkes, Gaurav Sood, and Shanto Iyengar, "The Hostile Audience: The Effect of Access to Broadband Internet on Partisan Affect," *American Journal of Political Science* 61, no. 1（2017）: 5– 20.

28. Levi Boxell, Matthew Gentzkow, and Jesse M. Shapiro, "Greater Internet Use Is Not Associated with Faster Growth in Political Polarization Among US Demographic Groups," *Proceedings of the National Academy of*

Sciences 114, no. 40（2017）: 10612– 17; Matthew Gentzkow and Jesse M. Shapiro, "Ideological Segregation Online and Offline," *Quarterly Journal of Economics* 126, no. 4（2011）: 1799– 839.

29. Levi Boxell, Matthew Gentzkow, and Jesse M. Shapiro, "Cross-Country Trends in Affective Polarization," National Bureau of Economic Research, Working Paper no. 26669, January 2020, https://www.nber.org/papers/w26669.

30. 同前注。

31. Eytan Bakshy, Solomon Messing, and Lada A. Adamic, "Exposure to Ideologically Diverse News and Opinion on Facebook," *Science* 348, no. 6239（2015）: 1130– 32.

32. Jörg Claussen, Christian Peukert, and Ananya Sen, "The Editor vs. the Algorithm: Economic Returns to Data and Externalities in Online News," November 12, 2019, https://papers.ssrn.com/sol3/papers.cfm?abstract_id=3479854.

33. David Holtz, Ben Carterette, and Sinan Aral, "The Engagement-Diversity Trade-Off: Evidence from a Field Experiment on Spotify," MIT Sloan Working Paper, 2020.

34. Ro'ee Levy, "Social Media, News Consumption, and Polarization: Evidence from a Field Experiment," Yale Working Paper, 2020, https://levyroee.github.io/Papers/Social_Media_and_Polarization.pdf.

35. Alberto F. Alesina, Armando Miano, and Stefanie Stantcheva, "The Polarization of Reality," National Bureau of Economic Research, Working Paper no. 26675, January 2020, https://www.nber.org/papers/w26675.

36. Morris H. DeGroot, "Reaching a Consensus," *Journal of the American Statistical Association* 69, no. 345（1974）: 118– 21.

37. "Facebook's WhatsApp Limits Users to Five Text Forwards to Curb Rumors," Reuters, January 21, 2019.

38. Benjamin Golub and Matthew O. Jackson, "Naive Learning in Social Networks and the Wisdom of Crowds," *American Economic Journal: Microeconomics* 2, no. 1（2010）: 112– 49.

39. 同前注，第114–115頁。

40. Golub and Jackson were motivated by prior work, like Bala Venkatesh and Sanjeev Goyal, "Learning from Neighbors," *Review of Economic Studies* 65（1998）: 595– 621; Daron Acemoglu et al., "Bayesian Learning in Social

Networks," *Review of Economic Studies* 78, no. 4（2011）: 1201– 36.

41. Joshua Becker, Devon Brackbill, and Damon Centola, "Network Dynamics of Social Influence in the Wisdom of Crowds," *Proceedings of the National Academy of Sciences* 114, no. 26（2017）: E5070– 76.

42. Abdullah Almaatouq et al., "Adaptive Social Networks Promote the Wisdom of Crowds," *Proceedings of the National Academy of Sciences,* forthcoming.

第十一章　社群媒體的希望與危險

1. Thomas Fuller and Chris Buckley, "Earthquake Aftershocks Jolt Nepal as Death Toll Rises Above 3,400," *New York Times,* April 26, 2015.

2. Ken Yeung, "Over 770K Facebook Users Donated $15M to Support Nepal Earthquake Relief," *Venture Beat,* September 28, 2015, https://venturebeat. com/2015/09/28/over-770k-facebook-users-donated-15m-to-support-nepal-earthquake-relief/.

3. Anthony Faiola and Griff Witte, "Massive Crowds Join March for Solidarity in Paris," *Washington Post,* January 11, 2015.

4. Jennifer M. Larson et al., "Social Networks and Protest Participation: Evidence from 130 Million Twitter Users," *American Journal of Political Science* 63, no. 3（2019）: 690– 705.

5. V. Walt, "With Telegram, a Reclusive Social Media Star Rises Again," *Fortune,* February 23, 2016.

6. "Top Websites Ranking," SimilarWeb, https://www.similarweb.com/top-websites/category/internet-and-telecom/social-network.

7. E. Hartog, "How Telegram Became the Durov Brothers' Weapon Against Surveillance," *Moscow Times,* March 3, 2016, https://www.themoscowtimes. com/2016/03/03/how-telegram-became-the-durov-brothers-weapon-against-surveillance-a52042.

8. D. Hakim, "Once Celebrated in Russia, the Programmer Pavel Durov Chooses Exile," *New York Times,* December 2, 2014.

9. I. Lunden, "Pavel Durov Resigns as Head of Russian Social Network VK.com, Ukraine Conflict Was the Tipping Point," *TechCrunch,* April 1, 2014, https://techcrunch.com/2014/04/01/founder-pavel-durov-says-hes-stepped-down-as-head-of-russias-top-social-network-vk-com/.

10. Ruben Enikolopov, Alexey Makarin, and Maria Petrova, "Social Media and Protest Participation: Evidence from Russia," *Econometrica,* November 15,

2019, https://ssrn.com/abstract=2696236.

11. Zeynep Tufekci, *Twitter and Tear Gas: The Power and Fragility of Networked Protest* (New Haven, Conn.: Yale University Press, 2017) .

12. Steven Lee Myers and Paul Mozur, "China Is Waging a Disinformation War Against Hong Kong Protesters," *New York Times,* August 13, 2019.

13. Gary King, Jennifer Pan, and Margaret E. Roberts, "How the Chinese Government Fabricates Social Media Posts for Strategic Distraction, Not Engaged Argument," *American Political Science Review* 111, no. 3 (2017) : 484– 501.

14. Tufekci, *Twitter and Tear Gas,* xiv.

15. Andrew Neiman, "Telegram Users Growth Compared to Other IM Services," *Telegram Geeks,* March 1, 2016, https://telegramgeeks.com/2016/03/telegram-users-growth-compared/.

16. Mansoor Iqbal, "Telegram Revenue and Usage Statistics (2019) ," *Business of Apps,* November 6, 2019, https://www.businessofapps.com/data/telegram-statistics/.

17. Karim Amer and Jehane Noujaim, *The Great Hack* (documentary film) , Netflix (2019) .

18. Paul Cruickshank, "The Inside Story of the Paris and Brussels Attacks," CNN, October 30, 2017.

19. "The Redirect Method: A Blueprint for Bypassing Extremism," The Redirect Method, https://redirectmethod.org/downloads/RedirectMethod-FullMethod-PDF. pdf.

20. Patrick Berlinquette, "I Used Google Ads for Social Engineering. It Worked," *New York Times,* July 7, 2019.

21. Edward C. Baig, "Redirecting Hate: ADL Hopes Googling KKK or Jihad Will Take You Down a Different Path," *USA Today,* June 24, 2019.

22. "Ice Bucket Challenge," Wikipedia, https://en.wikipedia.org/wiki/Ice_Bucket_Challenge.

23. Michelle Castillo, "Study: Allowing Organ Donation Status on Facebook Increased Number of Donors," CBS News, June 18, 2013; Andrew M. Cameron et al., "Social Media and Organ Donor Registration: The Facebook Effect," *American Journal of Transplantation* 13, no. 8 (2013) : 2059– 65.

24. Tom Risen, "Mobile Phones, Social Media Aiding Ebola Fight," *US News,* October 10, 2014.

25. Meg Carter, "How Twitter May Have Helped Nigeria Contain Ebola," *British Medical Journal* 349（2014）.
26. Martin Giles, "The Cambridge Analytica Affair Reveals Facebook's 'Transparency Paradox,' " *MIT Technology Review,* March 19, 2018, https://www.technologyreview.com/s/610577/the-cambridge-analytica-affair-reveals-facebooks-transparency-paradox/.
27. Nick Statt, "Facebook CEO Mark Zuckerberg Says the 'Future Is Private,' " *Verge,* April 30, 2019.
28. Daniel Victor, "In Christchurch, Signs Point to a Gunman Steeped in Internet Trolling," *New York Times,* March 15, 2019.
29. Julia Carrie Wong, "US, UK and Australia Urge Facebook to Create Backdoor Access to Encrypted Messages," *Guardian,* October 3, 2019.
30. "FBI Director Warns Facebook Could Become Platform of 'Child Pornographers,' " Reuters, October 4, 2019.
31. Craig Silverman, "Facebook Said It Would Give Detailed Data to Academics. They're Still Waiting," *BuzzFeed,* August 22, 2019; Craig Silverman, "Funders Have Given Facebook a Deadline to Share Data with Researchers or They're Pulling Out," *BuzzFeed,* August 27, 2019.
32. William D. Nordhaus, "Schumpeterian Profits in the American Economy: Theory and Measurement," National Bureau of Economic Research, Working Paper no. 10433, 2004.
33. Erik Brynjolfsson, Avinash Collis, and Felix Eggers, "Using Massive Online Choice Experiments to Measure Changes in Well-Being," *Proceedings of the National Academy of Sciences* 116, no. 15（2019）: 7250– 55.
34. Hunt Allcott et al., "The Welfare Effects of Social Media," National Bureau of Economic Research, Working Paper no. 25514, 2019. The $370 billion estimate of annual welfare contributions is an extrapolation of their monthly estimate.
35. Mark Granovetter, "The Strength of Weak Ties," *American Journal of Sociology* 78（1973）: 1360– 80.
36. Nathan Eagle, Michael Macy, and Rob Claxton, "Network Diversity and Economic Development," *Science* 328, no. 5981（2010）: 1029– 31.
37. Guillaume Saint-Jacques, Erik Brynjolfsson, and Sinan Aral, "A Causal Test of the Strength of Weak Ties," MIT Initiative on the Digital Economy Working Paper, February 2020.

38. Luis Armona, "Online Social Network Effects in Labor Markets," Stanford University, Department of Economics Working Paper, 2018.

39. Lynn Wu, "Social Network Effects on Productivity and Job Security: Evidence from the Adoption of a Social Networking Tool," *Information Systems Research* 24, no. 1（2013）: 30– 51.

40. Sydnee Caldwell and Nikolaj Harmon, "Outside Options, Bargaining, and Wages: Evidence from Coworker Networks," University of Copenhagen Working Paper, 2019.

41. Eszter Hargittai and Amanda Hinnant, "Digital Inequality: Differences in Young Adults' Use of the Internet," *Communication Research* 35, no. 5（2008）: 602– 21.

42. 同前注，第606–607頁。

43. Daron Acemoglu, "Why Do New Technologies Complement Skills? Directed Technical Change and Wage Inequality," *Quarterly Journal of Economics* 113, no. 4（1998）: 1055– 89; David H. Autor, Lawrence F. Katz, and Alan B. Krueger, "Computing Inequality: Have Computers Changed the Labor Market?," *Quarterly Journal of Economics* 113, no. 4（1998）: 1169– 213.

44. Abdi Latif Dahir, "Uganda's Social Media Tax Has Led to a Drop in Internet and Mobile Money Users," *Quartz,* February 19, 2019, https://qz.com/africa/1553468/uganda-social-media-tax-decrease-internet-users-revenues/.

45. Juliet Nanfuka, "Social Media Tax Cuts Ugandan Internet Users by Five Million, Penetration Down from 47% to 35%," Collaboration on International ICT Policy in East and Southern Africa, January 31, 2019, https://cipesa.org/2019/01/%EF%BB%BFsocial-media-tax-cuts-ugandan-internet-users-by-five-million-penetration-down-from-47-to-35/.

46. Abdi Latif Dahir, "Uganda's 'Regressive' Social Media Tax May Cost Its Economy Hundreds of Millions of Dollars," *Quartz,* September 1, 2018, https://qz.com/africa/1375795/ugandas-regressive-social-media-tax-may-cost-its-economy-hundreds-of-millions-of-dollars/.

47. "One Year After Ban, Tele-gram Still Accessible from Russia with Growing Audience," East West Digital News, *BNE Intellinews,* May 1, 2019, https://www.intellinews.com/one-year-after-ban-telegram-still-accessible-from-russia-with-growing-audience-160502/.

48. Matt Burgess, "This Is Why Russia's Attempts to Block Telegram Have

Failed," *Wired UK,* April 28, 2018, https://www.wired.co.uk/article/telegram-in-russia-blocked-web-app-ban-facebook-twitter-google; "One Year After Ban."

49. Vlad Savov, "Russia's Telegram Ban Is a Big, Convoluted Mess," *Verge,* April 17, 2018.

第十二章　新社交世紀的隱私、言論自由與反壟斷

1. Elizabeth Warren, "Breaking Up Big Tech," blog post, 2019, https://2020.elizabethwarren.com/toolkit/break-up-big-tech.

2. Chris Hughes, "It's Time to Break Up Facebook," *New York Times,* May 9, 2019.

3. Elizabeth Warren, tweet, October 1, 2019, https://twitter.com/ewarren/status/1179118108633636865.

4. Lina M. Khan, "Amazon's Antitrust Paradox," *Yale Law Journal* 126, no. 3（2016）: 710.

5. Tim O'Reilly, "Antitrust Regulators Are Using the Wrong Tools to Break Up Big Tech," *Quartz,* July 17, 2019, https://qz.com/1666863/why-big-tech-keeps-outsmarting-antitrust-regulators/.

6. Robert Reich, "Facebook and Twitter Spread Trump's Lies, So We Must Break Them Up," *Guardian,* November 3, 2019.

7. Matt Stoller, "Tech Companies Are Destroying Democracy and the Free Press," *New York Times,* October 17, 2019; Matt Stoller, "The Great Breakup of Big Tech Is Finally Beginning," *Guardian,* September 9, 2019.

8. "Employment Trends in Newspaper Publishing and Other Media, 1990–2016," U.S. Bureau of Labor Statistics, June 2, 2016, https://www.bls.gov/opub/ted/2016/employment-trends-in-newspaper-publishing-and-other-media-1990-2016. htm; "Numsber of Daily Newspapers in the U.S. 1970–2016," *Statistica,* https://www.statista.com/statistics/183408/number-of-us-daily-newspapers-since-1975/.

9. Mark J. Perry, "Free Fall: Adjusted for Inflation, Print Newspaper Advertising Revenue in 2012 Lower Than in 1950," Seeking Alpha, August 8, 2013, https://seekingalpha.com/article/1327381-free-fall-adjusted-for-inflation-print-newspaper-advertising-revenue-in-2012-lower-than-in-1950; data from the Newspaper Association of America.

10. "Newspapers Fact Sheet," Pew Research Center— Journalism and Media,

July 9, 2019, https://www.journalism.org/fact-sheet/newspapers/.

11. Susan Athey, Markus Mobius, and Jeno Pal, "The Impact of Aggregators on Internet News Consumption," Stanford Graduate School of Business, Working Paper no. 3353, January 11, 2017, https://www.gsb.stanford.edu/faculty-research/working-papers/impact-news-aggregators-internet-news-consumption-case-localization.

12. Garrett A. Johnson, Scott K. Shriver, and Shaoyin Du, "Consumer Privacy Choice in Online Advertising: Who Opts Out and at What Cost to Industry?," Simon Business School, Working Paper no. FR 17– 19, June 19, 2019, https://papers.ssrn.com/sol3/papers.cfm?abstract_id=3020503.

13. Dina Srinivasan, "The Antitrust Case Against Facebook: A Monopolist's Journey Towards Pervasive Surveillance in Spite of Consumers' Preference for Privacy," *Berkeley Business Law Journal* 16, no. 1（2019）: 39.

14. Carl Shapiro, "Antitrust in a Time of Populism," *International Journal of Industrial Organization* 61（2018）: 714– 48.

15. Luigi Zingales and Guy Rolnik, "A Way to Own Your Social-Media Data," *New York Times,* June 30, 2017.

16. Joshua Gans, "Enhancing Competition with Data and Identity Portability," Brookings Institution, Hamilton Project Policy Proposal 2018– 10, June 2018, 1– 23, https://www.hamiltonproject.org/assets/files/Gans_20180611.pdf.

17. 同前注。

18. 同前注。

19. Augmenting Compatibility and Competition by Enabling Service Switching Act of 2019（S. 2658）, 116th Congress（2019– 20）, https://www.congress.gov/bill/116th-congress/senate-bill/2658/text.

20. 對這項計畫與合作者的描述請見：https://datatransferproject.dev/.

21. Annie Palmer, "Twitter CEO Jack Dorsey Has an Idealistic Vision for the Future of Social Media and Is Funding a Small Team to Chase It," CNBC, December 11, 2019.

22. Michel Foucault, *Surveiller et punir: Naissance de la prison*（Paris: Gallimard, 1975）.

23. Tim Wu, "How Capitalism Betrayed Privacy," *New York Times,* April 10, 2019.

24. Tania Rabesandratana, "European Data Law Is Impeding Studies on

Diabetes and Alzheimer's, Researchers Warn," *Science News,* November 20, 2019.

25. Sinan Aral and Dean Eckles, "Protecting Elections from Social Media Manipulation," *Science* 365, no. 6456（2019）: 858–61.

26. Bernhard Warner, "Online-Privacy Laws Come with a Downside," *Atlantic,* June 3, 2019.

27. David Yaffe-Bellany, "Why Chicken Producers Are Under Investigation for Price Fixing," *New York Times,* June 25, 2019.

28. Jessica Davies, "GDPR Mayhem: Programmatic Ad Buying Plummets in Europe," *Digiday,* May 25, 2018, https://digiday.com/media/gdpr-mayhem-programmatic-ad-buying-plummets-europe/.

29. Garrett A. Johnson and Scott K. Shriver, "Privacy and Market Concentration: Intended and Unintended Consequences of the GDPR," Questrom School of Business Working Paper, November 6, 2019, https://ssrn.com/abstract=3477686.

30. Johnson et al., "Consumer Privacy Choice in Online Advertising: Who Opts Out and at What Cost to Industry?"

31. Deepak Ravichandran and Nitish Korula, "The Effect of Disabling Third-Party Cookies on Publisher Revenue," Google Working Paper, 2019, https://services.google.com/fh/files/misc/disabling_third-party_cookies_publisher_revenue.pdf.

32. Veronica Marotta, Vihanshu Abhishek, and Alessandro Acquisti, "Online Tracking and Publisher's Revenue: An Empirical Analysis," Carnegie Mellon University Working Paper, 2019.

33. Jian Jia, Ginger Zhe Jin, and Liad Wagman, "The Short-Run Effects of GDPR on Technology Venture Investment," National Bureau of Economic Research, Working Paper no. 25248, November 2018, https://www.nber.org/papers/w25248.

34. Gordon Pennycook and David G. Rand, "Lazy, Not Biased: Susceptibility to Partisan Fake News Is Better Explained by Lack of Reasoning Than by Motivated Reasoning," *Cognition* 188（2019）: 39–50.

35. Adrien Friggeri et al., "Rumor Cascades," in *Eighth International AAAI Conference on Weblogs and Social Media*（2014）, https://www.aaai.org/ocs/index.php/ICWSM/ICWSM14/paper/viewFile/8122/8110.

36. Gordon Pennycook et al., "Understanding and Reducing the Spread of

Misinformation Online," MIT Sloan Working Paper, 2019.

37. Katherine Clayton et al., "Real Solutions for Fake News? Measuring the Effectiveness of General Warnings and Fact-Check Tags in Reducing Belief in False Stories on Social Media," *Political Behavior*（2019）: 1– 23.

38. Gordon Pennycook, Adam Bear, Evan T. Collins, and David G. Rand, "The Implied Truth Effect: Attaching Warnings to a Subset of Fake News Headlines Increases Perceived Accuracy of Headlines Without Warnings," *Management Science,* February 21, 2020, https://doi.org/10.1287/ mnsc.2019.3478.

39. Sinan Aral, "How We Can Protect Truth in the Age of Misinformation," TEDxCERN, https://www.ted.com/talks/sinan_aral_how_we_can_protect_ truth_in_the_age_of _misinformation.

40. Sarah Perez, @sarahintampa, "Google's New Media Literacy Program Teaches Kids How to Spot Disinformation and Fake News," *TechCrunch,* June 24, 2019, https://techcrunch.com/2019/06/24/googles-new-media- literacy-program-teaches-kids-how-to-spot-disinformation-and-fake-news/; Google's "Be Internet Awesome," https://beinternetawesome.withgoogle. com/en_us/.

41. "Fake News 'Vaccine' Works: 'Pre-Bunking' Game Reduces Susceptibility to Disinformation," *Science Daily,* June 24, 2019, https://www.sciencedaily. com/releases/2019/06/190624204800.htm.

42. Jon Roozenbeek and Sander van der Linden, "Fake News Game Confers Psychological Resistance Against Online Misinformation," *Palgrave Communications* 5, no. 1（2019）: 12.

43. Soroush Vosoughi, "Automatic Detection and Verification of Rumors on Twitter," PhD diss., Massachusetts Institute of Technology, 2015.

44. "Facebook's WhatsApp Limits Users to Five Text Forwards to Curb Rumors," Reuters, January 21, 2019.

45. Isabel Togoh, "WhatsApp Viral Message Forwarding Drops 70% After New Limits to Stop Corona-virus Misinformation," *Forbes,* April 27, 2020.

46. Aral and Eckles, "Protecting Elections from Social Media Manipulation."

47. Craig Silverman, "Facebook Said It Would Give Detailed Data to Academics. They're Still Waiting," *BuzzFeed,* August 22, 2019; Craig Silverman, "Funders Have Given Facebook a Deadline to Share Data with Researchers or They're Pulling Out," *BuzzFeed,* August 27, 2019.

48. "Public Statement from the Co-chairs and European Advisory Committee of Social Science One," December 11, 2019, https://socialscience.one/blog/public-statement-european-advisory-committee-social-science-one.

49. Solomon Messing（@SolomonMg）, "IT'S OUT— On January 17, we launched one of the largest social science data sets ever constructed," Twitter, February 13, 2020.

50. Gary King and Nathaniel Persily, "Unprecedented Facebook URLs Dataset Now Available for Academic Research Through Social Science One," *Social Science One Blog,* February 13, 2020, https://socialscience.one/blog/unprecedented-facebook-urls-dataset-now-available-research-through-social-science-one.

51. Daniel Kifer et al., "Guidelines for Implementing and Auditing Differentially Private Systems," *arXiv:2002.04049*〔cs.CR〕, February 10, 2020, https://arxiv.org/abs/2002.04049.

52. Dan Desai Martin, "Mitch McConnell Caves After Months of Blocking Vote on Election Security," *American Independent,* September 16, 2019, https://americanindependent.com/mitch-mcconnell-senate-election-security-funding-moscow-mitch/.

53. "Schumer Remarks After Sen. McConnell, Senate GOP Relent on Election Security Funding," Sen. Charles Schumer press release, September 19, 2019, https://www.democrats.senate.gov/news/press-releases/schumer-remarks-after sen-mcconnell-senate-gop-relent-onelection-security-funding.

54. Vindu Goel, "India Proposes Chinese-Style Internet Censorship," *New York Times,* February 14, 2019.

55. Jennifer Daskal, "This 'Fake News' Law Threatens Free Speech. But It Doesn't Stop There," *New York Times,* May 30, 2019.

56. Shannon Van Sant, "Russia Criminalizes the Spread of Online News Which 'Disrespects' the Government," NPR News, March 18, 2019.

57. Dan MacGuill, "Does Switching Your Twitter Location to Germany Block Nazi Content?," *Snopes,* December 6, 2017, https://www.snopes.com/fact-check/twitter-germany-nazis/.

58. Eshwar Chandrasekharan et al., "You Can't Stay Here: The Efficacy of Reddit's 2015 Ban Examined Through Hate Speech," *Proceedings of the ACM on Human-Computer Interaction* 1, no. 2（2017）: 1–22, http://comp.social.gatech.edu/papers/cscw18-chand-hate.pdf.

59. 同前注。

60. Jeff Kosseff, *The Twenty-six Words That Created the Internet*（Ithaca, N.Y.: Cornell University Press, 2019）.

61. Matt Laslo, "The Fight over Section 203— and the Internet as We Know It," *Wired,* August 13, 2019.

62. Adi Robertson, "Trump's Anti-Bias Order Sounds Like a Nonsensical Warning Shot Against Facebook," *Verge,* August 12, 2019.

63. Honest Ads Act（S.1356）, 116th Congress（2019– 20）, https://www. congress.gov/bill/116th-congress/senate-bill/1356/text.

64. Jeff Berman, "Big Tech Needs Regulation, but DC Must Go to School Before It Goes to Work," *Recode,* June 14, 2019, https://www.vox.com/ recode/2019/6/14/18679675/big-tech-regulation-national-commission-technology-democracy.

財經企管 BCB731

宣傳機器
注意力是貨幣，人人都是數位市場商人
The Hype Machine:
How Social Media Disrupts Our Elections, Our Economy,
and Our Health — and How We Must Adapt

作者 —— 思南・艾瑞爾（Sinan Aral）著
譯者 —— 許貴運

總編輯 —— 吳佩穎
書系主編 —— 蘇鵬元
責任編輯 —— 賴虹伶
封面設計 —— Bianco Tsai

出版者 —— 遠見天下文化出版股份有限公司
創辦人 —— 高希均、王力行
遠見・天下文化・事業群　董事長 —— 高希均
事業群發行人／CEO —— 王力行
天下文化社長 —— 林天來
天下文化總經理 —— 林芳燕
國際事務開發部兼版權中心總監 —— 潘欣
法律顧問 —— 理律法律事務所陳長文律師
著作權顧問 —— 魏啟翔律師
地址 —— 台北市 104 松江路 93 巷 1 號
讀者服務專線 ——（02）2662-0012｜傳真 ——（02）2662-0007；2662-0009
電子郵件信箱 —— cwpc@cwgv.com.tw
直接郵撥帳號 —— 1326703-6 號 遠見天下文化出版股份有限公司

電腦排版 —— 立全電腦印前排版有限公司
製版廠 —— 東豪印刷事業有限公司
印刷廠 —— 祥峰印刷事業有限公司
裝訂廠 —— 台興印刷裝訂股份有限公司
登記證 —— 局版台業字第 2517 號
總經銷 —— 大和書報圖書股份有限公司 電話｜(02)8990-2588
出版日期 —— 2021 年 4 月 30 日第一版第一次印行

國家圖書館出版品預行編目(CIP)資料

宣傳機器：注意力是貨幣,人人都是數位市場商人/
思南.艾瑞爾(Sinan Aral)著；許貴運譯. -- 第一版. -- 臺
北市：遠見天下文化出版股份有限公司, 2021.04
544面；14.8x21公分. --(財經企管；BCB731)
譯自：The Hype Machine: How Social Media Disrupts
Our Elections, Our Economy, and Our Health — and
How We Must Adapt

ISBN 978-986-525-148-2(平裝)

1.大眾傳播 2.網路傳播 3.網路社群

541.83　　　　　　　　　　　110005593

定價 —— 650 元
ISBN —— 978-986-525-148-2
書號 —— BCB731
天下文化官網 —— bookzone.cwgv.com.tw

本書如有缺頁、破損、裝訂錯誤，請寄回本公司調換。
本書僅代表作者言論，不代表本社立場。

天下文化
BELIEVE IN READING